1. 兄のアントンと私。

2. 1940年代、バイクに乗る祖母ベティ・ラグレインジ（右）。私のバイク好きが遺伝だという証拠。

3. 女優になることを夢見ていた少女時代。1970年代初頭。

4. サウジアラビアから帰国したマディバを、空軍の空港で出迎えたところ。マディバの左後ろにいるのが、当時の個人秘書メアリー・ムカダナ。1994年。

5. 大統領専用機「ファルコン」に搭乗したマディバのシルエット。1998年か99年。

6. デザイナーブランドのアバヤを着こなして、リヤドの迎賓館の階段に佇む。1990年代後半、サウジアラビアにて。

7. ボディーガードのアントン・カリッツと。2000年代初頭、イランにて。

8. 大統領としての最後の公式訪問旅行で、同僚のプリシラ・ナイドゥーと。1999年、モスクワのボリショイ劇場にて。

9. マディバの良き友人、ビル・クリントン大統領に会見した後。2000年代中頃、ニューヨークのウォルドーフアストリアホテルにて。

10. バチカンへの公式訪問時に、ローマ法王ヨハネ・パウロ2世に謁見。

11. 1日の仕事が終わったマディバを、オフィスの外で見送っているところ。

12. マディバ、グラサ夫人と。2000年代初頭、クヌでのクリスマスパーティーにて。

13. 手の鋳型が固まるまで、マディバとおしゃべり。この鋳型はロンドンでの90歳誕生記念パーティーで売られた。

14. 手の鋳型の作成方法をマディバに説明しているところ。2008年。この手が私の全存在を変えた。

ネルソン・マンデラ

# 私の愛した大統領

## 秘書が見つめた
## 最後の19年

ゼルダ・ラグレインジ
*Zelda la Grange*
長田雅子＝訳

明石書店

ネルソン・マンデラ　私の愛した大統領

秘書が見つめた最後の19年

◉目次

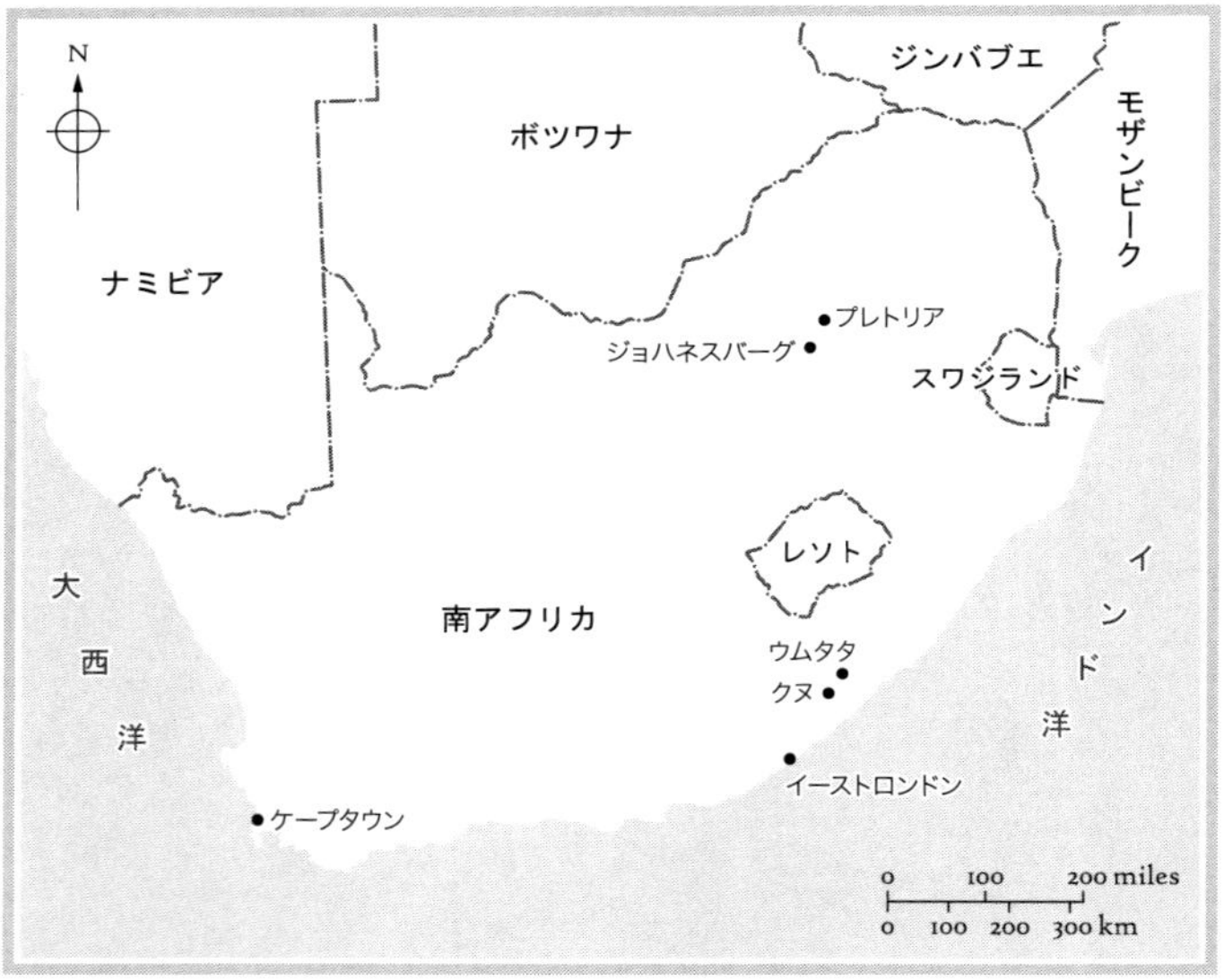
N
ボツワナ
ジンバブエ
モザンビーク
ナミビア
プレトリア
ジョハネスバーグ
スワジランド
レソト
大西洋
南アフリカ
インド洋
ウムタタ
クヌ
イーストロンドン
ケープタウン
0 100 200 miles
0 100 200 300 km

# 著者まえがき

二〇一三年六月、アフリカ民族会議（ANC）の重鎮オリヴァー・タンボの息子ダリ・タンボ（TVプレゼンター）とのインタビューで、ジンバブエのロバート・ムガベ大統領がこう言った。「ネルソン・マンデラの聖人ぶりにもほどがある。自国の黒人を犠牲にしてまで、白人を優遇しているのだから」。この発言に賛成した人もいれば、抗議した人もいた。私はムガベの言うことにも一理あると思う。マディバ（マンデラの氏族名。愛情のこもった敬称として使われる）にはそう思われても仕方がない面があるからだ。しかし、マディバ自身は『私自身との対話』の中でリチャード・ステンゲルにこう語っている。「私は人間の良いところを見すぎていると言われます。これは我慢すべき批判だと思いますし、これまで受け入れようと努力してきました。人間の良いところを見るのは有益だと思うからです。他人は道義を重んじる高潔な人間であると仮定し、その仮定に基づいて行動するのは良いことです。一緒に働く人間をそのように見なせば、高潔さや道義は向こうからやってくるものです」。

ムガベのインタビューを見ながら、私はマディバが白人を優遇しすぎると見られていることに責任を感じていた。確かにマディバは私に対し、十分すぎるほど良くしてくれたからだ。だが、私というつまらない存在を大きく変えたことを、マディバが誇りに思っていると信じたい。「ひとりの人間を良い方に変えることができたら、あなたは務めを果たしたのです」とマディバはよく言っていた。マディバ自身は私の人生だけでなく、数百万人もの人生を変えた。ひとりの人間に期待されていることを遥かに超えたことをマディバは行ったのだ。そういう意味では、聖人と称えられるに値するかもしれない。

マディバはリチャード・ステンゲルにこうも語っている。「天使と思うからつき合うのではなく、人間としてつき合うべきなのです。この人はこんな美徳とこんな欠点があると認識し、その人とつき合い、弱点を克服する手助けをするよう努めるべきです。ある人がある間違いを起こしたとか、人間的な弱さを持っているとかいうことで、怖がりたくありません。そんなことに自分が影響されることを許すことなどできません。そういうわけで、人々は私を批判するのです」。

ネルソン・マンデラはなぜ私を選んだのだろうか。「なぜ私を？」。そんなことは考えないようにしているが、それでも考えてしまったときは、このマディバの言葉を思い出すようにしている。一緒に過ごした十九年の間に、マディバは私の短所を知った。私の長所を知った。そして、長所を伸ばすことで、今の私を作ってくれた。

私は二十年近くマディバに仕えた。二〇一三年十二月五日に亡くなるまで、個人秘書を務めていた。マディバに対する敬意の印としてこの本を書く決心をしたのは、二〇〇九年のことだ。私の物語が人々に影響を与え、人々を変えることを期待して、自分の経験を記すことにしたのだ。だから、私の本はクル（「祖父」を意味するコサ語。著者がマンデラに対して用いていた愛称）への感謝の印である。

この本はネルソン・マンデラの伝記ではない。これは私の物語であり、私はそのことに満足している。暴露本を期待する読者はがっかりするかもしれないが、マディバが私に託した信頼を裏切ることはできない。信頼。それは私にとって、マディバから与えられた最大の栄誉である。私はそれを死ぬまで大切にしようと思っている。マディバに関して何を書くことにし、何を省くことにしたかは、その信頼に基づいている。したがって、これは暴露本ではない。

この本はまた、世間に知られていない政治の内幕を明らかにしたものでも、特定の主題に基づいたマンデラの人生論でもない。この偉大な人物から長年の間に私が学んだ大切な教訓のひとつで、のちになってマンデラ夫人グラサ・マシェルからも再確認したことに、こんなことがある。「私たちはたったひとりの人間に対してのみ説明責任がある。それは自分自身である」。誰しも自分の考えと良心を胸に秘めて、夜眠りにつく。私は汚れのない良心を枕にして、心安らかに眠りたい。マディバに誇りに思ってもらいたい。ここ二、三年、私たちの生活に悲観と不安の影が投げかけられているように思える一方で、語り継がれなければならない美しい物語が存在する。私はその物語の一部であり、その話を伝えるのは私の義務だと信じる。そして何よりも、もしマディバがこの本を読むことがあったら、私が語る内容に満足し、話の詳細に賛成してもらいたい。過去十九年中の十六年間、朝から晩まで共に時間を過ごしたことで、私はマディバがどのようなことを公にしたら気にするか、または気にしないかを知っている。そして、マディバが公開して欲しくないことを守るのは私の義務だと思っている。

この本は逸話を集めたものであり、時には私自身をダシにしている。何も後悔はない。あるのは教訓のみだ。私は精神的な億万長者である。もしこの後一生、私の人生に何も大したことが起こらなかったとしても、現在持っている思い出だけで死ぬまで満足するだろう。私は豊かな人生を送ってきた。私が目撃してきたことを、ほとんどの人は経験することがない。私の物語は変化の物語、精神がゆっくり大きな変貌を遂げる物語、そして現在の私の信念の物語である。共感できる点があるかどうか、学べる点があるかどうかは読者ひとりひとりに決めてもらいたい。

また、マディバの周りにいたのは私だけだとか、マディバの周りにいた人間のうち私が特別だとか考えるのは正しくない。私はマディバの人生、特に公的な人生において、ある特定の役割を果たした。しかし、マディバの周りには私以外にもたくさんの人がいた。家事に携わるスタッフ、オフィスのスタッフ、警備スタッフ、医療スタッフ……。それぞれがマディバの人生において、同じくらい重要な役割を果たし、マディバが頼り切っていた人たちである。この本に登場する人もいるが、全員に賛辞を呈することは果たせなかった。

私は常にベストを尽くしてきたし、この本を書くにあたっても、ベストを尽くしたつもりだ。私の経験を受け入れてくれる人々と共有することで、ネルソン・マンデラのレガシーに多少とも貢献できればと思う。私の物語がひとりの読者の人生を変えることができたら、私は私の責務を果たしたことになる。


マディバへの恩義と感謝の気持ちを、私は一生忘れない。

# プロローグ　ゼルディーナ

二〇〇八年に入って間もない頃だ。三十代の私はいつも通り、ジョハネスバーグにあるオフィスの玄関の外に立って、ネルソン・マンデラの到着を待っていた。マディバを出迎え、執務室まで一緒に行き、その日の予定を手短に説明するのが日課だった。「マディバ」とはネルソン・マンデラの氏族名である。人々が愛情を込めてマンデラを呼ぶときに使う敬称でもある。「お父さん」を意味する「タタ」と呼ぶ人もいるが、ほとんどの人々はマンデラのことを話すときも、マンデラ本人に呼びかけるときも、マディバという呼称を使う。私は「クル」と呼んだ。「おじいさん」を意味する「タタウムクル」の短縮形だ。

どんなに大きなプレッシャーにさらされているときでも、マディバの車が角を曲がって姿を見せるたびに、私の顔は輝いた。私の顔を彩る微笑みは、大切な祖父母に対する微笑みのように、愛情と憧れに満ちていた。マディバの車が止まり、まずボディーガードたちが降りてくる。ボディーガードは私と簡単な挨拶を交わした後、マディバのために、重装備された車のドアを開ける。

車から降りながら、私たちの目と目が合う。「クル、おはようございます」と声をかける。マディバは私のことを「ゼルディーナ」と呼んだ。車から降りるときに体を支えられるよう、ステッキを手渡す。友人のドウ・ステインから贈られた象牙のステッキだ。マディバは物質的なことに気を遣うたちではなかったが、このステッキは命を賭けてでも守ろうとするくらいマディバが大切に思っていた、数少ない品のひとつだった。

「おはよう、ゼルディーナ」。こう言いながら車から降りたマディバの顔をいつもの微笑みが満たした。だが、私はその日、いくぶんのためらいを感じ取った。足取りがしっかりしていることを確認してから、ボディーガードたちはマディバを私に託す。マディバはステッキで体を支えながら、左手で私の腕につかまる。

「クル、今朝のお加減はいかがですか」

マディバは「元気だよ、ゼルディーナ」と答えただけで、いつものように私の具合を尋ねることはなかった。何か心を悩ませていることがあるようだ。執務室に入りながら思った。今日の予定でクルの頭を一杯にする前に、考えをまとめる時間を多少与えた方がよいかもしれない。

「ゼルディーナ、昨夜夢を見たんだよ」

「夢、ですか?」

「お前が私の元から立ち去る夢だ。お前が私を見捨ててしまう夢を見たんだ」

私はびっくりして言葉を失った。この私が、ゼルダ・ラグレインジ（アフリカーンス語読みは「ラフランシ」。邦訳では著者の希望により、英語読みの「ラグレインジ」を使う）が、ネルソン・マンデラを見捨てる、ですって? 私がそんなことをするなんて、一体どうして思いつくことすらできるのだろう。その時にはすでに、十年近くマディバに仕えていた。私が自分を見捨てるなんて、なぜ思ったのだろう。実は、見捨てられるのを恐れていたのは私の方なのだ。幼い頃の体験のせいである。

　クルを安心させなければならない。私の右腕をつかんでいるマディバの左手の上に私の左手を重ねてこう言った。「クル、私がそんなことをするなんて絶対ありません。二度とそんなことを考えないでください。決してあなたを見捨てないと約束します」。そして、軽い調子で付け加えた。「私があなたを見捨てる前に、あなたの方で私を見捨てるか、追い払うかするでしょうよ」。

　マディバは私を見て、中途半端に笑い、眉を上げて答えた。「私は決してそんなことをしないよ」。

　私たちの間にはそんな温かさがあった。そしてふたりとも、その温かさを確認し合う必要を感じていた。私たちはお互いをいたわり合っていた。かつて私たちアフリカーナ（アパルトヘイト政策を推し進めた主にオランダ系の南ア人）の敵だったこの男を、私は愛するようになっていたのだ。アパルトヘイト時代、私たちアフリカーナは、マンデラが代表した人々を抑圧することに全力を尽くした。マンデラは抑圧された人々の声であり、解放運動の声だった。ところが、マディバが解放されて十五年も経っていないというのに、私はかつて私たちが嫌悪した男に対し、自分がどれほど献身しているか、説明し訴えようとしていた。

　アパルトヘイトは一九四〇年代に南アフリカの白人政権が導入した制度である。白人至上主義を標榜し、黒人を抑圧した。南アフリカの白人と黒人を分離する、はっきりとした法制度だった。アパルトヘイトの法律は教会、学校、海水浴場、レストランなど、少数民族である白人が黒人の存在に脅かされる可能性のある、いかなる場所においても適用された。

　しかし、私は大人になって働き始めてからの人生の大半を、ネルソン・マンデラの傍で、お互いを支え合いながら歩んできた。アフリカーナの小娘だった私は、私たちの時代に生きる最も偉大な政治家のおかげで物の見方が変わった。だが私にとって、マディバは道徳的な良心以上のものである。マディバが私のことを大事にしてくれたから、私はマディバを大事にすることを学んだのだ。マディバは私の考え方を変えたばかりでなく、私の考え方を作り上げた。というのは、マディバの立場にある人間が、アフリカーンス語を第一言語とする若い白人女性を個人秘書として雇うなんて、前例がないどころか、前代未聞だったのだから。

# 第1部

## マディバに会うまで

*1970-1994*

# 第1章　少女時代

一九七〇年十月二十九日、ジョハネスバーグの東に位置する町ボックスバーグで私は生まれた。人生で何か成し遂げることを期待されたのは、この世に生を受けたほとんどの赤ん坊と同様である。

私が生まれたその日、ネルソン・マンデラは九年目の獄中生活を送っていた。一九六二年に投獄された後、一九六四年のリヴォニア裁判で破壊工作の罪により有罪判決を受け、終身刑に服していたのだ。マンデラと同志たちはアパルトヘイトに反対した咎《とが》で、ケープタウン沖の荒涼とした島、ロベン島に収容されていた。

私が生まれた頃、父は建設会社で働いていた。母は教師だった。我が家はとても貧しかった。きょうだいは三歳年上の兄アントンだけ。両親とも白人だったため、法律的には生まれながらに特権階級だった。一九七〇年の南アフリカではそうだったのだ。父の家族も母の家族も十二月の休暇に毎年同じ場所に行っていたが、教師を目指していた母と郵便局員だった父が出会ったのはボックスバーグだった。

ラグレインジ家は元々、南仏アヴィニョン地方のキャブリエールという小さな町に暮らしていた。ユグノー教徒だった父の祖先は、カトリック教会のプロテスタント弾圧を逃れて、一六八〇年代にフランスから南アフリカに逃れて来た。私はネルソン・マンデラの元で働いたおかげで、二度ほどキャブリエールを訪れる機会を得た。

父の両親はケープ州の風光明媚な海岸線ガーデンルートに位置する、モッセルベイという町に住んでいた。父を含めてふたりの子どもがいた。父方の祖母の妹は南アフリカの女性薬剤師第一号だった。祖父の妹が嫁いだショルツ家は今でも、東ケープ州ウィローモアで名のある薬局を営んでいる。だから、私たちは祖母の妹を大した女性として文句なく尊敬していた。

私は父方の祖父が大好きだった。アンソニー・マイケルという名前だったが、私たちは「オーパ・マイク」（マイクおじいちゃん）と呼んだ。年に二、三回我が家にやって来て、その都度数週間泊まっていった。パイプを好み、私たちはその匂いに閉口したものだ。手の皮膚は年老いてひび割れており、そのひびの中にパイプに詰めるときに触れたタバコが詰まっていた。いつも決まった椅子に座って、ひじ掛けで手を拭っていたから、祖父が我が家を去った後はいつも、ひじ掛けが真っ黒になっていて母を苛立たせた。だが、家の中でパイプを吸ってはいけないと祖父に言う者はいなかった。

母の実家はストレイダムという家で、母は三人きょうだいの一番上だった。ストレイダムという苗字を持つ有名人はJ・G・ストレイダムしかいない。南アフリカの第六代首相（一九五四－五八）で、「アパルトヘイトの父」と呼ばれたJ・F・フェルヴルトの前任者である。子どもの頃ストレイダムという首相がいたことを知ったときはてっきり親戚だと思ったが、実は関係がない。

母方の祖父は母が十二歳の時、バイク事故で亡くなった。祖父が亡くなったという知らせを聞いた夜のことを覚えているかと、母に何度も聞いたものだ。母は祖父の死について話したがらなかったものの、誰かが玄関をノックして目が覚めたこと、祖母が狂乱状態になって泣いていたことを覚えていた。

子どもを育てるにあたって、祖母には選択肢がほとんどなかった。南アフリカ鉄道の事務員の給料では、三人の幼い子どもたちを一人で育て上げることは不可能だった。

祖母は一番年長の母をケープタウンの孤児院に送る決心をする。母はいまだにケープタウンが大嫌いだ。母にとって、ケープタウンは遺棄という悪臭がする町なのだ。

母が祖母やきょうだいに会えたのは、年に一度、十二月の休暇だけだった。十二月の休暇には、ラグレインジ家もストレイダム家もモッセルベイに近いハルテンボスという場所でキャンプをしていたが、当時の両家はお互いの存在を知らなかった。

母の子供時代は苦しみと悲しみに満ち、愛情や世話を欠いたものだった。第二次世界大戦が終わり、国の経済がゆっくり回復しつつあった時代だった。アフリカーナの子どもだった母ですら、貧困を通じて時代の状況を感じ取っていた。その時の環境がどうであれ、祖母に恨みを持っていない母を私はとても偉いと思う。

母方の祖母ティリーは、母を子どもの時に手放したにもかかわらず、私たちの日常生活の一部になっていた。小学校と我が家の中間に住んでいたので、私は学校の帰り道によく祖母宅に寄ったものだ。我が家の近くに越して来る前、ティリーおばあちゃんはユニオンビルの向かいに住んでいた。ユニオンビルはハーバート・ベイカー設計による南アフリカの大統領府で、プレトリアの町を見下ろす丘の上に建っている。堂々として、美しく、記念碑のようにどっしりとしたユニオンビル。私の家族にしてみれば、ホワイトハウスの向かいに住んでいるようなものだった。

毎週日曜日、ラグレインジ家と、叔父に率いられたストレイダム家は、祖母のアパートで昼食を取った後、ユニオンビルの手入れが行き届いた芝生の上を散歩した。ユニオンビルは究極的な権力の象徴だったので、私たちは大きな敬意の念をもってユニオンビルの階段を上った。いとこたちと兄と私は笑いながら敷地内で遊び、傾斜のある芝生を転げまわった。私たちはアパルトヘイト時代の南アフリカで成長する、幸せな子どもだった。


我が家は典型的な白人家庭だった。アパルトヘイトのおかげで良い教育を受け、基本的な公益サービスにアクセスでき、土地と資源は当然自分たちのものであると思っていた。アパルトヘイトは人種、階層、文化の分離を強要する、白人政権の政治的解決方法だった。

アパルトヘイトは一九五〇年代後半にアフリカーナの指導者たちが導入した「政策」だった。当時の首相ヘンドリック・フェルヴルトは「我々の政策は隣人に対する思いやりから生まれたものだ」と言った。アフリカーナが南アフリカに住むすべての人種グループを気にかけていることを示唆した言葉だが、アパルトヘイトの現実は違った。アフリカーナが国の経済と豊富な地下資源の恩恵を受け、成功の機会を確実に掌中にするために、他の人種を犠牲にする方策だったのだ。

一九七〇年代の中頃までには、アパルトヘイト政府はユニオンビルでなされた決定に基づいて、人種差別的な国家を作り上げていた。黒人と白人は隔離され、結婚することも、友だちになることも、セックスすることも、同じ町に住むことも許されなかった。集団居住法によって、自由に動きまわったり、同じ地域に住んだりすることが禁じられた。黒人は白人と同じバスに乗ることも、白人と同じ海で泳ぐこともできなかった。アパルトヘイト政策を理由に、一九七四年、南アフリカ代表団は国連の活動に参加することを拒否され、一九七七年には対南ア武器禁輸決議が採択された。しかし、南アフリカを国連から追放しようとする決議では、アメリカ、イギリス、フランスが拒否権を発動した。

自国の政府が国際社会の除けものでも、私たちは政府が所在する首都で遊び、笑い続けることができた。私が属する民族アフリカーナが、ネルソン・マンデラのような人間から守られていたからだ。私たちが恐れていたのはマンデラのような人間、つまり、政府を転覆しようと心に誓い、白人至上主義に挑戦する黒人だった。

私の両親は政治的意識が高くもなければ、政府の職員でもなかった。それでも、私たちは政府を支持した。今から考えると、私たちは「レイシスト」（人種差別主義者）だったのだろう。教会と政府のどんな指図にも喜んで従う、当時の典型的なアフリカーナ中流家庭だったのだから。権威を重視する民族性とオランダ改革派教会との強い絆が私たちの常識を曇らせた。アフリカーナの家庭だったら皆そうしたように、私たちも毎週日曜日に教会に行き、教会の行事にすべて参加し、模範的な市民であることを示したのだった。

だから、アパルトヘイトは家庭の中に息づいていた。私たちは分離政策に従って生活していた。アパルトヘイトを素直に受け入れ、疑問を挟まなかった。政権を担当した国民党に言われたからだけではない。教会のお墨付きがあったからだ。

私たちにとって、白人でない人間はすべて黒人だった。私たちの目にはカラードもインド系も黒人と映った。「カラード」はアフリカーナ同様、様々な民族を祖先とする人種だが、祖先の中にコイサン族（南部アフリカの先住民族であるコイコイ族とサン族の総称）が含まれていたため、南アフリカでは「黒人」と見なされていた。

アフリカーナはオランダ系、フランス系、ドイツ系、イギリス系など様々な血統が混ざって生まれた民族である。最近のＤＮＡ研究で、ほとんどのアフリカーナには黒人かカラードの血が混じっているという事実が明らかになった。昔は想像もできなかったことだし、今でもその事実を受け入れ難いとするアフリカーナがいる。

アパルトヘイト時代、私たちは何事もじっくり考えることなく行動していた。黒人は全員パスブック（許可証）を携行し、警察に止められたらパスブックを見せなければならないということを私は知っていた。だが、許可されている場所にしか住めないこととか、許可されていない場所に行ったらパス法違反で逮捕され、留置場に放り込まれ、許可された場所に送還されることは知らなかった。ジョハネスバーグに住む許可を持っている黒人が、五十キロしか離れていないプレトリアに移り住むことは許されなかった。パス法は、政府が黒人の移動をコントロールする方策だったのである。

教会は、私たちのやっていることが正しいと教えた。しかし、それは「正しい」ではなく、「右翼」という意味での「right」だった。究極の保守主義だったのだ。

ほとんどの白人家庭同様、我が家にも黒人のメイドがいた。ジョガベスという名前だった。今思えば、私と同世代の白人の子どもは黒人に育てられたのだ。単なるメイドではなく、母親代わりだったのだから。私が子どもの頃、ジョガベスはアパルトヘイトの許容範囲という制限付きとはいえ、ある意味で我が家の一員だった。ジョガベスは家の裏にある部屋に住んでいた。トイレはあったが、浴槽やシャワーはなかった。私たちのコップや食器を使うことは許されず、自分のを持っていた。私たちのコップや食器を使ってはいけないと、両親がジョガベスに言ったかどうかは覚えていないが、ジョガベスも私たちもそれが許されないことを知っていた。暗黙の了解事項だったのだ。しかし、それでもジョガベスは、私にとって命綱的存在だった。

黒人に触ることはタブーだった。白人が黒人より優れていると考えられていただけではない。黒人は私たちほど清潔ではないと教えられて育ったのだ。確かに私たちと体臭が違っていたし、髪の質も違う。黒人の髪や顔を触ることなど夢にも思わなかった。理屈抜きで想像できなかったのだ。それでも、ジョガベスはヨチヨチ歩きの私をおんぶしてくれた。私がジョガベスの髪を触れることは決してなかったが、私が必要とするときはいつでも、ジョガベスの手が、腕が、胸が慰めてくれた。ジョガベスに育ててもらったことから、兄と私はジョガベスの肌が他の黒人ほど黒いとは感じなかった。ジョガベスは私たちにとって脅威ではなく、私たちに仕えてくれたため、他の黒人より受け入れやすかった。

兄に苛められるたびに、ジョガベスは私を慰めてくれた。ジョガベスは私にとって安全な家だった。ジョガベスが面倒を見てくれる限り、兄の苛めから守ってもらえることを知っていた。兄に苛められると、ジョガベスは私を胸の近くに抱きかかえて慰めてくれたのだった。

十二歳の頃、私は生まれて初めて、アパルトヘイトに反対する政治運動を身近で体験した。その時、サウスアフリカン・ブリュアリーズ（ＳＡＢ）社で働いていた父は、ロジ担当マネージャーに昇進していた。ＳＡＢの本社はプレトリア市チャーチ通りに面したポイントンズビルの中にあった。一九八三年五月二十日金曜日、父はケープタウンへ出張することになっていた。午後四時のちょっと前、爆弾の炸裂がプレトリア市全体を揺り動かす。ポイントンズビルの真ん前で、車に仕掛けられた爆弾が爆発したのだ。この事件は直ちに報道された。

ニュースを聞いた母は父の事務所に電話する。誰も出ない。午後六時頃の便に父が乗っているか確認するため空港に電話したが、空港当局は当然のことながら、乗客に関する情報を教えてくれない。爆発の際に、父は会社にいたのだろうか。それとも、たまたま爆発現場の傍を歩いていたのだろうか。それとも、ちょうど車庫から車を運転して道路に出てきたところだったのだろうか。教えてくれる人は見つからない。父は会社近くのレストランで仕事関係の昼食会に出席することがよくあったから、私たちは最悪の事態を想定し心配した。父がケープタウンのホテルに到着して、電話で無事を知らせてくれたのは、その日の夜九時頃になってからだった。私の人生で、これほど長い五時間を経験したことはない。父が無事だと知って私たちはほっとした。アパルトヘイトへの抵抗がなぜそれほど根強いのか、なぜこんな暴力的な手段を取るのか、私は質問しなかった。それどころかこの暴力的事件によって、私はアパルトヘイトが正しいこと、そして黒人と白人は生まれつき違うことをそれまで以上に信じるようになった。

アパルトヘイトに反対するアフリカ民族会議（ANC）の武装部隊であるウムコントウェシズウェ（MK）が犯行を認めた。ラッシュアワーの最中《さなか》に起こったチャーチ通りの爆裂により、黒人八人と白人十一人の合わせて十九人が死亡し、少なくとも二百十七人が負傷したという。爆弾が予定より早く誤って爆発してしまったために、犯行を計画し実行した二人の男も死亡した。「民族の槍」を意味するウムコントウェシズウェは、「アパルトヘイト政府による暴力には暴力をもって対抗するほかに道はない」と決心したネルソン・マンデラたちによって、一九六一年に設立された。アパルトヘイト法の下で黒人を抑圧し続け、ANCと戦うために暴力的な手段に訴えた政府への対抗策として、ANCはMKを設立したのだった。リヴォニア裁判の最終弁論で、ネルソン・マンデラはMKについてこう言っている。「平和的要求に対して政府が力で応じているときに、アフリカ人の指導者たちが平和と非暴力を唱道し続けるのは、非現実的であり誤っている」。

一九六二年にエチオピアとモロッコで軍事訓練を受け、MKへの支持を取りつけたマンデラは、暴力に訴える心づもりができていた。しかし、刑務所に入っていないANC幹部の行動をマンデラが知っていたどうか、そして、このような暴力行使について服役中の指導者が相談を受けていたかどうか定かではない。一九八三年当時、ANCの代表はオリヴァー・タンボだった。ネルソン・マンデラはすでに六十五歳で、刑務所に入って二十年目を迎えていたし、外部から囚人と連絡を取るのは困難だった。のちになって、私はマディバに、チャーチ通りの爆破事件について知っていたかどうか質問したことがある。服役者は事後連絡を受けたという返答だった。

私は南アフリカで起こっていることや、黒人の貧困や、暴力事件などにあまり気がつかないまま生活していた。しかし、黒人と白人が別々の繭の中に住んでいること、共存できないから激しく戦っていることは知っていた。黒人が近づいてきたら目をそらし、別の方向に歩くよう習慣として教え込まれ、それが本能的な反応となっていた。黒人を恐れ、口をきくのを避けたのだ。黒人は私たちの友だちではないのだから。私は自分の生活に満足していた。夜黒人が襲ってくるかもしれないという恐怖から、ドアや窓に鍵をかける習慣を幼い頃から身に付けた。白人だって危害を与えることができるなど、頭を掠めもしなかった。危害を与えるのはいつも「黒い」人だったのだ。なぜ黒人が私たちを襲うかもしれないのか、具体的には誰のことなのか、どんな生活を送っている人たちなのか、私は質問しなかった。私が知っていたのは、彼らが危険であることだけだった。

毎週日曜日、教会で、国境を守ってくれている男たちのために祈りを捧げた。誰もがやっていることだからそうすべきだ、と思っていた。誰もが、というのは周りの白人たちのことだ。どの国境かは知らなかったが、敵が黒人であることは知っていた。私が知っていたのは、「黒人が押し寄せてくるのを防ぐために、白人が国境を守っている」ということだけだった。どの黒人のことを指しているのか、質問もしなかったのは変だと今になって思う。もっと多くの黒人が侵入してくるのを防ぐために国境を守っていたのだろうか。それとも、ANCを支援する近隣諸国の軍隊が南アを襲撃してくるのを防ぐために国境を守っていたのだろうか。共産主義者の黒人と戦っているのだ、とだけ告げられていた。黒人は皆、共産主義者であり無神論者であると、私は教え込まれて育った。毎週日曜日、少人数のグループごとに屋外に集まり、お祈りを捧げる黒人の姿を頭の外に押しやり、教え込まれたことと矛盾しているなど考えてもみなかった。安全な環境で育った子どもにとって、流れに身を任せるのはたやすいことだ。もし抑圧されて育っていたら、まともな学校に通うことも、ちゃんとした家に住むことも許されず、電気や水道もなかったら、違った種類の質問をしていただろうし、早くから世の中の不正義にもっと関心を持ったことだろう。だが、そうはならなかった。

人間は生まれ育ったコミュニティによって生活の仕方を規定される。周りの大人たちが、何が社会的に受け入れられるか、何が受け入れられないか決めるのだ。そして、私たちは自分のコミュニティの外にどんな生活があるか気がつかないまま、自分の世界に影響を与え得る、問題や政策や世界の出来事や傾向に気がつかないまま、決められた生活を送る。生活が快適な時、人は質問をしないものだ。私には、家の壁の外で何が起こっているのか質問する必要がなかった。生まれながらのレイシストは存在しない。周りに影響されてレイシストになるのである。十三歳の誕生日を迎える前に、私はレイシストになっていた。私のような人間には、ネルソン・マンデラに仕える資格などないに決まっている。しかし私は、マンデラに誰よりも長く仕えることになったのだった。

# 第2章　変化

ネルソン・マンデラに仕えることに私が適していたのは、もしかしたら、子供時代の体験のおかげかもしれない。

子どもの頃、母はしばしばひどく落ち込んだ。子どもたちの世話はきちんとしてくれたものの、何日も泣き続け、ベッドから起き上がらなかった。母の悲しみを今でもよく覚えている。悲しみの理由がわからなかったから、私はどうしようもない無力感にかられた。

母ほど慎み深く、言葉遣いが柔らかく、上品な女性はあまりいない。私の前で悪態をついたこともなければ、悪い言葉遣いをしたこともない。誰に対しても、また誰のことについても、それがたとえ母を怒らせた人や傷つけた人であっても、侮辱するような言い方をしたことがない。落ち着いた雰囲気に包まれ、激しい感情は心の奥底に隠している。何かにとても喜んだり、興奮したりするところを見たことがない。節度のある性格なのだ。育ちざかりを孤児院で過ごしたことで、感情を隠すことを学んだに違いない。その経験が母を変えたのだ。のちになってネルソン・

マンデラと何年も時間を共にするようになって、マディバも母と同様に、自分というものを隠していることに気がついた。刑務所で生き残るために、自分の感情を抑えなければならなかったのである。

父は母が落ち込むと苛立った。母が活動的でないことが両親の喧嘩の種になった。父が賑やかであればあるほど良いという社交的な人間だったのに対し、母はひとりでいるのが好きで、人とつき合うのがあまり好きではなかった。私は母の非社交的な性向を受け継いでいる。母の心がどれほど病んでいたか、私たちの誰も気がついていなかった。

ある金曜日の午後、友だちの家で遊んでから家に戻った。家には誰もいない。台所のドアを開けたとき、車庫から母の車のエンジンの音が聞こえた。私は車庫のドアを開けることなく、家の中に入りぶらぶらしていた。車は車庫の中でアイドリングを続けている。母が車庫のドアを開けて出て来る音はしない。様子を見に行くことにした。母屋と車庫を隔てるドアを開けたときの光景を、今でもはっきりと覚えている。アイドリングを続ける車の窓に、母の頭がもたれかかっていた。眠っているように見える。私は急いで車に走り、ドアを開けようとする。ドアはロックされていた。窓からパイプが出ている。辿って行くと、排気管につながっている。やっと何が起こっているかに気がついた。母は自殺しようとしていたのだ。私は悲鳴を上げ、泣き出し、車のドアをこじ開けようとした。

十二歳の私の力では、ドアはびくともしない。窓を叩いても、母は反応しない。その後の状況はまったく記憶にない。近くに住んでいた祖母に電話し、祖母がすぐ駆けつけてくれたらしい。母がどうやって車から出てきて、寝室まで辿りついたのか覚えていない。兄のアントンがいつ戻って来たのか、いつ医者がやって来たのか、いつ母の親友が訪れて来たのか、私は覚えていない。

その時出張中だった父に知らせがいったのか、そうだとしたら誰が知らせたのか、私は覚えていない。父がどこにいたかも、携帯電話がまだ発明されていない時代に、どうやって父に連絡がついたのかも覚えていない。私はその日を最後に、嗅覚を失った。記憶に残る最後の臭いはガスの臭い。ショックから嗅覚を失ったのだろう、と医者は言う。トラウマが引き起こした心身相関反応である。

母がうつ病患者のための診療所に入院し、治療を受けていた間、ある思いが頭を離れなかった。なぜ母は、自分の母親に捨てられたのと同じように、私を置き去りにしようとしたのだろうか。私が良い子でなかったからだろうか。私のために生きようと思うほど、私のことを愛してくれていないのだろうか。私と兄が絶え間なく喧嘩していたから、母は自殺しようとしたのだろうか。母に対して怒りは感じなかった。悲しいだけだった。そして、見捨てられたように感じた。

ガスが充満した車庫で起こった一九八二年の出来事が、私のその後の人間関係を決定づけた。私は今でも、見捨てられることを絶えず恐れている。ひとりぼっちにされることを恐れるあまり、過度の行動を取るようになった。見捨てられることがないように、自分を犠牲にしてまで、周りの人を喜ばせようとするようになったのだ。そして、見捨てられることへの恐怖から、常に人から肯定してもらうことを必要とするようになった。男女関係には決して理想的な性向ではないものの、仕事には、そして世界一のカリスマ政治家に人生を捧げるのにはもってこいだ。奇妙な偶然だったが、ネルソン・マンデラは自分にすべてを捧げてくれる人間を必要としていた。いつも傍にいて助けてくれる人間が、いつでも支えてくれ頼りになってくれる人間が、必要だったのである。私たちは多少共依存的な形で、お互いを補足していた。喜ばせたいという私のニーズと、完璧な忠誠を要求するマディバのニーズがぴったり合ったのだ。

しかし、それはまだずっと後の話だ。一九八八年、私は十八歳になり、中等教育を終えた。警察官や解放運動家が殺害されたというニュースが、連日巷を賑わしていた。月に一度は、国のどこかで爆弾が爆発していた。あまりにも日常的になっていたから、誰も数字に気を留めない。国中が死で溢れていた。南アフリカは内戦勃発の一歩手前だった。暴力事件が多発し、中流の白人アフリカーナが黒人を相手に戦争することが唯一の解決策のように思われた。

そんな中、私の生活は以前と変わりなかった。父に「何を勉強したいんだ」と聞かれる。何の考えもなかったが、学校でいつも文化活動に関わっていたので、演劇を勉強したいと答えたら、「問題外」。サンドラ・プリンスルーでもない限り、女優として成功できる可能性はゼロだというのだ。サンドラ・プリンスルーは、当時とても人気があった女優である。俳優になるのは子どもの頃からの夢だった。小さい頃、週末に父のオフィスに行っては、秘書のふりをしたものだ。だが、あの時代のアフリカーナの親ならほとんど誰もがしたように、父は情熱に従うより安定した職業を選ぶよう私を説得した。私はプレトリアのテクニコン（現チュワネ工科大学）で、三年間の役員秘書養成コースを取ることにした。

選挙権を得た十八歳の誕生日からほぼ一年経った一九八九年九月、総選挙が実施された。黒人に選挙権はない。カラードも、インド系も、黒人も、アパルトヘイト法の下では投票を許されなかったのだ。この、白人しか投票できない最後の総選挙で、一九四八年以来政権を担当していた与党国民党が得票率わずか四十八パーセントまで支持を減らす。国民党の政策はアパルトヘイト、人種差別、アフリカーナの地位向上で、国民党の支持者はナッツと呼ばれた。ナッツよりさらに保守的だった私は、一九八九年の総選挙で保守党に投票する。

ナッツは当時、改革を口にし始めていた。黒人に参政権を与え、集団居住法を撤廃し、肌の色に基づいた差別をやめようというのだ。保守党はアパルトヘイト法を変更することに反対していた。この年、保守党は白人票の三十一パーセントを獲得して、第一野党に躍進する。黒人は国民の数に入っていなかったので、公式の人口統計はないものの、その頃の全人口は三千万人くらいと推定されていた。選挙登録していたのは三百十万人だけ。全員白人である。うち、国民党の改革政策を支持したのは百万人強だった。

当時誰も知らなかったが、ネルソン・マンデラは一九八九年七月四日、P・W・ブアタ大統領（当時）に初めて会っていた。多数決原理に基づく黒人政権樹立に反対していることで知られていたブアタがマンデラに会う決心をしたことで、国民党政府の譲歩が確実となる。この時、マンデラは獄中生活二十六年目を迎えていた。ANC幹部以外マンデラを知っている人はほとんどいないにもかかわらず、マンデラは南アフリカで抑圧されていた人々の表看板的存在になっていた。刑務所を訪れ、年老いたマンデラの写真を撮ることは許されなかったので、人々の目に触れるマンデラ像は六十年代に撮影された写真か、想像で描かれたスケッチしかなかったが、マンデラは南アフリカの大衆にとって自由の象徴となりつつあった。

P・W・ブアタは一九八九年八月、突然大統領を辞任する。F・W・デクラーク教育相がザンビアのケネス・カウンダ大統領と秘密裏に会見したことで、大統領としての権威を傷つけられたと感じて辞任したのだ。総選挙までの一か月、デクラークが大統領代理を務める。

ネルソン・マンデラはケープタウン近くの町パールにあるヴィクター・フェステア刑務所に移され、デクラークにしばしば会っていた。デクラークは大統領に就任して一か月も経たないうちに、長期服役している政治犯の釈放を発表する。その中には、ウォルター・シスル、アンドリュが含まれていた。この囚人のうちの何人かを私がのちに深く敬愛するようになろうとは、一体誰に想像できただろうか。

一九九〇年二月二日、デクラーク大統領はネルソン・マンデラの無条件釈放を発表する。マンデラの獄中生活は二十七年間に及んでいた。我が家のプールで泳いでいたとき、父が庭に出てきた。誰かに見られていることで、私は泳ぎに集中できなかった。父は何か考え込んでいる。「どうしたの、お父さん」。父は私を見て、ちょっとためらってから口を開いた。「困ったことになった。あのテロリストが釈放されたんだ」「誰のこと?」「ネルソン・マンデラだよ」。私はネルソン・マンデラが誰かも、その釈放が私たちにとって何を意味するのかも知らなかった。父の心配は感じ取ったが、私はそのまま泳ぎ続け、父を思索に耽るがままに放っておいた。

ずっとのちになって、私が大統領府で働き始めてからのことだが、実は釈放される数日前にデクラークを訪問した、とマディバに聞かされた。その時、なんの前触れもなく、自由の身になることを告げられたという。マディバは、今すぐ刑務所を出ることはできない、同志に伝えて釈放の準備をさせるのに数日欲しい、と答えた。刑務所の外にいる人々が準備できるよう、もう数日必要だというのだ。もし二十七年幽閉された後で「自由の身になった」と言われたら、私だったら礼節など顧みず、外に飛び出したことだろう。しかし、マディバは同志に準備の時間を与えるために、刑務所に留まりたがった。延長した数日の間に、政府の気が変わるのではないかと心配しなかったのですか、と私はよく尋ねた。マディバは私をじっと見つめ、私が人間をそのように疑うことに驚き、笑い、そして「ノー」と答えた。

当時南アフリカで何が起こっていたか、私が理解するようになるのは、もちろんずっと後になってのことだ。釈放されたとき、ネルソン・マンデラがすでに七十一歳だったことすら、私は知らなかった。服役中に母親と息子を亡くしたことも、母の葬式にも息子の葬式にも出席を許されなかったことも知らなかった。マンデラが人間であるとは、感情を持った人間であるとは思いつきもしなかった。私が知っていたのは、困ったことになったということだけ。それも、父がそう言ったから。

一九九二年、国民党政府はアパルトヘイトの将来について国民投票を行った。投票が許されたのは白人だけだった。一九四八年に導入されたアパルトヘイト制度は力を失ってきていた。デクラーク大統領が始めた改革政策を支持するかしないか、白人は問われたのだ。改革が急速に進むと思っていた白人はほとんどいなかったが、国際社会に多少なりともあったアパルトヘイトへの支持がなくなりつつあることは明らかだった。

二百八十万人の白人が国民投票に参加した。そのうち、改革を支持し、白人以外に参政権を与えることに賛成したのが百九十万人。八十七万五千人がアパルトヘイトの廃止に反対した。私も反対票を投じる。私は自分の決断を誇りに思った。祖国の平和を守るために、私なりの貢献をしたと感じていた。黒人が政権を取ったら国は統治不可能になるという恐れを、アフリカーナは常に抱いていた。何世紀もの間、白人によって否定されてきたことの仕返しに、黒人は白人を大海に追いやるという恐怖を持っていた。

本当は、マンデラが釈放された一九九〇年にすべての片がついていたのだ。マンデラの釈放はアパルトヘイトの終焉と、肌の色に関係ない「ひとり一票」が適用される国の始まりを告げるものだった。しかし、学生生活を楽しんでいた私は、そんなことを気にも留めなかった。パーティーをエンジョイすることと、そのせいで遅れた学業を取り戻すために夜遅くまで勉強することに忙しかった。アパルトヘイトが終わり、黒人たちが移動の自由を保証されたことは知っていたが、それでも政治や南アフリカの将来のことに関与するどころか、考えることすらしていなかった。パーティーなどで南アフリカの現状が話題に上ることはあっても、誰も詳細を知らないままに、「困ったことになった」というアフリカーナの恐怖をお互いに掻き立てるばかりだった。私の政治状況の理解度はその程度のもので、心配すらしていなかった。

一九九三年四月、復活祭の頃、エリスラスの叔父の農場に向かって車で北上していたとき、クリス・ハーニが暗殺されたというニュースがラジオで流れた。ハーニはカリスマ的な共産党の指導者であり、ANCの武装部隊を率いていた。南アフリカの白人にとって、共産主義者は身の安全と国の安定と将来の経済的安定に対する脅威だった。どういうわけか、ネルソン・マンデラも共産主義者と思われていた。南アフリカは、というより南アの白人社会は、宗教と教会に支配されていたから、共産党が南アフリカで合法的な組織になるとは想像もできなかった。南アフリカは、白人がすべての資源を所有し管理する資本主義国家だったのである。

両親にクリス・ハーニのことを質問する。誰がやったにせよハーニを殺したのは大きな間違いだった、テロリストのマンデラより共産主義者のハーニの方が、白人にとって絶対に与しやすい相手だから、との答え。私は両親の意見に混乱した。共産主義に関わるものは何でも大きな脅威と思っていたからだ。共産党員かもしれないネルソン・マンデラより、共産党の指導者であるクリス・ハーニの方が、どうみても危険ではないのか。だが、両親によると、クリス・ハーニには白人を受け入れる姿勢がいくぶんあるという。ネルソン・マンデラと違ってロベン島に収容されたことがないから、白人に対する憎しみをマンデラほど持っていないのではないかと、両親は推測していたのである。

マンデラが恨みに思っていないことなど私たちは知らなかったし、思っているかどうか気にも留めなかった。マンデラは獄中から密かに政府と交渉を続けており、本気で平和的な政権移譲を実現させせようとしていた。マンデラの親友で、獄中生活を共にしたアメッド・カスラーダの言葉を借りると、「許すことは選択なのだ」。しかし、人間はとかく最悪の事態を想定するものだ。私たちはマンデラが想像通りの人間であると勝手に思い込んでいた。

私が恋に落ち婚約したのは、こういった危険で激動的な政治状況の中だった。私の将来の夢は、同世代のアフリカーナ女性同様、結婚して子どもを持つこと。まだ二十二歳だったが、そんなことはどうでもよかった。私はすでにテクニコンを卒業して、最初の仕事に就いていた。歳出省の秘書である。だが、働き始めて数か月で退屈し、もっと働き甲斐のある仕事に変えて欲しいと訴えた。同じ省の人事部に部署替えになり、事務員としてプレトリアのど真ん中で働き始める。

アパルトヘイトは終わったが、私の生活は変わらなかった。日常生活の中で、アパルトヘイトの終焉を感じることはなかった。一九九四年の総選挙以前からすでに政治的な変化が起こっていたとはいえ、私たちは依然として「アパルトヘイト」を生きていたのである。暴力事件が起きていたのは遠く離れた場所だった。農村部で亡くなった人々の写真を日常的に目にした。暴力事件はもはや黒人対白人に限定されたものでなく、ＡＮＣとその最大のライバル、インカタ自由党（ＩＦＰ）の抗争による暴力事件が多発していた。

そうこうしているうちに、私の婚約が破棄される。心が切り刻まれ、悲嘆に暮れた。恋愛関係が終わると、私は大抵、仕事に没頭することで痛みを忘れようとする。

一九九四年五月、南アフリカで初めて民主的に選ばれた黒人の大統領が就任した。二十三歳の私は歳出省人事部でのキャリアを築くために、寸暇を惜しんで働いていた。ネルソン・マンデラが大統領に就任した日は祝日だったが、私は職場に向かった。道路は人通りがまばらで、車もほとんど走っていない。ANC政権が樹立したことで、暴力事件が起きるのを皆心配していたからだ。私たちは、ANC政権が白人全員の敵だと信じていた。改革とアパルトヘイト撤廃を支持した白人ですら、新政権に敵と見なされるだろう、と信じていた。ANCが政権を取るということは、政府の指導層の大半が黒人になるということであり、白人至上主義者にとっては大問題だった。何世紀にもわたって抑圧されてきた黒人たちが、白人に仕返しをする時が来たと私たちは思った。住宅地のあちらこちらで軍隊の車両が目につく。警察の車もすぐ出動できるよう待機していた。それでも、私の生活に影響はなかった。大統領就任式の間、私はオフィスの中で安全で快適な時を過ごした。前政権の警察がまだ路上に見える限り、きっと安全なのだ。運転して帰宅する途中、通りに黒人が出ていた。ニコニコして、皆幸せそうだ。歓声を上げ、踊っている。私の頭を占めていた考えは実に単純なものだった。あなたがたの好きなようにしてちょうだい。でも、今夜、殺すことはしないで。私たちが白人だからという、それだけの理由で。

総選挙の前、白人の中には内戦や暴力事件や国の分裂を恐れて、缶詰や生鮮食料品を買い込む者がいた。黒人が国を乗っ取って、私たちから基本的な社会サービスを奪ってしまうと思っていたのだ。黒人が商店を襲撃し、社会をひどい混乱状態に陥れ、白人が住む住宅街への電力や水道の供給を止めてしまうと思っていたのだ。だから、ミネラルウォーターやロウソクや缶詰の食料品など、長持ちして、非常事態に役立つものを買い込んだのだった。復讐を予想していたのである。

しかし、その夜、何も起こらなかった。翌朝目を覚まし、仕事に出かけ、前日の出来事にも、この国の新しい指導者にも影響を受けないまま、いつも通りの生活を送る。奇妙なことに、生活はまったく変わらなかった。まだ自分の家に住み、まだ生きており、蛇口からはまだ水道水が出た。間もなく私の人生、私の無知、私の信条、私の価値観が根底から覆され、試されることを仄めかすようなものは何もなかった。まさか私がこのパラノイアから、恐怖と現実否定という白い繭から抜け出すとは思ってもみなかった。そして、優しく私の手を握りながら、私を繭から導き出してくれる人物が、まさかネルソン・マンデラであろうとは。

# 第2部

# 大統領府時代

1994-1999

# 第3章　ネルソン・マンデラに出会う

一九九四年の総選挙が終わって間もなく、新政権は職員の新規採用を開始する。私が働いていた省は、アパルトヘイト政権から受け継いだ役所をより「人口構成を反映したもの」にするという、途方もないプロジェクトの一翼を担うことになった。つまり、黒人をもっと雇わなければならなくなったのだ。変革の始まりである。南アフリカは国民全員のための国になるのだ。新政権は国民全員を代表する政府になるのだ。

数えきれないほどの応募者が殺到した。職種ごとの最終候補者リストを作成するのに何週間もかかる。南アフリカにスキルのある人間が非常に不足していることは明らかだった。人々は仕事を探すのに必死だったが、アパルトヘイト時代、ちゃんとした教育を受けることができなかったことから、応募者の多くは読み書きができず、採用の考慮対象にならなかった。私は採用選考の仕事に打ち込んだ。そうしなければならない理由があったわけではない。一旦仕事を与えられたら、できるだけ早く終わらせるのが性分なのである。頭の中のやることリストをさっさと片付けるのが好きなタイプの人間であるため、要求される以上のペースで働くことがよくある。実は、当時、別の仕事を探していた。婚約の破綻から立ち直るために、新しいスタートを切りたかったのだ。だが、取りあえず、全神経を応募者の選定に注ぎ込んだ。

そうこうしているうちに、大統領府の総務課がタイピストを募集していると同僚が教えてくれる。一年をプレトリアとケープタウンで半年ずつ過ごすことが要求される仕事だ。議会がケープタウンにあるため、政治家とその家族とスタッフは、議会の会期中はケープタウンに住み、議会の閉会中は行政府があるプレトリアに戻るのである。前からやってみたいと思っていた生活だったので、今の仕事より地位が下がることは気にならなかった。私を惹きつけたもうひとつの理由は、この仕事が「無任所大臣」のタイピストだったことだ。任所のない大臣にはあまり仕事がないに決まっているから、タイピストの仕事も楽に違いない。後になって、「無任所」というのは、臨時の仕事をいつ任されても対応できるようにするため、予め決まった職務やアジェンダがないという意味だと知った。

間もなく私はこの職に応募することについて、上司たちと話し合いを始め、もし採用されたら、今と同じ給料レベルを保証してもらえることになる。

面接会場はユニオンビル。時代は変わった。もう私は芝生を転げまわる年ではなかったし、南アフリカで最高の権力の座に就いているのは黒人である。そしてこの大統領は、私のような保守的なアフリカーナを、新政府の職員として進んで採用していた。

ユニオンビルで働く職員たちは親切でリラックスしていた。ANCが政権を取ったにもかかわらず、白い顔がまだたくさん目につく。

面接の途中で、ひとりの黒人女性が入って来た。快活で華やかな雰囲気があり、色彩鮮やかなサテンのドレスを着ている。黒人女性がそのような着こなしをしていることも、黒人女性が明らかに私の母の一番高い服よりもっと高価なドレスを着ていることも、私には見慣れない光景だった。その女性は面接を不躾に遮り、面接官たちに大きな声でこう言った。「タイピストが必要なの。黒人でも白人でも構わない。今すぐ必要なのよ」。この女性がどういう立場の人間なのかまったく知らなかったが、私はにっこりした。あなたが探しているのはこの私よ、と心の中で思いながら。

女性はふたりの面接官と短く言葉を交わして、部屋から出て行った。数時間後、面接官から電話がある。大統領の執務室で、タイピストの仕事をする気がないかという。私の頭にあったのはケープタウンで働くことだったし、応募した仕事とまったく同じ条件だと保証されたので、興味がある、と答えた。

面接官によると、面接を邪魔した女性は大統領の個人秘書メアリー・ムカダナで、私の直属の上司になるという。なかなか感じのよい人だと思った。当時私は歳出省で、新規採用された黒人公務員ふたりの訓練を任されていた。ふたりとも愛想がよく、私にとって良い同僚となっていた。ゆっくりと、しかし確実に、私は黒人を少し違う目で見るようになっていた。黒人を見ると反射的に怖いと思うことがなくなった。黒人は文法がめちゃくちゃな簡単なアフリカーンス語や英語しか理解できないと考えるのをやめ、普通の喋り方で会話するようになった。メアリーの親しみやすさは、まだ疑念を拭い去れない私を落ち着かせてくれた。

もちろん、自分が反対する政治思想の中心に近いところで働くことになる。だが、これは単なる勤め口だ。私が実際の政治に関わることはまずないに決まっている。私は妥協することにした。実はその頃、ＡＮＣに対抗するインカタ自由党（ＩＦＰ）のマンゴスツ・ブテレジ党首が気に入っていた。選挙運動中の姿をテレビで見て好きになったのだ。ブテレジに対する考え方が変わったのだから、ネルソン・マンデラだってそんなにひどいことはないだろう。とにかくやってみよう。気に入らなければ辞めればよいのだから。

電話で採用の通知を受けても、ほっとした程度の感慨しか湧かなかった。面接の二週間後、私は大統領の執務室で、上級タイピストとしての職務を開始する。

一九九四年十月十二日、マンデラ大統領執務室の職員として初めて、私はユニオンビルに足を踏み入れた。大統領の写真は見たことがあるものの、ロベン島で何年も刑務所に入っていたことと、私の家族がテロリストと見なしていること以外、マンデラについて何も知らなかった。大統領と言葉を交わすどころか、会うことがあるとも思っていなかった。

時間に余裕を持って職場に到着する。受付にいた職員の導きで、いくつものガラスのドアと警備チェックを通って、大統領執務室に辿り着く。大統領執務室は、廊下に沿ったいくつかの部屋から成っていた。同僚が大部屋にある机とコンピュータを指し示す。大部屋といっても、私の机の他にはこの同僚の机しかなかった。同僚は大統領執務室の電話交換手で、その他臨時の事務を手伝うのが仕事だという。

同僚によると、大統領執務室のスタッフはメアリー、彼女自身、それにエリーズ・ヴェッセルズだけ。エリーズはデクラーク政権時代から働いていて、かつては元ファーストレディ、マリカ・デクラークに仕えていた。

昔からの白人スタッフと新しい黒人スタッフの間の緊張を感じる。職員たちはそれぞれの縄張りをマーキングし、新政府で自分の立場を確保しようとしていた。「旧」スタッフの仕事が、本人の好むと好まざるとにかかわらず、新しい指導者たちを導き教え、徐々に権力に慣らすことだということは明らかだった。

かなり時間が経ってようやく、メアリーがオフィスにやって来る。姿を見る前からその場にいることが感じられるような、存在感がある女性だ。威信に溢れ、鮮やかな色の服が生き生きした人柄を引き立たせる。メアリーはつむじ風のようにオフィスに入ってきて、私を抱きしめて歓迎してくれた。メアリーの愛想のよさに私は安心する。しかし、それまで黒人の下で働いたことがなかった私は、すぐには警戒心を解かない。黒人と白人の間にあった信頼関係は表面的なものだった。お互いに相手のことを知らなかったからだ。メアリーの下で働く心の準備はできていたものの、私は自分の政治的信念にしがみついていた。現実的な判断と財政的な理由から、この職場で働くことになっただけなのだ。

全員が全員そうだとは言えないが、アフリカーナは一般的に、権威を持つ人や年長者を敬う傾向がある。その人の考え方に賛成するしないにかかわらず、礼節を失することがない。信条のためにどうしても尊敬することができない人は無視するだけだ。私は自分がメアリーを尊敬していることに気がついた。メアリーは私に解放闘争について教えてくれた。私はまるで、これまで別の惑星に暮らしていたように感じた。メアリーが教えてくれたことにまったく気がついていなかったのだから。もしかしたら、メアリーが私に心を許したのは、私の無邪気さと無知のためだったかもしれない。メアリーは私に対し、とても温かく愛想よく接してくれた。音楽という共通の趣味もあった。メアリーは自分が所属する合唱団のＣＤを持ってきて聴かせてくれた。メアリーの夫が指揮者で、メアリー自身、創立メンバーだという。まるで天使のような歌声だった。

次の二週間、大統領執務室の仕事について学ぶ。大統領自身の姿を見ることも、声を聞くこともなかった。いつの日か、遠くから目にすることがあるかもしれない。それ以外の人には大勢会った。報道官のパークス・マンカフラナ、スピーチライターのトニー・トリュー、大統領府長官のジェイクス・ヘルヴェル教授……。それぞれの名前と仕事内容を覚えるまでに、しばらく時間がかかった。

私の主な仕事はメアリーのためにタイプすることと、大統領の予定表を定期的に更新することだった。メアリーはしばらくして、大統領の警備班に予定表を配布するやり方を教えてくれた。警備班の白人の司令官と黒人の司令官に、同時に配るのが大切だという。南アフリカ警察は他の官庁同様、変革の最中だった。ANCのウムコントウェシズウェやパンアフリカン会議（PAC）のアプラといった旧解放組織の武装部門を、昔からの白人中心の警察に組み入れようとしていたのだ。混乱する状況の中、私は同じ文書を同じファクス番号に二回、それぞれ別の人宛てに送らなければならなかった。明らかに表面的な統合であり、旧警察と旧解放組織は信頼関係を築こうとしながらも、おおむね別行動を取っていた。しかし、私は規則通りに行動する人間である。指示を与えられたら、一字一句違わずそれに従う。だから、その時も、質問を挟むことも、実際的ではないと文句を言うこともしなかった。

大統領執務室で働き始めて二週間くらい経った頃、大統領が初めてオフィスに来ることになる。その時までには、メアリーから大統領の人柄について多少聞いていた。親切だが規律を重視する人、ということだった。アフリカーナは権威を尊重するよう教わって育つから、私は会う前から大統領を尊敬していた。この国の大統領だという、それだけの理由で。尊敬できない人だと証明するようなことを公に行っていなかったので、尊敬しない理由はなかったのだ。

その日は朝早くから、普段にはない緊張感が建物の中にみなぎっていた。緊張していると同時に、皆、ある意味で興奮している。執務室を警備する警官は油断ない態度で仕事に就き、制服にはアイロンがかかっていた。間もなく、暗い色のスーツに身を包んだ男たちが現れる。大統領のボディーガードだ。邪魔にならないように、私は自分の部屋のドアを閉める。足音と騒動から、大統領が到着し、私のオフィスの前を通り過ぎ、自分のオフィスに入ったことがわかる。来客は到着するや否や、大統領の元に通された。誰もが時間を守り、すべてが軍隊のように正確に行われている。私は椅子に座って指示を待つ。ボディーガードが全員武装していたことで、私は緊張していた。誤解されることのないよう、急な動きをしないよう注意する。武装した人が近くに来たのは生まれて初めてだったので、神経質になっていたのだ。

数時間後、メアリーにタイプを頼まれる。できたら部屋まで持って来るように、ということだった。メアリーの部屋に行く途中、目の前の紙に気を取られていたために、ボディーガードに守られながらメアリーの部屋から廊下に出て来るマンデラ大統領にぶつかりそうになる。大統領の方から手を差し伸べて、握手を求めてきた。私は混乱した。挨拶してよいものなのだろうか。私は「おはようございます。マンデラ閣下」と言った後、どうしてよいかわからず、泣き出してしまった。もう限界だった。すすり泣く私に、大統領が話しかける。ショックのあまり、一体何を言われたのか理解できない。「申し訳ありません。大統領閣下」と、繰り返してくれるよう頼むしかなかった。思考力か根性――今でもどちらかわからない――をなんとか呼び起こす。大統領がアフリカーンス語で話しかけていることに気がつく。私の第一言語である。

マンデラ大統領は目に見えて老いていた。親切そうな人だ。私は大統領の顔の皺と、温かくて誠実な微笑みに神経を集中させる。大統領は気遣うような声と親切な態度で話していた。名前を聞かれる。握手の後、手を引っ込めるつもりだったが、大統領は私の手を離してくれない。私の手を握る大統領の手のきめを感じる。私は汗をかき始めた。この黒人の手を握り続けるのがマナーに適っているかどうかわからなかった。手を放してもらいたいが、大統領は放してくれない。そして、私がどこから来たかとか、どんな仕事をしているか聞いてきたのだった。アフリカーンス語で答えるべきか、英語で答えるべきか迷う。どちらで答えたのか覚えていない。私たちはアフリカーンス語と英語を交えて会話する。私は感動のあまり、言葉を続けることができなくなる。そして、罪悪感に襲われた。優しい瞳と寛容の魂を持ち、心のこもった話し方をするこの人を、私の同胞が何年もの間、刑務所に送ったのだ。それなのに、この人は私の第一言語で話しかけてくれている。私は国民投票で「ノー」と投じたことを直ちに後悔した。今まで持ってきた偏見のすべてを、どうやって五分間で訂正することができるだろう。突然、私は謝りたくなった。二十七年に及ぶ獄中生活がどんなものであるかそれまで考えたこともなかったが、それは私が生きてきた年月より長かった。まだ二十三歳で、もうすぐ二十四歳になる私には、全人生を刑務所で過ごすなんて、想像もできなかった。

私が会話を続けることができないことに気がついた大統領は、右手で私の手を握ったまま、左手を私の肩に置き、ぽんと叩いてこう言った。「大丈夫だよ。落ち着きなさい。君は過剰反応している」。人から「過剰反応している」とこれほど面と向かって言われることに慣れていなかった上に、その言葉を発したのが大統領だったので恥ずかしかった。私は落ち着きを取り戻す。明らかに大統領は急いでいたため、私たちは別れを告げた。大統領の最後の言葉は「会えて嬉しかった。また会うのを楽しみにしているよ」。別れの挨拶をしながら私は思った。また会うのが楽しみなんて、私が一国の大統領にとってそれほど大切なわけがないじゃない。なんといっても、この人があれほどの苦難を経験したのは、私の同胞のせいなのだから。

私は一日中ショックから立ち直れなかった。帰宅して両親に、今日大統領に会ったこと、そしてどんなに素敵な人だったか報告する。大統領が私にアフリカーンス語で話しかけてくれたのよ。両親は私の言葉を無視し、ひとつの質問も発せず、その時やっていたことを続けているだけ。私がちょっと誇張する癖に慣れていたせいかもしれない。私が嘘をついていると思っているようだ。私は大統領との遭遇に戸惑いながら眠りについた。私の家族やコミュニティがテロリストと見なす、この紳士に対する自分の考えや気持ちがはっきりしないまま。

翌日、なぜ大統領のアフリカーンス語があれほど流暢なのか、メアリーを問い詰める。刑務所で看守と円滑なコミュニケーションを取るために、意図的に学んだそうだ。アパルトヘイト政権の指導者に会って交渉したときも、アフリカーンス語を使って魅了したに違いない。頭で想像していたことが実際の出来事によって書き換えられるのは楽しい経験だ。ネルソン・マンデラにアフリカーンス語で話しかけられるなんて、どんなアフリカーナでも予想していないに違いない。ずっと後になって、マディバにこう言われたとき、すべてがはっきりした。「人に話しかけるとき、あなたはその人の頭に訴えている。だが、その人の言葉で話しかければ、心を動かすことができる」。マディバが行ったのは、まさにそれだった。看守の言葉を学ぶことで、マディバは看守を魅惑することができたのだ。当時、アフリカーンス語は抑圧者の言葉として大変憎まれた言語であり、アパルトヘイト政権と同一視されていた。これものちに知ったのだが、一九七四年にアフリカーンス語が授業で用いる言語として黒人に押しつけられたことが原因で、一九七六年、ソウェト蜂起が起こり、約二万人の黒人生徒が参加した。公の記録によると死者百七十六名。実際は七百人もの子どもたちが命を落としたかもしれないという。その当時、黒人は南アフリカの国民として数えられておらず、公式の記録がなかったため、公の数字と推定値にはいつも差があった。

次の数週間、大統領がオフィスに出入りするのを遠くから数回見かけた。私はタイプとメアリーの補佐に集中し、大統領がいるときに姿を見られたいとか、その場にいたいとか思ったことはなかった。その代わり、私は黒人、白人両方のボディーガードと仲良くなった。中には私のことをとても気にかけてくれ、私の素性を知りたがる人もいた。私のことを調べているのか、真の関心からなのか、それとも私が大統領にとって脅威であるかどうか確認するのが仕事だからか、私にはいつも確かではなかった。

大統領が私のオフィスを通り過ぎるたびに、私はドアが閉まっていることを確認した。再び感情的なやり取りをしてしまいたくなかったからだ。大統領が近づく音が聞こえるたびに、私は身を隠した。目にした大統領の姿は、通り過ぎた背中だけ。とはいっても、大統領がオフィスにいるのは嬉しかった。大統領の存在はいくぶんかの興奮と、興味深い訪問者たちをもたらした。個人的には、訪問者たちより大統領に興味をそそられた。訪問者たちには、ニュースで聞いたり雑誌で見たりしたことがある名前だな、と思う以外、ほとんど注意を払わなかった。

ミス南アフリカの栄冠を勝ち取ったばかりのバセツァナ・マハラメラが来訪する。前もって苗字の発音を練習して、到着までにはなんとか発音できるようになった。大統領との会見後、メアリーが私たちをミス南アフリカに紹介してくれた。

ある日の午後のこと。大統領の招待で、執務室の全スタッフは明日公邸で昼食を取る、とメアリーに告げられる。就任して間もなく、大統領は公邸をマフランバ・ンドロフと命名した。「新しい夜明けの始まり」という意味だ。とてもぴったりした名前だと思った。でも、公邸での昼食なんて……。とても心配になる。大統領と食事を共にするなどできそうもない。どのナイフやフォークを最初に使うべきかも知らない。同僚のひとりが自分の真似をしなさいと言ってくれたことで気が楽になった。前の晩、ナイフやフォークの使い方について母に尋ねる。母はエチケットの権威と見なされていた南アフリカ婦人、エムシー・スクーマンの本を取り出してきた。それを読んで、私はテーブルマナーを一夜漬けで覚える。

マフランバ・ンドロフに到着。居間に通される。ミーティング中の大統領に私たちの来訪が告げられる。ミーティングの後、大統領が居間にやって来た。私たちひとりひとりと握手し挨拶を交わす。そして、リラックスした様子で私たちと言葉を交わしながら、食堂まで一緒に歩く。私は自分をコントロールできるようになっていたので、もう泣き出すことはなかった。部下たちを昼食に呼ぶとは、なんと親切な振る舞いだろう。同僚を見渡しながら、私たちが南アフリカの人口構成をほぼ反映していることに気がつく。個人秘書のメアリー・ムカダナは黒人。個人秘書助手は黒人のモリス・チャバララと白人のエリゼ・ヴェッセルズ。総務のアラン・ピライはインド系。受付は白人のレオニス・クツィエと黒人のオルガ・ツォカ。そして、年が一番若く、地位が一番低い私は白人。

大統領は就任直後、前政権に仕えていた旧大統領府のスタッフ全員をミーティングに呼んだという。話し合いの余地もなく、選択肢も与えられず、解雇されるのではないかと戦々恐々としていたスタッフに、大統領は、職に留まって新しい国民統一政府を作り上げるのに力を貸してくれるよう頼んだ。しかし、辞めたければ辞めても仕方がないとも告げた。選択肢を与えられたことに、スタッフは大きな感銘を受けたという。そういうわけで、大統領府は黒人職員と白人職員がミックスした職場となり、大統領がしばしば演説で言及する「虹の国」を体現するものとなったのだ。

そういえば、議会の隣に立っているケープタウンの大統領公邸「テインヘイス」には、昔の大統領や首相の肖像画が掛かったままになっていた。自分の同胞を抑圧し、自分を投獄した人たちなのに、大統領が過去を消そうとしないことを奇妙に感じた。だが、肖像画を外さないよう主張したのはマンデラ大統領自身なのだと教えられた。どれほど不愉快な記憶を呼び起こそうとも、彼らは南アフリカの歴史の一部だから、というのである。

ランチでは丸テーブルが使われた。居心地の悪い会話や答えにくい質問を避けるため、私はできるだけ大統領から離れた席を選ぶ。それに、大統領の傍に座りたい人の席を奪いたくなかった。午後一時。家政婦がひとり入って来る。手に持っているのはランチではなく、小さくて黒い箱型のＦＭラジオ。骨董品のようだ。今の時代、滅多にお目にかかれる代物ではない。ニュースの時間だった。家政婦はラジオのスイッチを入れ、窓辺に置く。ニュースの間中、私たちは決まり悪そうにお互いの様子を窺う。大統領はニュースに神経を集中させている。アフリカにおける南アフリカの平和維持活動がどうとか、アキレ・ラウロ号がソマリア沖で沈没したとか、シンディ・クロフォードとリチャード・ギアが離婚を発表したとか、そんなニュースだったことをおぼろげながら覚えている。ニュースに集中しようと努力したが、大統領のことが頭から離れなかった。大統領は何を思い、どう感じているのだろうか。そして私にとってもっと重要なことだが、ランチに同席した三人のアフリカーナのことをどう思っているのだろうか。

ニュースが終わってから、料理が出される。予想に反して、ランチは質素だった。前菜、メインコース、デザートとコーヒー。素朴な家庭料理で、自分が何を食べているのか聞かずにもわかる料理だった。大統領はワインを飲み、私たちにもワインを勧めた。私は水を頼む。食事中、大統領は刑務所時代の話を始めた。私は泣き出さないよう、爪を掌に立てる。デザートが出された頃にはもう自制できず、目が涙で溢れていた。大統領が可哀想でたまらなかったのだ。刑務所の庭に植えたトマトをどれほど大切に思ったか、収穫をどんなに楽しんだか、石灰石の採石場でどうやって働いたか、白い石に反射した太陽の光がどのように目を傷つけたか。大統領の巧みな話術が私たちを南アフリカのアルカトラズ島とも言えるロベン島と、刑務所の独房に誘《いざな》う。独房の中で過ぎ去る季節、冷たいセメントの床、他の囚人と共同の浴室、存在しないプライバシー、メニューが限られ味気のない、決まった時間に出される食事。これが二十七年間続くのだ。私の想像を絶する生活。私たちに話をして聞かせる大統領が、悲しそうではないことに心を打たれた。悲劇としか思えないのに、大統領は悲惨さとは裏腹の、生き生きとした様子で逸話を披露するのだった。

ランチの後、オフィスに戻った私たちは感想を述べ合う。私は思いのままに同情の念を表現した。しかし、大統領が同情を欲していないことは明らかだ。大統領にとって、過去は歴史の一部であり、これからの人生を決定するものではないからだ。しばらくして、私は大統領の思いを適切に表現する引用を見つけた。「大切なのは何が起こったかではなく、起こったことにどのように対処するかだ」。

のちになって、自分を変えるより他人を変える方が簡単だというマディバの言葉を読んだ。人を許すこと、和解することについて、マディバ自身の中でどのような葛藤があったのだろうかと、今でもよく考える。自分の考えや信念を変えるのに、人はどのくらい努力しなければならないのか。アメッド・カスラーダが私に言った言葉を借りれば、「許す決断をする」のにどのくらい努力しなければならないのか。しかし、マディバが言うように、人を許すと決心することで自由になるのは、抑圧された人だけではない。抑圧した側も自由になるのだ。

その年の後半、著名な進歩的南アフリカ人、ヨハン・ヘインズ博士が暗殺され、大統領は国軍の将軍全員を執務室に呼んだ。ヘインズ博士はオランダ改革派教会の中心的指導者のひとりだった。アパルトヘイトを宗教の面から正当化したオランダ改革派教会はアパルトヘイト時代大きな力を持っていたが、ヘインズ博士は時代の趨勢に反してアパルトヘイトを批判した、数少ないアフリカーナの指導者だった。暗殺は「第三勢力」の仕業とみられた。新生南アがまだぜい弱なうちに国を不安定にし、黒人と白人の間に緊張関係を作り上げようとしているのだ。ヘインズ博士はダマスカスへの道でキリスト教に改宗した使徒パウロのような大方向転換を行い、新政権に進んで協力しようとした者として、アフリカーナ過激派に暗殺されたらしい。私がかつて熱狂的に支持した保守的なアフリカーナは、変革を支持する人々を歓迎しなかった。だが私はすでに、自分の信念の見直しをゆっくりとだが始めていた。まだ多少混乱していたものの、私の考えは以前より軟化しており、少なくとも、時代の変化に抵抗するのは論理的でも正当化できることでもないと認識していた。

大統領の元に向かう将軍たちが、私のオフィスの前を通り過ぎる。その制服姿を見て、私の心は誇りで一杯になった。私たちアフリカーナは誇り高い民族である。特に、将軍などの地位を持つ人を無条件で誇りに思い、全面的に信頼する傾向がある。だから、オフィスの中が緊張で包まれていたにもかかわらず、私は将軍たちの姿に誇りを感じた。

大統領はまた、コンスタント・フェルユン将軍も呼びつけた。フェルユン将軍はフリーダムフロントという右翼政党の党首であり、権力分担から土地改革まで様々な問題で大統領と対立していた。私はフェルユン将軍に会うことをとても光栄に感じていた。というのは、フェルユン将軍は生粋のブール（「農民」を意味するアフリカーンス語）だったからだ。どのような意味からしても、正真正銘のブールなのである。フェルユン将軍も、大統領の執務室で真のアフリカーナを具現したような若い女性を見つけて喜んだ。同じ文化、同じ素性の人間を大統領執務室で見かけて、気が楽になったのだと思う。大統領は盗聴器を恐れてか、執務室で将軍と話したがらなかった。代わりに選んだのが、私のオフィスの向かいにある女子トイレ前のソファである。ふたりが腰を下ろした後、大統領に呼ばれる。大統領は私を将軍にアフリカーンス語で紹介し、優しく微笑みながら、私のことを本物のアフリカーナなのだと言った。

マンデラ大統領がフェルユン将軍に向かって、私が本物のアフリカーナだとか、ブーラメイシー（農家の娘）だと言ったとき、一体何を意味していたのだろうか。私がアフリカーンス語を話すからだろうか。それとも、私が保守的な家庭の出だと感じていたからだろうか。それとも、単に、私がいかにもアフリカーナ然としているからだろうか。後になって、もしかしたら私の体重のせいで、アフリカーナらしく見えたのかもしれないと思った。当時私は自分の体重をとても気にしていた。アフリカーナは大抵、骨太でがっしりしている。私の家族もそうだが、ほとんどのアフリカーナは食べることが大好きだ。特にパンと肉を好む。ネルソン・マンデラは、私がアフリカーナの農家の娘のイメージ通りだと思ったのだろうか。

その夜家に帰って、フェルユン将軍に会ったと両親に自慢した。私は依然として政治には関心がなく、その時もヨハン・ヘインズ博士の死について話し合うために将軍がやって来たとしか知らなかった。両親が感銘を受けたのは一目瞭然だった。なにしろフェルユン将軍といえば、当時保守的なアフリカーナの中心人物と見なされていたからだ。ヘインズ博士の死についての諜報報告書が私の机の上を通ったのに、当時は読もうとも思わなかったことを、何年も経って非常に後悔した。

時間が経つにつれて、私は新しい環境を心地よく感じるようになっていた。警備の状況をメアリーに報告し、大統領の動向を空軍に知らせ、ANCのスタッフと連絡を取り合う……。毎週月曜日を、大統領はジョハネスバーグにあるANC本部「シェルハウス」で過ごした（のちにANC本部は、かつての指導者アルバート・ルツリに因んだルツリハウスに移転する）。大統領執務室の職員は、大統領の月曜日の予定に干渉することを許されなかった。五年の間、国外に出ているときを除き、大統領は毎週月曜日にANC本部へ出向いた。党の政治的仕事は大統領としての仕事と切り離されていたから、私たちは大統領がANC本部で何をしたのか、誰と会ったのか知らなかった。しかし、ネルソン・マンデラはANCの要だったし、ANCはマンデラの人生と政治家としてのキャリアを形成した。マンデラとANCを切り離すことはできない。大統領としての日常業務を遂行する上で、マンデラはANCの政策と体制を尊重した。

ある日、メアリーから電話がある。目の手術後、ジョハネスバーグの自宅で療養中の大統領から、アフリカーンス語の手助けが必要なので私を寄越して欲しいという依頼があったそうだ。

ハウトン地区の大統領私邸の外には、警備の車両が何台か止まっていた。サングラスをかけた大統領は庭の木の下でゆったりした椅子に座り、両足を台に載せて休めている。サングラスは手術を受けた目を守るためだ。私たちは握手をして、温かい挨拶を交わす。大統領は私に傍に座るよう促し、アフリカーンス語の日刊紙『ビエルト』を手渡す。読んでくれと頼まれ、パニックに陥った。一瞬、字の読み方を忘れてしまう。

たどたどしく読む私を大統領は止め、「リラックスしなさい」。面白がっているようだ。最初からゆっくり読み直すよう言われる。今回は前より楽に読めた。記事の中で、マモエパという苗字にぶつかる。ロニー・マモエパは当時、ANCの報道官だった。綴りの通り読んだつもりだったが、大統領に発音を訂正される。私はお礼を言い、読み進めた。また、ロニーの名前が出て来たので、できるだけ早く読んでごまかそうとする。しかし、大統領はまた忍耐強く私の発音を訂正し、後について発音しなさいという。三回目に同じ苗字に遭遇したときは、「注意を払って発音しなければ、私が努力しないことをお気に召さないだろう」と気がつく。そして、四回目。大統領に発音の良さを褒められ、オリンピックでメダルを獲得したように嬉しくなる。同時に、大統領がこんな小さなことに大騒ぎしてくれたのが恥ずかしかった。私は前よりリラックスしたものの、まだとても緊張していたことからまた早口になり、ゆっくり読みなさいと何度か注意される。意味がわからない言葉が出てくると、大統領は説明してくれという。私は文を読み直し、文脈を説明する。何本か記事を読んだ後で、プレトリアに戻ってよいと言われた。極度の緊張から、マラソンランナーのように汗をかいていた。自分の家に戻ってホッとする。そして、大統領との再遭遇が引き起こしたショックを癒したのだった。

日常業務に平穏が戻る。次に大統領がオフィスに現れたときは、顔を合わせるのが以前より楽だった。仕事で直接大統領に関わることはなかったが、時々廊下でばったり出会ったり、大統領が私のオフィスの前を通り過ぎるのを目にしたりした。もう隠れることもしなければ、恥ずかしいと思うこともない。アフリカーナだからという理由で大統領が私を解雇したがったら、実際そうなってからどうするか考えることに決める。取りあえずは、解雇の犠牲になりそうにはなかった。白人に対する大統領の気持ちにまだいくぶん疑いを持っていたものの、これまでのところ、私に示してくれたのは温かさだけなのだから。

私は、自分の周りで繰り広げられる政治の世界を理解しようとしていた。簡単なことではない。南アフリカの歴史を大急ぎで学ばなければならなかった。ボディーガードのひとりが私と私の親友、ピーター・ムールマンとアンドリーズ・エリスの三人をソウェトのツアーに連れて行ってくれた。ソウェトはジョハネスバーグ近郊にある旧黒人居住区である。アパルトヘイト時代、黒人は決められた居住区にしか住むことを許されなかった。私たちは心配し、怖かった一方で、ソウェトがどんなところか好奇心もあった。

ヴィラカジ通りにあるマンデラ大統領の旧宅、同じ通りにあるツツ大主教の家を見た後、ヘクター・ピーターソン・ミュージアムを訪れる。ボディーガードはそこで、一九七六年のソウェト蜂起の話をしてくれた。アフリカーンス語が授業で使う言語に定められたのに反対して、数千人の子どもたちが行進した。十三歳のヘクターも参加する。平和的なデモのはずだった。だが、警察が出動し、群衆を追い散らすために子どもたちに向かって発砲したことで、暴力事件に発展した。ヘクターが撃たれる。別の少年が死にかけたヘクターを腕に抱えて走っている写真が、世界がアパルトヘイト時代の南アフリカに対して持つイメージになった。ヘクターは英雄になる。

次にボディーガードが連れて行ってくれたのは、ANCとその武装部隊が非合法時代に使った隠れ家だ。私たちはわくわくしながらも、ソウェトにいることで神経質にもなっていた。当時、白人は気楽にソウェトに行ったりしなかった。しかし、ボディーガードが武装していたことと、大統領のボディーガードがついていながら、ソウェトで私たちに何か起こったら問題になることを知っていたので心配はしなかった。しばらくドライブしてまわり、ソウェトが想像していたようなスラムではないことを知る。人々はちゃんとした家を建てていた。中には豪邸もあった。そして、怖いものは何も目につかなかった。後になって、私たちをソウェトに連れて行ってくれたボディーガードは諜報部に近い人物だと知る。ソウェトを案内してくれたのは、私が大統領の近くで働いていたから、私たちの人となりを調べ、脅威レベルを探るためだったのだろうと、のちに何度も思った。

一九九四年の終わり、大統領は休暇でサウジアラビアに行く。サウジアラビアで病院を訪問し、そこで働いている南ア人の看護婦たちに会う予定だと聞いた。友だちもいるとのことだ。それでも私は、サウジアラビアのような砂漠で休暇を過ごすなど理解できなかった。

大統領がサウジアラビアから帰国した日、メアリーに空港までの出迎えに誘われる。嬉しくてたまらず、ふたつ返事で承諾した。大統領に対する私の態度は変化していた。大統領と言葉を交わすのはいつも楽しかった。私に話しかけるとき、大統領は例外なくとても愛想がよく温かかった。私は大統領に会う機会を楽しみにしていた。大統領が空港で電話する場合に備えて、電話番号リストを持ってくるよう、メアリーに言われる。予想通り、大統領は空港から電話をかけた。その頃には、私はメアリーや大統領が必要とするかもしれない、ありとあらゆる電話番号を事前に用意するようになっていた。メアリーに言われてやったことではないが、有能な人間は必要な情報を常時手元に置いておくものだと思っていたので、メアリーがよく使う重要な番号を日頃からリストにしておいたのだった。

空港に着いた大統領は私を見て喜んだようだった。君のことを考えていたよ、という。私は思った。まさかね。一国の大統領には、自分のオフィスのタイピストより大切な、考えることがあるに決まっているわ。のちになって気がついたことだが、大統領はきっとその時すでに、自分の部下にアフリカーナがいることを示す最良の例として、そして自分がアフリカーナを雇うことに対してマイノリティがどう反応するかを見るために、私を利用する戦略を開始していたのだ。その時はそんなことを思いもしなかった。また、大統領の言葉に悪い気はしなかったが、本気にすることはなかった。

大統領専用機が着陸したウォータークルーフ空軍基地では、多くの報道関係者が大統領の到着を待っていた。私に挨拶した直後の大統領がメアリーと貴賓室に向かって歩いている写真が、翌日の『サンデータイムズ』紙に掲載される。父は新聞社に電話して、写真の焼き増しを送ってくれるよう頼んだ。驚いたことに、私が大統領に挨拶したときの写真も撮られていた。その写真はそれ以来、私にとってこの世で一番大切な所有物になる。マンデラ大統領に直接会ったことがなく、私の体験談に基づいて大統領観を形成していた父も、いくぶん誇りに感じているようだった。ネルソン・マンデラは南アフリカ人の考え方をひとりひとり変えていったのだ。私の父も含めて。

# 第4章　大統領の元で働く

大統領の執務室では、時としてかなり奇妙な電話や依頼を受ける。ある時、とある紳士から電話があった。大統領の物真似が上手なオウムを飼っているので、大統領執務室に連れて来て大統領に聞かせたい、という。受話器を取った私はもちろん、丁重にお断りした。また、ある日アフリカーナの紳士から電話がある。「おはよう、お嬢さん。何パイントかくれないかね」「失礼ですが……？」「パイントだよ。お宅のパイントが必要なんだ」「おかけ間違いではないでしょうか。一体何のことを仰っているのか、さっぱりわかりません」。酪農場からの間違い電話だった。搾乳場に電話して、搾りたての牛乳を注文したつもりだったのだ。「仮にパイントが手元にあっても、一パイントが一体どのくらいの量なのか、私には皆目見当がつきません」と答える。

逃走中の連続殺人犯コリーン・チャウケからも電話があった。大統領と話したい、自分を警察に引き渡すことができるのは大統領だけだ、というのである。自首したら警察に射殺されるのではないかと恐れて、大統領の力を借りたかったのかもしれない。電話に出たオルガが迅速に対処し、別の電話を使って警察に知らせた。チャウケは大統領と話すことなく、数時間後に逮捕される。重要案件を取り扱う日もあったが、このような馬鹿げた問い合わせや依頼などを受け、正気を保つのに苦労した日もあった。

大統領執務室ではものすごい勢いで物事が進んでいった。特に大統領が出勤した日は大変だった。大統領の目の前ではすべてが穏やかだったが、裏方はてんやわんやの大騒ぎ。仕事以外の時間はほとんどなかった。どういうわけか、ケープタウン事務所のエリーズはずっとうまく物事を処理し、私たちよりバランスのとれた生活を送っていた。だが、プレトリアの事務所では、毎日が時間との闘いだった。エリーズは元ファーストレディ、マリカ・デクラークに仕えた旧政権時代からのスタッフだが、残りの私たちは大統領執務室で働く知識もスキルも持ち合わせておらず、試行錯誤の連続だったのだ。

当時の大統領府は一九九六年に制定された暫定憲法を施行し、憲法が機能するための仕組みを作り上げることに焦点を当てていた。大統領個人は人種間の和解に全力を尽くしており、黒人と白人の両方がアパルトヘイトのために負った心の傷を癒そうとしていた。

大統領のスケジュールをタイプし、警備スタッフ、家政スタッフ、空軍その他の関係者に毎日配布することに加え、メアリーは時折、その他の日常的な業務を私に頼んだ。大統領や客人にお茶を出したり、大統領の車にガソリンを入れたり、大統領のドライクリーニングを取りに行ったりするようなことだ。私はどんなことを頼まれても気にしなかった。プレトリアの大統領公邸に書類を持って行ったり、来客を出迎えたりすることもよくあった。そして、大統領執務室に持ち込まれたどんな問い合わせにも対処することを学んだ。私たちは次第に、より体系だったやり方で仕事をするようになる。三人の個人秘書が仕事を分担し、総務のほとんどは私とアランが担当した。大統領府は政策、閣議、政治問題を取り扱う省だが、その一部である大統領執務室は大統領の私事や、毎日の予定や、大統領に直接関係がある、または大統領本人が対応しなければならない依頼などを処理した。

大統領執務室の長はジェイクス・ヘルヴェル教授。私たちはただ「教授」と呼んだ。教授は東ケープ地方出身のカラードだ。学者であり、また若い頃から反アパルトヘイト運動の活動家だった。西ケープ大学に勤務していたのを、民主的に選ばれた初めての政府の、大統領執務室首席補佐官兼内閣秘書官としてヘッドハンティングされたのだった。私が初めて出会った、本物のインテリだった。教授の学位はすべて文学や言語に関係するもので、そのほとんどで優等賞を取っていた。肌が茶色の人間が多くの学位を持っていることに私は驚いた。無知な私は、そんなに学問がある人は白人しかありえないと思っていたのだ。これほど多くの学位を持っている人だから当然私のことを見下すと思っていたが、教授はとても感じが良く、まったく偏見を持たずに他人に敬意を払う人だった。教授もアフリカーナなのだと言われて、変な気がした。白人しかアフリカーナになれないという偏見を持っていたからだ。教授のトレードマークはその微笑みと、アインシュタインを彷彿とさせる、アフロスタイルのボサボサ頭。大統領がオフィスにいるときは決まって会いに来た。私たちのオフィスを通り過ぎることも多く、そのたびに私たちが元気かどうか尋ねてくれる。大統領は職務執行にあたり教授に頼り切っており、ありとあらゆることについて教授にアドバイスを求めていた。大統領と教授はとても仲が良かった。国家の重大事項だけでなく、個人的な問題に対しても、教授が落ち着いた綿密に考え抜いたやり方で臨むことに大統領は称賛を惜しまなかった。

一九九五年二月、議会第一会期出席のため、私たちはケープタウンに移動する。

ケープタウンでは、議員全員が議員村「アカシアパーク」に住むことになっている。地位と勤続年数と家族の大きさに従って、アパートまたは小さい家があてがわれる。私のような独身女性には、小さな台所と浴室がついた独身者用アパートで十分だ。私はひとり暮らしが大いに気に入り、同僚の何人かと仲良しになった。そのひとりがマレサ・スラバートである。マレサは当時、大統領府の内閣官房室で働いていた。十七年後の今も、マレサと私は一緒に働いている。マレサは仕事の上でも、私生活でも、これまでの人生で私を一番支えてくれた大切な人だ。

七月に議会が閉会し、私たちは荷物をまとめてプレトリアに戻る。プレトリアに帰るのは気が重かった。両親の家に戻り、自立を失うのが嫌だった。もちろん楽しみにしていたこともあった。友だちに会い、私の経験を話して聞かせること。日常生活の雑用に煩わされることのない、快適な自宅での生活。なにしろ、洗濯やアイロンがけなどが、知らないうちに自動的に行われるのだから。パーティーでは友人たちに、「敵」のために働いているとからかわれた。冗談だと受け止める。しかし、年を取るに従って、そして人間として成熟していくにつれ、私たちは歴史や政治について真剣に議論するようになった。私は以前より物事をよく知っていると感じていた。少なくとも、知識を蓄えつつあった物事については、知的な会話ができるようになったと感じていた。このような議論はしばしば激論となって終わった。というのは、大統領との交流と同僚から得た知識のおかげで、南アフリカで起こった出来事についての私の見方が次第に変わっていっていたからだ。

メアリーは以前より多くの時間を私と過ごすようになっていた。破綻したウィニーとの結婚やウィニーとの間にできた娘ジンジとゼナニについてなど、大統領の私生活についても教えてくれた。同伴者が必要な公的行事に出席するとき、大統領はジンジかゼナニに同伴を頼んでいた。私がふたりを目にするのはそんな時くらいだった。大統領のスケジュールから推察するに、大統領には私生活にあてる時間がほとんどなかった。最初の結婚でできた子どもがふたりまだ生きていると聞いたが、大統領執務室スタッフの誰も会ったことがなかったし、コンタクトを取ることもなかった。

大統領はアフリカーナの来客があるたびに、書類やお茶を持って来るよう、私に頼むようになっていた。大統領に会うチャンスだから嫌ではなかった。大統領は毎日少しずつ確実に、私の防御壁を取り崩していた。ロベン島時代、石灰岩をノミで削ったのと同じように、私の偏見と、私の心を何層にも覆うアパルトヘイトを削り取っていったのだ。大統領は私や両親が元気でやっているかどうか、心から関心を持って尋ねてくれた。そして、私に会うたびに違う質問をした。人間というものは、自分に関心を示してくれる人を、その人に対してどのような先入観を持っていようと、好きになるものだ。しかも大統領は誠意のある聞き方をしてくれたので、私は関心を示されて嬉しかった。一国の大統領が私の健康や生活状態を気にかけてくれるなんて、それまで想像もしたことがなかった。

ある日、大統領の日常生活を描くドキュメンタリーの撮影中、ジェイ・ナイドゥーとのミーティングにお茶を出すよう指示された。運命がメアリーを私の面接に連れて来なかったら、私のボスになっていたはずの無任所大臣である。私は心の準備ができていなかった。こんな服装で、大統領と来客にお茶を出すなんてできない。それでも、お茶を持って行く。大統領はアフリカーンス語で私をナイドゥー大臣に紹介した。大臣は曖昧に微笑む。元反アパルトヘイト活動家の全員がマンデラ大統領同様、白人を許す決心をしたわけではないのだろう。

ドキュメンタリーが放送されたとき、私の両親は面食らった。娘の私が黒人にお茶を出したという理由で、私の両親と縁を切る決心をした友人がいたからだ。アフリカーナの中には、新生南アにうまく適応できていない者もいたのだ。その人たちにとって、黒人との関係やつき合い方はアパルトヘイト時代となんら変わるところはなかった。主人と召使という関係である。ほとんどの白人にとって、以前と同じ生活が続いていた。以前と変わらぬ、物質的な快適さという泡《あぶく》の中で暮らしていた。すべての白人が南アフリカを人種差別のない国にしようと、一致協力して努力しようとしていたわけではなかったのだ。悲しいことに、今になってもまだその泡の中で暮らしている白人がたくさんいる。

私の両親は居心地の悪い立場にあった。娘の私が職場で幸福であり、一生懸命働き、明らかに仕事を楽しんでいる一方で、私たちが属するコミュニティには私の努力を支持する気配がなかったからだ（何年も経って、この同じ人たちが引退したマンデラ大統領に本にサインしてもらいたくて私にコンタクトしてきたとき、私は喜んでアレンジした。この人たちの考え方がマンデラ大統領に対してだけ変わったのかどうか、それとも私のことも許すことにしたのか定かではない）。

＊

その秋、ジョハネスバーグのマンデラ邸を取り仕切っていた、大統領の姪のロシェルから、プレトリアにいた私に電話が入る。その夜、カールトンホテルで行われることになっていたユナイテッド・ワールド・カレッジのイベントに、大統領が私に同伴してもらいたがっているという。

一九九二年にウィニーと離婚した後、大統領が主に住んでいた家はハウトンという地域にあった。ロシェルは大統領の世話をするためにマンデラ邸に移り住み、家と使用人を管理したり、大統領の手伝いをしたりしていた。ロシェルからの電話を受けて、私はパニックに陥った。何を着ようかと母に相談し、シンプルな黒のスカートとジャケットを選ぶ。自宅から会場まで大統領の車に同乗して欲しいとロシェルに言われ、ますます心配になった。大統領の隣の席に座って、何を言えばよいのだろう。何をすればよいのだろう。そんなこと誰にも教わっていない。

マンデラ邸に着いて、ロシェルに何をしたらよいのか尋ねたら、流れに任せなさい、という。大統領がスピーチを行う際には、置くべきところに原稿と老眼鏡を置き、飲み水があることを確認しなさい。あとは警備担当官に任せればいい。ロシェルの指示はそれだけだ。大統領がメアリーに電話して私が同伴することを伝えたとロシェルに聞き、不安になる。大統領に同行する指示がメアリーの頭越しに行われたことに、私はいくぶん居心地悪く感じていた。

大統領が二階から降りて来て、明るく挨拶し、車に乗るよう言う。重装備の車のドアを警備担当官が開けてくれた。重すぎて、私にはほとんど動かすこともできないドアだ。大統領の空間に侵入したくなかったので、隅っこに座り、ドアにできるだけ体を近づける。緊張のあまりガチガチだった。ジョハネスバーグの中心にあるカールトンホテルに向かう途中、ヨルダン王の妻、ヌール王妃に会うと大統領に告げられる。どのような敬称を使えばよいかという私の質問に、大統領はにっこりして説明してくれた。「いや、いいかね。陛下とお呼びすればいいんだよ」。王妃だから、というのだ。大統領は文を「いや」で始める癖があった。そして、その後に通常続くのが「いいかね」。大統領の一語一語に注意を払ったわけではなかったが、これには気づかざるを得なかった。大統領は誰に話しかけるときでも最大限の敬意を示した。それは言葉の選び方にも表れている。だから、すべての文を「いや」で始めるからといって、否定しているわけではない。単なる習慣であり、会話を和らげる効果があった。

会場に到着するや否や、大統領の周りを人が取り囲む。大統領がイベント会場のドアまで歩けるよう、人々を遠ざけることに警備担当官たちは苦労している。ドアのところでヌール王妃が待っていた。大統領は「陛下。これは私の秘書ゼルダ・ラグレインジです」と私を紹介する。私は大統領の秘書ではない。といっても、王妃がそんなことを気にするわけはないが。ところが驚いたことに、王妃は私に関心を示し、どのくらい大統領の元で働いているのか尋ねた。「一年近くになります」と答える。それほど長く大統領に仕えていないことを、王妃は気にしていないようだった。ヌール王妃はそれまで私が会った女性の中で一二を争う美しい人だった。王妃の風格があり、所作は優雅そのもの。私はじっと見すぎて失礼にならないよう、自分をつねらなければならなかった。一国の王妃様に会ったのだ！

その後、会場内でもっと大きな驚きが待っていようとは思ってもみなかった。

警備担当官にメインテーブルまで案内される。群衆がこれほど大騒ぎをしているのを経験したことがない。できるだけ大統領の傍を離れないように努力する。警備担当官に取り囲まれた上に、群衆にもみくちゃにされて身動きが取れない。私は戸惑いを感じた。誰もがマンデラ大統領に触ろうとしている。誰もがマンデラ大統領を間近で見ようとしている。

マンデラ大統領とヌール王妃が大広間の椅子の後ろに立つや否や、群衆は静まり席に着き始めた。私は振り返って警備担当官に「私はどこにいればよいのかしら？」と尋ねる。立ち振る舞いについて、私は警備担当官たちに頼り切っていたのだ。連れて行かれた席は、ヌール王妃の隣だった。私は真っ赤になる。血液と心臓が、体中の筋肉の中でドクドクいっている。私が一国の王妃の隣に座るなんて、嫌だわ、ダメ、可能性ゼロ、絶対ありえない。王妃様に何と言えばよいの？　どう振る舞えばいいの？　どのナイフとフォークを最初に使うか、一夜漬けで覚えたエチケットすら思い出せない。確か母が「外側から始めなさい」って言っていたような気がする。きっとそうだわ。でも、やっぱりこんなこと、ありえない。私は警備担当官に「これは何かの間違いでしょう」と言った。そうこうしているうちに、大統領と王妃がそれぞれの席に着く。私は混乱しどぎまぎしながら、なんとかその場から抜け出そうとした。部屋の中で立っているのは、私だけだ。

大統領は目で「ゼルダ。席に座りなさい」と促す。私は大統領の目を見つめる。「助けてください。あっちへ行け、って言ってください」という思いを込めた私の目は、パニックに溢れていた。だが、大統領は頷いて着席を促す。仕方なく私は席に着いた。大統領と王妃が言葉を交わし始める。私は隣に座っている人が一体誰なのか知らなかった。隣に座っている人が素っ裸でも死んでいても、きっと気がつかなかっただろう。目でテーブルクロスの模様を追い、それが終わったら、指で模様をなぞった。落ち着いているように見えればよいが、と願いつつ、心の中は緊張と不安で死にそうだった。肘をテーブルに置くのはマナー違反であることは知っていたが、場違いな思いをこれ以上隠すことができず、テーブルに肘をつけば多少は気が落ち着くかもしれないと思った。私なんかを一国の王妃の隣に座らせるなんて、外交儀礼に反しているに決まっている。そのくらいのことは私だって知っているわ。

王妃が私の方を向いて話しかけ始めた。私は微笑み、王妃の向こう側に座っている大統領に、「この場から救出してくださるのがあなたの務めでしょう？」と目で訴える。大統領が救出してくれないどころか、私の不安に気がつかない様子でにっこりしただけだったことに、私はちょっとむっとする。王妃は南アフリカ政治の現状や、私がどこで育ったかなどについて質問を始めた。どう答えたか覚えていないけれど、限りなく楽観的な答えをしなければならないと思った。もし私が大統領だったら、南アフリカの将来について国民が楽観的であることを期待するだろうから。私は自分がよく知らないことについて話していた。南アフリカに明るい未来があると、自分は本当に思っているのだろうか。この国はどこに向かっているのだろうか。私には定かではなかった。新生南アに関する私の意見はまだ形成されておらず、せいぜい「大統領がいくぶん好きになった」程度のものだったのだ。

ベルの音に救われる。式典が始まった。ヌール王妃のスピーチに続き、マンデラ大統領がスピーチを行う。自分の席でスピーチを行う大統領に、マイクが手渡された。私は原稿と老眼鏡を渡す。大統領は老眼鏡をテーブルの上に置いて、スピーチを読み始めた。使わないのなら、なぜ老眼鏡が必要なのだろう。スピーチの後、大統領は原稿を私に渡し、「ありがとう、ダーリン」と声に出した。その言葉は思いやりと感謝の気持ちに満ちていた。人に「ダーリン」と呼ばれることに、私は慣れていなかった。親愛の情を示す呼びかけとして、大統領が時々女性に対して使う言葉にすぎないことを知ったのは、後になってのことだ。知り合いの女性や見知らぬ人に「ダーリン」と呼びかけられるたびに、私は見下されたように感じる。しかし、ネルソン・マンデラに「ダーリン」と呼ばれて嫌な気がする人はいないだろう。頭に血が上って、私はショックのあまり口がきけなかった。公共の場で母親にキスされたティーンエイジャーのような気分だ。人前で愛情を注がれたことが恥ずかしい。それでも、義務を果たしたのだから、これでリラックスして食事ができると思った。

料理が運ばれて来るのを五分くらい待ったところで、大統領が言う。「ゼルダ。うちに帰る時間だよ」。大統領の退席を司会者が告げ、私たちは会場を後にした。これも後になって気がついたのだが、大統領は家の外で食事するのを好まなかった。長年仕えたコサ族の料理人、コリスワかグロリアの手による家庭料理が大好きだったので、イベントなどで料理を口にすることはほとんどなかったのだ。

車に向かう途中、大統領の自伝『自由への長い道』を手にした人が近づいて来る。警備担当官が追い払ったが男は言うことをきかず、大統領のところまでやって来た。大統領は嫌とは言えず本にサインし、その本を警備担当官に渡してから車に向かった。私が振り返ったとき、警備担当官は大統領がサインしたページを破り捨て、指示に背いてはいけないと男に諭しているところだった。私は大きなショックを受ける。私自身、何があろうと決まりを守ろうとする人間になろうとは、その時は思ってもみなかった。もっとも、本のページを破るほどではなかったけれど。

マンデラ邸に戻る途中、私が王妃の隣に座るのは不相応だと思う、と口にする。大統領は微笑み、「心配しないでも大丈夫だよ」。そう言われて、私はますます不安になる。一方の大統領はまったく気にしていない。マンデラ邸に到着する。大統領は「コーヒーでも」と誘ってくれたが、私はプレトリアに戻りたかった。もう限界だったのだ。大統領は、警備担当官に家までついて行かせる、と言ってきかない。外に出てから、警備担当官に、そんな必要はない、と告げる。彼らは疲れていたし、私は私で、誰かに家までついて来られるなんてまっぴらだ。のち、大統領に同行することが増えたが、そのたびに大統領は警備担当官を家までついて行かせると言ってきかず、そのたびに私は同意し、ドアを出た途端、約束を反故にしたものだった。

一九九五年の冬、大統領は西ケープ州の町スウェレンダムに招待される。スウェレンダムはガーデンルート沿いに位置する、小さい村のような雰囲気を持つアフリカーナの町だ。この町が大統領に名誉町民権を贈りたいという。白人のアフリカーナが人口の大半を占める町がマンデラ大統領にそのような栄誉を与えたいというのは、この町の住民が大統領の国家統一努力を支持している証だ。大統領は申し出を受けることにする。授与式の数日前、大統領は私に同行して欲しいと言ってきた。

授与式の前日、私をケープタウンの公邸へナーデンダールに呼び、到着するや否や着席を促す。へナーデンダールというのは、西ケープ州の田舎にある、小さなカラードのコミュニティの名前で、「感謝の谷」を意味する。へナーデンダールのコミュニティに敬意を示すために、大統領はケープタウンの公邸にその名を与えたのだった。

演説をすべてアフリカーンス語で行うので練習をしたい、ついては発音のチェックをして欲しい、という。そして、大統領はいきなり原稿を読み始めた。最初、私には発音を訂正する勇気がなかった。大統領は時々原稿から目を上げ、私の是認を求める。私は本職の教師のように頷きながらも、偉ぶって振る舞う自分が嫌だった。大統領に助けを求められたとはいえ、目の前に繰り広げられているのは、黒人がやることを白人が監督し、黒人が白人の承認を求めるという、アパルトヘイト時代の典型的な光景だった。大統領が何を言っているのかよく理解できない。神経を集中させる。大統領はまたスピーチを最初から読み返したいと言う。私は同意する。同意しないという選択肢はない。それでも、今度は勇気をふりしぼって、何か所か訂正した。大統領は段々神経質になってきて、老眼鏡越しに私を見る。今回は是認というより、確認を求めているようだ。私は頷いた。

スウェレンダムへ行くのに、生まれて初めてヘリコプターに乗る。緊張したが、大きな軍用へリ「オリックス」の中でくつろいでいる大統領を見て気が楽になる。パイロットは白人の軍人だった。大統領はこのパイロットを信頼しているだろうか。一九九五年当時、軍隊は変貌を遂げていたものの、軍隊に採用されるほど訓練を受け資格を持った黒人のパイロットはほとんどいなかった。ヘリの中で、私は大統領の演説に思いを巡らせる。昨日練習した言葉をちゃんと覚えているだろうか。社交パーティーに出席するかのようにリラックスしている大統領の傍で、私は神経質になっていた。

スウェレンダムで大統領は大歓迎を受ける。大統領の希望で、会場まで一般の人々の間を歩く。小さい女の子が壇上に挨拶にやって来た。大統領がこの子に対してすっかり心を開いていることは、ボディランゲージから明らかだ。大統領がアフリカーンス語で話しかける。少女は恥ずかしがりながら答える。大統領は女の子との会話を楽しんでいた。ふたりの間に特別な絆が生まれたのが感じられる。大統領の演説は完璧だった。私と練習した言葉をちゃんと覚えていた。演説を最初から最後までアフリカーンス語で行ったことで、大統領はコミュニティの心を摑む。スウェレンダムの人々は、マンデラ大統領が大好きになった。

プレトリアのオフィスに戻る。来客もなくひとりきりの大統領に、私はお茶を持って行った。机の向かい側に座るよう言われ、どうしたらよいかわからないまま、不安な気持ちで指示に従う。大統領が机の向かい側に座るよう言うことはめったにない。私は何か問題を起こしてしまったのだろうか。どんな厄介な立場に陥ってしまったのだろうか。それまでの数週間、誰にどんな話をしたか思い出そうとする。大統領が口を開く。「いや。いいかね。一緒に日本へ行って欲しいんだ」。まず頭に浮かんだのは、「一緒に海外旅行に出かけるなんて、まずいんじゃないの?」。次に思ったのは、「あら、嫌だ。まるで初めて大統領にお目にかかったときみたい。なにを言われたのか、きっとわかっていないのよ」。「失礼ですが……?」と聞き返す。大統領が繰り返した言葉を理解しようとする。え、何ですって。「一緒に日本に行ってくれないかね」ですって。私の口からやっと出たのは、「ありがとうございます、大統領閣下。でも、今の私には、日本に行くお金などありません」。大統領は吹き出した。あまりにもバカげた反応に、なんと答えていいかわからなかったのだろう。

自分が笑ったことに私が驚いたのを見た大統領は、姿勢を正して同じ質問を、今度は重要な詳細を少し入れて繰り返した。「日本に公式訪問する代表団の一員として、日本に行って欲しいんだよ」。仕事だということが漠然とわかる。首席補佐官ヘルヴェル教授に会いに行けば、すべてが説明してもらえるという。私はお礼を言って、大統領のオフィスを出る。メアリーには何も言わなかった。自分のオフィスに戻る途中メアリーのオフィスを通ったはずだが、メアリーがオフィスにいたかどうか覚えていない。席に戻って、たった今起こったことを咀嚼《そしゃく》しようとする。頭の中の情報をどう扱ったらよいものか。誰に相談するべきなのか。大統領はヘルヴェル教授に話すのがさも簡単なように言うが、教授は職場で一番偉い人だ。オフィスに乗り込んで、答えを要求するなんてとてもできない。だから、私は何もしないことにした。誰にも相談せず、忘れてしまうことにしたのだ。だって、何かの間違いに決まっているのだから。

数日後、ヘルヴェル教授が大統領のオフィスに行く途中に、私たちのオフィスの傍を通り、いつものように挨拶した後、私の机にやって来る。私を訪日代表団に入れるよう大統領に指示されたという。私はどぎまぎした。外務省でパスポートを発行してもらうよう言われ、そのためには誰のところに行けばよいか教えてくれる。西ケープ州からもうひとり若い女性が参加するという。西ケープ州のカラードコミュニティで行われた市民集会で、大統領と議論したメリッサ・ブリンクだ。その探求心とＡＮＣに挑戦した態度に、大統領は大いに感心していた。「ＡＮＣに投票して政権を取らせれば良い教育が受けられると信じて、私の両親はＡＮＣに投票したのだから、良い教育を受けさせてください」と挑戦したのだ。メリッサの目には、改革の進み方が遅すぎると映っていた。そして、機会を逃さず大統領に挑戦する勇気を持っていた。こんな若い人が、自分の教育に熱心なあまり、思い切って大統領に質問したことが、大統領を喜ばせた。

一方、なぜ私は代表団の一員に選ばれたのだろうか。皆目わからなかったし、誰も知らなかった。ただ、旅行代金を一銭も払わないでよいどころか、海外出張の特別手当を支給されるというので嬉しかった。しかし、特別手当の額がかなり多いのを知り、今度は警戒する。危険手当ではないのか。経験不足のせいで、外務省の職員たちを質問攻めにして、かなり困らせたような気がする。私はまた、メアリーに対して罪悪感を持った。私が代表団に加わることをメアリーに伝えるのは、誰の役目なのだろうか。代表団の一員として私は何をすることになっているのだろうか。私がどういう立場にあるか、メアリーにもよくわかっていないだろう。直属の上司はメアリーなのに。私は気まずく感じた。

先発チームと一緒に日本に出発する日がやってきた。それまでの人生の中で、これほど興奮したことはない。外交官パスポートを手にし、新品の服に身を包み、母に教えられたマナーを身に付け、私は生まれて初めての海外旅行に出発する。その日まで、南アフリカの国境の外に出たことがなかった。初めての海外旅行の行き先が日本というのは夢のようだった。

東京に到着する。在京南ア大使館職員の出迎えを受け、ホテルに向かう。大使館職員たちは私の存在を不思議に思っているようだ。翌日メアリーが到着する。メアリーと私の間には緊張があった。大統領自身の指令により私が来たことを知っていたので、誰もが私の機嫌をとった。公式訪問では誰がどんな役割を果たすものなのか、理解しようとしたが簡単ではない。警備担当官と儀典担当官がたくさんいた。時をおかずして、私はヨハン・ニーマンという外務省職員が好きになる。ヨハンは「どうして君がこの旅行に参加することになったんだ。君の役割は何なんだ」と最初に聞いてきた人だった。単なるタイピストだから、どんな役割を持っているのか知らない、と答える。大統領直々にメリッサと私を招待したのだから、どんなものでもどんな人でも恐れる必要はないとヨハンが慰めてくれたおかげで、多少気が楽になった。

代表団の同僚たちと話すうちに、訪日代表団の目的がわかってきた。南アフリカ政府は日本との経済関係を強化しようとしていたのだ。大臣が数人同行していたが、公式訪問中、その役割も段々わかってきた。私はゆっくりと、政治感覚を培っていた。

マンデラ大統領は日本の天皇に謁見することになっていた。皇居に到着し、一列に並ぶよう言われる。高級官僚と大臣が大統領の近くに立ち、役所の序列順に列を作る。もちろんメリッサと私が一番端だ。

メリッサはカラード、私はアフリカーナとして紹介される。その時やっと初めて、なぜメリッサと私が代表団に含まれたかに気がつく。代表団を見渡すと、南アフリカの人口構成を反映している。私はその中に含まれたことが嬉しかった。大統領は南アフリカの全人種を代表団に含めたかったのだ。南ア国民に和解を訴えていた大統領が、自分のオフィスでも人種和解を実行していることを、世界の人々に示したかったのである。

大統領は私を天皇にこう紹介した。「私の秘書のゼルダ・ラグレインジです。正真正銘のアフリカーナのブーラメイシーなんですよ」。天皇がブーラメイシー（農家の娘）という言葉を知っていたかどうか定かではない。怪訝な顔をしながらも、私と握手しながら礼儀正しく微笑んでいた。

そうこうしているうちに、私は気がついた。どうしてよいかわからないときは、大統領にアフリカーンス語で質問すればよい。大統領が穏やかに、正しい儀礼を教えてくれる。大統領は儀典部に説明を受けていたから、私がためらっているのを見るたびに、どう振る舞えばよいかアフリカーンス語で教えてくれた。大統領が休憩している間、私はホテルの部屋から動かなかった。代表団の他のメンバーは買い物や観光に出かけたけれど、私は心配のあまり部屋の外へ出ることができなかったのだ。大統領が私を呼んだとき、私が外出中だったらどうしよう。そんなこと、考えられない。公式晩餐会での私の席は大統領からかなり離れていたけれど、大統領の一挙手一投足を見守ることができた。

＊

一九九四年にマンデラ大統領が就任して以来、一般の南ア人の生活にあまり変化はなく、楽観的な雰囲気が漂っていた。テレビに映る大統領は、常に敬意を示し偏見を持たず国民に挨拶している。それが一般国民の目に好ましく映った。しかし、マンデラ政権にとっての分岐点は一九九五年だった。新生南アフリカが生き残ること、南ア国家が健全でよくやっていることを世界に示す機会が訪れたのだ。

この年、ラグビーのワールドカップが南アフリカで開催される。当時の南アフリカでは、ラグビーは白人のスポーツだと見なされていた。ほとんどのアフリカーナは、熱狂的なラグビーファンだ。黒人、特に東ケープ州の黒人が何十年もラグビーをやっていたことを私が知ったのは、後になってのことだ。アパルトヘイト時代、黒人は公にラグビーを行うことも、観客として試合を観に行くことも許されなかった。ラグビーのチームメンバーも公式戦の観客も白人に制限されていた。しかし、今回のナショナルチーム「スプリングボクス」には、アフリカーンス語を第一言語とする若いカラード、チェスター・ウィリアムズが含まれていた。

ワールドカップ開催前、大統領は西ケープ州のトレーニングキャンプにスプリングボクスを訪問する。そして、ニューランズでの開幕戦に駆けつけ、スプリングボクスに声援を送った。チェスター（のち、私は愛情をこめて「チェッシー」と呼ぶようになる）がフィールドに姿を現す。観客は興奮の渦に巻き込まれる。トーナメントが進み、チェスターが点数を稼ぐに従って、チェスターが選抜されたことを白人たちが支持するようになった。

私の予想に反し、大統領はラグビーのルールを知っていた。それどころか、私よりずっとラグビーの試合について理解している。開幕戦は南アフリカ対オーストラリアだった。大統領は南アフリカラグビー協会のルイ・レイト会長とオーストラリア大統領の傍に座る。大統領は上機嫌で、オーストラリアの大統領と賭けをした。両国ともワインで有名だったから、負けたチームの大統領が勝ったチームの大統領にワインを一ケース贈るというものだ。勝利は南アフリカに輝く。そして、南アチームはそのまま、ジョハネスバーグでの歴史的な決勝戦まで勝ち進む（オーストラリアから贈られたワインは慈善団体に寄付され、資金集めに使われた）。

決勝戦の数日前、スプリングボクスのユニフォームを探しまわっているメアリーの声が聞こえたが、なぜ探しているのか、誰のために探しているのかは知らなかった。決勝戦前日、仕事が終わった帰りがけに、メアリーが教えてくれた。決勝戦当日、大統領はスプリングボクスのユニフォームを着て、フィールドに登場するつもりだと。なかなか独創的だと思ったが、それ以上深く考えなかった。

メアリーから決勝戦のチケットを二枚もらったので、父と一緒に行くことにする。試合に十分間に合う時間にスタジアムに到着。観客はすでにかなり興奮している。キックオフの直前、アナウンスがあった。「ご来場の皆さま。ネルソン・マンデラ南アフリカ共和国大統領をご歓迎ください」。大統領がボディーガードとラグビー協会職員に囲まれて登場する。喝采が沸き起こる。観客は大統領が緑色と金色のスプリングボクスのユニフォームを着ているのを見て、一斉に声を合わせて大合唱を始めた。「ネルソン、ネルソン、ネルソン」。最初私は、大統領をファーストネームで呼ぶなんて失礼だと思ったが、周りを見渡して、観客にはそんな気持ちがないことに気がついた。黒人の大統領がスプリングボクスのユニフォームを着て、スプリングボクスの帽子を被っているのを見て興奮し、立ち上がり、叫び、口笛を吹き、大声を上げていた。それぞれが持つ政治的信条にかかわりなく、皆、大統領を誇りに思っていた。大統領が両チームに挨拶し、続いて国歌斉唱。

手に汗握る試合だった。父と私は興奮のあまり席で飛び跳ね、古い友人のように大騒ぎした。延長時間にジョエル・ストランスキーがドロップゴールを決め、南アフリカが勝利する。観衆の興奮が爆発する。見知らぬ者同士が抱き合いキスし合う。喜びのあまり、泣き出した者もいた。数時間の間、人々は過去を忘れる。肌の色は関係なかった。同じ南アフリカ人として勝利を祝ったのだ。一九八七年の第一回と一九九一年の第二回のラグビーワールドカップに、アパルトヘイト国家南アフリカは参加を許されなかった。南アフリカがスポーツの国際試合に参加できるようになったのは、第一回民主総選挙の後だ。だから、ラグビーワールドカップに南アフリカが参加したのは一九九五年が初めてだった。初めて参加し、私たちは優勝したのだ。

決勝戦でスプリングボクスのユニフォームを着たのは、国をひとつにまとめるためにネルソン・マンデラ政権が行った戦略の中でも、とりわけ優れたものだった。南アフリカが統一された国として世界の目に映ったのだ。マンデラ大統領が「白人のスポーツ」と見なされていたラグビーを受け入れた。そして、白人の心に飛び込むことにより、人種の壁を乗り越え、国民の心に触れた。スプリングボクスだけでなく、国民全員を誇りに思っていることを示したのだ。大統領はその後しばしばこの日に言及し、スポーツは人々を団結させる力があると繰り返したものだったが、その日大統領が発揮した、自身の非凡な能力を謙遜していると思う。

ワールドカップ優勝後、大統領はスプリングボクスのメンバーを昼食に招待した。マンデラとラグビーの親密な関係の始まりである。大統領はワールドカップ優勝時のキャプテン、フランソワ・ピナールがお気に入りだったが、その他の選手のことも誇りに思っていた。スプリングボクスを優勝に導いただけでなく、南アフリカ国家を勝利に導いたからだ。大統領はラグビーの熱心なサポーターとなり、ラグビーばかり応援して他のスポーツに注意を払わないと批判されるようになる。大統領として常にバランスをとる必要があったため、当初はラグビー選手を育て上げなければならなかったものの、後には健全な距離を置くことを学ばなければならなかった。

一九九八年、南アラグビー協会の元会長ルイ・レイトがマンデラ大統領を起訴する。大統領が南アラグビー調査委員会を設立したことに異議を申し立てたのだ。南アラグビー協会は独立した私的機関であるから、協会内の人種差別や縁故主義の疑惑に関して、大統領が調査委員会を任命する権利はないというのである。一九九八年八月十六日付の『サンデータイムズ』紙は、レイトを「ラグビー界の独裁者と呼ぶに最もふさわしい男。ファンの嫌われ者」と描写した。当時スポーツレクリエーション大臣だった故スティーブ・チュウェテは、大統領が法廷で自身を弁護すると言い張ったことを心配した。大統領の弁護士やアドバイザーが弁護することを申し出たが、大統領は拒否したのだ。

ウィリアム・デヴィリヤーズが担当裁判官だった。一九九八年三月十九日、法廷に姿を現した大統領は、まず訴訟人の弁護団に近づき、ひとりひとりと握手する。その中にはルイ・レイトも含まれていた。それから、自分の弁護団に挨拶し着席。裁判の初日、私は大統領に腹を立てた。大統領に異議を申し立てるほどずうずうしい輩《やから》と、なぜ仲良くするのだろうか。休憩時間に不満をぶちまけた私に、大統領は決して忘れることのない教えを諭してくれる。「人があなたにどのように反応するかは、あなたがその人をどのように扱うかによって決まるのだよ」。緒戦で敵を武装解除したら、戦いに半分勝ったも同じことなのだ。事実、訴追者は大統領の振る舞いに不意を突かれたようだった。だが、すぐに気を取り直し攻勢に出る。もう一点大統領が教えてくれたのは、敵に戦場を選ばせてならない、ということだ。もし敵が法廷を戦場にしようとしたら、私情は関係ないことを示して相手の戦闘力を無力化し、敵に愛想よくすることで戦いを心理的に有利に導かなければならない。大統領の言葉は正しいと思う。だが、私の目に映った裁判は、私情がむき出しになって醜かった。

さて、ようやく大統領が呼ばれる。裁判官が座ることを勧めたのに、大統領は立って答弁すると言い張る。弁護士が違った言い方で同じ質問をしたとき、大統領はこう返答した。「裁判官閣下。マリッツ氏はこの質問をすでに行い、私はすでに回答いたしました」。裁判官が訴追者にそのまま続けるように言うと、大統領は「その質問にはすでに回答しました。同じ質問を別の言い方で三度も続けてされると、私の知性が疑われたように感じます」。大統領が気を悪くしたので、法廷に緊張がみなぎった。大統領の中に潜む訓練された弁護士が花開いたようだ。私は裁判が理不尽だと感じたが、大統領は法廷で光り輝いていた。

マフランバ・ンドロフから運ばれてきた昼食を、大統領は判事室で静かに食べる。熟考し、反省し、戦略を練っているのである。午後、大統領は再び法廷に立つ。レイトの弁護士たちにむかついて声を出しそうになり、私は何度か自分をつねらなければならなかった。自分の意見を言いたかったことが一度ならずあった。大統領を笑い者にしようとする弁護士のやり方に、私はショックで息が詰まった。なんと時代が変わったことか！　レイトは生粋のアフリカーナである。それなのに私は大統領の味方をしている。大統領の元で働いているからではない。大統領の信念に賛同したからである。大統領に調査委員会を設立する権利があると信じたからである。裁判の後で、私は自分の感情を隠そうとせず、思ったことをはっきりと大統領に告げる。大統領はいつも通り平静だった。疲れていながらも、私と違って裁判に心理的な影響を受けることはなかった。

政府とマンデラ大統領は敗訴し上訴する。ずっと後になって、判決が覆されたものの、調査委員会が再開されることはなかった。

敗訴の傷口を癒しながら、私たちはジャック・シラク仏大統領の公式訪問に備える。大規模な公式晩餐会がジョハネスバーグで開かれることになった。マンデラ大統領から電話がある。儀典部に伝えて、レイト氏と弁護士団を招待しなさいという。そうすると答えたものの、受話器を置いた途端思った。死んでも嫌だわ。故意に忘れてしまおう。大統領をあんなふうに蔑んだ人たちを、どうして招待しなければならないの？　アパルトヘイトがあったにもかかわらず、大統領は白人に対して一寸の恨みも抱いていない。それなのにあの人たちときたら、大統領が間違っていることを必死になって証明しようとした。それも、公の場で。南アフリカに住む誰もが出席したいと思っている晩餐会に、あの人たちを招待して楽しませるなんてことに、私は絶対に手を貸したくない。そういうわけで、私は自分の仕事を故意に怠り、大統領の指示を儀典部に伝えなかった。翌日、私は大統領に呼ばれる。「レイト博士と弁護団を招待したかい?」「いいえ、クル、まだです」。都合良く忘れてしまおうという計画は黙っておいた。だが、その翌日、そしてそのまた翌日、大統領は同じことを聞いてきた。大統領はこの件を忘れていないのだ。晩餐会でレイトと弁護団が見当たらなかったら、私は大層困った立場に陥るだろう。大統領は晩餐会でレイトたちを歓迎したいのだ。私はショックを受けた。裁判でのひどい経験にもかかわらず、大統領はいつものようにチャーミングで、晩餐会にやって来たレイトたちを旧友のように歓迎する。私のエゴはとても大切な教訓を学んだ。これこそが敵に対処するやり方なのだ。

# 第5章　大統領と旅する

一九九六年、大統領からまた海外へ同行するように頼まれる。今度はフランスへの公式訪問である。祖先がフランスからやって来た私はもちろんふたつ返事で引き受ける。前回と違うのは、同行する秘書が私ひとりだったこと。つまり、一人前の秘書として初めての公式訪問となったのだ。

パリでひとりの女性が、バーバラ・マセケラ駐仏南ア大使と一緒に大統領を訪ねて来る。バーバラはその女性を大統領の部屋にまっすぐ連れて行った。大統領にふさわしい広い部屋で、食堂や居間などがついている。バーバラはすぐに立ち去った。女性を後に残したまま。大統領の部屋のドアは閉まったままだ。大統領が女性と二人きりで部屋にいるとき、ドアを閉じることは許されていない。それで、大統領報道官のパークス・マンカフラナの元に駆けつけ、女性が中にいるのにドアが閉められたままだ、とパニックになって告げた。パークス曰く、「ああ、あれはサモラ・マシェル前モザンビーク大統領の未亡人、グラサ・マシェルだよ」。私の頭にまず浮かんだのは、「そんなこと言われても、歴史なんて知らないわよ」。そして、「ふたりがドアを閉めたことで、私の責任が問われるかもしれない」と心配になる。珍しくパークスは私に苛立ち、「放っておきなさい」と一言。私は指示に従った。

公式歓迎会の前、大統領は私をマシェル夫人に紹介した。その時の言葉を私はその後ずっと忘れず、何があっても言いつけを守ろうと努力することになる。「こちらはグラサ・マシェルおばさんだよ。私の友人だ。今からイベントに出席するが、この人の傍を離れないでおくれ。いつかなる時も、この人から目を離してはいけないよ。この人の面倒を見て欲しいんだ」。歓迎会の間、大統領とマシェル夫人のふたりの面倒をどうやって見たらよいかわからなかったので心配したが、なんとかやってのけた。

南アフリカに帰国後、マンデラ大統領とマシェル夫人がつき合っているという情報がメディアにリークした。日曜の新聞でその記事を見て、私は動揺する。情報を流したのは私だと疑われるかもしれない。後になってパークスが、大統領府が故意に流したのだと教えてくれる。

一九九七年二月十二日の水曜日、数日前大統領が行った一般教書演説を受けて、人種差別についての議論が議会で繰り広げられた。マイノリティのグループが「政府は人種差別をしている」と非難したのだ。それに対して、大統領は次のように述べた。

国会議員の皆さん、私に力を貸してください。戦うためではありません（笑）。彼らの主張が間違っている証拠を示すためにです。その前にまず述べたいことがあります。以前、ここに座っている友人、F・W・デクラーク氏に同じ質問をされたことがあります。「なぜあなたは逆差別を行って、私の同胞であるアフリカーナの期待を裏切り、アフリカーナを罰しているのか」というのです。

私の答えはこうでした。「では、統計を見せてくれますか。何人のアフリカーナが解雇されましたか。いつですか。代わりに採用されたのは誰ですか」。デクラーク氏が「証拠は手元にない」と言うので、「教授ともあろう方が証拠も用意せずに、そんな質問を大統領にするなんて、本当にびっくりしました」と答え、「時間を差し上げましょう。証拠を提出するのにどのくらい時間が必要ですか」と聞いたのです。デクラーク氏はそれ以来、姿を見せていません（笑）。

私たちは今まで差別されてきた人に雇用を与える一方で、私たちが政権を取る以前から働いていた人々のことを十分考慮しています。この部屋のすぐ外に待機しているリアーン・スマッツ警視も、アパルトヘイト政権から働いている人で、解雇されていません。私のオフィスには前政権から引き継いだ白人の秘書がふたりいます。カカマス出身のエリーザ・ヴェッセルズとジョージ出身のゼルダ・ラグレインジという、典型的なブーラメイシーです（笑）。納得するまで、私のスタッフを吟味してください。

これを聞いて私は笑い出した。エリーズはカカマス出身ではないし、私はジョージ出身ではない。なぜかその後何年も、大統領は私がジョージ生まれと思い込んでいた。祖父母と父がジョージ近くの出身で、家族でよくジョージに行くと話したことがあったから、そう勘違いしたのだろう。ジョージはその辺りではよく知られた大きな町だ。大統領がそれでよいなら別に構わないと思い、この件はそのままにしておいた。何年も経ったある日、マシェル夫人に間違いを正されてようやく、大統領はそのことに触れなくなった。大統領は、なんだかがっかりしたようだった。

大統領が議会で以上の発言をした後、アフリカーンス語の女性雑誌『ローイ・ルアサ』（「赤いバラ」の意）から連絡を受ける。ある白人女性のボディーガードについての記事を企画しており、私を大統領に仕える白人女性のひとりとして記事に入れたいという。最初私は断った。だが、取材依頼を受けたのに乗り気でないことが大統領の耳に入り、大統領の部屋に呼ばれて、取材を受けるよう指示される。こういうことを依頼されたときは受けて欲しい、というのだ。私はマンデラ大統領率いる暫定統一政府の一員であり、世界に唱道していることを身の回りで実行していなければ暫定統一政府は失敗する、と。その頃までには、大統領が私に何を期待しているのか理解するようになっていた。マンデラ大統領に尽くすことは、私にとって単なる仕事以上のものになりつつあった。大統領が一世一代の機会を私に与えてくれた一方で、私は精神的に大統領に頼るようになっていた。大統領に頼まれたことをすべてうまくこなすまでには至っていなかったが、それでも大統領は、若いアフリカーナ女性をアフリカーナ社会の代表として自分の傍に置いておきたかったのだった。

私は大統領と時間を共にする機会を心待ちにしていた。大統領が親切で、いつも私のことを気にかけてくれたから、私は大統領の助けになろうとますます張り切り、出来る限りの努力をしたのだった。だが、大統領が直接私に連絡し仕事を頼むことで、オフィスの雰囲気が悪くなる。一九九七年三月に個人秘書助手代理に昇進していたが、オフィスの平和を保つため、議会の閉会中でもケープタウンに留まるようにした。

私の仕事熱心さに心を動かされた両親は、大統領への考え方を改めた。私が大統領を崇拝していること、そして大統領のことを話すとき、私の言葉が愛情に溢れていることを感じ取ったのだ。

父は半信半疑のようだったが、母は大統領に対する私の忠誠心を受け入れ、励ましてくれた。家では仕事の話をあまりしなかったものの、両親は私が仕事に精神を集中していること、献身的に働いていることを見ていた。しかし、家にいることはめったになかったし、たまに家で時間を過ごすときはほとんど寝ていた。事務所に出ておらず、大統領とも一緒でないときはひたすら眠った。友だちと外出することもなくなった。意図的な理由と無意識の理由から、私は社交生活から疎遠になった。仕事のことで絶え間なく質問されるのが嫌だったし、また、自由時間がほとんどなかったため、ひとりきりの時間に職場での出来事を消化し、吸収し、栄養にし、次の計画を立てると同時に、私自身の中で起こっている変化に適応する時間を自分に与えたかった。あの十九年間を今思い起こしてみると、日々がつながって、ひとつの大きな塊になってしまったようだ。怒涛のような歳月だったので、ひとつひとつの出来事を思い出すのはたやすいことではない。起こったことを咀嚼する時間すらなかった。仕事を誇りに思い、ありがたく感じ、心底打ち込んでいたとはいえ、私の人生は仕事に埋没していた。

私はマンデラ大統領に仕えることを通じて、新生南アフリカを喜んで受け入れたのだった。私の内面が変わりつつあった。肌の色や文化や政治観や髪の質が違う人々に対し、以前より寛容になり、敬意を表するようになった。私ほど様々な人々に接する機会のない友人たちや親戚の中には、私の変化が理解できない者もいた。南アフリカ人はプラトニックなつき合いでも、ロマンチックなつき合いでも、また仕事上のつき合いでも、自分と異なる人種と関係を持つことに慣れておらず、依然として集団ごとに分かれた居心地良い空間の中で暮らしていた。私が多様性を受け入れるに従って、友人や親戚と会話をするのが次第に難しくなっていく。友だちとの会話の後で、「同僚の黒人やカラードの中には、白人の友だちよりずっと知性のある人がいる」と思うこともよくあった。しかし、友人の中には、自分が白人以外の人間より優位であると思い込むのをやめない者もいた。変化を受け入れない人々に対し、私は寛容さを失っていく。しかし同時に、自分が恵まれていることも知っていた。私は大統領の近くにいて、人種差別のない世界に接しているのだから。

「経験を書き留めましたか」とよく聞かれる。そんな時間とエネルギーがどこにあったというのだろう。「さぞかし素晴らしい場所を訪問したのでしょうね」。とても覚えていられない。「結婚もしていなければ、子どももいないのですね」。私は穏やかに微笑んで、その場に適切な返答をしながら、心の中ではこう思う。過去十九年間、いつどこでそんな時間が持てたというのだろう。仕事が自分の存在をすり減らすような生活を送っていた。朝目を覚ますたびに、その日のことを心配し、ストレスに押しつぶされそうな生活なのだ。「普通」のかけらも頭の中に入る余地はなかった。

この頃、私と大統領の関係がまた一歩深まる。ほとんどケープタウンにいたとはいえ、私はマンデラ大統領がザイール（現コンゴ民主共和国）のモブツ大統領と反乱軍のローラン・カビラの交渉に関わっているのを知っていた。マンデラ大統領は内政を処理し、野党の批判をかわし、法律の変更を議論するなどの大統領としての責務を果たす合間に、朝ザイールに飛び、夜には帰国し、翌日は公式訪問する他国の要人を迎えるといった生活を送っていた。公的な予定や仕事をキャンセルすることも怠ることもなく職務を遂行するだけでなく、南アが民主化したことの恩恵を、南ア以外の国にも享受してもらおうと心に決めていたのだ。大統領は南アの民主化にアフリカ大陸全体が続くべきだと信じ、アフリカ大陸全体の立て直しに向けてひたむきな努力を惜しまなかった。

アフリカ大陸の西海岸に位置するコンゴ民主共和国は、地下資源に恵まれた国だ。しかし、二十年以上独裁政権を敷いたモブツ・セセ・セコ大統領の強欲と、その地域で続く内戦のために、国も国民も疲弊していた。マンデラ大統領はモブツとカビラを中立の場所で引き合わせて交渉を開始させようとしていた。大統領が期待していたのは、モブツが面子を失うことなく辞任してカビラに政権を譲り、カビラが国民のためになるような国政を敷き、自由で公平で民主的な選挙が実施されることだった。カビラが暴力で政権を覆すと脅していたので、地域の安定を保つためには、交渉によって平和裏に政権を移譲することが関係者全員にとって最善だったのである。前立腺がんに苦しんでいた六十六歳のモブツ大統領が、なにがあってもカビラに頭は下げないと主張していた一方で、国際的圧力が強まっていた。

モブツとカビラの会見に備え、南ア海軍の補給船「ＳＡＳオウテニクア」がザイール沖の国際水域に送られる。関係者に中立の場所を提供するためである。何日もの間、モブツがカビラに船上で会うことを拒否しているという報道がメディアを賑わした。やっと両者が会見に合意したので、調停役のマンデラ大統領は大統領専用機「ファルコン９００」でザイールのポワントノワールに向かう。大統領は交渉の後、その日の夜遅く帰国する予定になっていた。

この頃には、大統領の飛行機の手配も私の仕事になっていた。具体的には、まず、出発時間と到着時間、乗客、飛行中の食事など、細かすぎるほどの詳細を空軍スタッフに伝える。そして、空軍に聞いた飛行時間や到着時間を元に、訪問先のスタッフと現地での予定を詰める。モブツとカビラの会見は交渉内容が極秘であることと、ＳＡＳオウテニクアには男しか乗っていなかったことから、マンデラ大統領は秘書を連れて行かなかった。事態が予想通り進行しないという予感があったのかもしれない。大統領専用機がポワントノワールに到着後、一行はヘリコプターで船に向かい、交渉に備えた。

私は通常、飛行機のパイロットと綿密な連絡を取る。訪問先をいつ出発したかを確認し、南アフリカへの帰国時間を計算して、関係各位に伝えるためである。

ところがその夜は違った。誰からも連絡を受けなかったので、私の方からパイロットにコンタクトし状況を確認する。まだ大統領からの指示を待っているが、もう夜の九時だから、その日のうちに帰国することはないだろう、という返事だった。幸いなことに、その時大統領から電話が入る。「カビラもモブツも交渉の場に現れなかったので、南ア大使館を通じて、船上で待っていることを双方に伝えたよ」。マンデラ大統領は政府首脳が断り切れないやり方で物事を頼む術《すべ》を心得ていた。大統領はふたりの返事を待っていた。その夜は船上で過ごし、翌日ふたりが到着するのを待つつもりだが、もし翌日ふたりともやって来なければ帰国する、ということだった。「会合にやって来るよう私の方から連絡しましょうか」と申し出る。大統領は「その必要はない」と笑った。

大統領に頼まれてマシェル夫人へ連絡し、メッセージを伝える。さらに、進捗状況の知らせを受けるたびに、ヘルヴェル教授と外相と国防相に電話する。この三人には、大統領が海上の船で動きが取れなくなっていることを知らせる必要があると判断したためである。そうするのが常識だと思った。こんな重要事項に対処する訓練は受けていなかったが、そうすべきだと思ったことを行ったのだ。マシェル夫人の返事を知らせるように大統領に頼まれていたので、「宜しく」「元気で」「よく眠れますように」という夫人の言葉を伝えようと大統領に電話した。船に一台しかない衛星電話に電話したら、若い男性が出る。若いアフリカーナ女性がなぜ大統領と話す必要があるのか、怪しいと思ったようだった。納得してもらうのに苦労した。

その夜帰国しないことを告げられたパイロットたちが、ホテルに泊まったのか機内に泊まったのか定かではない。翌日私は大統領に電話して、大統領専用機の乗組員は泊まる準備をしていないので南アフリカに戻ること、同じ乗組員が出直すか交代要員を送ることを伝えた。時間の制約もあった。航空規約上、長期間のスタンドバイが許されないため、下手をしたら、せっかく送った交代要員が飛行できない可能性があった。

電話をするたびに同じ若者が出た。私たちは次第にお互いに慣れていく。大統領を呼んでもらう。大統領が階下に降りてきて受話器を取る。「なんだね、ダーリン」。この頃には、私は大統領を「クル」と呼ぶようになっていた。コサ語で「おじいさん」を意味する言葉の短縮形だ。「大統領閣下」と呼ぶのは、儀礼上必要があるときだけだった。私以外は皆、「マディバ」か「タタ」（お父さん）か「大統領閣下」と呼んだ。それより親しみやすい呼び名がないかパークスに相談したら、「クル」を提案してくれたのだ。

大統領に状況を説明した後で、私はまた余計なことを言ってしまった。「洗面道具や着替えをお送りしましょうか？」「よく気がついたね。ついでに新聞も送っておくれ」。例によって、新聞、だ。大統領は毎日、アフリカーンス語のも含めて、五紙の日刊紙に目を通していた。アフリカーンス語の新聞の方が英字新聞よりずっと正確に報道する、とよく言っていた。アフリカーンス語が描写と表現に優れた言葉であるからだろう。

コンゴから戻って来た大統領専用機は乗組員を降ろし、給油し、新たな乗組員と帰りの食料、それに大統領の洗面道具と新聞を載せて、直ちに飛び立つ。交代要員は一、二日コンゴに滞在するかもしれないことをなぜか知っており、着替えなどを持参して行った。

大統領は誰の電話番号も手元に置いていなかったが、頻繁にかけていた私の番号は暗記していた（私の電話番号を変更する必要があるときはいつも、携帯電話会社のヴォーダコムが、大統領が覚えやすい簡単な番号をあてがってくれた）。大統領は船からしょっちゅう電話してきて、他の人への伝言や質問を頼み、また回答を連絡するよう言うのだった。二日後、モブツがやって来る。モブツもカビラも、平和的解決策の交渉に乗り気のようだった。しかし、二週間後、モブツはコンゴ軍に身の安全を守れないと伝えられ、国外に逃げ出す。カビラは自分を国家元首に任命し、憲法を停止してしまう。

ケープタウンに戻って来た大統領は私を部屋に呼んで、大統領がSASオウテニクア船上にいた間の私の対応を称賛した。大統領の指図を受けながらうまく取り仕切ったことを、私は誇りに思うと同時に、褒められてちょっと戸惑う。あれ以外の対応はしようがなかったからだ。当然のことをしただけなのに、わざわざ褒めてくれた大統領はなんて思いやりがあるのだろう。恐らくこの時初めて、マディバが私に頼っていることが明らかになった。そしてこの時私は、今後何があってもマディバに尽くすと心に決めたのだった。

ある日メアリーに、ドライクリーニングを取りに行ってくれと頼まれる。合法的である限り、私は頼まれごとを気にしない。キリスト教カルヴァン派の教えに基づいて育てられた、生い立ちのためだろう。カルヴァン派では奉仕すること、権威に従うこと、自分より上の位の人間に対し謙虚になることを重視する。つまり、素直に命令に従うのである。

オフィスを出る途中、入ってくる大統領にばったり会った。この頃には、私たちはお互いの存在に慣れ、仕事上の良い関係を築いていた。どこに行くのか聞かれたので、メアリーのお使いに行くのだと答える。大統領は「そんなことを頼まれて、なぜ平気なんだ」と憤慨した。私は全然気にしないと言ったのだが、大統領は道理に適っていないと言ってきかない。遂には、お願いですから忘れてくださいと、と懇願するはめになった。まるできょうだいを罰しないでくれるよう父親に懇願しているかのようだ。正直に言わなければよかった。大統領がこんなことで腹を立てるなんて、とても驚いた。大統領は強い女性が好きだが、もしかしたらメアリーは強すぎたのかもしれない。大統領は人からこうしろと言われるのが嫌いだった。他人の意見は歓迎したが、命令口調ではなく、助言するように言われる方を好んだ。二十七年間刑務所に入って、食事も睡眠も運動も消灯も、当局が決めた時間割に従わなければならなかったのだから、それも頷ける。少なくとも自分自身の人生をコントロールしていると感じることで、やっと手にした自由を自分のものにしようとしていたのである。

この出来事のすぐ後、大統領の私邸に呼ばれる。この頃には、ジョハネスバーグの別の場所に寄る必要がない場合は、ハウトンまで自分で運転して行くようになっていた。ジョハネスバーグには不案内だったが、プレトリアとハウトンの間を運転するのは平気だった。大統領は到着した私に手紙を何通か渡し、タイプして投函するよう頼んでから、居間に座らせた。その時の大統領の言葉は、私の人生でも貴重な座右の銘となる。「ここには臆病者がいる余地はない。臆病でいたら、ここでは長続きしないよ。私がいつも守ってあげることはできないのだから、君は正しいことを行って、自分の身を守りなさい」。家に戻ってやっと、大統領がその週オフィスで起こった出来事に言及していたことに気がつく。盲目的に指示に従うのではなく、指示に疑問を挟みなさい、と言っていたのだ。私はこのマディバの言葉を心に刻む。そして、何年も経ち、マディバが本当に私を守れなくなったとき、この言葉はどのような戦いに挑んでいる場合でも私に力を与えてくれたのだった。

大統領の強い希望で、私は海外旅行の同行メンバーになる。秘書が交代で大統領に同行することになっていたが、私もその中に組み込まれたのだ。間もなくインドとバングラデシュ、そして一九九七年の夏にはイギリスにお供することになる。

イギリスではオックスフォードを訪問する。私はオックスフォードの町とイギリスの田園風景の美しさに圧倒された。オックスフォード大学ジーザス・カレッジの行事に、チャールズ皇太子が出席していた。ダイアナ妃との離婚発表のすぐ後だったので、私たちは皆、多少慎重になっていた。しかし、大統領はいつもと変わらずチャーミングで、王室に否定的な多くの報道にもかかわらず、チャールズ皇太子に対して非常に丁重な態度で敬意を表した。大統領は他人を判断しない人間なのだ。

その年の初め、ダイアナ妃がアンゴラと南アフリカを訪問していた。アンゴラでエイズ患者を訪れ、患者のベッドに座って話をしたダイアナ妃に、大統領は大きな感銘を受けていた。ダイアナ妃はエイズ患者に押された烙印を消そうとしていた。「一国の王女がエイズ患者のベッドに座ることで、エイズを恐れる理由はないこと、エイズ患者の面倒を見なければならないことを人々に示している」と言っていた。ダイアナ妃がケープタウンの公邸へナーデンダールを訪問したとき、大統領はスリッパ履きのまま居間に現れた。靴に履き替えるのを忘れていたのだ。大統領は皆の前で、自分の部屋から靴を持って来るよう頼み、ダイアナ妃に慎ましやかに謝った。ダイアナ妃はまったく動じなかった。大統領は自分自身を笑い飛ばすことができる人で、このような恥ずかしい瞬間でも他人と分かち合うことができる人だった。

私は自分の過去と現在を結びつけることに、次第に困難を感じていた。アパルトヘイトの娘であるのに、アフリカーナの同胞に警告された、まさにその人間に仕えている。ある日、勇気を振り起こして、日頃から大変世話になっていた大統領報道官のパークス・マンカフラナと大統領府報道担当部長のトニー・トリューに相談する。アパルトヘイト法の下で育っていた時の暮らしぶりや、自分がその頃とても無知であったことを受け入れるのに苦労している、そのために誰かと話したい、と。ふたりはベイヤーズ・ノディア師に会いに行くよう勧めた。私はまた、ロニー・カスリルズにも会いに行った。カスリルズはマンデラ政権の閣僚で、ウムコントウェシズウェ（ＭＫ）初期の指導者だった。ＭＫは一九八三年のチャーチ通り爆破事件の犯行グループである。何時間も父に連絡が取れなかったあの事件だ。

私は何が正しいのか、何が間違っているのかがわからないという心の葛藤を抱えていた。ノディア師はオランダ改革派教会の牧師として聖職をスタートしたが、のちに声高にアパルトヘイトに反対したために数年間自宅監禁され、教会を去ることになる。それなのに、まったく苦々しく思う気持ちを持っていなかった。私がノディア師について知っていたのは、多くの白人に「裏切り者」と見なされていることくらい。だが、パークスとトニーが、「オーム・ベイ」（ベイおじさん）という愛称で呼ばれていたノディア師とお茶をするよう取り計らってくれる。

私は不安な気持ちでジョハネスバーグまで運転した。奥さんが迎え出て、居間のノディア師のところまで案内してくれる。ノディア夫妻は私に会ったこともなければ、私についてほとんど知らなかったのに、まるで実の祖父母のように温かく迎えてくれた。私が心を打ち明けた後、私たちは人生一般や宗教について二時間くらい話した。ノディア師は、周りの人々やアパルトヘイトがやったことの責任を取ろうとして、自分をあまり責めてはいけない、現在の葛藤は自分が覚醒する道程の一部であることを受け入れなければならない、と強調した。ノディア家を去る前に私たちはお祈りをする。お祈りをしているうちに、私は感情的になった。神様は私に大きな機会と恩恵を与えてくださった。そのすべてに対し深く感謝する一方で、同じ神様が、アパルトヘイトが起こるのを黙認し、ネルソン・マンデラが二十七年間牢獄に閉じ込められたのを黙認したのだ。自己発見の旅の中で、私は組織化された宗教の役割にも疑問を持った。そして、私と神様の関係は、私と神様だけの個人的な問題である、という結論に達する。自己発見の旅は私をいくつかの変わった考え方に導いた。そのため、人間が作っておきながら神の手によると主張する機関について、母としばしば議論することになる。

マシェル夫人はマンデラ大統領の海外旅行に同行することもあれば、自分の仕事が忙しすぎて同行できないこともあった。マシェル夫人は大統領にとって大切な存在になりつつあった。マディバはしばしば、マシェル夫人がいかに大切な仕事をしているか、自分のことのように自慢した。マシェル夫人は公式行事によく同行したが、ふたりだけの時間も過ごしていた。マシェル夫人が傍にいるとマディバが幸せなことを知っていたので、私はふたりだけの時間と空間を必死に守ろうとした。

マシェル夫人と私の関係は、当初は慎重なものだった。大統領には果たさなければならない責務と、達成したがっていた目標がたくさんあった。それに加え、複数の場所に同時にいることを世界は求めていた。大統領は人種和解と教育に焦点を当てていた一方で、国民が一致団結して国に安定をもたらすことで、経済が発展しやすい環境を作り出すことも目指していた。私はしばしば、大統領が仕事のペースに満足していると同時に、パートナーとしての時間も十分持つことに腐心しなければならなかった。

マシェル夫人と堅実な仕事関係を築き上げるのに何年もかかった。夫人に気に入ってもらおうとは期待していなかった。一九八六年に夫サモラ・マシェルが乗った飛行機を撃ち落としたのは、私の政府であり私の同胞だったのだから。何年も経ってずっと近い関係になったとき、私は夫人や子どもたちに、マシェル大統領が亡くなったときの状況について詳しく教えてくれるよう頼んだものだった。話を聞くのはとても辛かったが、事件を語ることによって、マシェル夫人は、夫人や子どもたちの痛みや損失に関して、私がある程度の理解をしていることがわかり、感謝してくれたのではないか（マディバが亡くなった後、私はサモラ・ジュニアの息子サモラ三世とマリックに十年ぶりに会う機会があった。ふたりとも祖父にそっくりだった）。

マシェル家の人々は温かく親切で思いやりがある。当初の気まずい関係にもかかわらず、私たちは親密になった。夫人の子どもたちとは、最初から仲が良かった。人生は短いのに、人間関係を築くには多くの時間と努力が必要といわれるが、実際のところ、夫人と私が今のような関係になるまでには長い時間がかかった。人間関係を築くには双方が努力しなければならないのに、私のせいで夫人に辛い思いをさせてしまった。今では、夫人の影響と、夫人が私の小さな世界にもたらしてくれた安定がない生活は想像できない。

最初の頃、マシェル夫人は大統領のパートナーとしての地位を主張しているだけだと思っていた。私たち職員への期待が大きすぎるとも感じていた。だが、夫人がどんなふうにマディバを微笑ませるかに気づかざるを得なかった。夫人のおかげで、マディバは平静を取り戻した。夫人のおかげで、マディバは真の意味で生きることができた。夫人のおかげで、マディバはダンスを楽しみ、花を見て美しいと感じ、良い音楽を堪能し、日の出と日の入りを見るたびに感動するようになった。一緒に旅行すると、夫人はよく、皆で一緒に日没を見ましょうよ、と言ってきかなかった。投獄中は日没前に牢屋の中に閉じ込められたから、マディバは長年日没を見ることができなかった。マシェル夫人は人生の違った楽しみ方をマディバに教えた。人生を愛することをマディバに教えた。マディバがこれほど人生を愛することができるとは、思ってもみなかった。本当に人を愛したら、そう、私がネルソン・マンデラを愛するように人を愛したら、その人のために最善を願い、幸せになって欲しいと思うだろう。夫人と一緒に過ごし、真の意味で生きていると き、ふたりとも忙しいスケジュールを持ち、仕事に追われているにもかかわらず、マディバは幸せだった。時間がかかったものの、私は気づき始めていた。マシェル夫人は自分の立場を主張するためにここにいるのではない。マディバを幸せにするためにいるのだ。夫人のおかげで、大統領は私たちにとって前よりさらに素晴らしい上司になった。グラサ・マシェルの存在は、ネルソン・マンデラに人生最大の贈り物をもたらしたのだった。

私の人生におけるウィニー・マンデラの存在は、これとは対照的だった。私がウィニーに会ったのは、これよりずっと後のことである。マディバが大統領の頃は一度も会ったことがない。別離してから、ウィニーはマディバの人生に存在しないかのようだった。マディバがウィニーのことを話したこともなければ、私からウィニーについて尋ねたこともない。誰に言われたわけでもないが、口にしてはいけないことのように感じていた。時が経つにつれ、マディバはウィニーについて内緒で話してくれるようになる。時々悲しそうな顔をするマディバを見て、私はマディバが静かに耐えている苦悩に思いを巡らせたものだった。

私邸にマディバを訪ねると、朝食か夕食の席に座っていることがよくあった。昼食は通常、ケープタウンかプレトリアの公邸で取っていた。ハウトンの私邸で、たったひとりで食事している姿を目にするたびに、マディバの孤独を感じざるを得なかった。これが変わったのは、マシェル夫人がマディバの人生の一部になってからだ。まるで薄暗い家の中に光が差し込んだかのようだった。カーテンが開かれ、家全体が命に満ち溢れたかのようだった。

テーブルに一緒に座ると、マディバは昔話を始める。刑務所での話や、トランスカイで過ごした子供時代のこと。食事時間はマディバにとって、回顧と休息の時間だった。私はマディバの昔話を聞くのが好きだった。想像を働かせ、マディバが描写することを頭の中で思い描き、その光景の真っ只中にいるような気がした。マディバはよく幼馴染の親友、ジャスティスの話をした。男の兄弟がいないマディバにとって、ジャスティスは友だち以上の「兄弟」だった。マディバを育ててくれた摂政が、ふたりの結婚をアレンジしていることを知って、マディバとジャスティスは一緒に家出する。当時コサ族の田舎の風習では、結婚はアレンジされるものだったのだ。ふたりはトランスカイからジョハネスバーグに逃げて来る。そして、マディバはジョハネスバーグで政治に関わるようになる。マディバはジャスティスのことを愛情深く話したものだが、悲しいことにジャスティスはマディバがまだ獄中にいるときに亡くなってしまった。飲み過ぎが原因だよ、とマディバは言った。

私はジャスティスのことをよく考えたものだった。生き永らえて、私たちの人生の一部になって欲しかった。親友のマディバに何が起こったか、知ってもらいたかった。取るに足らない出自の人間でも、大成功できる世の中になったことを知って欲しかった。時間を巻き戻し、酒をやめなさい、いつの日かあなたの友だちに再会できるのだから、と忠告したかった。そして、親友の人生に立ち合い、親友の人生を分かち合って欲しかった。マンデラ大統領就任時に存命していたら、きっと就任式に招待されていただろう。親友が大統領として宣誓するのを見て、どれほど喜び興奮したことか。しかし、マディバが投獄された時点で、ジャスティスは家族が貧困から抜け出す望みを捨て、飲酒にのめり込んでしまったのかもしれない。

マディバが誰にも邪魔されずに過ごす時間の多くは、クヌでの少年時代やジャスティスと共にしたムケケズウェニでの思春期を懐かしく思い出すことに費やされるようだった。まるで、平穏を手にするために、自分自身を取り戻すために、何にも煩わされることのなかった昔を訪れているかのようだった。当時の経験がマディバという人間とその価値観を形成したばかりでなく、子どもの頃の思い出は現実からの逃避手段になったのではないかと思う。獄中でも恐らく用いたサバイバルメカニズムだったのではないか。牛を追ったり、伝統的な棒術を練習したり、東ケープの丘を思いのままに散策したり、村の長老の話に耳を傾けたり、蜂の巣からハチミツを盗んだり、スグリの実を探したり、といった経験が頭の中に映画のように入っていて、牢獄や大統領職という現実が耐え難くなったときアクセスしたのである。頭の中で田園風景を再生し、昔話を何度も繰り返して語ってくれたので、マディバの囁くような追想を聞いた私たちの多くは、一語一語違わず暗唱できるようになった。だが、それは私の物語ではなく、マディバの物語なのだ。

マディバが出獄したとき、子どもの頃知っていた人は皆、大人になり疎遠になっていた。マディバにとって、人に心を開くことは容易ではなかった。刑務所で、感情を隠すことを学んだのだ。孫たちと仲良くしようと努力しても、マディバのような堅苦しく躾に厳しい大人は、若い人たちにあまり受けがよくない。獄中では自分の子どもたちに会いたくてたまらなかったし、釈放されてからも心の交流を熱望していたのに、実行に移すのは簡単ではなかった。

マディバがプレトリアの公邸マフランバ・ンドロフで寝ることはめったになかった。それで、私はジョハネスバーグの私邸をよく訪れることになる。当時、孫のうち四人が一緒に住んでいた。最初の妻エヴェリンとの間にできた息子のうち、唯一まだ生存していたマハトの息子四人である。

最年長のマンドラは高校の高学年、次男のンダダは十代半ば、そしてムブソとアンディーレはまだよちよち歩きだった。いずれも愛らしく、優しかった。四人の父親はソウェトに住んでいたが、大統領は四人を自分の傍に置くことを望んだ。実際に面倒を見たのは、四人から「お母さん」と呼ばれたコリスワだ。大統領の姪のロシェルも、屋敷を去るまで四人の世話をしていた。四人のおかげで、ハウトンの家は生き生きとしており、家庭の雰囲気が漂っていた。

ケープタウンでは、他のスタッフがプレトリアにいたために、オフィスでひとりきりになることがよくあった。ある日、執務室の電話交換台を担当していたところ、建物の受付係から連絡が入る。大統領執務室に入室したがっている訪問者がいると、入り口の警察官が言っているらしい。部外者が大統領執務室に入ることは許されていなかったので、私は受付まで急行した。受付でNIから来たという男たちに紹介された。NIとは国家諜報部のことだが、それがとっさに頭に浮かばない。予告もなく受付に現れた男ふたりに、大統領執務室を「掃除する」必要があると告げられ不思議に思う。何を意味しているのか全然わからない。真っ正直に、「大統領執務室は毎日掃除係が掃除しているから間に合っています」と答える。

受付で呆然としている私に、入り口にいた警察官が説明してくれた。この人たちは国家諜報部の人たちで、「掃除する」というのは「盗聴器を探す」という意味だよ。事務所に誰かが盗聴器を仕掛けた疑いがあるというのだ。恥ずかしくて穴に入りたいと思いながら、諜報部員を中に通した。こののち何年も、私はこのことで警備スタッフにからかわれることになる。だが、気にしなかった。私の過去とはまったく違う、この新しい世界のことなのだから。

その夏、また大統領の旅のお供をする。今回は二日間バリ島で休暇、その後インドネシアとタイに公式訪問という日程だった。マシェル夫人も同行した。当時私はまだ上級閣僚タイピストだったけれども、大統領の海外出張に秘書として同行することが当たり前だと思われるようになっていた。その頃の私は臆病で、ものごとを楽しむことができなかったし、また、プールでも海でも、水に入るのが好きではなかった。それもあって、いつ大統領に呼ばれても対処できるように、自分の部屋から出ない決心をした。案の定、大統領に呼ばれる。大統領は私がいつも待機していることに慣れていたのだった。私は大統領が眠りについてから就寝し、大統領が食べるときに食事し、大統領の日常に従って生活することで、いつ呼ばれても大丈夫なようにしていた。

旅行中の私の仕事は、指定時間に食事を出すこと、マシェル夫人が同行していないときに洋服をスーツケースに詰めたり、スーツケースから出したりすること、大統領の身の回りをいつもお好みの状態にしておくことなどだ。また二日に一回、マッサージの時間を予定に組み込んだり、南アフリカから新聞の切り抜きを毎日送ってもらったりする。新聞の切り抜きは朝食前に手元に届くよう手配し、また大統領が望む通りに身の回りのものを配置するよう心掛けた。私たちがどの時間帯にいようと、南アフリカのスタッフはシフトを組んで働き、新聞の切り抜きを準備して、旅先に時間通りに届くよう送らなければならなかった。コンピュータとインターネットが生活の中心であったにもかかわらず、大統領は新聞の形態を要求したので、記事を切り取り、コピーし、私たちがいる場所までファクスしなければならなかったのだ。南アフリカのスタッフの労力軽減のため、私はなんとか別の方法を導入しようとしたが、大統領は新聞に掲載されたままの活字を頑として要求した。

大統領はマッサージ師と二人きりになるのをとても居心地悪く感じていたので、マッサージ師が来ると、私かボディーガードが同室することになっていた。私は一時間もじっとしておくことができないタチだから、極度にイライラした。スマートフォンもブラックベリーもない時代だったので、時間を潰す方法がなかったのだ。ボディーガードに代わってもらったこともあったが、大抵私がいないことに気づいた大統領に呼び戻される。それが何年も続いた。恐らく私は百回以上ボディーガードに代わってもらい、百回以上大統領に呼び戻されたと思う。ついにある日、長時間じっと座っているのが苦手なことを説明したところ、ボディーガードが同室することに同意してくれた。大体、ボディーガードが同室する方が理に適っている。私が一時間傍に座っていると、業務やなすべき手配が一時間遅れるわけだし、それに、緊急の場合、私が何の役に立つというのだろう？　警備上はボディーガードが一緒にいた方がよいに決まっている。そしてその間、私はオフィスにメールするとか、予定を確認するとか、電話メッセージに対応するなど、他の仕事ができるのだから。

大統領には、物事をごくシンプルな説明や議論に言い換えることができるという、大きな才能があった。たとえば、やはり解放運動の英雄、オリヴァー・タンボ元ANC議長について、よくこう言っていた。あいつは決してマッサージを受けたがらなかったが、もしマッサージをしていたら今でもきっと生きているよ、と。マッサージや理学療法を利用して健康を維持することにより、リラックスすることを学んでいたら、ストレスやプレッシャーにうまく対応できて、脳卒中で亡くなることもなかったのに、という意味である。大統領は特徴ある話し方をする人で、同じ話を繰り返すたびに、まったく同じ言葉と言い回しを使った。私にとっては、かけがえのない言葉だ。マディバの言葉にあまりにも説得力があったので、私までマッサージを受けないことが気になり始める。ストレスがひどい時、私もマッサージを受けるべきではないかと思ったほどだ。

バリ島の後、インドネシアの首都ジャカルタを公式訪問する。ジャカルタの町はほとんど見なかった。経験したのは暑さと湿気だけ。しかし、大統領には特別な、秘密の会見が待っていた。実は、東ティモール抵抗軍の指導者シャナナ・グスマンに会わせてくれるのなら、という条件で、公式訪問を受諾していたのである。グスマンは「インドネシアのマンデラ」と見なされていた政治犯で、服役中だった。インドネシア政府は、マンデラ大統領がそれほど要求に固執するとは思わなかったのだろう。会見のアレンジを遅れに遅らせたが、マディバは諦めなかった。ある夜グスマンが、非常階段からこっそり大統領迎賓館の中に連れ込まれる。グスマンには手錠がかけられていた。私はグスマンの訪問に興奮し、マディバはどう感じているだろうか、と思った。なにしろ、七年前には同じ囚人の立場にいたのだから。

置かれていた状況の割には、グスマンは元気そうで愛想がよかった。マンデラ大統領、ヘルヴェル教授その他としばらく会見した後、また刑務所に連れ戻された。会見中、数週間後にグスマンが南アフリカを訪問することで合意する。南アフリカに来れば、グスマンも思ったことを自由に口にすることができるだろう。スハルト大統領もグスマンの南ア訪問に同意した。数週間後グスマンを南アに迎える。手錠がかけられておらず、私服の囚人のように見えたので、私はジャカルタで会ったときほど興奮しなかった。何年も経って、グスマンは引退したマディバをジョハネスバーグに訪ね、自分のためにインドネシア政府と交渉してくれたことに感謝した。その時やっと私は、ジャカルタでの夜の出来事を思い出したのだった。グスマンは自由の身になり、独立した東ティモールの大統領となっていた。マディバの干渉がスハルトにプレッシャーをかけ、グスマンの釈放につながったといわれている。

世界のどこかで紛争が起こるたびに、平和的解決を調停して欲しいという要請がマディバに寄せられる。他国の内政調停を求められたときは、込み入った事情を知らないからという理由でよく断っていた。しかし、調停による平和的解決の可能性があるときは手を貸した。

インドネシアからバンコクに向かう。バンコクでは豪勢なホテルに滞在する。私は世界のホテルのエキスパートになりつつあった。だが、ルームサービスのメニューは暗唱できるのに、どこに行っても町はほとんど見なかった。大統領の観光にお供する程度だ。休暇ではなく、仕事で行くのだから仕方ない。大統領が観光を望んだのは、ほんの数回だけだった。それも、よく知られた観光名所か、以前どこかで読んで関心があったところだけ。大抵の場合、観光の時間はなかった。スケジュールが会見でぎっしり詰まっていた上、休憩時間が十分取ってあったからだ。七十九歳という高齢のため、時間を見つけては体を休める必要があったのだ。

起きている時間のすべてを費やして、大統領が滞りなく一日を過ごせるよう努めていたくせに、残念ながら私は外交の鑑とはとても言えなかった。

タイではチュアン・リークパイ首相主催の昼食会に出席する。事前アレンジをする儀典担当チームは、大統領が秘書とアイコンタクトしたがることを知っていたので、そのように座席配列をしてくれた。食事の間に秘書が必要になったら、目で合図すればよいからだ。私の席から大統領の顔が見えたが、幸いなことに、大統領は次に起こったことを目撃するほど近くには座っていなかった。

その日、私は幅の広い長袖のブラウスを着ていた。まず前菜、次にサイドプレートにパンが配られる。私はパンが袖に引っかかったのに気がつかないまま、バターを取ろうと腕を伸ばした。バターを手元に引き寄せたとき、パンが肘に触れ、袖の中に落ち込んだのだが、私はパンだとは気がつかず、虫か何かが袖の中に入ったのかとギョッとする。口に入れた前菜が何かわからず、すでに神経質になっていたことも災いした。袖の中に入っている何ものかを取り出そうと、腕を素早く手元に引いた瞬間、パンが飛び出してテーブルの真ん中に着地する。私の周りがシーン、とした。幸いなことに、タイの人々はとても親切でもてなし上手だ。笑って見過ごしてくれた。隣に座っていた男性は「縁起がいい」とまで言ってくれた。「私たち外国人にとって、どんなに運が悪いように見えることでも、この国の人にとっては縁起がいいのね」と思ったが、隣の男性に感謝し、黙って手を伸ばして別のパンを取る。そして、一口ごとに自分のプライドも一緒に飲み込んだのだった。

大統領は絶え間なく旅行し、留まることなく働いていた。国内にいるときは、わざわざ時間を取って、全国鉱山労働者組合や南アフリカ全国金属労働者組合や全国教育医療連合労働者組合などの労働組合でスピーチを行った。大統領は常にバランスを取ろうとしていた。決して差別しているように見られないよう心掛け、できるだけ公平に振る舞っていた。南アフリカの将来の繁栄の基礎作りをしようと固く決心していたのだ。それでも一九九六年の七月に、大統領を一期しか務めないと発表していた。自分より若い人の方がもっと多くのことを達成できると、本気で信じていたのである。そして、一期しか大統領を務めないことを発表することにより、他の国家元首が例に倣うことを願っていたのだ。権力に貪欲になり、大統領を無期限に務め、独裁者になることなしに。

公のイベントのたびに、マディバは警備担当の警察官を後で呼んで挨拶した。合唱団がいれば、メンバーのひとりひとりに握手を求めた。群衆の中に子どもを見つけると、前に呼んで挨拶した。最初のうちは、時にはそんな気になるのだろう、くらいに思っていたが、そのうち、イベントのたびに同じことをするのに気がついたので、私は現場に到着した時点で、マディバが挨拶を始めたときのアレンジを考えるようになった。普通の人々に感謝の意を伝える、マディバならではのやり方だったのだ。

しかし、忠誠を尽くしていないと思った人には、厳しくなることもできるマディバだった。これでもかこれでもかと、人に与え、与え、与え続ける。だが、その人が百二十パーセント支持してくれないと少しでも感じたなら、突然縁を切ってしまうことがあった。マディバは人に忠誠心を起こさせると同時に、献身を求める。その良い例がメアリー・ムカダナだ。メアリーはマディバの前夫人ウィニーと仲が良かった。そのことがマディバの気に障り、ふたりの間は次第にぎくしゃくしていった。マディバはメアリーを外務省の外交官にするよう指示を出す。メアリーは潔く大統領執務室を去った。悲しいことにメアリーは数年後、ヘルニア手術の後に亡くなってしまう。病院に見舞いに行ったとき、本当に悲しかった。メアリーが私の人生で果たしてくれた役割に、私は一生感謝し続けるだろう。

大統領はクリスマス休暇を、孫息子たちと一緒にクヌで過ごすのが常だった。マディバは東ケープ州ムタタの南西三十キロにある村、クヌで育った。この辺りは昔、トランスカイと呼ばれていた。マディバの世話をしていたロシェルがアメリカに留学してしまったため、ロシェルが行っていた仕事の一部を私が頼まれたのだが、そのうちのひとつが、クヌ村のマディバの農場で十二月二十五日にクリスマスパーティーを開催することだった。招かれたのは村の子どもたち。いや、そのはずだった。

マディバはお菓子、おもちゃなど、小さなプレゼントの寄付を求めるため、寄付候補者のリストを作成する。私が関わるようになった最初の年、プレゼントの総数は二千だった。私が責任を持ってプレゼントを集め、クリスマスの数日前にクヌに届けられるようアレンジする。袋が必要なことに気がついたので購入した。村の子どもたちや大統領のボディーガードにまで頼んで、クリスマス当日に大統領宅にやって来ることになっていた二千人の子どもたちのために、贈り物を包む作業を行う。自分で包み、手に持って初めて、二千個がどれほどの量かが実感できる。この地域の子どもたちの多くにとって、ちゃんとした食事を取り、クリスマスプレゼントが貰えるのはこの時だけなのだと大統領に言われたとき、私は本気にしなかった。しかし、クリスマスの日、大統領の言葉が正しかったことがわかる。何千人もの子どもたちがクヌにやって来たのだ。

南アフリカの黒人のほとんどは、いまだに極度の貧困生活を送っている。黒人経済力増強政策が実施されて、農村の住民にまで恩恵が行き渡るようになるまで、随分長い時間がかかることだろう。事態はいくらか好転しているものの、期待したペースには程遠い。農村に住む南ア人たちは、民主主義の恩恵を受けていないことに失望し腹を立てている。大勢の人がクヌに押し寄せたのを見て、この地域の人々は南アフリカが勝ち取った自由の果実をまだ味わっていないことに気がついた。「この人たちは一体どこから来たのでしょう」という私の質問に、大統領は「時間通りに到着するため、前の晩から歩き始めた者もいる」と答えた。クリスマス当日、朝の七時頃農場に到着する。その時間で大丈夫と思ったのだが、子どもたちはすでに農場の塀から丘の上まで、一キロくらいの列を作っていた。自分の目が信じられない。プレゼントを貰った後、子どもたちは裏庭で食事を与えられる。この地域の長老とＶＩＰに出す食事は、クヌ村の親切なパン屋「ミスターベーカリー」と、マディバの最年長の孫息子マンドラが担当した。

間もなく、子どもたちが門から入って来る。大統領は子どもたちに挨拶し、プレゼントを手渡し、一日の大部分を屋外で過ごす。子どもたちひとりひとりと握手し、短く言葉を交わしていた。

大統領は自分が几帳面で自律に長けているせいだろう、軍隊のような正確さで取り仕切る私のやり方を高く評価してくれた。子どもたちは一列に並んで、別のプレゼントが入った袋をお手伝いの人たちから受け取り、昼食の場所に連れて行かれる。私たちはひとりの子どもも見落とされないように注意し、大統領が屋外に座っている間、子どもたち全員が大統領と握手できるよう配慮する。

子どもたちの多くは都市部から離れて生活しているため、サンタクロースという概念に馴染みがなかった。だから、マンデラ大統領に会い、マンデラ大統領からプレゼントを受け取ることが子どもたちの夢であり、世界で一番大切な出来事なのだ。某企業が人数分のフリスビーを寄付してくれたときは、何千ものフリスビーが空中を飛び交い、住民たちはいたるところで、飛んでくるフリスビーをよけるはめになった。ボールが寄付されればボールが飛び交い、下手をすると頭を狙われる可能性があった。子どもというものはボールやフリスビーが何であるか知っているものと思いがちだ。だが、南アの農村の子どもたちがどんな暮らしをしているか目にして初めて、私たちがごく普通と思っていることを子どもたちが知らないことに気がつく。ある年プラスチックの銃を寄付したいという申し出があったが、お断りせざるを得なかった。善意のメッセージを発信するのが目的なのに、暴力を促進する結果になるようなことはしたくなかったからだ。子どもたちはプレゼントを貰うのと、大統領と握手するのと、どちらの方が嬉しいか決めかねているようだった。そんな子どもたちを目にするのはかけがえのない経験だった。そして食事。これが唯一のちゃんとした食事、という大統領の言葉が正しいことを知る。それは一目瞭然だった。名もない病気に冒された子ども。栄養失調の子ども。身体の形状に障害がある子ども。虐待された子ども。ネグレクトされた子ども。大統領の言葉がやっと身に染みる。純真さと感謝の気持ちに満ちた子どもたちの目は、外見に隠された本当の姿を映し出していた。

中には白人を見たことがない子どももいた。ある子など、私の肌の「白さ」をはがすことができるかどうか調べるために、私の腕をこすっていた。私は小さな子どもを抱き抱えるのが大好きだったが、私の白い肌を怖がる子どもたちもいた。皮肉なことである。その昔、私は黒人を怖がり、黒人に触れることは不適切という人種差別的な考え方に従っていたのだから。私や白人のボディーガードを怖がる子どもたちにとって、私たちは宇宙人のような存在だったに違いない。子どもが私のお尻から一日離れないことも、一度や二度ではなかった。イベントの後で別の惑星に帰っていくのではないかという好奇心にかられ、確かめたかったのだろう。

クリスマスのような日をこのような貧困地域で過ごすと、自分自身の恵まれた環境に心から感謝するようになる。そして、このようなイベントのおかげで、クリスマスが違った意味を持つようになった。私にとって、両親が一緒でない初めてのクリスマス、プレゼントを貰わなかった初めてのクリスマス、「クリスマスに私が何を貰うのか」が関心の中心ではない初めてのクリスマスだった。関心の中心は、「私が何を与え、私に何ができるのか」。そう思うだけで充実感に満たされ、クリスマスの意義を感じた。子どもたちのパーティーの後、マディバと昼食を取る。孫たちや地域の長老たちもやって来た。

翌年、二千人の子どもを想定して準備するのでは十分でないと思い、五千人分の寄付を募る。今回、大統領はすべてを私たちに任せた。決めることがあるときは大統領に相談し、場合によってはアドバイスを求めたこともあったが、すでに大統領のクリスマスイベントは周知されていたから、スポンサーを見つけるのは難しくなかった。十二月に入り、クリスマスの数日前に準備を行う。五千人分用意したのに、プレゼントも食べ物も足りなかった。その次の年は一万人分を目指し、結局二万人分用意する。二万ものプレゼントを袋に詰めるのは大仕事だ。地元の子どもたちやマディバの孫たちが手伝ってくれたおかげで、なんとか準備できた。クリスマスパーティーを担当した最後の年、クリスマスの二週間前からかかりきりでプレゼントの詰め込み作業を行った。私はかつて大統領に言われた言葉を繰り返して、手伝いの人々を励ました。「子どもたちにとって、ちゃんとした食事を取り、プレゼントが貰えるのは、一年のうちでこれだけなのよ。子どもたちにとって、これが唯一のクリスマスプレゼントなのよ」。それで村の子どもたちの貰い分が増えたわけではないとはいえ、ボディーガードたちが進んで協力してくれるようになった。

クヌでの最後のクリスマスパーティーに、オプラ・ウィンフリーが参加したいと言い出した。シカゴを訪問したマンデラ大統領から、クヌのクリスマスパーティーのことを聞いたのだ。オプラはクヌで二万五千人、さらに、南アフリカ中の農村の学校で二万五千人の子どもたちにプレゼントを贈った。それも、きちんとしたやり方で。子どもたちはお菓子と栄養一杯の食事に加え、服や文房具も受け取った。しかし、オプラとマンデラ大統領のふたりが出席することがどれほど大規模に宣伝されていたか、また、どんなにたくさんの人がやって来るのか、私たちは低く見積もりすぎており、もう少しで大混乱になるところだった。数百キロも離れたフリーステートから子どもを連れて来た母親たちがいる。何台ものバスが子どもたちを運んで来る。警備は不十分。取り返しのつかない悲劇が起こり得る状態だった。クリスマスパーティーはそれ以後、ネルソン・マンデラ子供基金が担当し、全国で同時開催することになる。

クヌでのクリスマスパーティーを開始した頃、マンデラ大統領はジョハネスバーグとケープタウンの保育所の年末訪問も始めていた。子どもに接するのが大好きなのだ。初年度は姪のロシェルが手配を行い、ロシェルの渡米後は私が担当することになる。切実に援助を必要とする人々を助ける資力が自分自身にない場合、どうやって寄付や援助を頼めばよいかという貴重な教えを、私は大統領から学んだ。大統領が子どもたちに渡すお菓子や品物を寄付する見返りに、その日一日を大統領と過ごすことができるばかりか、テレビに出たり新聞に載ったりして宣伝になる、と説得するのだ。シンプルな計画だったが大成功だった。大統領の保育所訪問には報道関係者を招待した。報道関係者は大好きな大統領と一日を過ごすことができ、スポンサーは約束されたメディア報道を手に入れる。イベントの後、メディアとスポンサーは大統領執務室か近くのホテルでの昼食会に招待され、大統領から直々に感謝される。このニュースがすぐに広まり、翌年からは援助したいという人が列をなした。

政治家がマディバのイベントをハイジャックしようとしたり、アレンジに干渉したりしようとしたことが何度かあった。そのたびに、大統領はこのイベントがひとつの政党に属するものではないこと、子どもたちの両親や教師の政治的信念を尊重すべきであることをはっきり告げていた。保育所の選定には、徹底的に人口構成を配慮した。五か所訪問する場合、黒人の保育所が二か所、インド人一か所、カラード一か所、白人一か所を選ばなければならない。政治変革が始まって、学校でも人種融合が進んだ結果、私たちの仕事はなかなか大変だった。事前に訪問し、それぞれの人種が人口を反映するよう配慮しなければならなかった。また、マンデラ大統領が属するコサ族が極端に多い保育所は避けた。大統領はこの手の事柄にとても敏感だったので、私の頭の中には、ひとつのグループのために何かしたら、別のグループにも何かしてあげなければならない、という青写真が刷り込まれた。偏見を持っていると見られたり、えこ贔屓をしていると非難されたりすることを、大統領は極度に嫌った。人は大統領を特定のグループ、人種、宗教、階級などに結びつけようとするが、大統領自身は国家構築の表看板でいる決心をしているかのようだった。

なぜ私がクリスマスパーティーや保育所訪問の担当者になったのか、皆目わからない。私が大統領執務室で働き始めるより前に設立されていたネルソン・マンデラ子供基金になぜ任せなかったのか、私には想像もつかない。この仕事を担当し、クリスマスに今まで知らなかった意義を見出したことで、精神的に得るものは大きかったが、私はすでに十分すぎるほどの仕事とプレッシャーを抱えていた。だから、この仕事が子供基金に任されたときは嬉しかった。

同じ頃、大統領は学校と診療所を建設するプロジェクトに着手する。国内外の企業を説得して、南アフリカの僻地に学校と診療所を建ててもらうのだ。このプロジェクトにより、百以上の学校と五十以上の診療所が建設された。運営管理が苦手のマンデラ大統領だったが、意図と作戦にかけては申し分なかった。

やり方は簡単だ。まず、大統領が農村地域の伝統的指導者である首長と話をする。首長が学校建設を求める。大統領が新聞を読んで、健全な財政状況の会社に目星をつけ、その会社のCEOか社長かオーナーに連絡を取るよう私に指示し、朝食か昼食に招待する。大統領に招待されて断る人はいない。プロジェクトが終わりに近づいた頃には、ビジネスマンたちはお互いをからかうようになっていた。大統領に朝食に招待されたら、一生で一番高くつく朝食になるかもしれないよ、と。学校建設の約束を反故にされたのは二回だけだった。当初、政府はこうした学校や診療所の建設にあまり関心を払わなかった。政府が国民の期待に適うペースで公共事業を行うのは不可能だったから、大統領は自分が優先する教育と医療の分野で民間企業を巻き込み、行政のスピードアップに一役買ったのだった。大統領はいつも言っていた。教育は貧困に打ち勝つことができる唯一の武器だと。

企業から援助の約束を取りつけたら、企業の代表者たちを飛行機で学校や診療所の建設予定地まで連れて行き、プロジェクトを担当するコミュニティリーダーに紹介する。僻地への往復に、随分多くの時間を費やしたものだった。学校や診療所が完成した晩には、ビジネスマンたちと現場に戻り、大統領自らが開校または開所する。

一九九九年にムベキ政権が発足したとき、プロジェクトは最終段階にあったが、建設した学校や診療所の多くが放置されていることがわかった。政府がプロジェクトの維持に必要な教師、機材、設備、インフラを提供していなかったためだ。政府が問題を数多く抱えていることは理解しているものの、せっかく建てた学校や診療所がうまく機能するための調整が図られていなかったのは残念だ。また、マンデラ大統領にも責任があった。学校や診療所が適切な場所に計画されているかどうかちゃんと調査することなしに、伝統的指導者の嘆願を簡単に受け入れてしまう傾向にあったからだ。ずっと後になって、ネルソン・マンデラ教育農村開発研究所がフォートヘア大学と共同で、大統領が建設した学校のいくつかをサポートするようになる。

悲しいことに、南アフリカの教育制度、特に農村の教育は学習者の期待を満たしていない。今日でも、教育は南アフリカが直面する最大の問題のひとつである。教師の給料が非常に少ないため、情熱を持った人材を惹きつけることができない。教師たちが給料で家族を養えないばかりか、農村地帯には必要な機材や教科書もない。僻地中の僻地にある学校はほとんど教育省の支援を受けることができず、教育省側も規律を徹底させることができない。

農村に学校や診療所が建設されるたびに、メディアを招待して大統領に同行してもらった。ゴールデンタイムのニュースで大統領のプロジェクトに関わっていることを報道され、大統領と一緒にテレビに映るのは、どんな企業にとっても元手が取れる寄付だった。教育に対するマディバの情熱を共有して建設した学校や診療所を、いまだに支援している企業も多い。

一九九八年、ビル・クリントン大統領は政治家として最大の問題に直面していた。モニカ・ルウィンスキーとのスキャンダルで政治生命が危機に晒され、世界のトップニュースとなっていたのだ。クリントンはスキャンダルの真っ只中に、南アフリカを公式訪問することになっていた。困難に直面しているとき、ネルソン・マンデラほどの持つべき友はいない。大統領は大目に見ることは決してしなかったが、起こった事柄よりその人の人間性から物事を捉える人だった。そして、悪いことをしたと思わせる一方で、その人を安心させ、屈辱を味わうことがないようなやり方で責任を取るよう説得した。これを何度も目撃するうちに、私の考え方も変わり、以前なら決めつけたことに対し違った見方をするようになった。謝る機会があればさっさと謝り、過去の間違いは過去のこととして先に進んだ。そして、人から称賛されるたびに、「聖人は努力をやめない罪人《つみびと》だ」と繰り返した。

一貫性や誠実さに欠けるものをマディバが容認したという意味ではない。誰しも常に誠心誠意努めているけれども、人間なら誰しもそうであるように、時として躓くものだと信じていたのだ。マディバにとって大切なのは、ためらったり、罪を犯したり、躓いたりした者が、間違いを犯したからという理由で疎外感を感じることがないようにすることだった。マディバは間違いを犯したことに対して正直に反応しながらも、「人間なんだからそんなこともある」と思っていることを相手にわからせた。そして、自分を許し先に進む上では、間違いを起こしたということよりも、間違いを正直に認めることの方がずっと大切なのだという信念をはっきりと示した。マンデラ大統領はクリントン大統領を温かく歓迎し、ルウィンスキー事件で大変な目に遭っているだろうが、あなたへの尊敬は失っていないし、国を導くあなたの力を信じていると伝えたのだった。

一九九八年三月二十七日、クリントン大統領の南ア訪問を記念する晩餐会が開かれた。会場はケープタウン近くの有名なワイン生産地にあるワイン農場「フェルヘリアヘン」。マンデラ大統領の秘書は交替でイベントに出席して大統領の補佐にあたっていたのだが、めったにない歴史的イベントだから、皆その夜働きたがっていた。だから、私に白羽の矢が立って驚いた。フェルヘリアヘンは大統領公邸「ヘナーデンダール」から車で四十五分のところにある。渋滞を避け時間を節約するために、警備担当班はヘリコプターを使うことにした。

私は着飾るのが苦手だ。お気に入りのジーンズを履き、ビーチサンダルをつっかけ、シャツかTシャツを着るのが一番落ち着く。だが、この晩餐会には頑張ってオシャレしないわけにはいかない。なにしろ、世界最強国の大統領をゲストに迎えた公式晩餐会なのだから。それで、飾り気のない黒のドレスを特別に仕立てた。靴は低いヒールにする。イベントでは一晩中動き回ることが常だったので、高いヒールは避けたのだ。

軍用ヘリはまさにそれっぽかった。それに、ひどく揺れた。ヘリコプターに乗るたびに、戦場へ向かっているような気になったものだ。「オリックス」は世界でも最高峰とされる、がっしりした戦闘用ヘリだ。完全武装した兵隊が十六人乗れるスペースを持つ。この頃には、私はヘリコプターに乗るのが大好きになっていた。ヘリの音が好きで、特にパイロットがちょっと曲芸っぽく操縦するときが楽しい。ちょっとした冒険が好きなのだ。

フェルヘリアヘンに到着する。プロペラが止まるとすぐに、降車用の階段が運ばれて来る。儀礼によると、大統領は最後に搭乗し、最初に降車することになっている。大統領に続いて降りるのは、マシェル夫人など公式パートナー。その後はドアに近い順だ。ヘリコプターは地上に近いため、警備チームは通常階段を使わず飛び降りる。この日もまず、大統領が降り、マシェル夫人が続いた。大統領が階段を下りながら、すぐ後ろにいる私に話しかけ始める。その日の予定かクリントン大統領の到着時間に関する質問を受けたのは、ちょうど大統領の足が地面に着いたときだ。大統領が私の返事を聞こうと振り向いた瞬間、私は階段から転げ落ち、大統領の真後ろに両膝をついてしまった。着ていた長いドレスが金属の階段のレールに引っかかったために、足をちゃんと階段に下ろすことができず、階段を滑り落ちてしまったのだ。周りの人たちがこぞって笑い始める。笑わなかったのは大統領とマシェル夫人だけ。きっと、これまでに見たこともないおかしな光景だったに違いない。階段から転げ落ちることはあるだろう。イブニングドレスを着ることだってあるだろう。しかし、ヘリコプターから降りようとしたときに、イブニングドレスを着たまま階段から転げ落ちたのだから、さぞかし見ものだったと思う。振り向いた大統領は私とアイコンタクトしようとして、自分の目の高さの位置を見ていたが、私が目の前ではなく、自分の後ろの地面に跪いているのに気がついた。「手を貸してやりなさい。手を貸してやりなさい」と繰り返して指示を出し、私が大丈夫かどうか、とても心配してくれた。「ドレスはダメになったかな?」と聞かれたので、急いで点検する。どこも破れていないようだった。

周りの人たちは平静を取り戻すのに苦労していた。クリントン大統領もヘリコプターで到着する予定だったので、ワイン農場の敷地内はシークレットサービスのエージェントで一杯だった。エージェントたちはたくさんある低木の陰に隠れていた。私が前を通ると、木の陰に隠れていたエージェントたちが笑い出し、まるでワイン農場で突然風が吹き始めたようだった。私が転倒したことを心配してくれたのは大統領ひとり。あとは全員笑い転げるか、真面目な顔をするのに苦労していた。私は気を取り直して、マンデラ大統領と一緒に屋内に入り、クリントン大統領の到着を待つ。
マンデラ大統領は晩餐会会場となる大天幕の傍にある家の中で、椅子に座ってクリントン大統領を待った。そこから、ふたり一緒に晩餐会に登場することになっていた。マンデラ大統領に知らせるために、クリントン大統領の到着時間についての情報を入手する。フェルヘリアヘンは個人所有のワイン農場だ。母屋はケープダッチ風に美しく装飾されている。外で待っている間、晩餐会で公演することになっている有名な南アのコメディアン、ピーター・ダーク・エイスに会ったおかげで、恥ずかしい思いをした出来事を忘れることができた。マンデラ大統領はエイスの政治風刺が大好きだった。エイスは南アの政治家を面白おかしく物真似し、どんな政治家でも容赦しない。大統領が待つ家の中に戻る途中、ドアが風で閉まるのを防ぐため、ドアの前にレンガが置いてあったのに気がつかず、躓いてしまう。転ぶことはなかったものの、躓いた勢いで、予想していたより早く大統領の真ん前に着いてしまった。大統領は「おや、まあ、ダーリン。そんなに慌てず、椅子を持って来て、傍に座っておくれ」と言っただけだった。とても恥ずかしかった。その夜演説台のマンデラ大統領に原稿を渡したのだが、これほど緊張したことはなかった。演説台への階段を上りながら、「また大失敗をすることがありませんように」と祈る。失敗することなく、イベントは無事に終わった。

私はマンデラ大統領とマシェル夫人の両方に頼りにされるようになっていた。ふたりの日程を合わせるのは大仕事だった。ふたりが一緒に過ごせる時間を探すのは、並大抵のことではなかったのだ。マシェル夫人はモザンビークや世界各地で、主に子どもの権利拡大のために働いており、旅行が多かった。マシェル夫人とマンデラ大統領が一緒に過ごせる時間を見つけるのは、不可能に近かった。ふたりとも、まるで時間と競争しているかのように、猛烈なペースで働いていたのだ。大統領は一週間のうちに百もの仕事を成し遂げようとしており、マシェル夫人のスケジュールも一杯だった。大統領がスケジュールにＯＫを出した後で、前日になって予定がすっかり変わってしまうこともよくあった。それは必ずしもマシェル夫人が原因ではなかった。緊急の重要事項が持ち上がることもあれば、単に気が変わっただけのこともあった。私たち秘書は、直前に約束をキャンセルする言い訳を使い果たしていた。そして、大統領の健康状態が原因ではないかと取り沙汰されるのを恐れた。

当時、もしマンデラ大統領が風邪でもひけば、南アの通貨ランドが暴落した。大統領の健康に関するどんな噂が生じても、ランドは暴落した。南ア人が混乱に陥り、国を破壊し尽くすことを世界は恐れていたのだ。黒人、白人にかかわらず、南アフリカ人全員にとって、マンデラ大統領は安定の象徴であり、世界はそれを知っていた。したがって、大統領の健康とか、「気分がすぐれない」を言い訳に使うのは、真実でない限り問題外だ。一般国民の目に映るマンデラ大統領はまるで超人だった。休養などしようものなら、人々は大統領の健康状態について推測を始めるのだった。

一九九八年の初め、大統領はネルソン・マンデラ子供基金の資金集め行事に出席する。大統領は一九九五年、子どもたち、特にエイズ孤児を援助するために子供基金を設立した。ノーベル平和賞の賞金を基金設立に使い、毎年給料の三分の一を基金に寄付し、さらに、時間があるときは資金集めを行っていた。この日のゲストは世界的な有名人やモデルたちで、イベントが終わってから、豪華列車「ブルートレイン」の改装記念運行に皆で参加した。

当時リベリアの大統領だったチャールズ・テイラーがナオミ・キャンベルにダイヤモンドをプ

レゼントし問題となったのは、この時のことである。ナオミは子供基金設立当時からの後援者で、ごく初期から基金に寄付してくれた外国人のひとりだった。

国際刑事裁判所におけるチャールズ・テイラーの裁判で、子供基金イベントが取り沙汰されたとき、私は事件の時系列に関心を持った。しかし、大統領迎賓館に泊まっていたナオミの部屋のドアをノックして、「石が入った袋」を渡したボディーガードが誰だったのか、南アの警備担当官に質問する者はいなかった。もし南ア政府のボディーガードだったら、袋を渡す前に開けていただろう。国家所有の敷地に贈り物が届けられる場合、たとえ宛先が大統領であっても、開封して確かめることになっているからだ。もし誰かが警備担当官に質問していれば、中にいくつダイヤモンドが入っていたか証言した可能性が高い。さらに、問題の夜に誰が家に入ったか、記録に残っているはずだ。南アフリカの警察官は記録帳の携帯を義務づけられている。記録帳に毎日、いつ何をしたかを細かく記入し、法廷で証言する必要が出たら、それを参照すればよいのだ。同伴者のいない、ふたりのリベリア人のボディーガードを、南アフリカの警察官が大統領迎賓館に入れるとは思えない。南アフリカのどこかに記録が残っているはずだ。私たちは問題の贈り物について何も知らなかったが、ナオミはダイヤモンドの袋を子供基金のＣＥＯに渡したという。後に、ＣＥＯはダイヤモンドの原石を所持していた容疑を問われたものの無罪になった。

大統領はブルートレインの後、やはり子供基金の資金集めで、豪華客船「クイーンエリザベス２号」（ＱＥ２）に乗ることになっていた。数千ドル払えば、マンデラ大統領、マシェル夫人と一緒に船旅を楽しめるわけだ。切符は完売した。

壮麗で古めかしいＱＥ２は明らかに年配の人向けに装備されていたが、それでも素敵な経験だった。乗客は毎晩、まるで教会に行くかのように着飾って夕食のテーブルについた。若い人のためのパーティーはなく、あったのは舞踏会だけ。とはいっても、年を取った人たちが踊る姿や、まだ深く愛し合っている様子を見るのは素敵だった。マンデラ大統領とマシェル夫人は踊りこそしなかったものの、QE2での旅を楽しんでいた。最初の紹介時と夕食に一回顔を出しただけで、残りはやっと手に入れたプライバシーと大切なふたりだけの時間を、「本土」でのプレッシャーから離れて楽しんだのだった。

QE2の旅から戻って、私は具合が悪くなった。四年間で二回目のことだ。仕事のペースについていけなくなったのだろう。大統領は多くの要因に突き動かされていた。引退まであと一年もなかったので、大統領の立場を利用して、実現させたい改革を急速に進めたがったのだ。医者は一九九五年の日本への公式訪問の後で罹った心筋炎の再発と疲労のせいだと言い、四週間の自宅休養を命じた。一週間後、ボディーガードから電話がある。公舎「アカシアパーク」にある私の小さい家を大統領が訪問したがっているという。寝室がひとつしかない、小さくて質素な私の家を大統領が訪れるのは不適切と思ったので、大統領に電話し、もう元気になった、間もなく仕事に戻るから見舞いに来る必要はない、と伝える。大統領は納得せず、今まで受け取ったこともない美しい花籠を持って見舞いに現れた。

見舞いに来て、早く元気になりなさいと励ましてくれながら、大統領は無邪気そのものでこう言った。「いいかね、病気になるのは弱い人間だけなんだよ」。もっと同情してくれるかと思っていたのに。マディバは生涯を通じて、人間は自分の体をコントロールできると信じていた。だから、体を癒すには薬より、強い精神とよくなろうという強い意志が必要というわけだ。

どれほど仕事が大変であろうと、どれほどプレッシャーに晒されようと、どれほど疲れていようと、マディバの顔を目にし、マディバの微笑みが部屋を明るくするのを見るのが、毎日のハイライトだった。のちには、マディバの姿を見るだけで、自然に微笑んでしまうようになった。人と親密に働いていると、その人の感情やムードが読めてくるようになるものだ。どんなに大変な時でも、私は微笑みを絶やさなかった。心の中だけで微笑むこともあった。

ストレスと疲労に負けそうになることもあったが、私は容赦ないペースで働き続けた。ある時マディバが新聞に載っていた記事を読んでくれる。下半身に肉がついている人の方がストレスにうまく対処しているという研究結果だった。最初にマディバがその記事を読んでくれたとき、私はマディバの意図を理解して言った。「ですから、クル、私はまだストレスに対処できますよ。なにしろ下半身デブですからね」。マディバは声を出して笑い、また私に記事を読んで聞かせた。私はおかしいと思わなかった。だが、マディバに私をからかうのをやめさせることはできなかった。

マディバは他人の体重や健康をとても気にかけた。ちょっとウエストが太くなっただけの女性に、妊娠したのかと聞くことがよくあった。ふたりだけで話したいと来客に告げ、その人の体重について講義したりもした。何度マディバが人の大きいお腹を指さし、「小さくしなければいけないよ」と忠告したことか。自分の体重が話題になって気を害する人もいた。ネルソン・マンデラにお腹を「小さくしなければいけないよ」、つまり食べる量や体重を減らせと言われるのはとても恥ずかしいことだ。私たち秘書は、マディバが人の体重に言及する事態を何があっても避けようとした。マディバが誰かと「ふたりだけで話したい」と言い出したら、やめた方がいい、不適切だ、と諭した。マディバが体重に関して自分に忠告されないように秘書たちが努力しているのを、マディバはとても面白がり、声を立てて笑った。時には、マディバが秘密をこっそり教えてくれるつもりだと勘違いした来客が、ふたりだけで話したい、と言い張ることもあったが、そのたびに数分後、納得のいかない顔で退出したのだった。

ある時、公開イベントでマディバの到着を待っていた。車から降りたマディバは、長いこと待ったかと聞く。「ええ、長いこと待ちました」と答えたところ、大きな声でこう言った。「お腹が空いているように見えるから、きっとそうだと思ったよ」。お腹など空いていなかった。マディバはいつも私の安全と、私がちゃんと食べているかどうかを気にかけていた。

別の時、マディバとの食事中に、ダイエット中だった私はサラダしか手をつけなかった。マディバは、それでは十分ではない、という。私は正直に、体重を減らそうとしているのだ、と答えた。すると、君は動きが敏捷だから体重など問題ではない、という。肥満ではあるが、歩いたり動いたりするスピードに影響が出ていない、という意味だ。食べ物と体重に関するマディバのロジックは変だった。食べないと「もっと食べなさい」というくせに、おかわりをすると、咎めるように人のお皿を見るのである。私は自分の体重を気にしていたが、マディバと一緒の時はなぜか平気だった。体重のことで不平を漏らすと、マディバは優しく言ってくれた。「でも、堂々としているように見えるよ」。

その年の六月、大統領はウルフィー・コデッシュとマフランバ・ンドロフで昼食を取っていた。投獄前にコデッシュ宅に住んでいたとマディバに聞かされてはいたが、一九六一年ジョハネスバーグのアパートにマディバをかくまっていたことを知り、とても感心した。当時マディバは毎日朝早く運動していた。コデッシュのアパートに滞在していた間、同じ場所で十分か二十分毎日ジョギングしたとのことだった。再会したふたりの間の温かい友情を感じつつも、朝の五時に自分のアパートでゲストが足踏みジョギングするのはさぞかし迷惑だっただろうな、と想像せざるを得なかった。解放運動の闘士たちがお互いに対して持つ寛容さを目にすると、彼らが特別な人たちだったのがわかる。その忍耐と粘り強さに感嘆した。
大統領がホテルの部屋で、早朝熱心に運動しているのを見たことがある。あまりに熱心だったので、「クル、怪我をしてしまいますよ」と怒鳴りたい心を抑えなければならなかった。マディバは背が高く贅肉がついていなかった。だが、運動しているのを見て初めて、どれほど強靱かに気がつく。まるで訓練中のボクサーのようだ。ひとつひとつの動きを確信と決意を持って行っていた。「どんな運動をなさっているのですか」と人に聞かれるたびに、マディバは喜んでアドバイスをした。旅行先で運動用のメディシンボールを見つけなければならなかったことも、一度や二度ではない。「君もやってみなさい。お腹がぺちゃんこになるよ」と言われた。時々、髪を振り乱して運動しているものだから、私とボディーガードのロリー・ステインはおかしくてたまらなかった。もちろん、豪華なホテルの一室でマディバが一心不乱に運動している間、私たちは笑いを押し殺さなければならない。世界中の都市を訪れたが、観光地には行っていない。だけど、どのホテルが素晴らしいルームサービスのメニューを用意しているか、そして、どこでメディシンボールを見つけることができるかの二点だったら、私は誰にだってアドバイスできる自信がある。

メアリーが去った後、ヴァージニア・エンゲルが大統領執務室の首席秘書になっていた。しかし、大統領はいまだに私の携帯電話番号を暗記していて、どんなことでも私に電話してきた。たとえば、夜電話してきて、「翌日これこれの薬を届けてほしい」とか「次の日にこれこれを思い出させてくれ」とか頼んだりする。それをヴァージニアに伝えるわけだが、そのために私が非常に困る立場に陥ることもあった。ないがしろにされて、いい思いをする人はいない。私は仕事に心から打ち込んでいたし、大統領を敬愛していたものの、頭越しにされたヴァージニアは嫌な気がしただろう。

この頃の私は、できるだけ大統領から離れていようとした。火に近ければ近いほど、火傷する確率が高くなるからだ。近づきすぎるのを避け、健全な距離を保つことで、大統領が私に嫌気がさすような状況を作り出さないようにしようとしていた。しかし、そのうち、仕事中私が傍にいないとマディバは不安を感じるようになり、距離を置くことが難しくなる。安心して仕事をするために、マディバが何をして欲しいか、身の回りをどのような状態にして欲しいのか、私はよく把握しており、私が把握していることをマディバは知っていた。マディバはどんな時でも、どんなミーティングでも、前もってはっきりとした状況を知りたがった。そして、私が責任を持ってマディバの身の回りで秩序が保たれるようにすると信じ切っていた。私にとってマディバのニーズを満たすことが最重要項目であると信じ切っていた。マディバのニーズが私にとっての最重要項目であるというのは本当だった。しかし、この時点で、私は公には、大統領の個人秘書補佐のひとりにすぎなかった。

同僚のひとりに、モリス・チャバララがいた。モリスは私がこれまで出会った中でも一二を争う優しい人だ。話し方が静かで、とても親切で腰が低かった。ある意味で、大統領は昔風であり、男性の秘書を受け入れ難く思っていた。モリスに何も落ち度はなかったけれど、大統領は女性が就くべき職業や就くべきでない職業にこだわりがあった。差別していたわけではないが、性別に注意が向いてしまうのだ。パイロットもそういう職業のひとつだった。空軍で女性パイロットを訓練し始めてから、大統領の飛行機やヘリコプターの操縦を女性パイロットが行うことがあった。大統領は決して異議を唱えることはなかったものの、女性が操縦席に座っているのを知るといくぶん用心深くなった。私たち秘書は、女性差別している、と大統領をからかったものだ。慣れなければいけないことだね、と大統領は認めた。大統領自身、ステレオタイプに敏感だったので、表立って疑念を表明することはなかったが、大統領のことを知っている人には、居心地悪く感じているのがわかった。それでも、男女平等を標榜しているのだから、自分自身の物の見方をまず改めるよう、もっと努力しなければならない、と認めていた。

ある日、モリスはスペインとポルトガルの大使館が絡む外交問題に巻き込まれる。南アフリカが将来的に西サハラを独立国として認めるつもりであるという手紙を、スペイン大使館に自分の手で届けることになっていたのに、モリスは間違ってポルトガル大使館に届けてしまった。ポルトガル大使は配達間違いを知らせてくれなかったどころか、手紙を開封し、スペイン大使館に手紙が届いていないことをマンデラ大統領が発見するまで、何日も放っておいた。モリス自身が別の大使館に手紙を配達したことに気がつき、ヘルヴェル教授に伝え、教授が大統領に報告する。スペイン大使館は激怒した。

モリスの失策は外交問題に発展する。配達間違いを報告せず、手紙を手元に置いていたポルトガル大使を、マンデラ大統領は即座に南アフリカから追放した。国家的重要性を持つ情報を入手しておきながら政府に知らせないのは道徳性に欠けるばかりか、非常に重大な国際外交の危機を生み出す可能性があるからだ。大統領はまた、事の重大さを知らしめ、問題に対処する上での公平さを期するため、執務室の責任も問わなければならないと感じ、モリスを別の部署に異動させた。もっとも、皮肉なことに行き先は外務省だった。モリスにもう一度チャンスを与えてやってくれと、私はヘルヴェル教授と大統領に懇願した。しかし、大統領は「責任を問わなければならない」として、頑として首を縦に振らない。そして、一旦大統領が心を決めたら、たとえ国が軍事侵略されようと、その考えを変えることはできないのだった。モリスがどうしているかと、その後何度か連絡を取ってみた。モリスが異動させられたことで大統領執務室は騒然となり、がっかりした同僚もいたが、モリスは新しい職場で幸せのようだった。

私たち大統領執務室の職員にとって心穏やかざるところがあったこの出来事は、マンデラ大統領の外交に対する態度をはっきりと示している。やり方はまったく外交的ではなかったけれども。数日もしないうちに、一般国民はこの事件を忘れてしまった。大統領が公私を問わず素早く対応し、断固とした行動を取ったおかげで、問題が解決したのだ。これとは対照的なことが、最近、南アフリカで起こっている。ジェイコブ・ズマ現大統領の友人が正規の手続きを踏まずに、プレトリアの空軍基地に自家用機の着陸を許されたことが明るみに出た。空軍基地に着陸した友人一家は、プレトリア近くのリゾート「サンシティ」で豪華な結婚式を計画していた。近くに商業的な国際空港や民間の空港があるにもかかわらず、この家族は空軍基地に着陸し、しかも結婚式会場まで警察車両の護送がつけられた。しかし、この件に関しては、なんの政治解決もなされていない。

その年が進むにつれて、大統領の旅行も増える。南アフリカが健全な国であることを世界に見せようと、一生懸命働いていたのだ。アフリカの全国家元首が一堂に会するアフリカ連合総会に出席するために、ブルキナファソに飛ぶ。世界の国家元首が集まるこういった会議に出席するのは、最初の二、三年は面白かった。だが、外交儀礼が進行する中、ひたすら待って時間を無駄にすることが次第に耐えられなくなった。

ブルキナファソで泊まったのは、この会議のために新しく建てられた迎賓館だった。しかし、国家元首の食べるもの以外、何の用意もされていない。国家元首以外は自分で食べ物を調達しなければならないが、この種の会議は大抵混乱をきたしていて、何をするにも、ものすごい時間がかかる。どういうわけか父が持たせてくれた大量の干し肉と、露天商から買った焼きたてのパンが私たちの常食となった。ブルキナファソは元フランスの植民地だったため、いまだにフランスの影響が残っている。私とボディーガードたちはまだ温かいフランスパンを路上で買い求め、それに干し肉を挟んで、二日半生き延びたのだった。

どの国家元首もマンデラ大統領との個別会談を求めてきた。大統領は個別会談に合意することもあれば、個別会談が多すぎるのを嫌がることもあった。国家元首は総会にアルファベット順に到着することになっていた。元首の名前順か国名順である。序列を議論し始めるときりがないからだ。元々選挙で大統領に選ばれたものの、その後独裁者になり、延々と権力の座に座っている国家元首も何人かいた。

他国の代表団に比べると、南ア代表団はいつも小規模だった。秘書ひとり、医師ひとり、身辺警護にあたるボディーガードふたり、事前に到着するボディーガードが三人から七人、儀典担当官が多くてふたりというのが普通だった。儀典担当官のひとりは大統領府から、もうひとりは外務省から出す。二国間会談があるときは所轄の大臣が同行することもあったが、どんなに大きな代表団でも十五人から二十人を超えることはなかったし、大きな代表団を送るのは南アフリカと密接な貿易関係にある国を訪問する場合に限られていた。他に優先事項があるのだから、無駄は許されないことを、マンデラ大統領は身をもって示していたのだ。意図は理解していたものの、南ア代表団のひとりひとりが複数業務をこなさざるを得なくなり、随行員にはかなりのプレッシャーがかかった。他の国の代表団は最低二十人だった。最大はアメリカ合衆国。二百人を超える代表団を送っていたが、賄えるだけの資力を持っているのだ。

七十九歳という高齢のせいか、大統領は変化を好まず、周りに見覚えのない顔がたくさんあるのを嫌った。代表団に知らない顔を見つけると、私と二人きりになってから「あれは誰だい。どんな仕事をするのか」と聞いてきた。大統領はまた、費用や生産性についてもよく考えていた。国内旅行であろうと、海外旅行であろうと、「君が泊まっているホテルはいくらかかるんだ。誰が払っているのか」などとしばしば質問してきた。出費を気にする人だった。

ブルキナファソの次に行ったのはイギリスだ。南アフリカで巨大な食品会社を持つルアダ家が所有する、田舎の家に泊まる。イギリスの田舎に行ったのは初めてで、とても楽しかった。ロンドンの公式訪問の後、ウェールズに移動する。

バッキンガム宮殿では、女王を表敬訪問する。私はマンデラ大統領とエリザベス女王の間に温かい友情が結ばれていることに心を動かされた。大統領が「おや、エリザベス」と女王に挨拶し、女王が「こんにちは、ネルソン」と答える。犬好きの私には、バッキンガム宮殿に入るのに使った入り口の傍に、コーギー犬用の餌入れがあるのが面白かった。

ウェールズの後、イタリアとヴァチカンを公式訪問する。大統領はローマ法王とふたりだけで会談し、その後代表団を部屋に招き入れた。国家元首に会うたびに、大統領は代表団のひとりひとりを紹介したがったが、それは相手がローマ法王でも同じだった。私たちひとりひとりが紹介され、法王はすでにかなり体が弱っていたものの、私たちと握手を交わし、私たちを祝福し、ロザリオを与えた。私はロザリオが一体何か知らず、カトリックのネックレスのようなものだろうと思った。その夜母に電話し、法王が私を見たとき、私の目の中に罪を認めたような気がすると告白する。同僚の中にも同じように感じた者たちがいたが、母は笑い飛ばしただけだった。

イタリアでの公式昼食会の席上、大臣のひとりがエビを喉に詰まらせた。咳き込んでから、椅子から転げ落ちる。テーブルは沈黙に包まれた。幸いなことに、マンデラ大統領の医者が同席していた。南ア代表団は小規模であることから、大統領はいつも全員が公式プログラムに参加することを求めていたのだ。おかげで、大統領の医者がその場で大臣の命を救うことができた。

これより後の話だが、マンデラ大統領は大統領専用機の乗務員を公式晩餐会に招待すると言い張るようになる。そのために、大統領自ら国家元首に頼まなければならなかった。マンデラ大統領はどのスタッフでも、単なるお金を払って雇った人間としては決して扱わなかった。

イタリア公式訪問で、私はユスフ・スルテに紹介された。ユスフの父親はマディバが投獄される前、マディバの仕立屋だった。マディバの釈放後も、スルテ家はマディバが着て有名になった模様柄のシャツやスーツを調達し続ける。ユスフはブリオーニブランドの代表として出席していた著名なイタリア人、ステファーノ・リッチを連れて来て、大統領に紹介した。私が典型的なアフリカーナの娘だとしたら、ステファーノは典型的なイタリア人だ。陽気で、生き生きとしていて、心が広い。ステファーノが大統領に送ってくれる服は例外なく大変美しかった。ステファーノが選んだ服にはいつも、愛情と心遣いが感じられた。ステファーノはマディバの服をユスフに送り、手直しが必要な場合はユスフの店で行われた。ユスフもステファーノも、並外れて良い趣味をしていた。

大統領の八十歳の誕生日が近づいていた。七月十八日の誕生日の夜、ＡＮＣ、マディバの家族、それにマディバの娘たちのビジネスパートナーであるスザンヌ・ウィルが、ジョハネスバーグのギャラハーエステイトで豪華なパーティーを開催することになっていた。南ア社交界の花形や、ナオミ・キャンベル、マイケル・ジャクソン、クインシー・ジョーンズ、スティーヴィー・ワンダーなどの国際的なセレブが出席する。大統領執務室職員も全員招待された。

その週の始め、十八日の誕生日に大統領とマシェル夫人が結婚するという噂が広まった。まさかそんなことはないだろう。噂が本当であることを示すような変わったことは、私の周りで起こっていない。パークス・マンカフラナ大統領報道官に対し、「ふたりは結婚するのか?」という問い合わせが繰り返してなされた。最初パークスは「さあ、どうだか」と答えていたが、そのうち漠然ながら否定し始め、遂には、絶対に結婚はない、と断定するようになった。私はマシェル夫人の娘ジョジーナに電話して、この件について何か知っているかどうか尋ねた。何も知らないという。私たちは噂を笑い飛ばした。ジョジーナはケープタウンの大学に在学中、ケープタウンの大統領公邸に住んでいたので、私たちは多くの時間を一緒に過ごし、良い友人になっていた。「ジーナ、私に嘘なんかついたら、ただじゃおかないわよ」と軽口を叩く。ふたりとも誕生日のことを考えてワクワクしていたが、結婚については本当に知らなかったのだ。七月十八日の土曜日、目が覚めた途端、新聞の一面の見出しが目に飛び込んだ。「ふたりは結婚する」。私はただ微笑んだ。私と数人の同僚は、その日の午後、ハウトンの私邸で働くよう指示されていたが、誕生日のお祝いに家族がやって来るので、余分な手助けが必要なのだろうと思っていた。

大統領と私はしょっちゅう電話で話をしていた。大統領から電話してきて私に仕事を頼むこともあれば、私が電話してメッセージを伝えたり質問したりすることもあった。私たちがあまりにしばしば電話をしていることに、多くの人が苛ついていた。しかし大統領は私の声に慣れていたので、私が言っていることは問題なく理解できたが、他の人の声は電話で聞きづらかったのだ。八十歳の誕生日の朝、大統領におめでとうの電話をすることにする。普段なら仕事以外の用事で大統領に電話したりすることは決してなかったものの、そして、午後に私邸で会うことになってはいたものの、その日は電話することにした。なんといっても特別な誕生日なのだから。

大統領とマシェル夫人は金曜の夜をプレトリアの公邸マフランバ・ンドロフで過ごした。ふたりともジョハネスバーグの私邸に泊まる方を好んだので、プレトリアで一晩を過ごすのは珍しい。公邸の使用人が大統領に電話をつないでくれる。私は「おはようございます、クル」と言ってから、「ハッピーバースデー」を歌い始めた。歌い終わって、「この日があなたの人生で最も美しい日になりますように」と付け加えた。マディバは私が情報を得ようと探っていることを感じ取り、面白がっているようだった。「ありがとう。ダーリン。きっとそうなると思うよ」との返事に私は確信する。ふたりは結婚するつもりだわ。びっくり箱の中のピエロになったような気がする。興奮を抑えきれなかったが、誰にも何も言うつもりはない。その日は一日中、いつ、どこで、どのようにプロポーズが行われたのかに思いを馳せた。そして、思い出す。数週間前、宝石屋をマフランバ・ンドロフに呼ぶよう頼まれたじゃないの。宝石屋がやって来て、大統領と庭の木の下に座り、何やら話し合っていた。その時は大統領の知り合いだと思い、注意を払わなかったのだ。家族や友人たちが勢ぞろいした、公の晩餐会で結婚するに違いないと思ったが、それ以上推測するのは怖くてやめた。

大統領とマシェル夫人は、大統領迎賓館に集まった家族と一緒に昼食を取った。職員は招かれなかったので、ハウトンの私邸に向かう。私邸は報道陣で溢れかえっていた。塀を乗り越えて中に入ろうとしている者や、隣の敷地からこちら側の木に乗り移ろうとしている者もいる。警備担当官たちは大忙しだ。家の中に入ったら、いくぶん静かで厳粛な雰囲気が漂っていた。私たちは裏方に徹し、お茶に必要なカップなどを取り出し始める。間もなく大統領とマシェル夫人が到着した。来客が数人、後に続く。私は出しゃばりたくなかったので、できるだけ大統領から離れたところにいた。突然、野火のように、家じゅうに知らせが広がる。「数分後に、ここで結婚式が執り行われます」。

ごく親しい人が数人出席しただけの式は、シンプルで美しかった。デスモンド・ツツ大主教、ターボ・ムベキ元大統領とザネレ夫人、サウジアラビアのバンダール・ビン・スルタン王子、ユスフ・スルテ、ジョージ・ビゾス、アメッド・カスラーダ、シスル一家などだ。南アフリカのあらゆる宗教関係者が列席していたのは、マディバスタイルの真骨頂といえよう。式を執り行ったのはメソディスト教会のムヴメ・ダンダラ主教だったが、その他の宗教にも役割が与えられた。とてもうやうやしく上品な式だった。マシェル夫人がたったひとりで階段を下りてきた様子は、優雅を意味する「グラサ」という名前にふさわしかった。私たちのほとんどは感情を抑えることができず、隣の部屋から盗み見しながら、溢れる涙を拭った。あまりにも美しかったから。そして、大統領がやっと幸せを掌中にできたから。

その夜のイベントはお祝い騒ぎだった。マディバが誕生日にあたって言葉を述べようと壇上に上る。「妻と私は……」と言った瞬間、会場が拍手に包まれる。南アフリカは大統領夫妻と共に、そしてふたりのために、結婚を祝福した。

忘れがたい夜であり、素晴らしい祝典だった。私は自分をつねって、現実のことかどうか確かめる。ネルソン・マンデラの八十歳の誕生日と結婚の祝賀会に参加することになろうとは、夢にも思わなかった。それまでマディバと過ごした短い時間が私をすでに大きく変えていた。幸いなことに、あまりにも忙しすぎ、あまりにもプレッシャーが大きかったので、自分が置かれた立場について悦に入ったり、うぬぼれたりする暇はなかったが。

一九九八年九月十日から十二日、モーリシャスで南部アフリカ開発共同体（ＳＡＤＣ）の会議が開催される。加盟国は南部アフリカ諸国であり、この会議の議長国は南アフリカだった（議長国は加盟国の国家元首が持ちまわる）。会議開催の数日前、マンデラ大統領夫妻が到着する。その時すでに、南アフリカに取り囲まれた小さな王国レソトでクーデターが起こりそうだというニュースが伝わっていた。私たちはレソトのモシシリ首相とレツィエ三世と緊密な連絡を取っていた。私には理由はわからなかったものの、ふたりが困難に直面していることは知っていた。マンデラ大統領もムベキ副大統領も国外に出ていたことから、マンゴスツ・ブテレジ大臣が南アフリカの大統領代理を務めていた。

マンデラ大統領就任後、国民党がＡＮＣ新政権に加わり、暫定統一政府という名の下で共同統治を行った。のちに国民党が脱退したため、暫定統一政府は解消され、インカタ自由党（ＩＦＰ）が第一野党となる。大統領と副大統領が国外に出ているときにＩＦＰ党首であるブテレジ大臣を大統領代理に任命したのは、ＩＦＰに対するＡＮＣの信頼を表明するジェスチャーだった。

南アフリカがレソトに侵攻した結果、百三十四人くらいの人が亡くなったという知らせに、マンデラ大統領はとても動揺した。この事件は今日、マンデラ政権最大の失敗と見なされている。ブテレジ大臣とレソト政府と連絡するため、マンデラ大統領は一晩中電話にかじりついていた。

モーリシャスに行くのは初めてだったが、楽しいことはまったくなかった。インド洋の美しい海で泳ぐ代わりに、私たちは晩餐会、会見、植物園訪問といった公式行事に追われた。七十五年に一回しか開かないという珍しい花をじっと見るより、私は泳ぎたかった。また、私たちはレソトでの出来事に動揺し、心配していた。

翌日SADC総会が開催される。マンデラ大統領は司会するのを好まなかったので、議長を務めるときは大抵、最初の挨拶だけして、あとは他の人に議事進行を任せるのが常だった。この変則的なやり方に異議を挟む者はいない。マンデラ大統領は議事進行について時々コメントするか、頷いて進行状態に合意を示すだけだ。

十時に始まるというのに、ジンバブエのムガベ大統領は一時間以上遅れて会場に入って来た。某国家元首の演説の真っ最中だった。マンデラ大統領は演説を遮り、演説をやめるよう頼む。大きな会場はしーんとして、緊張した空気がたち込める。マンデラ大統領が話している人を遮ることはめったになかった。

マンデラ大統領はムガベ大統領が席に着くのを待ってから、二十分にわたる予定外の演説を始めた。他人に敬意を払わず、他の人の時間を無駄にすることについてや、他の国家元首よりも自分の方が重要だから、時間に遅れても構わないと思っている「国家元首が中にはいる」ことについてだ。ムガベ大統領の名前は一度も出さなかったが、誰に言及しているのか皆わかっていた。その時マンデラ大統領が言った言葉を私は生涯忘れない。「たとえあなたがどんな地位にあろうとも、他の人間より重要だということはない。あなたの時間は他の誰の時間とも同じだけの価値を持つ。時間に遅れるということは、他人の時間、ひいてはその人間に対してまったく敬意の念を抱いていないことを意味する。自分の方が他人より重要だと思っているのだ」。

マンデラ大統領が話し終わってからしばらく、ムガベ大統領は会議に留まっていたが、その後できるだけ目立たないように、そそくさと会場を去った。マンデラ大統領とムガベ大統領のやりとりを私が目にしたのは、それが最後だった。その後、大きなイベントで同じ壇上に立ったとき挨拶を交わす以外、私の知っている限りではふたりの間にコンタクトはなかった。

マンデラ大統領がよく言っていたことだが、南アフリカが民主化する前、ジンバブエはアフリカ大陸の星だと見なされていた。しかし、南アフリカが民主国家になったとき、太陽が昇って星が消え去ったのだ。南アフリカがアフリカ大陸で主導的役割を果たすことをムガベ大統領が苦々しく思っていたのは、そういう理由もあったからだろう。ムガベ大統領はこの事件のずっと後だが、インタビューの中で、「ネルソン・マンデラの聖人ぶりにもほどがある。黒人を犠牲にしてまで白人を喜ばせている」とコメントしていた。その時、マンデラ大統領はかなりの高齢で衰弱しており、自分を弁護することができなかった。ムガベは公衆の面前で侮辱するという形でマディバに復讐する機会を、随分長い間待っていたのだろう。ムガベのコメントは明らかに南アフリカの現状を理解していないものだ。当時人種和解を最優先しなかったら、南アフリカはめちゃめちゃになり、現在のジンバブエのような状況に陥っていたに違いないのだから。

大統領のサウジアラビア公式訪問に同行するよう頼まれる。大統領より数日早く、ジョン・レインダーズ大統領府儀典部長、数人の警備担当官と一緒にリヤドへ出発する。前もってサウジアラビアの南ア大使館から、私のために「アバヤ」を借りる申し出があった。イスラーム教徒の女性が体を覆うケープのようなものだが、私は何のことか知らないまま同意した。

リヤドに到着して、この国とその文化や宗教は、これまで想像したどんな場所とも違うことに気がつく。空港でアバヤを手渡され、すぐに被りなさい、人前に出るときは身に着けないといけない、と言われる。大統領迎賓館に向かう途中、イスラームの教えと文化について詰め込み授業を受けた。女性にしか適用されない規則があまりにも多いことにびっくりしたものの、その日の夜遅く、ある大使館員と話をするまで、実はそれほど本気にしていなかった。リヤドでは「宗教上の犯罪」を犯した罪人の公開処刑があるというのである。意識的に反抗する傾向がある私は、「西洋人」の私にイスラーム教の決まりがどの程度押しつけられるか試すことにした。

夜の市場に行ってみる。ドアが開いているリムジンを見つけ乗り込むと、車の周りで人々がアラビア語で議論を始める。私が乗った車に同乗できるのは誰で、できないのは誰か議論しているらしい。未婚の女性は血がつながっていない男性と同じ車に乗ってはいけないのだ。中でも既婚男性は問題外だった。それで、私は車にひとりで乗ることになる。

店は通常朝十時頃開き、正午にはどの店も閉まる。モスクに行ってお祈りをするためだ。一時にまた開き、その後のお祈りの時間にまた閉まる店もある。レジでやっと自分の番が回ってきたと思ったら、お祈りの時間を告げるサイレンが鳴って、店を追い出されることもある。だから、遅くまで開いている上に、昼間ほどお祈り時間に邪魔されない夜の市場に行く方がよい。

詰め込み授業の中で、宗教警察「ムタワ」に気をつけるように言われた。イスラーム文化が順守されているかどうか取り締まる組織だ。通常の警察と似たユニフォームを着て歩き回り、赤いペンキがついた棒を携行している。規則違反を見つけたら、違反者の足首を棒で叩き、赤ペンキをつけるのだ。規則違反をしているところをまた見つかったら、逮捕されてしまう。その後どうされるか、想像するだけで空恐ろしい。一度市場で「体を覆いなさい」と注意されたことがあるが、ペンキをつけられないよう、すぐに走って逃げた。美しいカーペットを見たり買ったりするのに忙しくて、身の回りに注意を払うのを忘れがちになる。南アフリカではなんとのんびり暮らせることか、と感謝する。それでも、慣れ親しんだものとあまりに違う経験を楽しんだ。当時サウジアラビアに観光客として行くことは許されておらず、査証申請はサウジ当局に厳しく管理されていた。だから私はサウジアラビアが訪問できたことを、恵まれたユニークな経験だと思った。

マンデラ大統領到着前夜に、サウジアラビアの儀典長と最初のミーティングを持つことになっていた。本当に働きにくい国だ。特に女性にとっては。スケジュールを確認するためのミーティングを設定するのに、何日も返事を待つ。返ってきた唯一の返事は「待て」。だから待った。その間、どこにも行けず、何時間も座って待つ。

儀典長とのミーティングは、マンデラ大統領が泊まる大統領宮殿で行われた。最初、伝統的なアラブの服装をしたその男性は愛想がよさそうだった。アイコンタクトを避けるように前もって指示されていたので、相手の目を見ないようにする。サウジアラビアの儀典長は通常の儀礼的な挨拶から始めた。マンデラ大統領を我が国にお迎えできていかに光栄か、などなどである。私たちも光栄に感じた。しかし、挨拶はいい加減にして、スケジュールの詳細を教えてくれればいいのに。もう遅かったし、私は疲れていた。夜の十二時になっても、まだなんの詳細も明かされていない。マンデラ大統領の飛行機は、すでに南アフリカを飛び立っている。

ジョン・レインダーズが儀典長に質問をする。儀典長は受話器を持ち上げ、電話口の向こう側の誰かとアラビア語で話す。電話が終わったら、ジョンが次の質問をする。これが二時間続いたところで、私はうんざりした。ジョンがタバコを吸いに外に出るというので、私も一緒に出た。部屋の中の状況を話し合い、部屋に戻ったら私に任せて、と言う。ジョンの代わりに私が交渉しようというのである。もちろん、ジョンはひとりで交渉する能力を十分持っている。だが、様々なやり方で回答を引き出そうとし、ことごとく失敗した私たちには、もう他に選択肢がなかったのだ。私はサウジアラビアの風習を完全に無視して、儀典長の目をまっすぐ見据えて言った。

「マンデラ大統領はすでにこの地に向かっています。飛行機の中にいるのです。国家元首が自国をすでに出発しているのに、スケジュールが決まっていない公式訪問など聞いたことがありません。大統領が到着したら、スケジュールがどうなっているか知りたがるでしょう。しかし、まだこの段階で、あなたから何の詳細も知らされていません」。

儀典長はアイコンタクトを避けようとし、また受話器を取り上げた。それから、部屋を退出した。ジョンと私は笑い出す。バカバカしいにもほどがあった。儀典長が戻って来たのは三十分後。すでに午前一時をまわっていた。私は爆発して、拳でテーブルを叩く。「もし今詳細がいただけないのなら、たった今この場でいただけないのなら、南アフリカに戻るよう大統領専用機に指令を出します。スケジュールも決まっていない公式訪問をするために、大統領に外国へ来ていただくわけには参りません」。私たちが大統領からどれほどの責任を任されているか儀典長は見くびっており、情報を共有したがらないのだと感じていた。儀典長は明らかに私にむかついていた。この国では、女はそんなふうに男に口をきいたりしないのだ。儀典長は「マダム、落ち着いてください」と言う。これほど私を苛つかせる言葉はない。「この場で詳細をいただけない限り落ち着きません」と答える。

儀典長は受話器を持ち上げ、言葉はまったく理解できなかったが、明らかに電話線の向こうの人間にこちらへ急行するよう頼んだようだ。ジョンが静かにアフリカーンス語で言った。「わかってもらえたようだよ」。間もなくふたりの男性が到着し、もっと大きなミーティングルームに移る。スケジュールがテーブルに置かれた。全部の予定が決まっていたわけではなかったものの、少なくとも概要はつかめた。

翌朝、宮殿のスタッフはもはや私と口をきいてくれなかった。前夜の私の振る舞いのせいだろう。私は気にも留めない。マンデラ大統領の到着三時間前、私たちが空港に出迎えに出発する一時間前のことだ。突然、宮殿内の活動が止まった。王子が到着したという。スタッフ全員が玄関に急ぎ、一列に並ぶ。二千人いる王子のうち、誰が来たのだろうか。驚いたことに、やって来たのはマンデラ大統領と仲良しのバンダール王子だった。バンダール王子は当時、サウジアラビアの駐米大使を務めていた。明らかに、宮殿内の誰もがバンダール王子を尊敬していた。

バンダール王子はスタッフに頷いて挨拶し、まっすぐ私の元に歩いて来て頬にキスする。「やあ、こんにちは、ゼルダ」。視界の端の方で、周りの人々がびっくり仰天しているのが見えた。私はそこにいた唯一の女性であり、しかも未婚である。その私に王子がキスしたのだ。「ゼルダ、元気かい？　よく来てくれたね」。私たちは挨拶を交わす。王子は私を居間までエスコートして、そこで大統領の到着時間やスケジュールなどについて質問した。王子が立ち去った後、私はまるで王女様のような待遇を受けた。

サウジアラビア人は客人を手厚くもてなす国民である。客人を心地良くさせるために、どんな手間も厭わない。客がしきたりに従って行動している限りは。サウジアラビア人は大抵愛想がよい。こちらがサウジの風習を守り、信仰を尊重する限りは。数人の女性大臣がマディバに同行したが、大臣ですら女性は公式晩餐会に出席したり、国王に謁見したりするのを許されなかった。女性は全員、某ビジネスマンの家で夕食を取る。大統領と男たちが出席した晩餐会が始まったのは真夜中の十二時。大統領迎賓館に戻って来たのは午前二時をまわっていた。次の朝、私たちは皆、疲れていた。しかし、疲れていたにもかかわらず、大統領はいつも通り、七時きっかりに朝食を取る。すでに八十歳になっていたが、その意気込みと活力は若者のようだった。

翌日出発した頃には、私はがんじがらめの規則にうんざりしていた。自分の家でくつろぎたかった。民間の飛行機に乗って南アフリカに戻るため、空港で搭乗手続きをしていたところ、警備担当官が止められ、荷物を開けられる。警備担当者は通常、職務遂行に必要な武器や無線機や金属探知機などを携行している。武器は訪問国から正規の許可を取ったものだ。それでも、今回は止められ、身体検査され、武器や装置をばらばらに解体しなければならなかった。私はサウジアラビアの官僚主義にあからさまな嫌悪を示した。いい加減にしてよ。国に入るのではなく、出るところなのよ！　何を自分の国に持って帰ろうが、この人たちに関係ないじゃない！

不思議なことに、年月が経つにつれて、私はリヤドが好きになった。その後数回行く機会があったのだが、どんなところでも、その場所に慣れ、どんなところであるのか、何を受け入れなければならないのかを知ると、あとは容易になる。私はリヤドの食べ物が好きになった。物事にどのようにアプローチしたらよいのかがわかってきた。落ち着きと限りない忍耐が必要なのだ。また、人は年と共に成熟し、忍耐強くなるのだろう。その後多くのアラブ諸国を訪問して、どの国も前もってあまり詳細を明らかにしないことを学ぶ。急いで準備し、あとは待つのがコツなのである。

# 第6章　大統領任期の終わり

一九九九年二月十九日金曜日の午後、マンデラ大統領は北ケープ州で学校診療所建設プロジェクトの視察を行う。大統領のお供をしたのはヴァージニアだ。私はその時ケープタウンで働いていた。ラッシュアワーを避けるため、ケープタウン駐在の大統領護衛班の指揮官で、仲が良かったハイン・ベゼイデンホウトと食堂で一杯やりながら、一週間の終わりを祝うことにする。誰もが携帯電話を持っていたわけでなく、またインターネットに常時アクセスすることもなかったので、ニュースが今ほどあっという間に広がることのない時代だった。

ハインと落ち合うため食堂に向かう途中、P・W・ブアタ元大統領から携帯電話に電話がかかってきた。スカルク・ヴィサーヒーが撃たれたことをマンデラ大統領に伝えたいという。「お嬢さん、ミスター・マンデラと直ちに話したい」とアフリカーンス語で言った元大統領は、明らかに腹を立て苛立っていた。ブアタは決して「マンデラ大統領」という言葉を使わず、いつも「ミスター・マンデラ」と呼んだ。ネルソン・マンデラを大統領として無条件に尊敬するという一線を越えることができないようだった。「大統領は飛行機に乗っています」と告げる。ブアタは半信半疑の様子で、別れの挨拶もせずに電話を切った。スカルクはブアタの娘婿で警察官だ。進歩的な考えを持っていたので、大統領はスカルクが気に入っていた。スカルクの妻ロザンヌはとても保守的だったが、スカルクが妻に影響力を持っていることが明らかだったため、大統領は以前ふたりに頼んで、一九九五年に設立された真実和解委員会で証言するよう、元大統領を説得してもらおうとしたことがある。

一九九八年二月十一日、釈放されてから八年後、大統領はロザンヌ、スカルク、ロザンヌの姉エルサ、それにエルサの夫を夕食に招待した。大統領に夕食会の手配を頼まれたものの、ブアタ一家がネルソン・マンデラのことをどう思っていたのかわかっていたので、ロザンヌに電話するのは気が進まず、大統領の指示に従ったのは頼まれてから数時間後だった。大統領に食事に招待されるなんて、普通なら誰しも大歓迎する。だが、今回は事情が違った。ロザンヌにとって、大統領に夕食に招待されるなど、大したことではないのだ。ブアタ一家はいまだに怒りと後悔の塊だった。父親がアパルトヘイト末期に大統領を辞任せざるを得ない状況に追い込まれ、権力をF・W・デクラークに譲り、そのデクラークが南アフリカで初めての民主総選挙実施を呼びかけたのだ。

マンデラ大統領は夕食の席上、真実和解委員会で証言するようお父さんを説得してもらえないかと、ブアタ姉妹に働きかけた。真実和解委員会は、アパルトヘイト時代に政治的動機により犯罪行為を行った者に恩赦を申請する機会を与えるもので、第一回民主総選挙の前の交渉で設立が決まっていた。加害者が自分の関わった不正義に関して真実を述べれば、恩赦を申請できた。アパルトヘイトの加害者と被害者の双方に、心の平穏を取り戻す機会を与えると同時に、愛する者を失った人たちは、真相を知ることにより心の区切りをつけることができるわけだ。何千もの南アフリカ人が、愛する者が亡くなったり突然いなくなってしまったりしたときの状況を知りたがっていた。知ることで、結末を求めていた。結末が必要だったのは、被害者側だけではない。南アフリカはひとつの国として癒される必要があった。そして、それは関係者全員が真実和解委員会の公聴会に参加する意思があって初めて実現可能だった。しかし、ブアタ家では意見がまとまらない。特にロザンヌは、父親が訴追されたり屈辱を受けたりすることを恐れて、断固として反対した。ブアタ元大統領が亡くなったのは、それから何年も経ってからだ。大勢の人々の苦しみを和らげたであろう回答を、数多く胸に秘めたまま埋葬された。

マンデラ大統領がスカルクのことを心配することがわかっていたので、私は大統領に連絡を取ろうとする。たった今、会場を立ち去ったばかりで、プレトリアに戻る道中とのことだった。事件が報道され、世間に緊張が走る。このようなニュースを知らせるのが遅れると、大きな政治問題に進展する可能性があることを、それまで何度も経験していた。大統領に知らせなければならない。プレトリアの空軍管制塔に電話し、スカルク・ヴィサーヒーが撃たれたことをパイロットに伝えるよう頼む。プレトリアに着陸してから、ブアタが激怒しており、大統領と話したいと言ってきかないことを伝えるつもりだった。

一杯やりながらスカルクのことを話すと、ハインはより詳しい情報を得るため、警察の同僚たちに電話してくれた。スカルクは以前、ギャング捜査に関連した班に属していた。スカルクのせいでメンバーが連行されたギャング団の復讐ではないかと警察は疑っているらしい。

管制塔から電話がある。大統領は途中で飛行機の向きを変え、ケープタウンに行くことに決めたという。私に伝えればどうすればよいか知っている、と大統領が言ったらしい。ハインと私は直ちに行動を開始する。まるで正しい位置にギアが入ったように、皆で手分けして、大統領の推定到着時間をケープタウンの関係者に電話し始める。ハインと私も空港に直行することにした。金曜の午後だったので道路が大変混雑しており、車はかたつむりのようにゆっくり進む。ハインはなんとかして、通常の半分の台数ではあるが、護衛車両と先行部隊を空港近くの病院に送る。私たちは大層緊張していた。ふたりとも仕事の鬼であることが、今回のような事態では役に立つ。大統領の飛行機が着陸した。私は病院へ向かいながら、電話で大統領に状況を説明する。

病院に着いたらロザンヌが出てきた。ショックを受けている様子だ。スカルクはまだ手術室に入っている。大統領がロザンヌと家族を会議室に呼ぶ。ケープタウンから車で五時間くらいの町ウィルダネスに住む元大統領は来ていなかった。マンデラ大統領は同情の言葉を述べ、心からの思いやりがこもった言い方で、家族への援助を申し出た。大統領はブアタにも電話し、同情と悲しみの言葉を述べた。ブアタは手短に、この国の犯罪が手に負えなくなっていると忠告したではないか、本気になって対策を取るべきだ、と答える。会話のすべては聞こえなかったが、ブアタが声を荒立てているのに対し、大統領は落ち着いているように見えた。病院から出ようとしたところにロザンヌがやって来て、出口まで一緒に歩く。そして、父親がよくやっていたように、人差し指を振りながらこう言った。「マンデラ。もし今晩スカルクに何か起こったら、あなたのせいよ。死ぬまで一生、罪悪感があなたについてまわるでしょう」。ロザンヌは明らかにショックを受けていた。さぞかし怖かったのだろう。しかし、それを考慮に入れても、まったく常識がない、失礼な態度である。

マディバのことを、「ミスター」や「大統領」をつけないで、ネルソンとかマンデラとか呼び捨てにする人間に、私はいつもとても腹を立てた。ある意味で軽蔑的だからだ。それに、他人に敬意を持って呼びかけるのは、アフリカーナだったら当然のことだ。私は振り返って、「いい加減にして、ロザンヌ。もう行かないといけないの」と言い放ち立ち去った。外に歩いて出ながら、大統領は何も言わず、私の手を取る。私は目に見えて動揺していた。今思い返してみると、私の世界観は大きな変貌を遂げていた。私は嘆き悲しんでいる同胞を後に残した。そして、黒人の大統領が私の手を取って慰めてくれている。大統領は本心からスカルクのことを心配していたが、周りの人間が感情的になるのは苦手だった。スカルクは命を取り留めたものの、二度と連絡してくることはなかった。

南アフリカの国と同じように、私もP・W・ブアタとアパルトヘイトの時代から、長い道のりを歩いて来ていた。多くの南ア人、特に若い黒人は、国民を和解させ、国を統一しようとしたマディバの努力は過大評価されていると感じている。南アフリカの国がひとつになるのは、一時的にお祭りムードになるスポーツイベントの時だけだと思っている。そんなものは長続きしない、皮相的な出来事だという。彼らがどう感じているか、私には理解できる。しかし、そのような考え方も偏見ではないか。期待したほど黒人の経済力が増強していないので、人々は概して落胆し怒りを感じている。強硬に急速な改革を推し進めなかったマディバのことを、白人に通じた裏切り者と言う人までいる。しかし、当時南アフリカが必要としていたのは癒しであり、また、海外投資家の信頼を得るために、国がひとつにまとまっていることを世界に示すことだった。マディバは磁石の真北のようなものだ。私たち全員に、行くべき方角を示してくれる。だが、マディバはまず国の安定を確保するために、ちょっと違ったアプローチをしなければならないことを知っていた。

血気にはやった若者の中には、状況が全然変わっていないと感じている者もいる。しかし、年を取ってよいことは、目で見て肌で感じた変化を、実際にあったこととして証言できることだ。私自身がその変化の産物なのだから。

一時代の終わりが近づいていた。一九九九年五月、第二回民主総選挙が実施される。マンデラ大統領は任期中を通じて、一期しか大統領職を務めないと繰り返していた。アフリカの指導者たちがその例に従うことを望んでの決意だったが、自由になりたいという気持ちもあったのではないか。一九九七年ムベキ副大統領がANC党首に選出され、一九九九年の総選挙でＡＮＣの大統領候補になる。マンデラ大統領は大統領になって二年目に、ムベキ副大統領に実質的な権力を譲り渡していた。国政の舵取りをするのはムベキ副大統領で、自分の役割は儀礼上のものにすぎないと主張して譲らなかったものの、実際はそれほど簡単ではなかった。日々の行政はムベキ副大統領に任されていたといっても、国家元首はマンデラ大統領であり、国家元首として果たすべき仕事があったからだ。

大統領執務室の職員はムベキ副大統領とほとんど関わりがなく、同じ建物で働いていたにもかかわらず、副大統領の姿を見ることは非常に稀だった。マンデラ大統領はしょっちゅうムベキ副大統領に電話し、これこれこんなことがあったと報告していた。時にはアドバイスを求めることもあった。大統領は気配りの人だったから、どんな人にも劣等感を感じさせるのを嫌った。たまにムベキ副大統領がやって来ても、ふたりの会話は仕事に関することだけだった。私の個人的な印象だが、ムベキ副大統領はマンデラ大統領のやり方が必ずしも正しいとは思っていないようだった。これはあくまでも、距離を置いて見た私の印象である。マンデラ大統領と共に獄中生活を送ったムベキ副大統領の父親は釈放後、政府の要職を希望していたのに、国会議員の座しか与えられなかった。それも、ふたりの関係がぎくしゃくした原因だと聞いた。私はそういうことについて、あまり深く考えなかった。ザネレ・ムベキ夫人はいつも愛想がよく、威厳があった一方で、言葉少ない人だった。

私は文字通り、一日一日をなんとか生き抜いていた。マンデラ大統領は以前にも増して、私に頼っていた。新しい個人秘書が任命されたにもかかわらず、大統領は相変わらず、昼夜を問わず私に電話してきた。時には、明日の朝これこれを思い出させてくれ、と夜中の二時に電話してくることもあった。家族持ちの職員への気遣いのためというより、私が気にしないことを知っていたからだ。

マンデラ大統領の後継者選びに際し、ＡＮＣが一枚岩でなかったことはよく知られている。候補者はシリル・ラマポザとターボ・ムベキだった。どちらを選ぶかで、ＡＮＣの上層部が二分されていた。私は初めて会ったときから、ラマポザが好きだった。ムベキはよそよそしく、私を見下しているように感じた。ＡＮＣに関してあまり知識を持っていないにもかかわらず、私は公の場では、ＡＮＣの意図が良いものであると擁護するよう努めた。マディバは引退してからＡＮＣ政府にひどい扱いを受けたが、そんな時私は、ムベキをＡＮＣ党首や大統領後継者として推したことをマディバは後悔しているだろうか、とよく思ったものである。ずっと後になって、マディバは後悔を最も役に立たない感情と見なしていることを知る。「もしあの時こうしていたら」と後悔しても、どうしようもないからだ。

国政を司っていたのは自分ではなくムベキ副大統領であることを、マンデラ大統領は素直に認めてはばからなかった。マンデラ大統領の役割は国家建設であり、その点では申し分なかった。あの時マディバが大統領になっていなかったら、この国はめちゃめちゃになっていただろう。私はよく、南アフリカの民主主義を子どもの成長に喩える。五歳くらいまでは、食事を与え、世話を焼き、愛情を注がなければならない。それこそマンデラ大統領が得意中の得意にしていたことだ。五歳から十五歳にかけては、子どもを教育し、人格を形成しなければならない。それがムベキ大統領の役割であり、立派に成し遂げた。現在この国はティーンエイジャーにあたり、青春期の人間と同じような、成長期の問題を抱えている。そして、青年同様、もはや若さを言い訳にすることはできない。責任ある行動を取り始めなければならないのだ。

一九九九年の最初の数か月、マンデラ大統領はどんな若い国家元首でも太刀打ちできないスピードで働いた。ＡＮＣの選挙運動、学校や診療所の建設、大統領としての仕事などの間になんとか時間を見つけて、妻を空港に送迎し、子どもたちや孫たちが抱える問題に対処し、さらに引退に備えて個人、企業、団体、それに諸外国にまで別れを告げていた。後から考えると、「引退」というより、「引退しようとした最初の試み」だったのだが。大統領の個人秘書ヴァージニア・エンゲルは健康がすぐれず、かなりの長い期間病欠していたので、ほとんどの旅行と仕事は私が担当するはめになった。しかし、マディバが大統領としての最後の数か月を無事終えることができるよう、どんなことでもする覚悟だった。変化は避けることができない。恐らく生まれて初めて、フルスピードでゴールラインを駆け抜ける覚悟ができていた。飛行機やヘリコプターで移動中、自分の身に起こった出来事についてよく考えたものだ。そのたびに、ある種の悲しみで胸が一杯になった。期待されていた以上のことをしようといつも必死になっていたあまり、自分に起こったことを本当の意味で経験していなかった。歴史的出来事の渦中にいながら、その意味を深く理解するという貴重な機会を失ったこともあっただろう。

一九九九年四月一日、マンデラ大統領はマクドナルド、データテック、ノキアの代表者を東ケープ州に連れて行く。ビザナ、ムボングェーニ、バジヤという、トランスカイでも辺鄙なところにあるコミュニティに、学校と診療所を建設してもらおうという意図だった。大統領はマクドナルドのハンバーガーを食したことがなかった。それどころか、ファストフードを食べたことがなく、ハンバーガーが何であるかも知らなかった。ハンバーガーなんて誰でも知っていると思いがちだが、マディバの子供時代ハンバーガーは身の回りになかったし、その後も一般社会から離れて生きていたことから、普通の人間にとって日常生活の一部であるる多くのことを経験していなかったのだ。村で訪問企業三社を紹介したとき、マディバはマクドナルドという名前が思い出せず、「サンドイッチを作る人たち」と呼んだ。私はその言い方がとても気に入った。マクドナルドの代表者もそう思ったようだった。聴衆にも大受けした。この人物がネルソン・マンデラであることを忘れるのは、こういう瞬間である。今では遠い思い出になってしまったけれども。

大統領は競合企業に協力するよう呼びかけることを躊躇しなかった。学校診療所建設プロジェクトでも、ライバル関係にある携帯電話ネットワークや、BMWとメルセデスベンツを一緒に招待した。理由を聞くと、「人間というものは、進んで良いことをしようとしているときに競争相手が関わると、さらに良いことをする」という答えだった。言われてみれば、その通りかもしれない。だが、ネルソン・マンデラの要請だからこそ、競争相手と協力してもよいと思った企業もいたのではないか。何ができるか、進んで何をするつもりかを、企業がまるで競争するかのように率先してマディバにひけらかそうとするのは見ていて面白かった。

一九九九年四月に予定されていたマンデラ大統領の最後の公式訪問は、ロシア、ハンガリー、パキスタン、そして中国だった。目的は、引退前にこれらの国とのつながりを強化し、将来に向けて強固な二国間関係を築いておくこと。ロシアと中国に関しては、アパルトヘイト時代にＡＮＣを援助してくれたことに対する感謝の念を表明する意図もあった。

一九九九年四月二十八日、モスクワに到着し、大歓迎を受ける。公式訪問のホストはボリス・エリツィン大統領である。泊まったのはクレムリン。常に見張られているようで、人生の中でもとりわけ居心地が悪い経験だった。恐らく思い過ごしだったのだろうが、自分の部屋にいるときですら見張られているような気がした。廊下は高速道路のように幅広く、人々は規格統一されたロボットのように行動していた。感情が表に出ることは稀で、あらゆることが前もって千回もリハーサルされているかのようだった。気持ちが落ち着かなかった一方で、規律大好き人間の私としては多少気に入ったことも否定できない。言葉は大きな障害だった。大統領の好みの食べ物を注文するのが難しい。私たち自身の食事となるともっと大変だった。朝食は腹にもたれる食べ物とウオッカ。鶏の真似を何度か繰り返して、ようやく卵が出てきた。腕を羽のようにバタバタさせながら、「コッコ、コッコ」とクレムリンの中で繰り返すのは、どうみてもあまり優雅ではない。

　モスクワでは、Ｊ・Ｂ・マークスとモーゼス・コタネが埋葬してある場所を訪れた。ふたりともＡＮＣの指導者だった共産主義者で、大統領の人生形成に大きな役割を果たした。私たちは花輪を捧げ、数分間黙禱する。

　次に訪れたのは、赤の広場にあるレーニン廟。マンデラ大統領と一緒だったおかげで、私たちのために霊廟を閉鎖してくれ、観光客に邪魔されることなくお参りすることができた。当時私たちがたまに観光をするときは、切符を買ったり見物したりするために列に並ぶことは避けていた。レーニン廟では事前に儀典担当官の指示を受ける。会話禁止。飲食禁止。何があっても写真撮影は絶対禁止。階段を下りたところにレーニンの遺体が安置してある。誰も一言も言葉を発しない。大統領の耳が遠いことを私たちはすっかり忘れていた。大統領は儀典担当官の指示が聞こえなかったのだろう。レーニンの遺体を感嘆して眺めていたときのことだ。気味が悪いほど静かだった。突然、大統領が鳴り響くような大声で、「もう何年ここに眠っておられるのかな？」。儀典担当官はショックで言葉を失い、説明を求めるかのように私たちの方を見る。あまりのショックに誰も返答しない。大統領は質問を繰り返し、事態は一層混乱した。同行していた娘のゼナニが囁く。「パパ、会話は禁止されてるのよ」。大統領は「そうなのかい。ごめんよ」と囁き返したが、それでも全員に聞こえるほど大きな声だった。

ボリショイ劇場で、世界的に有名なバレエ「白鳥の湖」を鑑賞する。クレムリンに宿泊し、レーニンに会い、ボリショイ劇場で「白鳥の湖」を観たなんて、我ながらスゴイと思った。しかも、ロシアの歴史を私と共に歩いたのはネルソン・マンデラ。喜びひとしおだ。共産主義の撲滅を祈って子供時代を過ごしたアフリカーナにとって、この経験は驚くべきことだ。確かに時代は変わった。

バレエは期待に違わず、踊りも舞台装置も音楽も、すべてが素晴らしかった。私は大統領の真後ろに座る。必要があるときすぐに用を頼めるよう、大統領は私が常に近くにいることを望んだ。バレエが始まる前、大統領の肩を触って、バレエの間に水か何か欲しくなっても私がすぐ後ろにいることを知らせる。

ロシア語では、男性の苗字のうしろに「イナ」をつけて、妻であることを示す。エリツィン夫人はエリツィナと呼ばれる。この旅の直前、マプトで私の名前が話題になった。マシェル家の女性はグラサやジョジーナなどという名前を持つことから、大統領は私の名前も「ゼルディーナ」

に変えるべきだと言い出した。ロシアで「イナ」で終わる名前をよく耳にしたものだから、マプトでの会話を思い出した大統領は、私のことをずっとゼルディーナと呼び、皆を笑わせた。言うまでもなく、その呼び名が定着してしまい、マディバは亡くなるまで私をゼルディーナと呼び続けた。今では、半数の人が私をゼルディーナと呼ぶ。そう呼ばれるたびに、私はマディバのことを思い出す。

大統領は自分の声がどれほど大きいか、そしてどれほど特徴のある声であるかを認識していなかった。バレエの途中、観客の拍手が収まって静かになったとき、大統領は振り返って舞台とバレリーナを指さしながら、「ゼルディーナ、一緒にバレエを始めようよ」と言った。私たちは皆大笑いした。恐らく南アフリカ人と数人の外国人しか理解しなかったのは幸運だった。あまりにもおかしかったので、私たちはしばらく声を立てて笑い続けたが、幸いなことに、私たちの笑い声は音楽にかき消された。大統領は自分のジョークに満足して、長い間微笑みを浮かべていた。

大統領が強い酒を飲むのを見たのは、ロシア訪問時が最初で最後である。ホストの気を害さないよう、できるだけのことをすべきだと固く信じていたから、勧められると断れないのだ。公式晩餐会の夜、マンデラ大統領はエリツィン大統領と話し込んでいた。エリツィン大統領はドラマチックな話し方をする人なので、何を話しているか知らない人にはまるで議論をしているかのように見える。話しながら、ふたりはウオッカを数杯飲む。マンデラ大統領はすすっただけだった。突然、何の前触れもなく、エリツィン大統領が立ち上がり会場から出て行った。マンデラ大統領は十五分ほどひとりでテーブルに残されてしまう。私は本当に喧嘩していたのかと思い心配する。席に戻って来たエリツィン大統領は、クリントン大統領から電話があったので退席せざるを得なかったのだと説明し、スピーチの際に謝罪した。クレムリンに戻ってから、エリツィン大統領と喧嘩したのではないかと心配したことを告げると、マンデラ大統領はそんなことを考えた私を笑った。しかし、レーニンの埋葬については会話の中で取り上げたという。もう墓に埋葬する時期ではないか、と提案したが、エリツィン大統領は、レーニンは赤の広場に留まるべきだ、と主張して譲らなかったらしい。それでふたりの関係が損なわれることはなかった。

ロシアからハンガリーに移動する。大統領任期終了を喜ぶマディバの気分が反映したのか、この訪問は楽しくリラックスしたものだった。ハンガリー駐在の南ア儀典担当官が、「ブダペストは実は、川で隔てられたブダとペストというふたつの別の町なんですよ」と二十回くらい繰り返したので、しまいには私たち随行員は「ねえ、ブダペストが実はふたつの別の町だって知ってた？」と、ジョークを言い合うようになった。マンデラ大統領ですら、何度か私たちに、ブダペストがふたつの町であることを知っているかと聞いてきた。大統領がジョークを分かち合ってくれ、私たちは嬉しかった。マディバはどんな時でもユーモアのセンスを失わない人だった。

ブダペストの次はパキスタン。二日間の公式訪問の後、北京へと旅を続ける。ロシアでは食べ物と言葉の障壁で苦労したが、中国はもっとひどかった。訪中の二日前、大気汚染を除去するために工場をすべて止めたと告げられる。それが本当だったかどうかは知らない。北京でも、すべてが機械のように進行した。感情の表出は稀で、人々の言葉はすべて前もって準備されたものだった。万里の長城を訪れた代表団メンバーもいたが、私は行かなかった。英語が話せる人がほとんどいない国で、中国語を話すこともできない大統領を長時間ひとりにしたくなかったのだ。同僚たちが疲れ切って戻って来る。私は万里の長城を見ることができずちょっと悲しかったが、犠牲を払うだけの価値はあったと思うことにした。

南アフリカに帰国する。総選挙が終わったら大統領府から出なければならなかったので、その準備に忙しかった。プレトリアでルチアーノ・パヴァロッティのコンサートがあり、マンデラ大統領夫妻が出席する。このコンサートは大統領任期の「終わりの始まり」を荘厳に告げているようで、大統領執務室職員全員、胸にぐっとくるものを感じた。大統領は引退を心待ちにしていた。しかし、義務から行うことを減らし、自分が本当にしたいことをするのを心待ちにしていたとは知らなかった。

五月十四日、大統領府が職員全員のために送別会を開催してくれる。大統領も出席した。職員全員にとって、素晴らしいイベントだった。大統領が会場を去った後、私たちは夜遅くまで踊り、さよならを言い合い、大統領の任期が成功裏に終わり、素晴らしい業績を残したことを祝った。職員は強い友情で結ばれていた。どんな職場でも同僚と友だちになるものだが、大統領府は特殊だった。賞味期限付きの組織で働くようなものだったからだ。任期中は難題が山積みしているように感じたのに、終わりが近づいて私たちは感傷的になっていた。大して好きでもない人との間にも、友情が生まれた。それは恐らく、極度にストレスが多い環境の中で期限付きの任期を成功させるために、協力することを学ばなければならない状況に置かれたからだろう。マンデラ政権の大統領府は、後に続くどの政権の大統領府より小さかった。しかし、私たちは優秀だった。もちろん間違いをしでかすこともあったが、人種和解と国家統一に焦点を当てた大統領をよく支えた。

昼夜を問わず選挙運動を行い、投票日まで休まずに国中を旅して回る。私は疲れていた。極度の疲労から精神を消耗していた。大統領は原稿なしに同じ演説を何度も繰り返したので、次の言葉が何か予想できるほどだった。ゴールが目の前に見える、最後の段階だった。ゴールインするまで全力を尽くそうと決心する、最後の段階だった。大統領が先頭を走り、私は二周くらい遅れて後に続いた。「大統領があのスピードで働けるのに、どうして君は疲れているのか」とよく聞かれたものだ。サポートスタッフには、サポートしてくれるスタッフがいないことがわかっていないのだ。代わりに買い物をしてくれる人も、洗濯してくれる人も、目的地まで車で連れて行ってくれる人もいない。大統領の生活を取り仕切る合間に、自分の日常生活をやり繰りしなければならない。大統領が楽をしたという意味ではない。それに、大統領は私の倍の年齢だった。だが、私たちのようにものすごいペースで仕事をしていると、ごく基本的な日常の用事が大変なストレスになるものなのである。

五月十九日、サウジアラビアのアブドゥラー・ビン・アブドゥルアジズ・アル・サウド皇太子が、マンデラ大統領に別れを告げるために南アフリカを訪問する。皇太子の飛行機は午後七時頃到着する予定だった。出迎えを円滑に行うために空港で待機するよう大統領から頼まれていた私は、午後十一時になってもまだ空港で到着を待っていた。この後夕食会があったので、飛行機の到着予定状況について大統領に何度も電話する。大統領は疲れていたが、それでも皇太子の到着を待ち、たとえ何時になろうとも夕食を一緒に取りたいという。イライラしながら待ちに待って、ようやく飛行機が到着する。プレトリアの公邸に五十人以上の随行員と共に皇太子が到着したのは、十二時ちょっと前だった。夕食が始まる。大統領がスピーチをするために立ち上がったとき、儀典担当官のリザンヌ・ファンオウツファアルンに、私の席に代わりに座ってくれと頼む。もう限界だった。すでに午前二時近くになっていたし、その日の昼間、大統領の選挙演説を四回も聞いていた。五回目を聞くには疲れすぎていたのだ。大統領だって疲れていたに違いないのに、総選挙の結果と南アの未来に関して楽観的で、新生南アの将来について話すときはいつもそうであるように、エネルギーに満ち溢れていた。大統領は深夜であることを意に介さず、皇太子の訪問を楽しんでいたのだった。

一九九九年六月二日、南アフリカで第二回民主総選挙が行われる。マンデラ大統領は自宅近くの投票場に出向き、一票を投じた。面白いことに、目立ったことをしていないときの大統領に注目する人はいない。日常的なことをする大統領に関心を払う人はほとんどいないのだ。しかし、投票日には見ず知らずの人々が姿を現し、投票所まで一緒に行きたがった。大統領がどのような問題に取り組んでいるか、実際に考えてみたり、興味を持ったりする人はまずいない。大統領が引退しても、自分の利益のために多くの人々が近づいてくることは明らかだった。投票の後、「大統領閣下、誰に投票なさったんですか」との質問がメディアからあった。どの政党に投票したかという意味だ。「私自身のために」と大統領は答えた。私はそのジョークに笑ったが、意味を誤解した人もいたかもしれない。

投票日前のある日、大統領のオフィスに呼ばれた。座りなさい、という。重大なことを言われると思った。これほどかしこまって座るように言われることはめったにない。何かあるに違いない。声の調子もいたって真面目だ。「ゼルディーナ。一緒に引退しておくれ」。「そう仰っても、クル、引退するには若すぎます。もしあなたの元で引き続いて働いて欲しいという意味でしたら、もちろん喜んでお供いたします」。大統領は何も言わず、声を立てて笑った。五年も一緒に過ごして、大統領は誰よりも私のことを知っていた。ある意味で私が成長するのを見てきたのだ。今思い返すと、最初の頃は、私の無知と馬鹿さ加減を内心笑っていたに違いない。しかし、それでも、私の粘り強さと献身を認めてくれたのだ。

私とマディバはとても違った人生を送ってきたけれども、この人は私を見捨てないかもしれない、と気づいていた。そして、ネルソン・マンデラは私を置き去りにせず、一緒に連れて行ってくれた。ネルソン・マンデラの引退後のアシスタントに選ばれたのは、私の人生で最大の栄誉である。

引退した南アフリカの大統領には、いくつかの特権があった。南ア国内で護衛がつき公用車で移動できること、電話線やファクスなどの事務サポート、それにフルタイムの秘書を大統領執務室の予算で雇ってもらえることだ。引退の数日前、私たちはユニオンビルのオフィスで、私物のパッキングを開始する。

六月十一日、マンデラ大統領は新任大使に信任状を渡す。新任大使に信任状を渡すのはこれが最後だからか、大統領はとても楽しんでいた。大統領が各国元首の名前を憶えていることに、私はいつも驚いたものだ。

六月十三日、「ブラザー・リーダー」と呼ばれたリビアのカダフィ大佐がお別れを告げに大統領を訪問しに来る。一九九〇年代初頭から、大統領は二百七十人が死亡したロッカビー航空機事件の裁判に関わっていた。まず、裁判を第三国で行うことに同意するよう、ジョージ・ブッシュ大統領に依頼する。ブッシュ大統領は同意したが、ジョン・メイジャー英首相が拒否した。トニー・ブレアが首相になってから、マンデラ大統領は再要請し、オランダのハーグでスコットランドの法律に基づき裁判を行うということで合意。その後の道のりは長かった。マンデラ大統領は容疑者ふたりをハーグに送るようカダフィと交渉する。やっと、サウジアラビアのバンダール王子とジェイクス・ヘルヴェル教授がカダフィを説得し、ふたりの容疑者が法廷に立ったのだった。のち、二〇〇二年に、私たちはスコットランドのバーリニー刑務所に、二十七年の実刑判決を受け服役中のリビア人、アブデルバセット・アル・メグラヒを訪れた。アル・メグラヒは置かれた状況に不満で、カダフィを通じて、マディバと話したいというメッセージを伝えていた。カダフィは約束通りロッカビー爆破事件の容疑者を引き渡し、飛行機墜落被害者の家族に賠償金を払った。それにもかかわらず、いまだに西側諸国から敵と見なされていたので、大佐自身にできることはほとんどなかったのである。もちろん賠償金を払ったところで、亡くなった人が生き返るわけではない。だが、カダフィは約束を守ったのだ。それなのに西側諸国は約束を破り、経済制裁のすべてを解除しなかった。マディバには西側諸国を説得して、経済制裁を解除させることはできなかった。しかし、マディバは約束を守ったカダフィにとても感謝していたので、アル・メグラヒの要請を考慮する心づもりがあった。

重苦しい雰囲気の中、スコットランド人の刑務所職員に囲まれて刑務所に入る。アル・メグラヒの部屋は居住空間、浴室、台所からなっていた。マディバがロベン島で入っていた監房と比べると、まるでホテルのスイートである。アル・メグラヒはマディバの訪問に心を動かされた様子だった。ふたりは長い間話をする。アル・メグラヒは裁判で考慮されなかった証拠を持ち出した。また、独房に入っているため、他の囚人と一緒にお祈りできないので、イスラームの信仰を守るのが難しいと不満を漏らした。マディバはアル・メグラヒの言い分に同情しながら耳を傾けたが、再審を要求するつもりはなかった。刑務所訪問の後、マディバは大勢集まった報道陣と会見し、アル・メグラヒをイスラーム教国の刑務所に移すよう訴えた（アル・メグラヒはその後独房から出され、グリーノック刑務所に移される。最終的には重病のため釈放され、二〇一二年トリポリで亡くなった。六十歳だった）。

バンダール王子とヘルヴェル教授は、ハーグでの裁判実現に貢献した功績で、南アフリカの最高勲位「グッドホープ勲章」を授与された。大統領はロッカビー事件の交渉を通じてカダフィ大佐と近い関係になっており、また、カダフィは協力する前から、マディバを信頼していたに違いない。ブラザー・リーダーが西側諸国を恐れないと公言していたことも、マディバは喜んでいたのではないか。というのは、アパルトヘイト時代、西側諸国はマディバを支援してくれず、南アを共産主義に対する防波堤と見なし、アパルトヘイト政権との関係を維持していたからだ。そういうわけで、マンデラ大統領の引退に際してお別れを言いに来てくれた日、カダフィは感傷的になっていた。

マンデラ大統領の引退後カダフィに会ったのは、ほんの数回しかなかった。最後に会ったのは、ズマ大統領の就任式だ。マディバに会いに来てくれないかと頼んだが、返答はなかった。二〇一一年カダフィが殺されたとき、マディバはショックを受けていた。威厳のない死に方に値する人間はいない。カダフィがリビアの人々に対して行ったことを容認する気は毛頭ないが、マディバや私たちにはいつもよくしてくれた。そのことと、ロッカビー事件の交渉に際し、いつも約束を守ってくれたことで、カダフィは私たちの尊敬を勝ち得ていた。マディバは懇意になった人間に忠誠を尽くす。カダフィはそのひとりだった。マディバはカダフィの間違いを指摘することを躊躇しなかったけれども、ふたりは意見が違うときでもお互いに対する尊敬の念を持ち続けた。これも、マディバから私が受けた大きな教えのひとつだ。意見がまったく違うからというのは、その人を尊敬しない理由にならない。

ケープタウンの議会でムベキ新大統領の宣誓式に出席し、六月十六日はプレトリアでの就任式に出席する。ユニオンビルで行われた就任式で初めて、グラサ・マシェルとウィニー・マディキゼラ・マンデラのやり取りを目にした。

大統領執務室はウィニー前夫人とまったく関わることがなく、それまで遠くから数回見たことがあるだけだった。それに、家族や前妻についての質問をしないというのは、マンデラ大統領に仕える者がわきまえていた暗黙の了解事項だった。大統領の家族でつき合いがあったのは、マンデラ邸に暮らしていた四人の孫以外、ウィニーとの間にできたふたりの娘、ジンジとゼナニに時々会うくらいだった。就任式にやって来た群衆の中で、グラサ現夫人とウィニー前夫人がすれ違いながら交わした視線は、空恐ろしいものだった。ふたりの女性の間には何のつながりも存在していなかった。ふたりが愛想よく接するところなど、想像もできなかった。

その後年月が経つにつれて、ウィニーに感謝するようになる。マディバの釈放後、ウィニーがマディバとの間に距離を置いたと知って、私は腹が立った。その一方で、ウィニーとダリ・ムポフとの愛人関係が広く報道されていた。マディバは大層傷ついたことだろう。しかし、ウィニーがいなかったら、マディバは刑務所の中でとっくに希望を失っていたに違いない。その事実を私が受け入れ、感謝するようになったのは、グラサ夫人のおかげだった。ウィニーはマディバのふたりの子どもの母親であったばかりでなく、獄中のマディバにとって希望の象徴だったのだ。夜、マディバが夢見たのはウィニーだっただろう。肌に触れたい、一緒にいたい、と切望したのはウィニーだっただろう。自分で孤独を経験して初めて、人はその暗さを真に理解できる。人間として成長するにつれて、私は人生におけるこのようなことをよく考えるようになった。

ムベキ大統領の就任式当日、私たちはいつも通り目を覚まし、儀式に備えた。就任式の後、マディバはユニオンビルのオフィスに私物を取りに戻る。国民の祝日だったので、オフィスは空っぽだった。五年前、大統領執務室で働き始めたときに初めて通ったガラスのドアを通りながら、私はすすり泣き始める。マディバは夫人の手を取って、オフィスへの廊下を歩く。私は数歩先を歩いていた。マディバ夫妻の到着を告げるのは、防犯ドアの音だけ。ふたりが近づくと自動的に開き、ふたりが通った後自動的に閉まる音だけだ。マディバの部屋の手前にある私たちのオフィスはすでに空っぽだった。引き出しやトイレから、まだ残っていた私物を回収するマディバと夫人をふたりだけにし、私は部屋の外に出た。しばらくして、私物を入れる小さな箱を持って行く。マディバは私が泣いているのに気がつき、「ゼルディーナ、過剰反応をしているよ」と言った。一九九四年に初めて会ったとき、マディバは同じ言葉を使った。まったく別の状況でマディバは同じことを言い、まったく逆の理由で私は泣いていた。一九九四年は罪悪感と、この先待ち受けていることへの恐怖から泣いたのだが、今の私はすべてが終わってしまったから泣いている。その後何が待ち受けているか、私には知る術《すべ》もなかった……。

# 第3部

# マンデラ財団時代

1999-2008

# 第7章　マンデラ財団を立ち上げる

一九九八年にグラサ・マシェルと結婚した後、マディバは新居に移っていた。そこで、私たちはハウトンの旧マンデラ邸をネルソン・マンデラ財団のオフィスとして使うことにする。大きな二階建ての旧宅はマディバが五年も住んでいたのに、あまり手入れも装飾もされていなかった。それでも空き家だったし、マディバの新居にも近かったので、オフィス設置に適していると考えたのだ。

ジョハネスバーグで住む場所が見つかるまで、オフィスに住んでもよいかとマディバに聞いてみたところ、自分の家に一緒に住みなさい、という。だが、マディバと一定の距離を置く必要を感じていたし、マディバの家族の中には嫌がる者もいるだろう。申し出を断り、ケープタウンからハウトンの旧宅に家具を送る。

まず、二階の寝室の掃除を始める。マディバの寝室だった部屋だ。壁は信じられないくらい醜い青色に塗られていた。壁の色などマディバは気にしなかったのだろう。部屋中が青だった。私は青が好きだが、これはやりすぎだ。マディバの寝室は、一国の大統領にふさわしくない、貧相な部屋だった。グラサ夫人がマディバを啓発したばかりでなく、マディバに多少なりとも物質的な喜びを教えてくれたことを、私はありがたく思った。マディバは寝室の窓から注ぎ込む日光が楽しめる、大きくて品位のある居住空間や、足を踏み入れると落ち込むのではなく、温かく迎えてくれる部屋などを喜ぶようになった。しかし、同じような地位にある人々が住む豪邸に比べると、マディバの住居は慎ましかった。

国家所有の固定資産を管理する省に電話し、規定で定められている通り、マディバのオフィスの家具購入のために職員を送ってくれるよう頼む。職員を送り、また、電話とファクスをできるだけ早く設置するとのことだった。

次の数日間、荷物を整理し、腰を落ち着け、大統領引退後の職場「ネルソン・マンデラ財団」をスタートさせる。ヘルヴェル教授が財団の主な事業内容の草案を作成してくれた。マディバの目的を叶えるための財源確保には、財団の信託証書を使った。マディバがやりたかったのは学校と診療所の建設、エイズとの闘い、対話の場の提供、原稿や思い出の品々を納める場所作りなどだ。間もなく世界中から問い合わせが殺到する。自分たちの目的を実現するために、マディバに協力してもらおうというのだ。大変な騒ぎになり、とてもひとりでは対処しきれない。どこから給料を捻出するのかまったく当てはなかったが、アシスタントが必要なことは明らかだ。定期的にオフィスにやって来ていたヘルヴェル教授が、元同僚のロイス・ディッペナールに混乱収拾の手助けを頼んでくれた。また、私は財団に手を貸してくれるよう、リディア・ベイリス、マレサ・スラバート、ジャッキー・マゴットを説得した。一時的な助けのはずだったが、結局何年も働いてくれることになる。

他の職員が帰宅後も仕事を続け、翌朝出勤してきたときにはすでに机に向かっていることがよくあった。一睡もせず、一晩中手紙を読んだり、返事をタイプしたりし、翌朝それをファクスすることもあった。問い合わせに素早く対応すれば、どうなったのかという電話の数が減るから、ストレスが少なくなる、と考えたのだ。もうやめよう、と思ったことは何度もある。しかし、やめることはできなかった。一体どんな理由で、人はネルソン・マンデラに電話したり手紙を書いたりするのだろうかとよく思った。問い合わせに飲み込まれそうだった。フラストレーションレベルがもう限界、という状態が普通になっていた。

朝の七時頃、他のスタッフが出勤する前に、二階に上がりシャワーを浴びる。そのまま睡眠ゼロの状態で一日働く。それを三日くらい続けると、疲れ切って丸一日寝込む。それを繰り返す日々だった。

間もなく、マディバが定期的にオフィスにやって来るようになる。最初の数日、「大統領」と呼ぶ来客に、「私は引退したのだから大統領とは呼ばないでくれ」と頼んでいた。本人は「マディバ」か「ミスター・マンデラ」と呼ばれることを好んだ。

私は「クル」と呼んでいたから、本人への呼びかけ方は変わらなかったものの、マディバのことを他の人と話すときには、「大統領」ではなく、「マディバ」か「ミスター・マンデラ」を使わなければならない。「大統領閣下」と呼ばれると、マディバは「私が引退したとき、君は一体どこにいたのかね」と聞き返した。その話が広まって、大統領と呼ぶ人はいなくなる。マディバはまた、「閣下」とか「先生」とか敬称をつけて呼ばれるのも嫌った。「ミスター・マンデラ」「マディバ」で満足していたのだ。数えきれないほど何度も、「ただマディバと呼んでくれ」と繰り返していた。敬称や称号をつけられたからといって、人格が変わるわけではない、と言っていた。

称号が欲しくないという、マディバならではの意思表示だったが、それでも亡くなるまでに送られた賞や称号は千百七十七にのぼった。うち、六百九十七は何らかの賞であり、百二十以上が名誉博士号である。「マンデラ博士」と呼ばれると即座に、どの博士号も肩書だけで、実際に勉強したわけではない、と説明していた。

一九九九年の終わり頃、大統領府から手紙を受け取る。大統領執務室長補佐に昇進したという。私はマディバのオフィスに出向していたわけだが、大統領府内における空職状況の関係で、実際の仕事内容より高い地位を与えられたのだ。

財団に資金が必要なことは明らかだった。業務開始にあたり融資を受けた際の担保は、「できるだけ早く返すから、利子をつけないでください」というマディバとヘルヴェル教授の言葉だけだった。他の国と違い、南アフリカの大統領は引退後、公的な仕事を続けるための予算が政府から支給されない。それなのに、マディバは依然として世界中で偶像視されており、マディバに対する世界の期待は大統領引退後も変わらなかった。

マディバ自身、引退前と同じ生活を続けるつもりのようだった。引退してからも、以前とまったく同じ時間に目を覚ましていた。これまでと同じように、ありとあらゆる差別がなくなるまで、南ア社会を変革していく決心だった。マディバに電話でいくつか指示を受ける。受話器を置いた後、私はパニックに陥る。どうやったらマディバの期待通りに物事を進めることができるか、見当がつかなかったからだ。マディバはヘルヴェル教授にも同じことをしたので、教授は冗談めかして、「私はもうあなたの部下ではないのに」と言っていた。教授はネルソン・マンデラ財団の理事長に就任することになっていた。私は身分的にはまだ国家公務員だったが、組織のバックアップなしに、どうやってマディバの指示を実現することができるのか、途方に暮れた。しかし、マディバは私に限界を超えさせる術《すべ》を知っていた。私自身は、一夜にして組織のバックアップを失った後、今まで通り仕事を続ける能力が自分にあるとは信じていなかった。だが、マディバは信じていた。そして、私を忍耐強く指導してくれた。あれほど偉大なアドバイザーかつ教師から学ぶことができ、私は本当に幸運だと思う。

一九九九年八月、マディバは「疲れたから休暇を取りたい」と言い出した。難題である。どこに行こうか。どうやって行こうか。もう大統領専用機は使うことができない。自家用飛行機をチャーターしてアメリカまで飛べば、百万ランド以上（約十万ドル）かかる。そんなお金はないし、休暇にそのような大金を使うことにマディバは決して同意しないだろう。マディバ夫妻はトニー・オレイリーにバハマに招待されていた。オレイリーはハインツの元オーナーで、その時はインディペンデント・ニューズ・アンド・メディア社のオーナーだった。妻のクリスがナッソーのオレイリー邸にいるので、そこまで到達すれば、あとは面倒を見てくれるという。だが、そこまで一体どうやって行けばよいのだろう。パニックになった。

しっかり睡眠を取ることが必要なマディバには、小型飛行機は論外だ。さらに、膝が悪いことから、立ち上がったとき膝を曲げないでもよいほどの高さが必要だ。機内にトイレ洗面設備も要る。ロベン島時代の負傷がもとで具合が悪かった膝は、年々悪化していた。階段を上るのが困難で、一度に数段上るのがやっとだった。

私はトーキョー・セクワレに電話する。セクワレは南ア有数の大富豪ビジネスマンであり、マディバのかつての同志であり、また、自家用飛行機を持っているような人たちにコネがあった。数人紹介してくれたが、誰も助けてくれることができない。そこで、自家用飛行機を持っている南ア人を片っ端からあたる。オッペンハイマー家、ルパート家……。遂には、マイケル・ジャクソンにまで電話して、飛行機を貸してもらえるかどうか聞いてみる。だれもが無理という。オーナー自らが使っているか、人に貸してあるというのだ。唯一残された手段は、定期便を利用すること。それでなんとかうまくいった。時が経つにつれて、定期航空便にマディバを乗せるエキスパートになる。定期便でも、条件さえクリアすれば移動できた。マディバが眠れるよう、ファーストクラスにフラットベッドがあること、そして、マディバが階段を上らずに済むよう、空港にマディバを飛行機の高さまで持ち上げる乗客補助設備があること。ただ、乗客や乗務員が飛行中、メニューその他にサインを求めにやって来ないよう、ガードしなければならない。最初の頃は悪夢だった。

やっとバハマ休暇に出発する。五年ぶりの休暇だ。メンバーはマディバ夫妻、夫人の娘ジョジーナ、私、ボディーガード、医師。皆心配したものの、なんとかうまくいった。アトランタで乗り換え、ナッソーに向かう。マディバのニーズを満たす一方で、空港の設備や地上スタッフの能力を考慮に入れなければならない。交渉と妥協の連続だった。どの空港でも、人々はマディバと一緒に写真を撮ろうとする。マディバにサインを求めてくる。十六時間の飛行機の旅を終えたばかりの八十一歳の老人に、写真やサインを要求するべきではない。邪魔されることなく、体力を回復する機会がマディバには必要だった。だから、意地悪な気持ちからではないものの、「マディバは高齢であり、スペースが必要であり、サインなどで煩わせるべきではない」と長々と説明したものだった。ほとんどの場合、理解してもらえたが、中には納得せず要求を押し通そうとする人もいた。

バハマ旅行の後、設立したばかりのネルソン・マンデラ財団の資金集めに世界中を奔走する。

ドイツでは、ゲアハルト・シュレーダー首相（当時）に財団への支援を要請。ドイツからチュニスに飛び、ベン・アリ大統領に支援を要請。ベン・アリ大統領の宮殿は、極上のモザイク装飾が施された、とても美しいものだった。

チュニスの次はトリポリ。ブラザー・リーダー、カダフィ大佐に財団支援を要請。西側諸国の指導者たちは、マディバがカダフィと仲良くするのを黙認していた。カダフィに会うのは、いつも面白かった。連絡があるまで何日も何日も待った後、突然大急ぎで隠れ場所に赴く。隠れ場所は砂漠の中ということもあった。ロッカビー爆破事件の報復に、西側諸国から奇襲されるのを常に恐れていたのだ。私はそれまで数回、マディバと一緒にカダフィに会ったことがあった。カダフィは顔馴染みになった私に大きな敬意を払ってくれ、自宅にいるようにくつろがせてくれた。

その日の午後、乗っていた車がラクダを通り越す。それで、マディバと私はラクダの肉について話した。その後の会見中に夕食に招待され、何が食べたいか聞かれたので、マディバは「ラクダの肉」と答える。「もちろん」とブラザー・リーダー（カダフィは大統領と呼ばれるのを嫌った。大統領とは西洋人の創作物だと考えていたからだ。それで、私たちは最後までブラザー・リーダーと呼んだ）。ラクダの肉は羊とまったく同じ味がした。後になって、ラクダは成長するに従って肉が固くなるので、私たちのために赤ちゃんラクダを殺したと聞く。動物の赤ちゃんを殺すことを奨励したくない。それで、私は二度とラクダを食べようと思わなかった。それにしても、国家元首がマディバに、夕食は何を食べたいか聞くことは稀だ。私はそこまで気遣いの細かいカダフィが好きになった。会話は当たり障りのない話題と、その時世界で起こっていたことに関する一般的な見解に終始する。そして、ふたりの会話はいつも、ロッカビー事件に落ち着く。カダフィは制裁解除の約束を守らなかった西側諸国に不満だった。マディバはアメリカに行くたびに、対リビア制裁解除を議題にしたものだ。

南アに帰国すると、これまで通りの仕事が待っていた。全国商工会議所の晩餐会に出席した翌日に、アフリカーンス貿易研究所の人たちをクヌ村に連れて行って学校再建を要請する、といった調子だった。ヘルヴェル教授が財団の錨、意思決定の中枢であり、何事につけても相談に乗ってくれる。ただ、仕事内容は大統領時代と変わりがなく、将来の方向性がはっきりしていなかった。私たちはまた、マディバの引退祝賀会にも数多く招かれる。クヌの人々とダリンディエボ王は歓迎会を主催してくれた。ダリンディエボはマディバが属するテンブ族の王である。マディバが引退してクヌ村に戻って来ることを期待していたのだ。だが、たとえマディバがクヌ村に戻っても、完全に引退するのは不可能だ。隣人に鶏を盗まれたといったことから、伝統に関する深刻な問題や氏族間の意見の食い違いに至るまで、あらゆる問題をマディバが解決してくれると信じて、人々が絶え間なくやって来るだろうから。マディバ自身は取り立てて伝統を順守することはなかったものの、自分が属する氏族の伝統や文化を尊重していた。

回復する見込みのない病気に罹った子どもたちの最後の願いを叶えてあげようとする団体「リーチ・フォー・ア・ドリーム」が、「一目マディバに会ってから死にたい」という子どもたちを財団に連れて来る。マディバの旧友や解放運動の同志とは、昼食会や夕食会の機会を持つ。学校診療所建設の資金集めに奔走する。マディバの出身地のサッカーチーム「ブッシュバックス」のための資金集めまで行った。リーグでの成績は芳しくなかったものの、自分の「ホームチーム」ということでマディバは義理を感じたのだ。マディバはまた、亡くなった刑務所看守の家族に会ったり、孫たちの卒業式に出席したりする。その合間を縫って、グラサ夫人と過ごす時間を見つけなければならない。ボツワナに飛んで名誉博士号を授与された夜、ジョハネスバーグの自宅にヘレン・スズマンを招いて食事する。スズマンはもう亡くなってしまったが、進歩連合党の政治家であり、マディバの長年の支持者で友人だった。マディバは馬車馬のように働くことを意に介さなかった。できるだけ多くのことを成し遂げようと、一日に二十六時間分のスケジュールを詰め込みたがった。

一か月後、また海外旅行に出発する。大統領時代は外務省や南ア大使館が全力を尽くしてくれたが、今は私がすべて手配しなければならない。スケジュール調整、ホテルの予約、空港のＶＩＰルームの予約、訪問先政府に無料で車両を出してもらうこと……。国家元首その他重要人物とのアポ取りも、私ひとりの仕事だ。ジョハネスバーグに戻ると、次の海外旅行の準備を始めることになる。マディバは旅行が大好きだったので、大した理由なしに招待されても快諾したり、訪問する理由を適当に作ったりして旅行に出かけた。それに、マディバは財団のために資金を集めようと本気になっていた。

「次の旅行は代わりの人を同行させたい」などと提案しようものなら大反対された。私を贔屓にしているわけではなく、どんな状況に陥っても私がなんとかしてくれると信じていたからだ。マディバの表情やさりげないジェスチャーから何を考えているのかが手に取るようにわかるようになっていたので、話が長い大臣や政府高官を躊躇することなく遮った。また、海外旅行中、メディアの取材要請をしょっちゅう断らなければならなかった。極度の防衛反応を示す私は、かつてなりたかった女優の役割を果たしていた。普通ならどんな人のためでも決してやらないことを、マディバのためにやっていたのだ。

マディバは教授に電話して、中東を訪問したいと伝えた。ふたりで話し合い、訪問国や議題を詰める。マディバは私たちの羅針盤だったが、政治的には、そして戦略を練る必要があるときはいつも、教授がマディバの羅針盤となった。マディバは教授を息子のように思い、息子のように扱っていただけでなく、教授の知性と洞察力を称賛していた。

最初の訪問国はイラン。私はイスラーム文化を尊重して体中を覆い、できるだけマディバから距離を置いた。大統領公邸での晩餐会に出席する。大統領公邸は想像通りの大宮殿だった。入り口で、マディバの写真を撮ろうとフラッシュをたいたカメラマンを追い払う。マディバはロベン島で過ごした十八年間のほとんどの間、石灰岩を掘る作業に従事した。石切り場での太陽の反射のために、マディバの目が光に敏感なことは、世界中で知られている事実だ。フラッシュの光を浴びすぎると、目が赤くなり涙が出てきて、屋内でも夜でもサングラスをかけなければならなくなる。私たちは皆、マディバの目を守ろうと一生懸命になっていたので、躊躇することなくカメラマンたちを追い払った。だから、周りが男ばかりの状況でも、私はカメラマン追い払い係を務めたのだが、カメラマンを追い払っているところをハタミ大統領に見られてしまった。

マディバがひとたび公邸に入ると、女性の存在を厭う人を怒らせないよう、私は随行員の一番後ろに留まり、マディバとハタミ大統領が夕食を食べに二階に上がったときは階下に残った。ハタミ大統領の公邸に、女性はひとりもいなかった。テーブルについて十分くらい経ったときだ。食事はすでに出されていた。パニックに陥った執事がやって来て、一緒に二階に行ってくれという。マディバには私を紹介する習慣があったので、今回もそれだけの話だろうと思った。マディバは私をハタミ大統領に紹介した後、ハタミ大統領が私に同席してもらいたがっている、と言い出した。どう振る舞ったらよいのかわからなくて、とても居心地が悪い。一九九五年にヌール王妃の隣に座ったときと同じように感じた。あの時と違うのは、今回は部屋の中にいたのが私たち三人だけということ。そして、現職大統領と元大統領のふたりの政治家に、いろいろ詮索される可能性があったこと。

ハタミ大統領は私の子供時代やアフリカーナの文化について、まるでマディバがその場にいないかのように、しつこく質問した。私は質問されるたびに、マディバに答えてもらうよう会話を向けたが、マディバは私に答えさせる。静かに食事するのを楽しんでいる様子で、時々私の言葉に同意するように頷いたり、「ゼルディーナ、どう思うかい？」と聞いたりするだけだった。大統領の質問をやめさせるために、「私は実は、何も考えていないのです」と言おうかとも思ったが、もちろんそんなことはできない。マディバがあれほど口を開かなかった夕食は、後にも先にも例がない。

一九九五年のフランスへの公式訪問の際、オレンジとバナナに限定されていたとはいえ、一国の大統領が輸出入品の価格まで話し合っているのを大変興味深く感じた。南アフリカからフランスへの、エアバス発注台数なども話し合われた。ところが、イランで議題に上ったのは、アフリカーナの文化だけ。マディバは私が質問攻めに遭っているのを大いに楽しんでいた。そして、時々、励ますように微笑みながら、救ってくれるだけだった。その後何年経っても、マディバはイランの大統領が私をテーブルに呼んで質問攻めにした話を繰り返し、もちろん冗談だが、どれほど私が重要かを人に話して聞かせて、私をからかった。それに対し私は、あの夜マディバは料理を楽しみたかったので、私を難しい立場に追い込んだのだと答えた。マディバとはこのようにしょっちゅう、からかったり、冗談を言い合ったりした。本当に逸話と思い出が尽きない。

イラン訪問のようなスケジュールを組むときは、政治的に物議を醸し出さないよう気をつけた。たとえば、故アヤトラ・ホメイニ師の墓に花輪を捧げる行事をスケジュールに組み込まなければならなかった。子どもの頃、「鉄のカーテンの後ろ」の人々のためにお祈りをさせられたものだが、鉄のカーテンとは何かと大人に聞いたら、アヤトラ・ホメイニの圧政や共産主義の下で暮らす人々のことに話が及んだ。その私が今、アヤトラ・ホメイニの墓に花輪を捧げる式典をアレンジしている。ホメイニ師の墓に参った後、アヤトラ・ラフサンジャニ元大統領と最高指導者アヤトラ・ハメネイ師を訪問する。どのイベントでも、出席していた女性は私ひとり。マディバと最高指導者が並んで座っている写真を撮るカメラマンで一杯の部屋の中で、ハメネイ師は私に気づき、「部屋の後ろにいる、あの若い女性は誰だね」と尋ねた。部屋にいる女性は私しかいないことを知っていたマディバは、私が恥ずかしい思いをすることがわかっていたのに、私の方を見ることもしないで快活に答えた。「ああ、あれはゼルディーナ。私の秘書です」。

私はマディバがアイコンタクトをしてくれるよう願った。そうすれば、目で「私を呼ばないでください」と合図できるから。だが、恥ずかしい思いをさせないで、と私が合図を送ることを知っていたマディバは、私を無視し、意図的にアイコンタクトをしない。私は場違いに感じながらも、マディバの隣に座りなさいというアヤトラの指示に従って、マディバから見える位置に移動する。どういうわけか、私が同席することをイラン人たちは面白がった。有名な黒人の解放運動家と一緒にいる白人女性をどう理解してよいやらわからなかったので、好奇心をそそられたのだろう。

どんな議論が行われても、誰が政治的に正しいとか間違っているとか、誰が進歩的な考え方を持っているとかいったことは気に留めなかった。私が集中したのは、まず次の五分間、そしてそれに続く二十四時間だけ。マディバにできるだけ楽をしてもらえるよう、ありとあらゆることに配慮することだけを考えた。世界に関する一般的な理解は向上したものの、訪問した国々の込み入った事情を吸収し、理解する余裕はなかった。

イランから、シリアのダマスカスに移動し、年配のアサド大統領と会見する。亡くなる数年前のことだ。息子にも会った。印象的な若者だった。父親の後を継いだアサド大統領は長居をしすぎて、現在反乱軍に退位を迫られている。権力の座に長く座りすぎた人々のことを、マディバはよく、「指導者が権力に酔っ払った」と形容した。国家元首が辞任を求められるのを見ると、その人が長居をしすぎたかどうかにかかわらず、私はマディバの言葉を思い出す。

シリアからヨルダン経由でイスラエルに飛ぶ。シリアとイスラエルの関係が緊張していたので、シリアから直接イスラエルに飛ぶことができなかったのだ。政治に起因した、このような困難に直面して物事が思ったように進まず、私が不満を口にすると、マディバはこう言ったものだ。「いや、ゼルディーナ。いいかね、こういうことが人生を面白くするんだよ」。私に頑張らせようという意図だが、その時は大して面白く思えなかった。

イスラエルに到着するとすぐに、イスラエル警察は私たちを、焼き印を押される順番を待つ羊のように一列に並ばせて、車までせかした。私と医師のチャールズはもう少しで置いてきぼりになるところだった。イスラエル警察の扱いに苛立った私は、医師と私がマディバの傍にいなければならない理由を、単にマディバの近くにいたいだけだと思われないように、はっきりと説明する。公式代表団ではなく、私と医師とボディーガードだけでマディバと旅するのは大変だった。その場ではっきり、自分の立場を主張しなければならない。バックアップの計画などない。頭にあるのはマディバだけ。マディバ以外のことは自分も含めて、問題が発生してから考える。私生活では人と衝突するのが嫌いな私だが、このような状況では別人になる。私たち全員を守るために、かつてなりたかった女優になりきるのだ。

エルサレムではキング・デイヴィッド・ホテルに泊まった。初日の夜、マディバの夕食に肉、自分にはチーズサラダをルームサービスで頼む。注文して間もなく、食堂の支配人が私の部屋のベルを鳴らした。「奥様。このホテルはユダヤ教の戒律に従っていることをご説明にあがりました。ユダヤ教の決まりでは、チーズと肉を同じ部屋で食べることはできません。許されないのです」。食べ物のことまで議論する気力はなかった。私は負けを認め、マディバが食事する間座って待ち、その後自分の部屋でチーズサラダを食べる。翌朝、イツハク・ラビンの墓に参った。暗殺されなかったら、イスラエルとパレスチナの交渉をまとめただろうと言われている人物だ。その後、エゼル・ヴァイツマン大統領とエフード・バラク首相を相次いで訪問する。バラク首相はマディバをいくぶん嫌っているように感じられ、ふたりのやり取りは見て楽しいものではなかった。

エルサレム旧市街のヴィア・ドロローサを歩く。イエスが十字架を背負ってこの道を歩いたと教えられ、キリスト教徒の私は感動した。マディバがヴィア・ドロローサを歩くというので当局は大騒ぎをし、丸石で舗装された道路を歩く十分なスペースもない。私たちは膝の悪いマディバが丸石に躓いて転び、大怪我をするのではないかと心配した。この頃にはすでに足元がおぼつかなくなっていたのだ。私は古代からの丸石に手で触れ、ガイドにもう一度確認する。「イエス様は、まさにこの石の上を歩かれたのですね」。「違いますよ」という答え。当時の道路の上に十七層くらいの建物が積み重なっており、イエスが通った道が大体この辺りということだった。とてもがっかりする。

その後、ホロコースト博物館を訪れ、大きなショックを受ける。心が掻き乱されて博物館を後にした。ジャーナリストたちに「マディバは質問に答えない」と説明しておいたにもかかわらず、博物館を出たところで、マディバの顔にマイクが押しつけられ、博物館の印象を聞かれる。マディバは抜き差しならない状況に追い込まれるのが大嫌いだったし、予告ない出来事にイラつくたちだった。それで、この時、マディバはこう手短に答えた。「これはユダヤ人に起こった悲劇ですが、ドイツ人も同じ重荷を抱えていることを忘れてはなりません。今の世代のドイツ人は自分たちに責任がない出来事がもたらした不名誉を抱えており、それを拭い去るのに苦労しています」。このコメントはイスラエル人たちに不評だった。私はいくぶん敵意を感じて動揺する（南アに戻ってから、マディバのユダヤ系の友人たちから、このコメントに対する不満の手紙が寄せられた。遙かアメリカからの手紙もあった）。

翌日、大統領、首相と会見する。議題は政治。マディバは中東問題解決策に関して、自分の主張を曲げなかった。双方が以下の条件に同意しない限り、いかなる解決もあり得ないというものだ。第一に、イスラエルはパレスチナを独立国として承認する。第二に、パレスチナは明確に規定された国境内でイスラエルを承認する。第三に、両者が信頼する調停役を任命する。マディバはこの条件を何度も繰り返したが、イスラエルは聞く耳を持たなかった。マディバはエフード・バラク首相ともデイヴィッド・レヴィー外相とも相性が良くなかった。このふたりより年長のヴァイツマン大統領はマディバの提案に対しいくぶん寛容で、それほどけんか腰ではなかった。

イスラエルからパレスチナに移動し、ヤセル・アラファトに面会する。アラファトにはそれまでにも何度も会ったことがあった。アラファトはマディバに非常な敬意を払ったが、その頃私は中東の人々の被害者意識に苛立っていた。誰しも自分が被害者と思っていたのだ。私にしてみれば、問題の半分はそこにある。過去はどうであろうと、誇りと威厳を持ち始めるべきだと感じた。中東問題の解決にあたって、パレスチナ人もイスラエル人同様理不尽だった。

現在の紛争は一九六七年の第三次中東戦争に端を発すると、マディバが説明してくれた（イスラエルがゴラン高原、ヨルダン川西岸、ガザ地区を占拠したときだ）。紛争が私たちの世代では解決できないほどのレベルに達していることは、私にもはっきりと理解できた。アパルトヘイトより、ひどい状況だと思った。五百メートルしか離れていないところに分かれて住む家族が、有刺鉄線で隔てられ、三十年以上お互いを訪問できない。緑の草が生えているところはすべてイスラエルの土地だとされ、重装備の警備員によって守られている。何もないところがパレスチナの土地。とても理解しがたかった。イスラエルのせいで、事態は理に適った戦いのレベルを超えていた。さらに、パレスチナ人には問題を解決に導く指導者がいない。自分たちが置かれた状況を南アフリカと比較しようとしているが、現地の人々の考え方は概ね極端に理不尽だと思った。

マディバは出国の前日、パレスチナ議会で演説することになっていた。南アフリカにいたヘルヴェル博士が草稿に手を入れ、新しいバージョンをメールしてくれる。ところが、コンピューター・プログラムにウイルスが忍び込んでいて、演説の最後の文が数式に変わってしまった。私は時間がなくてチェックできず、マディバも最終版を前もって読んでいなかったので、演説の最後に数式を読み上げるはめになった。数式といっても、記号ではなく文字で書いてあり、正確には覚えていないが、確かこんなふうだった。「すべての、二は四引く七かけ八のために。ご清聴ありがとうございました」。私たち随行員は皆困惑した。しかし、演説の後、パレスチナ議会の出席者は総立ちとなり、拍手が鳴り響いた。演説は同時通訳されていたから、通訳者が数式を訳さなかったか、何か深淵な言葉に言い換えたに違いない。ウイルスが紛れ込んだことに驚くと同時に、誰も変な言葉に気がつかなかったのがおかしかった。教授と私はその後何年も、これを話の種にして大笑いしたものだ。もちろん本来ならマディバが読む前に演説をチェックするべきだった。

だが、代表団なしに旅し、ものすごいペースとプレッシャーの下で働いていると、こういう問題も起きるものだ。

中東からワシントンへ飛び、クリントン大統領に会う。私にとって、初めてのホワイトハウス訪問だ。クリントン大統領はいつも通りチャーミングで、敬意に満ち、リラックスしていた。大統領はマディバの中東問題の評価に耳を傾け、マディバの提案に概ね賛成する。クリントン大統領は中東問題に解決策を見つけようと固く決心していた。双方の信頼を得ていたので、和平交渉を仲介する最適の人物だった。少なくとも私たちはそう感じていた。

ワシントン滞在の最後の夜、ウォーターゲート・ホテルに泊まる。ニクソン政権を終わらせた、あの事件のウォーターゲートだ。そんなところに泊まるなんて、なんだか不思議な気がした。クリントン政権を危機に陥れた女性、モニカ・ルウィンスキーもウォーターゲートのアパートに住んでいたように記憶している。

マディバの古い友人モーガン・フリーマンと夕食を取った翌日、バンダール王子と一緒にテキサスのダラスへ向かう。王子はダラス・カウボーイズというアメフトチームを購入していた。本場のアメリカンフットボールを観戦できたのは素晴らしい経験だったが、控えめに言っても混乱の一日だった。まるでスタジアムにいたアメリカ人全員が、マディバと握手を求めてきたかのようだった。翌日、バンダール王子が本格的なテキサス料理の食堂に連れて行ってくれる。マディバはそこで、生まれて初めてタコスとトルティーヤを食べた。後で聞かれても、何を食べたか覚えていなかっただろうが。マディバにしてみれば、とても変わった食べ物だ。食べたものとか食文化に対し、マディバは私ほど興味を持たなかった。マディバが好んだのは素朴なコサ族の家庭料理だ。タコスやトルティーヤより、バンダール王子と時間を過ごし、会話を楽しむ方に関心があった。世界が抱える問題について話し合ったふたりは、世界平和の達成方法を一度ならず考え出したに違いない。

ダラスからアトランタへ行き、CNNのインタビューを受ける。アトランタの後はヒューストンの大学で講演を行った。タイトなスケジュールだったが、マディバはすべての瞬間を楽しんでいた。やる気にならないことには合意しないくせに、スケジュールに空きがあると、埋める名分を見つけなければ気が済まない人だった。今回はバンダール王子が一緒だったので、警備が厳しい。私がボディーガードに喧嘩をふっかけそうになったのは、後にも先にもこの時だけだ。大学に到着すると、警備担当者が医師と私の乗った車を止めた。私は運転手に、マディバが乗った車と同じ入り口から入ることを言い張るよう命じた。だが、運転手は警備担当の指示に従ってしまう。その結果、チャールズと私は車を降り、歩いてマディバの元に向かうことになる。距離にして六百メートル。距離自体は気にならなかったものの、その間にマディバの姿を見失い、そのままはぐれてしまうことを心配した。

チャールズは医療品が詰まった重いバッグをいくつか抱えていた。私はカンカンだった。ふたりとも急いで歩く。建物に近づいたところで、マディバとバンダール王子はすでに中に入ってしまったことに気がつく。ハゲの、巨大なアメリカ人のボディーガードが私たちの入場を拒んだ。「私たちはマンデラ氏の随行員だから、中に入る必要がある」と説明する。だが、どうしても中に入れてくれない。その理由を説明してくれなければ、話も聞いてくれない。ただ「ノー」と繰り返すばかり。チャールズが私の気を静めてくれ、「そのうちマディバが探しに来てくれるよ」と賢明な助言をする。チャールズの言葉を聞いたかのように、次の瞬間、マディバが入り口に姿を現した。私たちを探しに外に出てきてくれたのだ。世界的な有名人が普通することではない。皮肉なことに、黒人がふたりの白人の召使を救出しに来てくれたわけだが、ボディーガードは私たちの方を向いており、マンデラその人が入り口の階段に立って私たちを呼んでいるのを振り返って見ようとしなかった。

ハゲ頭に平手打ちを食らわせようかと思っていたところに、バンダール王子のボディーガード、ネイフが走ってやって来て、私たちを「救出」してくれる。バンダール王子に以前に会ったときからネイフとは顔馴染みだった。とても心優しい紳士である。私はアメリカ人ボディーガードの方を向き、「これで満足したかしら？　ネルソン・マンデラその人が外に出てきて、私たちを迎えに来なければならないわけ？　私たちがアメリカ人じゃないことは、英語の発音からわかっていたくせに！　医者が医療バッグを持っていることに気がついていたくせに！」。今考えると、ボディーガードは職務に忠実だっただけで、理不尽なのは私の方だった。とはいえ、時として人間というものは、もしかしたら相手が本当のことを言っているかもしれないと、確かめようともしなければ、話を聞こうともしないのだ。

マディバが気性の激しいアフリカーナをアシスタントに任命するという、予期せぬ出来事に言及する人がたくさんいた。そのたびに、教授が私のことを「健全な精神を持っている」と弁護してくれ、マディバが「しかも、論理的で直截的だ」と付け加えた。

私はマディバの健康や幸福に責任があるように感じていた。マディバはそれを知っていたと思う。だから、いつも、私たちがどこにいるか確認し、私たちのことを気にかけてくれたのだ。私たちが傍にいることで、マディバは安全だと感じていた。どんな問題も突発事項も、私たちがなんとかすると知っていたからだ。仕事上の共依存である。私たちも、マディバが傍にいないと、同じように不安になった。

何度も一緒に旅したことから、チャールズと私は良い友だちになる。同じ年だったこともあり、他の人が知らない世界での経験を理解し合うことができた。他の多くの医師同様、チャールズはマディバのことをとても気にかけていたが、海外旅行中、マディバの具合が悪くなったのはほんの一、二回のことだったから、大抵の場合待機しているだけであり、医師としての仕事はあまりなかった。それで、私はチャールズによくお使いを頼んだ。洗濯物をクリーニング屋に取りに行くとか、新聞を探すとか、マディバのためにルームサービスを頼むとか、贈り物を包むとか、プリンターを見つけるとかいったことだ。私とチャールズはチームとしてうまく機能していたのだ。だが、人々はチャールズのことを私の「奴隷」とからかった。そして、チャールズと私もそのニックネームをよく冗談の種にした。

旅先では、スーツケースを開ける暇もないことがあった。腰を下ろして家に電話しようとした途端、その国の儀典担当官やホテルのスタッフがドアをノックし、「マンデラ大統領が……」と始めるのだった。使節団の窓口は私だけ。私が順番に用事を片付けることができるよう、時にはチャールズがドアの前に立ってくれる。絶え間ないプレッシャーに晒されていた。それに耐えきれず、正気を失いそうになることもあったが、チャールズたちが日々の業務を助けてくれることで、苦労が和らいだ。マディバの医師たちは交代で旅行に同伴することになっていたが、日程が過酷なため、日々の医療業務を犠牲にしてまで同伴したがらない医師もいた。警備要員も交代で同行したので、まったく同じチームが二度続けてマディバに同行することはあまりなかった。だから、チャールズは私以外唯一の、マンデラ使節団の常連だった。同じ人と多くの時間を過ごすと、まるで家族のような気持ちが生じるものだ。

帰国時、私たちはとても疲れていたけれども、バンダール王子が豪華な自家用機を提供してくれたおかげで、全員にちゃんとしたベッドがあてがわれた。バンダール王子が接待してくれるときはいつも、私たちは大変甘やかされた。王子は費用を惜しまず、最高の食事と最高のサービスを用意してくれた。恩着せがましいところがない親切なホストであり、高齢のマディバに対して忍耐強く接してくれた。しかもマディバを人間として大変尊敬していた。そんな王子を私は高く評価し、大変感謝していた。

帰国してから、マディバはエリ・ヴィーゼルら、大きな影響力を持つアメリカのユダヤ系市民数人に電話する。当時、有名なユダヤ系アメリカ人指導者たちが、アメリカがイスラエルを支持するよう活発に働きかけていた。マディバはそれを危険だと思い、警告したかったのだ。仲介者が紛争当事者の片方の肩を持つ限り、地域に平和が訪れることはないからである。

マディバの中東訪問を、南アフリカ政府の外交に干渉しているとして、ムベキ大統領が喜んでいないと耳にする。どう転んでもうまくいかない状況だ。マディバは中東の和平交渉に尽力したかったし、手を貸してくれるようしばしば依頼されたが、最終的には南ア政府に気遣うことになる。後から考えてみると、マディバが飛行機に飛び乗って、中東紛争を解決しようとしたのは必ずしも正しいことではなかった。この件に関しても、ヘルヴェル教授がマディバとムベキ大統領の間に入って取り持つはめになる。南ア国外の人々の要求に屈すると、南ア国内で私たちが難しい立場に陥ることになるのは目に見えていた。しかし、私たちをそんな状況に追い込んだのは、最終的にはマディバの友人に対する忠誠心なのだ。

一九九九年十一月六日、ネルソン・マンデラはもう少しで死ぬところだった。随行員を道連れにして。

　私たちは北ケープ州の小さな町ポストマスバーグにいた。真夏で、猛暑の盛りだった。できるだけ早く仕事を済まそうとしたのに、出発が予定より遅れてしまう。双発プロペラ軽飛行機「キングエア」で、プレトリアの空軍基地ウォータークルーフに向かう。ムベキ大統領や副大統領のスケジュールがあまりにもタイトなため、南ア政府の航空機は不足しがちで、マディバにジェット機を使わせてもらうのはいつも大変だった。マディバは南ア政府にとって優先順位が低かったのだ。さらに、ポストマスバーグの滑走路が短かったので、これより大きな飛行機を使うことができなかった。

　プレトリア到着三十分前くらいに、パイロットが振り返って、私をコックピットに呼ぶ。ウォータークルーフもジョハネスバーグの国際空港も、雷雨のため閉鎖している、別のところに着陸しなければならないかもしれない、という。ジョハネスバーグやプレトリアのあるハウテン州は夏に雨が降り、午後の激しい雷雨で知られていた。パイロットの言葉をマディバに伝える。マディバは静かに席に座ったまま、パイロットの一挙一動を見守っている。私の席から、マディバの顔が見え、パイロットの通信が聞こえる。パイロットが管制塔に連絡する。燃料がなくなりかけているので、これ以上旋回を続けることは難しい、着陸場所を早急に決定しなければならない、と。危機感が募る。付近の飛行場はすべて閉鎖されている。雲を突き抜ける。乱気流がひどくなる一方だ。パイロットは時々操縦桿から手を放して、乱気流に機体を委ねる。怖い。

　マディバは額に皺を寄せ、不機嫌そうな顔をしている。緊張をほぐそうと、ボディーガードのひとりウェイン・ヘンドリックスが冗談を連発する。最初はおかしいと思ったけれど、パニックになっていた私は次第に怒りを感じる。ウェインはいつも、チャーミングかつ楽しく緊張をほぐすユーモアのセンスを持っていた。この時は完全に失敗したけれど、それでも努力は買った。

マディバは一言も発しない。機体がエアポケットに入って、数メートル落下したとき、同行していたマディバの孫息子はいくぶん気分が悪くなったようだった。私のハンドバッグの中身が機内に飛び散る。私たちはなんとか生き延びようと必死だった。孫の携帯電話がシャツのポケットから飛び出し、機内を横切る。ウェインが目の前に飛んで来た携帯電話を、ボディーガードなら当然というふうに掴む。パイロットの動転した声が聞こえる。なんとかウォータークルーフに着陸しようとしていた。空港では救急隊が待機している。私は流れ出す涙を止めることができない。ウェインが大丈夫だからと慰めてくれたが、生きて帰れるとは思えない。やっと着陸する。機体が停止したとき、パイロットたちの額に汗が滲んでいた。マディバは私の肩に手を置いて言った。「心配しないで、ゼルディーナ。もう大丈夫だよ」。飛行機から降り、車に乗り込み、ハウトンへ走る。

ハウトンに到着するや否や、私は自宅に向かった。マンデラ邸の角を曲がったところで、長年マディバの料理人を務めているコリスワから電話。マディバが、戻って来て一緒にコーヒーを飲もう、と言っているという。私は自宅に向かった。マンデラ邸に着いて、ひどく動揺していた私を座らせ、こう言った。「ゼルディーナ。今日はひどい経験をしたね。だが、できるだけ早く忘れるべきだよ。一番良い方法は一日も早くまた飛行機に乗ることだ」。バイクから転げ落ちるのと同じだよ、という。最善の方法は、できるだけ早くまた乗ることなのだ。マディバは言葉を続ける。「あんな小さい飛行機には二度と乗りたくないし、孫と一緒に旅行もしたくないよ」。プロペラ機で旅するのは危険が大きすぎる、自分に何か起こったときに、孫の命まで危険に晒したくない、という意味だ。その日から、マディバをプロペラ機に乗せることは決してしなかった。空軍はそれほど多くのジェット機を持っていなかったので、しばしばマディバのために飛行機をチャーターしなければならなかった。そのため、空軍との間で問題が多発し、大統領府との関係が悪化した。だが、あのひどい経験をした後だから、そのくらいの我慢はできた。

何年も経って、ヘリコプターでも問題が起こった。トランスカイの僻地の学校診療所訪問に向かう途中、エンジンがオーバーヒートしているようで心配だ、とパイロットが言う。だが、それほどの大事ではなく、現地に到着して修理すれば大丈夫ということだった。修理したが、それでも心配だったので、地上のボディーガードたちに問題を伝える。私たちが離陸するとすぐに、ボディーガードたちは車で次の目的地、ムタタに向かった。出発して十五分くらい経って、窓全体にオイルが飛び散る。窓から外が見えない。明らかに、オイルが漏れていた。火事の危険がある。パイロットは着陸すると私たちに告げた。

「オリックス」ヘリコプターがゆっくり広々とした野原に着陸する。僻地なので、家も人も周りに見えない。ムタタの空港へ向かっているボディーガードに電話し、緊急着陸したと告げる。道路からそれほど離れていないから、近くまで来たら野原にいるのが見えるだろう。なぜ軍用ヘリがこんな辺鄙なところに着陸し、なぜ周りを重装備のボディーガードが取り囲んでいるのか、地元住民が訝しがるかもしれない。二十分くらい経って、ボディーガードが到着する。パイロットたちは故障の原因を突き止めようとしたが、修理できない。私たちは車でムタタまで行き、そこからジョハネスバーグ行きの飛行機に乗る。マディバは誰かが意図的にヘリコプターを故障させたのではないかと疑っていた。そんなことはない、となんとかマディバを納得させる。

紀元二〇〇〇年に向けて、世界中で大きなパーティーが企画されていた。南アフリカも同じだった。マディバとムベキ大統領の関係は、ギクシャクする一方だ。「マディバが国家元首のように振る舞っているとムベキ大統領は考えている」との噂が私たちの耳に伝わってくる。マディバはこれまでずっとやってきたことを続けていた。つまり、突然の要請に応え、できるだけ多くの人を喜ばせようとしていたのだ。マディバが決めたことに私たちが賛成しない場合もあったが、刑務所時代から暗唱していた詩『インヴィクタス』にあるように、マディバの運命の船長はマディバであり、マディバの魂の主人はマディバなのである。そして、マディバは自分の魂が望むことをやり続けたかった。「大統領引退後こうなるだろう」と私たちが想像していた仕事に集中するのは困難だった。それに、世界中の人々は、マディバに対してなんらかの権利を持っていると感じているようだった。たとえば、反アパルトヘイト運動を支持したから、マディバに何かしてもらえる権利があると感じている人たちがいた。マディバは期待に応えて、借りを返すことに熱心だった。私は、口に出しては言わなかったが、旅行が好きでたまらないのだろう、とも思っていた。あんなに長い間牢獄に閉じ込められていたのだから、失くした時間を取り戻そうと、旅行したがるのは当然だろう。こうしてマディバは自分の魂に従って行動し、そのせいで時には困った事態になることもあった。

マディバとムベキ大統領の間のいわゆる「軋轢」がどれほど深いものだったのか、また「軋轢」のどのくらいが人々の想像によるものか、私にはわからない。たとえば、一九九九年十一月、マディバはムベキ大統領にブルンジの内戦調停を頼まれる。これ以上仕事を抱えるべきではないと私は思ったが、マディバは引き受けた。大統領時代にザイール（現在はコンゴ民主共和国）問題を調停した実績があるので、マディバがブルンジの和平交渉を調停する方が簡単だとムベキ大統領は思ったのだろう。また、ムベキ大統領は、アフリカに平和をもたらすことが南ア経済の発展に結びつくと考えていた。さらに、マディバに仕事を与えて忙しくしておくことで、中東問題や南アの国内問題に干渉しないようにしたのではないか。

私はムベキ大統領にいくぶん同情していた。歴史的な偶像の後を継がなければならなかったからである。しかし、同時に、マディバを抑圧された人々にとっての自由の象徴とし、偶像を作り上げたのはANCに責任があると思う。だから、今になって、マディバが出すぎたことをしているとANCの人々が感じるのは間違っている。公の場でマディバは「ムベキ大統領ほど優れた国家元首はこれまで南アフリカにいなかった」と繰り返した。ムベキ大統領はマディバが恩着せがましい態度を取っていると感じただろうが、マディバは心からそう信じていたし、何年も経ってから、マディバの見解が正しかったことが明らかになった。ムベキ大統領時代、南アフリカの経済はこれまでになく安定していた。そして、そのおかげで、二〇〇〇年代後半の世界的な経済不況にまったく影響を受けなかった。

マディバが悪意から、または故意に何かすることは決してなかった。だから、マディバがムベキ大統領を出し抜こうとしていると思う人の気が知れない。自分に自信がないから、そう思ってしまうのではないか。そういう見方が生まれたのはムベキ大統領自身のせいか、それとも大統領の側近のせいかはわからない。マディバはよくムベキ大統領と話そうとしたが、電話するたびに「後で大統領の方から電話する」と言われた。そして、コールバックは一度もなかった。高齢のマディバに人々が忍耐心を失っているのを感じる。アポを取るために連絡すると、大統領は忙しくて時間がないと言われたものだ。ANCはマディバにどのような役割を期待しているのか決めて、マディバに伝えるべきだった。だが、それが難しいことは理解できる。マディバは自分の心が望むことを行う強い意志を持っていたからだ。

マディバの大統領執務室で総務を担当していたアラン・ピライが、ムベキ大統領の個人秘書のひとりになっていた。アランが間に立たない限り、マディバとムベキ大統領の間のコミュニケーションは至難の業だった。アランが力を貸してくれると、どういうわけか政治が絡むことなく、物事がうまく進むのだった。

だが、根回しを公の場で行うのは難しかった。マディバは一生懸命努力して、ムベキ大統領のことを褒めていた。マディバとムベキ大統領が同席するときは、マディバが儀典に則って大統領に敬意を表明するように気をつけ、マディバの随行員が儀典や大統領を軽視しているように見られないよう細心の注意を払うようにするのが私の役目だった。それは困難な仕事だった。というのは、人々はマディバがやって来ると総立ちして拍手し、他の誰よりも歓迎して大騒ぎしたからだ。

ムベキ大統領とマディバは一緒にロベン島で、紀元二〇〇〇年を迎えることになっていた。まず、口頭で招待されたが、その後ムベキ大統領が出席すると聞き、マディバは辞退する。自分がいることで大統領が難しい立場になることを恐れたのだ。大統領府から電話があり、大統領はマディバが出席することを望んでいるという。マディバは再び辞退した。かつての同志が全員出席し、世界中に生中継されるのだから、同志たちに会いに行くべきだと、私たちが説得してやっと、マディバは同意してくれた。

ロベン島の夜は美しかった。私たちがテントを出ようとすると、まだムベキ大統領が中にいるというのに、人々はマディバについて行こうとする。それで、大統領に失礼にならないよう、人々をテントの中に追い戻す。私は何をしても嫌われるようになっていた。私はマディバに忠誠を尽くす一方で、マディバがムベキ大統領に敬意を払っていることを示さなければならなかったが、マディバに対する大衆の反応がそれを困難にした。私はまた、ムベキ大統領を上位に置きつつも、自分があまり尊敬されていないとマディバに感じさせないようにしなければならなかった。ちょっとした小さな行動を取るのにも、シナリオを考え、提案されたことをすべて分析するという複雑な手順が必要だった。適切な行動を取り、どの人にも喜んでもらうには、大変なエネルギーと忍耐が必要だ。しかし、同時に、雇用主が期待することを断固として行い、批判や政治的思惑を甘受しなければならない。臆病者にならないことを学ばなければならなかったのだ。

マディバへの調停要請はしばしば、明らかに大統領の権限内の事柄だった。それは大統領の仕事だからと、大統領執務室に依頼を転送すると、マディバを過度に保護しているとか、マディバをコントロールしているとか、私が非難された。私はマディバの「管理人」と呼ばれる。冗談で、いいわよ、気にしないわ、と言ったものだが、実はマディバ自身、多くのことに巻き込まれるのを嫌がっていた。マディバは自分のプロジェクトのために資金を集め、学校や診療所を建設したかった。道徳や人権に関する事柄について、はっきり意見を述べる自由を持ちたがった。しかし、人々はマディバが自分に注意を払ってくれることを主張し、マディバに個人的に関わってもらいたがった。どう転んでも勝ち目のない戦いだった。

マディバは資金集めの達人として知られていた。一九九〇年代、ANCが合法化された後、党のために何百万ドルもの資金を集めた。大統領を引退してからは、恵まれない人々を助けるための、自分のプロジェクトに努力を集中させた。ドバイの統治者が財団支援を約束してくれたが、在ドバイ南ア大使館の干渉により実現しなかった。干渉の理由や誰の命令かは推測するしかない。

マディバは自分の資金調達能力をよく自慢したものだ。立派な大義名分がある限り、資金集めは簡単だと言っていた。簡単に諦めず、執拗に食い下がり、また自分自身のためにお金をねだることがなかったので、プロジェクトの重要さを説いて心理的プレッシャーを与えるのはマディバにとってたやすいことだった。最初のうちはなぜそれほど簡単なのか理解できなかったが、マディバが実際に資金集めを行っているところを見て理解した。資金を集めているプロジェクトの正しさを信じていれば、自然にできるものなのだ。

マディバには管理能力があまりなかった。また、他人を心から信用した。信用できないことが証明されるまで、信用し続けた。資金調達努力について話してくれるたびに、そのやり方とプロセスの単純さに私は驚嘆せざるを得なかった。ＡＮＣのために資金集めをしていた頃は、職員の手から手へ現金が渡された。そして、マディバはその過程で誰一人疑わなかった。

実際的で道理に適ったやり方だった。マディバがお金を受け取る。それを財政担当のトム・ンコビに渡す。ンコビが預金する（引退後のマディバは自分が寄付を受け取るのを拒否し、マンデラ財団や子供基金に直接振り込んでもらった）。マディバは社会から二十七年も離れていたので、銀行や投資についてほとんど知識がなかった。私はマディバの話の途中で、入金の記録を誰かが取っていたのか質問する。特定の人を疑っていたわけではないが、マディバ自身、一体自分がいくら資金を集めたのか知らないことに驚いたのだ。

マディバは集めた資金が行くべきところに行ったと信じて疑わなかった。しかし、その後で、「トム・ンコビは突然不審死を遂げたんだよ」と付け加えた。それが資金調達とどう関係があるのだろうか。私は困惑し、何が起こったのか想像して何日も眠れなかった。マディバはトムが突然病に伏せった理由を探ろうとしたが、たらい回しされた。ダーバンまでトムに会いに行ったが、ふたりきりにさせてもらえなかった。「気詰まりな男」が傍にいたという。トムの面倒を見ていた、インド系の男性看護人だ。トムは世界的レベルの医師がいるジョハネスバーグに住んでいたのに、病気になったらダーバンに送られた。

ずっと後になって、インド系南ア人ビジネスマン、シャビール・シェイクが汚職と詐欺の容疑で起訴されたとき、私はシェイクの会社名が「ンコビ・ホールディングズ」というのは単なる偶然だろうと思った。だが、マディバはジェイコブ・ズマ副大統領とシャビール・シェイクの友人関係について心配していた。第六感かもしれない。シェイクの容疑の中に、十五万ドル以上のジェイコブ・ズマへの融資を帳消しにしたことが含まれていた。南アフリカでは、個人への寄付が年一万ドルくらいを超えた場合、税務署に申告しなければならない。ジェイコブ・ズマへの支払いは、南ア政府が世界的レベルの武器を購入する際の入札結果に影響を及ぼすためと見られていた。

シェイクは汚職容疑で有罪になり、判決言い渡しの際、裁判官は「ジェイコブ・ズマとシャビール・シェイクの間に汚職関係が認められた」と述べた。

マディバはこの件につき、ANC幹部数人と話し合おうと随分努力した。私たちは何度も幹部たちに連絡し、マディバと話し合う時間を持ってもらおうとした。だが、時間を割いてくれた人はひとりとしていなかった。私は次第に政治の欺瞞性に気づくようになった。政治家たちはマディバの前に座っておとなしく話を聞く。マディバに賛成することもある。しかし、マディバが退席するや否や、その話は立ち消えになる。自分の利益だけを考えてはいけない、自分の理想と良心に忠実でいなければならない、とマディバは演説などで何千回も繰り返した。マディバが警告を発していた偽善は、その後ますます目につくようになる。まるで、マディバはこうなることを知っていたかのようだ。党への情熱を失った者がいる。運動の目的を失った者がいる。人民を代表していることを忘れた者がいる。南アフリカ政治は利己主義・独善主義の戦場となった。行動の指針は自分の利益だけ。それが汚職の病根である。

ブルンジ和平交渉の一環で、初めてタンザニアのアルーシャを訪問する。アルーシャの次はニューヨーク。私にとっては初めてのニューヨーク訪問だ。泊まったのはウォルドーフ・アストリア・ホテル。部屋の大きさに感動する。もっとも、私たちはリチャード・ホルブルック米国連大使のゲストだったので、ホテルの普通の部屋に泊まったわけではなかったが。私のニューヨーク体験は、ウォルドーフ・ホテルで本物のウォルドーフ・サラダを食べたことと、国連を訪問したことだけだ。儀典担当官も報道官もおらず私ひとりだったので、私がいない間に緊急事態が起こったり、マディバが私を必要としたりした場合に備えて、いつもに増して、ホテルから一歩も外へ出ない決心をしていた。

マディバがホルブルック大使を訪問した目的は、資金集めに尽力してもらうことと、イスラエルとパレスチナの問題について話し合うこと、そして、ブルンジ情勢について説明することだった。私たちのニューヨーク滞在中、ホルブルック大使は自宅のアパートで歓迎会を開いてくれた。そこで生まれて初めて、ウーピー・ゴールドバーグに会う。マディバが獄中にいる間、反アパルトヘイト運動に大いに貢献してくれたとのことだった。ウーピー・ゴールドバーグは一九八八年、ロンドンのウェンブリー・スタジアムにおける、有名な「フリー・マンデラ・コンサート」でパワフルな演説を行った。

生まれて初めてロバート・デニーロに会ったのも、懐かしい思い出だ。素敵な奥さんグロリアと息子たちをマディバに会わせにやって来た。マディバはとてもくつろいでいたが、息子のひとりはマディバにまったく関心がなかった。年月が経つにつれて確信を深めたことだが、マディバはメディアに度々登場することから、おとぎ話の登場人物のようなものだった。子どもたちは実物のマディバを前にしてどのように振る舞ったらよいのかわからず、両親の期待通りの反応をしない。サンタクロースやディズニーキャラクターの着ぐるみを着た人に出会ったときと同様の反応だ。ロバートは息子を傍《かたわら》に引っ張って行ってこう言った。「そんな振る舞いをすると一生後悔するぞ。さあ、ちゃんと挨拶しなさい」。七歳くらいの子どもにそんなことを言っても理解できるわけがない。息子が将来貴重な体験として思い起こせるように、ロバートが一生懸命言い聞かせているのを見て、マディバも私も微笑ましいと思った。だが、息子は断固として協力を拒んだ。

国連は素晴らしかった。マディバは国連に大きな敬意を抱いていた。当時事務総長だったコフィ・アナンに会う。マディバとアナンがお互いを尊敬しているのが空気に感じられた。

マディバはCNNで、ラリー・キングのインタビューを受けることになっていた。プロデューサーとの事前交渉で、マディバは準備万端でインタビューに臨みたがっているから、質問か議題を前もって渡してくれるよう、数えきれないほど頼んだが拒否される。ラリーは事前に質問リストを決して渡さない、というのだ。私は諦めることにした。結果としてあまりよいインタビューではなかったが、それはラリーにとっての損失である。マディバは心を閉ざしていた。返答は短く要点だけを述べたもので、温かみに欠け、まったくマディバらしさがない。聞かれた質問に答えはしたが、心はそこになかった。プロデューサーに関心があったのは明らかに、番組の内容を優れたものにすることではなく、ラリーがインタビューした有名人リストにマディバを加えることだった。事前に準備できていたら、マディバは素晴らしい受け答えをしただろうに。オプラの番組に出演したときとはまるで違った。オプラは温かく親しみやすく、またマディバの事業を支援してくれていた。オプラのプロデューサーたちは、事前に議題を教えてくれることに何の問題も感じなかった。その結果、マディバの対応はずっと良いものだった。

インタビューでも、イベントなどでの会話でも、マディバが受ける質問は概ね同じようなものだった。いくつか決まってされる質問があり、マディバは同じ質問にいつも同じように答えた。状況に応じて多少変えることはあっても、ほぼ同じ回答だった。「優れた指導者の特性は何だと思いますか」と聞かれたら、「国民に尽くす人です」と答え、詳しい説明を加える。「あれほど長い間刑務所で過ごしたことで、苦々しさや後悔の気持ちはありますか」という問いへの回答は、「後悔はまったく役に立たない感情です。過去の出来事を変えることはできないからです。私は当時の自分の心に従って、行動したまでです」。「どのような人として記憶されたいですか」というのも、よくされる質問だ。マディバは躊躇なく答える。「他の人たちがあなたのことをどのような人として記憶するかどうかは、その人たちに任せるしかありません」。私はその答えを愉快だと感じた。「人道主義者」とか「国民に仕える人」とか答えることができたのに、マディバは自分の評価を後世の人に任せた。歴史を書く気はなかったのだ。

二〇一三年にマディバが亡くなったとき、たくさんの人がマディバの思い出話を語った。とても信じがたい話や、マディバをよく知るものにすれば全然マディバらしくない話が中にはあったが、そんな時、「それぞれの人が好きなように自分を覚えてくれればよい」というマディバの願いを思い出したものだった。そして、インタビューでそのことについて質問されたとき、私はマディバの言葉を繰り返した。思い出が良いものでも、悪いものでも、たとえ創作であっても、大切なのはマディバの名前を聞いたときに何がその人の心の中に呼び起こされるか、なのだ。もちろん、それらの「思い出話」がマディバの業績を傷つけない限りは、の話だが。

アメリカでは、ジョージ・ソロスの屋敷も訪れた。マディバはソロスに財団への寄付を要請したが、残念なことに寄付は実現せず、ニューヨークに手ぶらで戻る。後になって、ソロスは財団の長期的な方向性について確信が持てなかったため、財政援助をためらったと聞いた。もっともであろう。財団はマディバの目的に適うよう努力していたけれども、マディバの目的自体に変化が見られた。財団がマディバの事務所であることは一貫していたものの、その他の目的が当初の「学校診療所建設」から「エイズ」と「教育」に移り、さらに「対話」が加わった。外部の人にはわかりづらかっただろう。

私と医師とボディーガードは、映画でしか見たことのない宮殿や豪華ホテルや豪邸でマディバを待つことがよくあった。最初の頃は他人の成功に感嘆したものだ。それから羨ましくなり、そしてそのうち、豪邸でも家は家、と思うようになる。遂には、豪華絢爛さがその魅力を失い、豪邸であることに気がつきもしなくなった。私にとって気がかりだったのは、マディバが階段をうまく登れないので、訪問先に階段がないこと、マディバが居心地の悪い状況に陥る可能性があるときにひとりきりにしないこと、マディバが必要とするときにすぐ駆けつけられるよう近くにいることだけだった。通常私はマディバをミーティングの席に座らせた後、時計から目を離さなかった。マディバはどこへ行ってもすぐに要点に入り、三十分か四十分以内に切り上げたがった。私が部屋の中に同席していない場合（他の用事をしたかったので、できるだけ同席は避けた）、三十分経った時点で部屋に入り、そろそろ時間だと伝える。マディバはホストに「ああ、これが私のボスです。言いつけを聞かないと、クビにされてしまうんですよ」と冗談を言う。そう言われた人は頭がすっかり混乱してしまい、変な表情を浮かべて私を見る。その表情は「おかしなことを言うものだ」から「アパルトヘイトを行った白人は、今でもそんなふうに振る舞うに違いない」というものまで様々だった。マディバのユーモアをすぐに理解しない人もいたので、部屋に漂う緊張を和らげるために、私はマディバのコメントに声を立てて笑う。マディバの冗談がおかしくてもおかしくなくても、冗談であることを人にわからせるために無理に笑うのだ。私の入室後二十分経ってもまだ話をやめない場合は、再び時間であることを教える。するとマディバは決まって立ち上がり、もう帰る時間だと告げるのだった。

マディバは時々、「救助」されることを求めた。ミーティングによっては、私を呼んで「あとどのくらい時間があるかな」と聞くことがあった。時間に気をつけ、ミーティングが長引かないようにしなさい、という合図だ。だから、時間はいつも、マディバがもっと自分と時間を過ごしてくれるべきだと考えたり、マディバが無礼だと感じたりする人たちと私の争点となった。あれほど多くの人々を満足させるには、一日が三十六時間あっても足りなかっただろう。しかし、マディバは自分の意思に反したことをする人ではなかった。マディバは生まれつきの指導者であり、自分の意見がマディバの意思決定に欠かせないと人に思わせながらも、状況を掌中に収めないと気が済まない人だった。過剰に規律を求める人であり、また、ほとんど石頭と言えるほど、強固な意志を持っていた。

＊

二〇〇〇年四月二十八日、ブルンジのブジュンブラを訪れる。木々と素晴らしい景色に囲まれた、アフリカで最も美しい町のひとつである。悲しいことに、道路とインフラは冷戦のために傷んでいた。インフラの修復に加え、外国人投資家の信頼を回復するために、やるべきことが山積していた。辺りには緊張が漂っていたが、ブルンジの人々はマディバの訪問を喜んでくれた。和平交渉当時者のうちの一勢力を支持しているように受け取られないよう、細心の注意を払わなければならない。戦場のど真ん中まで赴く。マディバはそこで難民に演説し、人々が最も必要としているものを与えた。希望である。

五月三日、ロンドンを一日訪問する。マディバが友人のエリザベス女王から勅撰弁護士（国王の弁護士。優れた実績を上げた弁護士に与えられる名誉称号）の称号を得たのに伴い、ロンドンの宮殿に出廷するためだ。たった一日のためにロンドンまで出向くべきではないと説得を試みたが、マディバは行くと言ってきかない。女王との友情を尊重したかったのだ。エリザベス女王をファーストネームで呼ぶ人は、マディバの他にあまりいなかったのではないか。それを女王は面白がっているようだった。ふたりのやり取りを見るのは楽しかった。ある時グラサ夫人が、女王をファーストネームで呼ぶのは失礼だと指摘したら、マディバは「向こうは私をネルソンと呼ぶよ」。ある時など女王に会って、「おや、エリザベス。痩せたんじゃないか！」。誰もがイギリス女王に言えるセリフではない。

日帰りでヨーロッパにしょっちゅう出かけるビジネスマンのように、私たちは旅したものだ。しかし、そのような日程は、マディバが年を取るにつれ、段々難しくなっていく。また、ロジの手筈を整えるのは大変だった。日帰りの海外旅行をするのに、ただ飛行機に飛び乗ればよい、というわけにはいかない。ロンドンに一日しか滞在できなかったのは、次の日の夜、マディバの親友であるマンペラ・ランペレ博士（反アパルトヘイト活動家で、この当時ケープタウン大学学長）の送別会に出席するため、ケープタウン大学に行くことになっていたからだ。ランペレは世界銀行の要職に任命され、ケープタウンを離れることになっていた。マディバの釈放後、最初に診てもらった医師がランペレであり、マディバを南アでも最高レベルの心臓専門医に紹介してくれた。

こんなに忙しいときでも、人生は休みなく続く。マディバの友人であり同志だったイシュマイル・ミーアが亡くなり、私たちはダーバンに飛んで、遺族に弔意を示した。マディバの友だちが次から次へと亡くなっていく。マディバもそのことに気づいている。どんな老人にとっても、心が掻き乱されることに違いない。マディバは知り合いが多かったので、週末のたびに葬式に出席することもあった。遺族はマディバが葬式に出席することを期待していたが、ほとんど毎週末葬式に出席することが、老人の心にどのような影響を与えるものか、考慮してくれる人はまずいなかった。

二〇〇〇年五月、南アフリカの大富豪ビジネスマン、ヨハン・ルパートの依頼でモナコへ行く。ヨハンが自家用機を提供してくれた。モナコでマディバは、第一回ローレウス世界スポーツ賞授賞式に出席し、今は亡きレーニエ三世モナコ公国大公とまだ若かったアルベール公子に謁見する。さらに、ナオミ・キャンベルの紹介で、初めて歌手のボノに会う。私は時間をかけて、ボノが誰であるかマディバに説明した。アパルトヘイト時代、音楽を通じて南アフリカをボイコットしたこと、私の世代にとって音楽界の伝説的存在であることなどだ。グランプリファンの私は、モナコグランプリの予選の前日にモナコを去らなければならなかったのが悲しかった。Ｆ１のレーシングカーが、通りで試運転する音が聞こえる。グランプリを観戦できるチャンスがすぐ目の前にあったが、出発を延ばすことはできない。私はがっかりしてモナコを去った。

二〇〇〇年の後半、マディバは「何がチャンピオンを作るのか」という会議に招待され、オーストラリアに出向く。さらに、シドニー大学とシドニー工科大学から名誉博士号を授与された。名誉博士号を受けるたびに、体や頭のサイズを前もって大学に連絡しなければならない。式服を準備するためだ。サイズを測らせてくれと頼むと、マディバは我慢してくれたものの、できるだけ早く測り終わらせたがった。体をいじくられるのが好きではなく、嫌とは言わないまでも、早くしてくれ、と私をせかしたものだった。

私はすっかり変貌を遂げていた。もう気を張ることなく、マディバと一緒にいることができた。マディバは私が持っていた黒人に対する偏見を粉々に砕いた。私は自分の祖父を気にかけるように、マディバの面倒を見た。一、二日会わないことがあったら、次に会ったとき、挨拶の際にキスしたものだ。そのうち、毎日会っても、キスするようになる。私はなんと変わったことか！一日でも会わないと、寂しかった。マディバは歩くとき私につかまり、階段を上り下りするとき私の手を取った。風が吹いたり、帽子を被ったりしてマディバの髪が乱れたときは、何のためらいもなくマディバの髪に触って乱れを戻した。かつての私と比べると、なんという大変身だろう。そして、子どもの頃教え込まれた偏見に対して怒りを感じた。

マディバはいつも身づくろいが良かった。そして、肌に潤いを保つよう気をつけていた。大統領時代、南アフリカで買えないローションを入手するのに苦労した思い出がある。刑務所時代に使っていた、パーマー社のボディローションだ。南アフリカでの製造が中止されたのかもしれないが入手できず、アメリカ在住の人たちに頼んで、大量に買って送ってもらった。目薬に関しても同じことだった。お気に入りは、青と白の箱に入った「リフレッシュプラス」。マディバはモノによってはとてもこだわるタチだった。

オーストラリアではジョン・ハワード首相を表敬訪問する。また、ネルソン・マンデラ子供基金とネルソン・マンデラ財団のドナー向けインターネットポータルに関して、有名な大金持ちのパッカー家にも会う。パッカー家からの寄付は実現しなかった。理由は不明である。

オーストラリアへの旅は疲れたものの、利用した民間航空機のパイロットがマディバに乗務員用寝室を使わせてくれる。おかげで、マディバがフラットベッドで寝ることができ、大変ありがたかった。

シドニーに到着後、時差に慣れてから、マディバを有名な動物園に連れて行く。キリンに餌をやったり、カンガルーの赤ちゃんやコアラを抱っこしたり、ディンゴの餌やりを見学したりした。ネルソン・マンデラと一緒だったから、させてもらえたことだろう。ボートツアーでオペラハウスの横を通り、首相公邸で昼食を取る。とても親切で気取らない、ハワード首相が好きになった。会見でアボリジニが議題に上る。マディバはオーストラリア政府による先住民の待遇を批判するようプレッシャーを受けていたのだ。しかし、マディバは人々の苦境に耳を傾けるが、他国の国政には干渉しない主義だった。苦境を認め、苦境に置かれた人々へ敬意を表したものの、論争に巻き込まれるのを嫌った。さらに、シドニーオリンピックの直前だったので、オリンピック村に南アチームを訪ねる。マディバは南アチームに言葉をかけ、健闘を祈った。

シドニーからキャンベラに行き、国家元首に相当する総督にもてなされる。泊まったのは、総督の美しい迎賓館。食堂で朝食を取っていると、窓からカンガルーが見える。こういう時、マディバは食事中に、特定の話題について知っていることをすべて話して聞かせる傾向があった。カンガルーの場合、袋について長々と私に講義し、知識を披露する。話が終わるのは、マディバが答えを知らない質問を私がしたときだ。マディバは私が難しい質問をするのを好まなかったので、大抵それで会話が終わった。

メルボルンにも行く。普通の人に混じって動き回って初めて、なぜ多くの南アフリカ人がオーストラリアに移住するのかわかる。政府の迎賓館に泊まり、政府にもてなされていては、他国での生活がどんなものであるか、本当の意味でわからない。

南アフリカに戻る。プレッシャーは強まるばかりだ。マディバにこれほど要請が寄せられたことはかつてなかった。マディバはあらゆる人間、あらゆる問題の救世主になりつつあった。政府から満足いく回答が得られなかったら、国民はマディバに頼ってきた。どんなことにでも干渉でき、どんな問題でも解決できる人物と見られていた。聖人のように扱われるたびに、マディバは言っていた。「聖人とは努力をやめない罪人《つみびと》のことだ」と。私はその言葉が好きだ。

政府が問題を解決してくれないことに不満を持つ南アフリカの人々からの手紙が、マディバによく寄せられた。しかし、公益事業など政府の仕事にマディバは干渉できない。干渉する気もなかったし、そんな時間もなかった。「私たちには不可能なのです」と言うことができるのは、時としてありがたい。財団職員にとって、際限のない書類の処理は頭痛の種である。しかし、国民がネルソン・マンデラに頼るのは最後の手段なのだ。だから、たとえそれが服役囚からの手紙であっても、返事を出す気遣いが必要だ。受け取りました、という返事だけでも構わない。私たちが手紙を無視したり、返事を書かなかったりしたために、誰かが自殺したとか、何か悪いことが起きたとかいう事態だけは避けたかった。

マディバのように、公人として仕事をする選択をした著名人には、一般大衆への義務がある。だから、助けることができなくても、関心がなくても、返事を出すべきだ。私がそう言い張ったために、同僚たちは気が狂わんばかりだった。ありとあらゆる種類の依頼の手紙が洪水のように押し寄せた。学校、診療所、薬、財政支援、奨学金……。中にはシンプルなお願いもあった。「親愛なるマンデラさま。自転車を買ってください」。手紙の書き手にとって、マディバが唯一の希望なのである。問題が貧困でも、教育でも、社会問題でも、争い事でも、マディバは南ア国民にとって、そして世界中の人々にとって、依然として大統領だったのである。

要請への対応はマディバの心次第だった。しかし、人を落胆させるのが嫌いなマディバが自分で断ることはなかったので、断るのは私の役目になる。私はしばしばヘルヴェル教授の指導と意見を仰いだが、最終的に決めるのはマディバだった。とはいっても、マディバはミーティングでたまたま会った人の要請を聞き入れて、旅に出かけることがよくあった。悪いのはマディバ自身でもある。頼まれて嫌と言えないだけでない。旅するのが大好きなだけじゃないのかしら、と私は心の中で思っていた。あまりにもめちゃめちゃな状況だった。職員は全員疲労困憊している。マディバほどの年齢の人間は普通、公式行事が満載の過酷なケジュールをこなしたりしないものだ。なのに、マディバは疲れたと不平を言うことがないどころか、旅行に出かけたり、仕事を増やしたりする機会を常に探していた。マディバの仕事がなくなることはなさそうだった。

ブルンジ和平交渉と学校診療所建設プロジェクト、それに世界中を喜ばせようと努力することに加え、マディバは出身地の伝統的指導者たちからも頼りにされていた。ある日、ポンド族の長、タンディズル・シガウ王から電話がある。要点だけを述べた短い電話だった。「私の娘ふたりがアメリカで勉強できるよう、奨学金をアレンジして欲しい」。それで会話は終了。臣民としての務めをわきまえていたマディバは、コカ・コーラを通じて、ふたりのために奨学金をアレンジする。マディバとポンド族の王の関係は不思議だった。私はアフリカ人のしきたりについて理解しようと随分努力したが簡単ではなかった。クリスマスにクヌ村を訪れるたびに、タンディズル王はマディバへのクリスマスプレゼントとして羊を一頭持参し、マディバはそれを大層ありがたがっていた。

王の娘たちはアメリカでの勉学を成功裏に終える。他人の見本になるよう努力し、手に入れた機会を無駄にせず、一生懸命努力したふたりを、私たちはとても誇りに思った。悲しいことに王は二〇一三年、マディバが入院中に亡くなったので、私たちは葬儀に出席できなかったが、私はその後も娘たちと交流を続けた。

二〇〇〇年、私は三十歳になる。もう若くないんだ、と感傷的になった。馬鹿げているが、その年頃はそういうものだ。マディバは当然ながら、そんな私をからかった。満面の笑みを浮かべ、「十月に何歳になるのかな?」と何度も聞く。からかうために、わざと忘れたふりをするのだ。そのたびに私は「三十歳です!」と答える。マディバは笑って、「まだまだ若いじゃないか」と言う。私自身は若いと思っていなかったから、マディバに年を聞かれるたびに動転した。マディバはそれを知っていたが、私をからかうのが楽しくて仕方がなかったようだ。もちろん、意地悪な気持ちはなかったが。また、「今、ボーイフレンドは何人いるのかね?」ともよく聞いた。私は適当な数を言って答える。時にはオフィスに到着し次第、「ボーイフレンドには全員電話したかい?」と聞いたりする。私はマディバの冗談につき合って、「ひとりかふたり、連絡が取れない人がいたけれど、残りは全員連絡しましたよ」と答える。こういう冗談のやりとりを、私もマディバも楽しんだ。マディバは女性職員全員に対して決まった質問をし、それぞれを違ったやり方でからかった。マディバはいつもユーモアに溢れていた。

四十代の今ですら、私は精神的に成熟していないと思う。長年にわたるストレスとプレッシャーのせいだ。ああいう経験をし、ああいうプレッシャーに晒されるには、私は若すぎた。私はひたすら働き、働いていないときは休んだ。同僚以外の若い人と交流することがない上、同じ場所に長く留まることなく常に動き回っていたので、安定したプラトニックな友情すら育むことができなかった。その結果、私にはごく普通のことに対処する精神力が欠如している。しかし、政治を理解すること、世界がどのように動いているか理解すること、マディバの世話をすること、世界で最も有名な人のために旅行や会見を手配することは上手になった。当時はそれしか頭になかった。どんな特権を提示されても、ネルソン・マンデラのために働くという経験と機会と引き換えにすることは決してしないだろう。

さて、Ｐ・Ｗ・ブアタ元大統領からまた電話がある。ブアタは新生南アに対して恨みや不満を抱いており、それはネルソン・マンデラ個人のせいだと信じているようだった。新生南アを受け入れることができない人の多くは、そう信じている。うまくいかないことはすべて、マディバのせい。誰でもスケープゴートが欲しいのだ。自分の思うように物事が進まなかったときに、「だから言ったじゃないか」と言える相手が欲しいものなのである。権力を譲り渡した白人たちは、黒人政権に対して過剰に批判的だ。そして、自分の思うように物事が進まないとき、黒人は無能で国を統治することができないと非難する。また、不平を言うのが単に好きな人もいる。不平を言うことを生きがいにしているのだ。基本的な公益事業が施されていないことや行政の無能を心から懸念することと、ただ不平を言いたいから言っていることの間には大きな差がある。不平を言いたいのは人間の性《さが》だろうが、南アでは人種問題が事態を一層複雑にしていた。

ある日、ブアタ邸から電話がある。元大統領がマディバと話したいという。私は電話をかけ直し、ふたりをつなげた。私はブアタがそれほど好きではなかった上、ブアタが私の気に沿うような敬意に満ちた呼び方でマディバを呼ばなかったことから、ブアタから電話があるといつも嫌な気がした。人がマディバのことを「マンデラ」とか「ネルソン」とか呼ぶたびに、身の毛がよだった。しかし、マディバはブアタに対し、いつもひどく愛想がよく礼儀正しかった。自分を変えるより他人を変える方が簡単だという、よく知られたマディバの言葉を思い出す。私はブアタに対する見方を変えなければならない。マディバは本当にまったく恨みを持っていなかったから、たとえかつての敵でも、愛想よくしない理由はないと考えていた。

ふたりは手短に話した。その後マディバは、警察大臣と連絡を取るよう私に指示する。自分もデクラークもマディバも皆元大統領なのに、しっかりした警備がついているデクラークとマディバに比べ、自分はボディーガードの数が少ないとブアタは不満なのだ。私に言わせれば、年を取れば取るほど、安全が脅かされる確率が低くなる。公の場に姿を現すことが減れば、ボディーガードもそれほど必要ないはずだ。それに、どうしてこれが、マディバが対応すべき問題なのか私には理解できない。それでも私は言われた通りにする。

マディバは警察大臣に検討を頼み、数日後に私から電話で進捗状況を知らせると、ブアタに約束した。二日後、また電話がある。「お嬢さん。いつ私はマンデラの報告を受けるのかね」。「こんにちは」もなく、それだけだ。私はわざと敬称を強調して答えた。「ミスター・ブアタ。ミスター・マンデラから大臣に話をしてあります。私たちは返答を待っているところです。大臣から返答があり次第、ミスター・マンデラからあなたに連絡がいくと思います」。ブアタは「彼ら」つまり政府と話すようマディバを促してくれ、としつこかった。南ア白人が「彼ら」「私たち」という言葉遣いをすることがよくある。「私たち」とは南ア白人、「彼ら」とは南ア黒人を指した。人間の多様性や他人の信念などを尊重するようになるにつれ、私は同胞が尊敬を欠く言葉遣いをすることに我慢ができなくなっていった。

かつて南アフリカでは、白人は黒人を意味する「Kワード」（キャファー（元は「異教徒」を意味するアラビア語。南部アフリカで、

「黒人」の蔑称として使われる）を使った。この言葉は蔑称であり、現在では法律でヘイトスピーチとされている。不思議なことに、Ｋワードを発する家族や友人たちは、私の前では使うことを控えるようになった。私の前でＫワードを使った人がいたらたしなめ、その人に二度と会わないようにしたこともあった。Ｋワードは私にとって、我慢できないものになっていた。Ｋワードだけではない。黒人はこういうものだと決めつける人も耐えられなかった。そういう一般化は根拠がなく道理に合わない。他人への敬意について、私はしばしば他の白人と熱した議論を交わすようになった。白人に対して蔑称を使う黒人にも、私はソーシャルメディアで同じことを指摘した。だが、白人の私が黒人をたしなめると大きな怒りを買い、手に負えなくなるばかりか、元々の論点から外れてしまう。

　私はブアタに、マディバがすでに大臣と話したことを伝えたが、ブアタは「私が待っていると伝えろ」と言って電話を切った。受話器を置きながら思った。誰が伝えるもんですか。マディバに伝えて心を乱す必要はまったくない。マディバは大臣からの返答を待っていたし、大臣はきっと対処するだろうから。二日後ブアタはまた電話してきて、同じ質問と同じ命令をする。今度はマディバに伝え、ブアタに電話してなだめてくれるよう頼む。そうすれば、私に電話してくるのをやめるかもしれない。マディバは嫌だという。私は自分の耳を疑い、マディバの言葉に笑った。最初は冗談を言っているのかと思ったが、そうではなかった。ブアタや私を助けるのが嫌なわけではないが、ブアタとは口をききたくなかったのだ。マディバがこんな反応をすることはめったにない。そして、そんなふうに反応したら、もうどうしようもない。説得は不可能だった。この件が解決したかどうか知らないが、ブアタは二度と電話してこなかった。私はそのまま放っておく。ブアタにボディーガードが何人いようと、知ったことではない。ブアタはまるでマディバにこう言っているかのようだった。「お前が自由の身になり、ＡＮＣが合法化されるよう交渉を始めたのはこの私なのに、十分なボディーガードもつけてもらえない」。ブアタは、その責任をマディバに押しつけようとした。でも、私の知ったことではない。相手の態度は自分がどのようにアプローチするかによって決まるのだ。

マディバは以前にも増して、世界中の平和交渉に関わっていた。二〇〇一年三月ソウルに行き、韓国の首相に、北朝鮮と韓国の間に「ピースパーク」を設置するアイデアを持ちかける。ピースパークス財団は国境にまたがった自然保護地域を交渉の上設置し、環境に優しい生態系を回復することを目指す団体である。運営のトップはオランダのベルンハルト王配とアントン・ルパート博士。マディバはパトロンだった。ベルンハルト王配とルパート博士は長年の友人で、一緒に世界自然保護基金（ＷＷＦ）を設立して大成功を収め、後にピースパークス財団を設立した。韓国に行ったとき、金大中大統領はアイデアを好意的に受け止めたものの、北朝鮮が合意するとは思えないとの意思をはっきりと表明した。北朝鮮の国防委員会委員長を務める最高指導者、金正日に会いたいという私たちの要請は無視され、返事ももらえなかった。

マディバは世界中で歓迎されると普通の人は思うだろうが、そんなことはない。たとえば北朝鮮。マディバに対する関心はゼロだった。失敗しそうな状況は避けることにしていたが、この件にはベルンハルト王配とルパート博士が関与していたため、マディバはやるだけやってみたかったのだ。韓国で数日間、北朝鮮からの返答を待ったものの、無視されていることに気づき南アに帰国する。不思議なことに、祖国から遠く離れていること、そして公の行事に参加しているわけではないことのため、南アフリカでの殺人的日程から小休止できた。

この旅の間、マッサージ師がマディバの部屋にやって来た。マディバに同席を求められたので、いつも通りボディーガードのひとりに代わりを頼もうとしたとき、マッサージ師が盲目であることに気がつく。マディバにアフリカーンス語でマッサージ師が盲目であることを告げたにもかかわらず、マディバはリラックスするどころか、治療の間中緊張していた。途中で治療をやめるよう、マッサージ師に言うのではないかと思ったほどだ。私は笑いをこらえることができなかった。マッサージ師や、マッサージ師が持つ障害に対する不敬ではない。マッサージにあれほど緊張して臨むマディバがおかしかったのだ。マッサージ師は意外にも、並外れてプロフェッショナルだった。ひとつの感覚に障害を持って生まれると、他の感覚が過度に発達するといわれるが、それをこの目で見たような気がする。この女性が素晴らしいマッサージ師であり、「癒しの手」を持っていることは明らかだった。

マディバには、世界中どこにいようと、時計を南アフリカ時間のままにしておく、おかしな習慣があった。帰国したとき時差ボケに悩まされないよう、訪問先の時間に体を慣らさないようにしていたのだ。おかげで、私たち側近は変な時間に起きなければならなかった。そして、世界のどこにいようと、どの時間帯にいようと、朝晩グラサ夫人に電話した。ソウルにいたとき、即座に夫人に電話が通じなかった。マディバは夫人に連絡がつくまで寝ることを拒否する。マディバが何かを言い張るのは珍しかったが、電話するのは夫としての務めと考えていたのだ。朝は夫人が目を覚まし朝食を取る前、夜は床に就く前に電話しなければならなかった。「お母さん、元気かい。今日はどんな一日だった？」とマディバ。それを聞いてから私はふたりにプライバシーを与えるため部屋の外に出る。電話の後、マディバと私はその日の予定を続ける。夫人への電話はまた、私たちがその日何をしたかを夫人に伝えるよい機会でもあった。

次の訪問地はバーデンバーデン。ドイツメディア賞を受賞するためだ。メルセデスベンツの厚意でドイツに飛べることになる。この頃までには、私にはアシスタント、マリアンヌ・ムズィワがついており、また、必要に応じてマレサが穴を埋めてくれた。ふたりのおかげで、事務が随分楽になる。マディバへの手紙の返答に関して、職員たちはまだ私の指示を仰いでいた。財団には儀典部や広報部がなかったから、マディバ個人に関わることのほとんどは私が担当していた。メディアの対応も私の仕事だった。私を導いてくれたのはマディバとヘルヴェル教授だけ。マディバがオフィスに来ない日は、一日に二十回もマディバに電話して指示を仰ぐ。マディバは忍耐強く質問に答え、どうやって処理すればよいのか、どのように対応すればよいのか、マディバ自身にわからないときは誰に聞けばよいのか教えてくれた。ヘルヴェル教授も、いつも相談に乗ってくれた。

マディバは私に自分の作戦を説明してくれたものだ。問題にしたいことにどうやってアプローチするのが最善であるのか、最終目的を実現するためにどのような計画を持っているのかを、詳細に説明してくれた。そして、マディバが決めた作戦はどんなことでも実行することが、私に要求された。マディバが話すとき、聞く者は耳を傾ける。私はマディバが言ったことのキーワードをいつもメモに取った。また、マディバの言葉をその場で復唱した。マディバは私が間違っていたら訂正し、必要に応じて、または私が誤解していると思ったときは、もっと詳しく説明してくれた。その結果、意味論が私の情熱となった。英語が第一言語でない者にとって、英語を流暢に話すのは簡単ではない。何をどのように表現すべきなのか、私はとても注意深くなった。間違うこともあれば、ちゃんと表現できることもあった。マディバは忍耐強かった。私の間違いをあからさまに指摘することは決してなく、「いや、あのね……」と言ってから、別の言い方でうまく説明してくれた。ほとんどの場合、なんとか間違わないで済んだと思う。マディバの足手まといになることなど許されないのだから。

二〇〇一年三月に予定されている、バーデンバーデンの旅が近づいてきた。スケジュールは盛りだくさん。旅行のアレンジに全力を尽くさなければならない。宿泊施設、飛行機、列車、自動車……。ネルソン・マンデラにふさわしいだけでなく、できるだけ快適でなければならない。プレッシャーは強まるばかり。出発前の二日は、旅行のアレンジと問い合わせの返答に、夜も眠らず働いた。

南アフリカからヨーロッパへの飛行機は夕方出発する。ドイツには木曜の夕方、出発した。夫人が同伴しない場合はマディバの隣を空席にして、マディバにスペースを与える。それができないときは、私が通常隣に座った。このルフトハンザ機は満席だったので、私はマディバの隣に座る。搭乗後、まずマディバが飲み食いしたかどうか確かめる。離陸したら、ファーストクラスのベッドでマディバができるだけ快適に眠れるよう配慮する。大抵航空会社はマディバの欲しい食べ物を用意し、マディバが快適に眠れるよう、枕と毛布を十分用意してくれた。その日マディバの世話をした後、私はシートベルトを締め、すぐ眠りに落ち、翌朝の到着まで目が覚めなかった。一晩中ぐっすり寝て、マディバの世話を怠ってしまったのだ。普段なら何があろうと歯磨きと洗顔を忘れないのに、その日に限って、歯も磨かず、顔も洗わず寝入ってしまった。

私は自分に腹が立った。そして、マディバが夜快適だったかどうか、ボディーガードに尋ねる。ボディーガードと乗務員が世話をしてくれたので、マディバは大丈夫だった。だが、自分の仕事を怠った私に弁解の余地はない。その後何日も罪悪感に苛まれた。

目が覚めたとき、私の頭の下には枕が、体の上には毛布があった。「誰が毛布を掛けてくれたの？」とボディーガードに聞くと、マディバだという。なんてことだろう。私が世話をするはずのマディバに、私の世話をさせてしまった。マディバは私が十分睡眠を取っていないのではないかと心配し、働きすぎだとヘルヴェル教授によく不平を漏らしていた。しかし、だからといって、マディバが私に電話するのをやめるとか、仕事量を減らすとかいうことはなかった。

ある時、ブリティッシュ・エアウェイズのフライトで、周りがガサガサしているのが気になって、夜まったく眠れなかった。真夜中マディバがボディーガードに見守られて、トイレに立つ。私は横になったままマディバが戻るのを待ち、必要なものがあるかどうか聞くつもりだった。マディバは席に戻る途中私の傍を通り、立ち止まり、私の足を毛布で覆ってくれた。このような瞬間が私の琴線に触れる。子どもの頃、両親に布団を掛けてもらったことはない。しかし今、一九八〇年代後半にその存在に気づき、私たちが皆、恐れおののいていた人物が、私の健康を気遣い、私の足に毛布を掛けてくれている。時々、疲れたときなど、この人がどれほど私を気遣ってくれるかに感謝し、声を立てずに泣いたものだ。マディバほど、私を愛してくれた人はこれまでなかった。マディバは私を自分の同胞のように扱い、自分の同胞のように私を気遣ってくれた。私の過去を考えると、私にはこのような気遣いと愛情を受ける権利などあるはずがないのに。

休みの日は一日もなく、私たちは毎日、何時間も一緒に過ごした。夫人や娘が旅に同伴しないとき、マディバはひとりで食事をしたがらないので、私が同席しなければならなかった。私はマディバにひとりの時間を与えたがったが、ひとりにするたびに、すぐ戻って来るよう言われたのだった。

旅行中マディバと食事しながら、昔話やマディバの考えを聞くのが好きだった。マディバは、国民が直面する最大の問題は教育であると信じており、その理由は納得できるものだった。政府は大きな問題に直面していた。これまで政権を取った経験がないのに、財政問題に取り組まなければならない。金融制度を再編し、旧政権がアパルトヘイトを維持するために使い込んだ予算を補充しなければならなかったのだ。気づいている人は少ないが、アパルトヘイトを維持するのに、アパルトヘイト政権は年金基金を使い込んでいた。新政権は年金基金立て直しに必要な資金をどこから得たらよいのか頭を悩ませた。政権を取る前、この件についてＡＮＣは説明を受けていなかった。ＡＮＣは公約を果たすばかりでなく、年金基金に補充する資金も調達しなければならなかった。

私はこのような説明をマディバから受けて感謝した。簡潔で、的を射ていて、しかも私がわかるように説明してくれた。マディバの説明を聞いてから私の考え方が変わり、友人との議論でＡＮＣを擁護するようになる。私は保守的なアフリカーナの友人とはつき合わなくなった。新しい政治の論理を理解する者が少なかったからだ。

マディバは誰にとっても、ヒーローだった。黒人は自由をもたらしてくれたという理由で、白人は一九九五年ラグビーワールドカップ決勝戦でスプリングボクスのユニフォームを着たという だけの理由で、マディバを歓呼して迎えた。国を統一するという目的は達成したが、最貧層の生活は向上しなかった。マディバは大部分の白人に受け入れられていたものの、いまだマディバの言う「レイシスト小集団」が存在していた。そして、悲しいことに南アフリカは若者の期待をいまだに裏切り続けている。たとえば二〇一二年、南ア北部の貧しい州リンポポでは、政府支給の教科書が丸一年間生徒に配布されなかった。ＮＧＯが訴訟を起こし、教科書配布を裁判所が命じたにもかかわらず、である。配達されなかった教科書は倉庫で見つかった。私が政治について、政治のメカニズムについて、そしてＡＮＣがどのように動くかについて、深く理解するようになったのは、旅行中のマディバとの会話を通じてのことだ。

バーデンバーデンからインドに向かう。マディバがガンディー平和賞を受賞した後、ケララ州を訪問する。ケララへはデリーからヘリコプターで行った。インドの素晴らしい大地を眺めることができたが、巨大なヘリコプターの中であまり安全だと感じなかった（安全を感じないとき、私はよく悲劇的な事故の見出しを想像した。馬鹿げたことだが、数えきれないほど多くの国で、時には困難な状況の中で、あれほど多くの旅をすると、こういう想像をしないわけにはいかないのだ。危険を感じているとホストに告げることは論外であるが）。インドで乗ったヘリコプターは今まで乗ったどれよりもずっと大きく、目に見えて古かった。インド政府がマディバの生命を危険に晒すことなどないと思い、多少安全に感じる。

インドの人々はマディバを崇拝しており、手厚くもてなしてくれた。マディバも私も、ビリヤーニに目がない。米、スパイス、それに肉か魚が入ったインド料理だ。マディバは刑務所に入る前からビリヤーニが好物だった。インド系の友人たちと食べていたのだ。好きな料理が食べられない刑務所時代、マディバがとても懐かしがったもののひとつがビリヤーニだった。私たちはインドでインド料理を食べるのを楽しみにしていたので、機会があるごとにビリヤーニやサモサを食した。マディバに食べるよう提案されるまで、私はビリヤーニが何かも知らなかった。自分で食べてみて初めて、マディバがなぜそれほどビリヤーニが好きなのか理解できた。

二〇〇一年四月、アイルランドを訪問する。インディペンデント・ニュースペーパー・グループのイベントでマディバが演説した後、同社の会長トニー・オライリーと夫人のゲストとしてくつろぐ。南アのクリケットナショナルチームのキャプテン、ハンシー・クロニエが八百長に関与したという報道があったのはその時だ。マディバも私も、疑惑にすぎない、絶対に真実ではない、と主張したが、優れたスポーツマンでもあったオライリーはハンシーの無実を疑っていた。私たちはハンシーに励ましの電話をかける。その数日後、南アフリカの英雄ハンシー・クロニエは八百長関与を認め、栄光の座から転落した。

翌年二〇〇二年六月一日、私はマディバと一緒にシャンバラにいた。ビジネスマン、ドウ・ステインが南ア北部に所有する野生動物農場だ。マディバはそこで、回想録を執筆するつもりだった。朝早く、メディアから電話がある。ハンシーが飛行機墜落事故で死亡したという噂にコメントして欲しいという。何ですって！　その前の週、ハンシーから「誕生日おめでとう」のメッセージが私の携帯電話に入っていた。私の誕生日は十月の終わりだったから、誕生日を祝うのは早すぎるとコールバックするつもりだった。ハンシーは私の友人だった。私は自分の耳が信じられなかった。

数時間後、ハンシーの死亡を確認し、マディバに知らせる。マディバにハンシーの死を告げるのはとても悲しかった。ハンシーは心優しい人だった。間違いを犯したのは真実だが、人間なら誰しも間違いを犯すものだ。ハンシーに会ったのは数か月前のことで、八百長を認めスポーツ界から永久追放になった後だった。ハンシーは失意のどん底にいた。その時私たちは、ファンコートというホテルリゾートで数日間の休暇を楽しんでいた。ハンシーが隣に家を持っていたので、マディバはハンシーにホテルまで来るよう招待した。マディバは座ってこう言った。「おやおや、大きな間違いを犯してしまったね。男らしく責任を取らなければいけないよ。しかし、だからといって、あなたを許さないわけではない。間違いを認めたのだから、くよくよせずに先に進みなさい」。あの寒い冬の朝亡くなったとき、ハンシーは立ち直りかけていたところだった。私はまた、人はどのような間違いを犯そうと、自分が許さない限り、人から許されることは期待できないことを学んだ。私はマディバが刑務所で記した言葉を思い出す。「間違いから逃げてはいけない。立ち向かえ！　問題は解決しない限り、いつまでもつきまとうものだ」(『私自身との対話』)。

その冬の日は、とても悲しい日となる。大好きな従兄弟のイティエンがケープタウンでバイク事故に遭ったと、父に電話で知らされたのだ。子どもたちが借りたＤＶＤをバイクで返しに行く途中、向こうから走って来た車に衝突したという。イティエンは一週間後に病院で亡くなった。悲しすぎる。なぜふたつの若い命が、悲劇的に失われなければならなかったのか。私の五感すべてが過剰反応していた。その夜はシャンバラの大きな家の中で、孤独を噛みしめる。マディバは決して感情的な人ではなかったので、私の悲しみをマディバの前に晒すことはできない。マディバは悲しいことがあると黙り込む。それがマディバの悲しみへの対処方法なのだ。私は感情を外に出したかったが、時として、感情を表出するのはよくないことのように感じていた。やるせなく寂しかった。

ジョハネスバーグに戻る。マディバの予定には、家族や企業の人たちとの時間が組み込まれている。さらに、マディバは資金調達が必要なプロジェクトを常に抱えていた。若いエイズ患者、頭脳明晰だが奨学金が見つからない若者、洪水に苦しむ地域……。それに加えて、マディバは普通の人々との接触を保ちたがった。たとえば、ジョハネスバーグで大きなドライクリーニングを経営している一家宅に、昼食に呼ばれて行ったことがある。マディバのクリーニングを長年扱ってきた一家だ。マディバはクリーニング代を払っていたのにもかかわらず、自分の服を丁重に扱ってくれた家族と食事しないと悪いような気がしたのだ。

あれほどの地位にある人なら普通注意を払わないような人に、マディバは心配りを怠らなかった。マディバの素晴らしい点だと、今になっても思う。マディバは普通の人々を評価し、普通の人々に敬意を払った。どんな人間でも召使として扱うことはなかった。

マディバはまた、かつての同志や同じ世代の人々と連絡を保ちたがった。ケン・ガンプ、ミリアム・マケバ、ヒュー・マサケラ、ドロシー・カスカ、ドリー・ハテベといった同世代のミュージシャンやスターを昼食に招待し、昼食の後、歌だけで生活するのに苦労している女性たちのために、「車」を調達する決心をする。闘争時代、音楽を使って政治的メッセージを発信した、これらの女性たちに、マディバは感謝の念を示す義理があると思っていた。また、服役中、彼女らの歌に勇気づけられたことから、非常な恩義を感じていた。そこで、南アフリカにある自動車メーカーに電話をかけ、これらの解放運動の英雄たちに車を寄付するよう説得する。実際のところ、マディバは周りの人すべてに対して責任を感じていた。家族、同志、部下、それに服役中、反アパルトヘイト運動を支持してくれた人にまで。

ある日、八歳くらいの男の子がかなり重々しい調子の手紙で、マディバに面会を要請してきた。南アフリカに関することを話し合いたいという。丁寧な手紙であったこと、そしてネルソン・マンデラが会ってくれるわけがないと両親に言われたと書いてあったことが愉快だったので、私はその手紙をマディバに見せた。マディバはその子に会うことに合意する。会見に現れた少年は、手紙同様にとてもかしこまった態度で、「いいえ、会見をお願いしたのに特別な理由はありません。あなたに会いたかっただけなのです」。マディバは少年の正直さを面白がっていた。下心を持たず、好奇心からマディバに会ってみたいという普通の人々と接することを、マディバはとても喜んだ。私たち職員にとっても、素晴らしい経験だった。

マディバはまた、孫たちの世話を焼くのが好きだった。海外旅行に出かけるたびに、ンダバ、ムブソ、アンディーレ（マディバの長男の子どものうち年が若い三人）が私に買い物リストを渡した。海外旅行に行く親にお土産を頼む子どものように、祖父に買って来てもらいたい品々をリストにしたのだ。マディバに頼まれて、私は町に出かけ、今まで聞いたこともないものを買わなければならなかった。自分に子どもがいない私には、アニメのキャラクターもコンピューターゲームも、どれがなんだかさっぱりわからない。ソニーがプレイステーションを売り出したときは、孫たちが南アフリカでのリリースが待てないというので、駐南ア日本大使に頼んで、日本から取り寄せてもらった。ネルソン・マンデラを祖父に持つ特権のひとつは、友だちよりいち早く、最新のゲームやガジェットを入手できることだった。

ケープタウンを訪問したときのことだ。マディバは人々の期待に応えようと、いつものように精力的に動き回っていた。テレビ用にインタビューを録画した後、マディバは頭がクラクラして気を失いそうになる。マディバは体が丈夫だったことから、具合が悪いと大きな懸念を呼んだ。めまいにもかかわらずマディバは予定通り仕事を続け、翌日クレインカルー地域の学校建設予定地を訪問した後やっと、ケープタウンに戻ったら医者に行くことに同意してくれる。頑固なマディバは、医者に行くために学校訪問をキャンセルするのが嫌だったのだ。心臓専門医による検査では、何も心配するものは見つからず、極度の疲労が原因だろうということだった。

その夜、マディバはロンドンに向けて出発することになっていた。出発を控えるよう懇願したが、行くと言ってきかない。どこも悪くないのだから、旅行をキャンセルすることによって、世間を騒がせたくないというのだ。ロンドンの後はモロッコを訪問する（国王に財団への資金援助を要請した）。モロッコの後はシャルジャ。アラブ首長国連邦（ＵＡＥ）の首長国のひとつで、ＵＡＥの文化の中心だ。シャルジャでは前回ドバイを訪問したとき（統治者からの寄付取りつけに失敗したとき）と同じ外交官が待っていた。外交支援は必要でなく、滞在中外交官は同伴しないでよいというメッセージを南ア大使館に事前に送り、着陸前に南ア大使館に再確認したにもかかわらず、着陸したら同じ人物が待っていた。

マディバはその人物に対して非常に腹を立てたものの、事態収拾は私に任せた。私にはマディバの顔の表情が読めるようになっていた。マディバはぶっきらぼうで愛想がなかった。ホテル到着後、この外交官はマディバの部屋の居間に居座る。私は部屋に入り、マディバに「そろそろお休みの時間です」と告げ、外交官には「もうお帰りになって結構です」と言ったのに、外交官はまだしばらくここにいるという。そして、翌日からのスケジュールを要求した。苛立った私はマディバの目の前で、「責任を感じてくださっていることに感謝していますが、必要な時はこちらから連絡します」と言い放ち、マディバを仰天させた。その後何年も、マディバはこの件で私をからかい、他の人に、ゼルダの言うことを聞いた方がいい、聞かないとお仕置きをされるよ、と言ったものだった。私はマディバが言うほど厳しく対応したわけではなかった。だが、マディバは私が勇気を奮い起こして、人の間違いなどを正すのを見るのが好きだった。また、私が対処したおかげで、自分が対応しないで済んだことをとても感謝したのだと思う。

五月、マディバはグラサ夫人を同伴して、泌尿器科専門医のガス・ゲセルターを訪れ、翌日ジョハネスバーグのパークレイン・クリニックで検査を受けた。どうだったか、私には何も言ってくれない。私もマディバの私生活に干渉したり、質問をしたりしたくない。それに、私が知るべきことは教えてくれることを過去の経験から知っていた。

二〇〇一年六月、南アフリカ・コカ・コーラの社長からスピーチの依頼がある。場所は地中海のクルーズ船。聴衆はアフリカのコカ・コーラグループ。コカ・コーラは南アフリカの農村に学校を一校建設してくれていた。また、マディバが頼むといつでも、様々なプロジェクトに寄付してくれた。だから、マディバは依頼を受け入れる義理を感じたのだ。豪華クルーズでの五日間の旅に、私も不服はない。それに、ジョハネスバーグのプレッシャーから逃れることができる。ジョハネスバーグでは、毎日寄せられる莫大な量の電話やファクスに返答しなければならない。クルーズでは少なくとも一か所で五夜連続眠ることができ、また船に乗っているから誰にも見つからない。

マディバに何人かのゲストの名前を読んで聞かせる。世界的なボクサー、シュガー・レイ・レナードが来ることを知り、マディバは興奮した。若い頃ボクシングをたしなみ、今でもボクシングファンのマディバは、しばしばモハメド・アリやソニー・リストンの言葉を引用していた。アリの言葉でお気に入りは、「蝶のように舞い、蜂のように刺す」。一体どういう意味か聞いたところ、ボクシングではフットワークの機敏さが重要であり、アリのパンチは蜂に刺されたかのように痛かったのだ、などと丁寧に説明してくれた。アリにパンチを食らったらどれほど痛いかを示すために、「痛かったんだよ」と言いながら顔をしかめた。マディバはボクサーの話をするのが好きだった。私が聞いたことのない名前もあった。

クルーズ船での旅はこの上なく素晴らしく、最高のもてなしを受けた。船長曰く、「好きなだけシャンペンを飲みなさい。いや、シャンペン風呂に入ってもいい。この船ほどたくさんシャンペンを積んだ船は、世界中どこを探してもありませんよ」。だが、マディバの世話をするために一日二十四時間「スタンドバイ」の状態だったから、大酒を食らうことはできなかった。旅の間マディバはふたつのイベントに出席し、そのうちのひとつでスピーチをすることになっていた。会社への忠誠と献身を社員に説き、コカ・コーラ社のアフリカでの業績を称え、かつて虐げられていた人々への支援を引き続き優先事項に据えるよう鼓舞するという内容だ。

医師のチャールズと私はパーティーに参加することにした。夜マディバが床に就いた後、私たちはこっそり抜け出して、デッキのパーティーに加わる。船という空間的制約があるので遠くには行けないし、ボディーガードたちは私たちがどこにいるかいつも把握していた。それでも、船の中を動き回るという、ちょっとした自由を楽しむ。それまでのどの旅でも、そんな自由はなかった。ある夜など朝まで踊り、ダンスフロアから降りたのは私たちが最後だった。キャビンに戻って急いで身支度を整え、マディバの朝食に同席する。チャールズと違い、私にはマディバの朝食に同席する義務があったのだ。眠くて仕方がなく、一日中苦しんだ。

船はゆっくり進んでいた。マディバをデッキに連れ出す。マディバは椅子に座り、美しい海岸線を楽しみながら、新聞を読み、時々目を上げて、大海原の向こうの水平線を眺める。私はマディバの隣に座り、ウトウトする。五日の船旅が終わる頃には、マディバは落ち着きがなくなっていた。私たちは「閉所熱」に罹り始めていた。慌ただしい日常に戻る時間だった。

南アフリカに戻る途中、バルセロナに寄る。ネルソン・マンデラ子供基金のプロジェクト「フロック・アンド・ロール」を支援するためだ。ナオミ・キャンベルとボノが企画したコンサート兼ファッションショーである。U2の他のメンバーも参加する。U2がヒット曲「ワン」を演奏中に、マディバがステージに現れることになっていた。私はネルソン・マンデラが南アフリカ出身であることに大きな誇りを感じた。ボノがステージに上がった時点で、聴衆は大騒ぎになる。舞台の袖から聴衆の反応を見ることができた。そしてマディバ登場。会場が大歓声に包まれる。

マディバがいることは事前に公表されていなかったので、誰もが驚いた。ボノがマディバを紹介する。歓声が静まり、マディバが話を始めることができるようになるまで、数分かかった。

南アフリカ行きの飛行機に乗る。マディバは席についてから、しばらく目の前を見ていた。それから私の方に体を倒し、「ゼルディーナ。あのボノという男だが、とても人気があるようだね」。私は思わず声を立てて笑った。そして、ボノは世界的大スターであり、ボノほどたくさんのファンを持つミュージシャンは他にあまりいないと教えた。マディバはこの「ボノという男」に興味を持った様子だった。若い人が若者の間でそれほど人気があることに感銘を受けたようだった。マディバがボノのファンを見たのはその時が初めてだったのだ。

# 第8章　世界の指導者たちを相手にする

健康で丈夫そうに見えるマディバだが、実は必ずしもそうではなかった。二〇〇一年七月には、前立腺がんの診断を受ける。ある日、自宅で昼食を取ったマディバから電話があり、自宅まで来てくれという。電話の声はどことなく深刻だ。数週間前に検査を受けたことを、私はすっかり忘れていた。マンデラ邸に急行する。マディバはお気に入りのゆったりとした椅子に腰を下ろし、新聞を読んでいた。いつも通りの笑顔で迎えてくれる。「ゼルディーナ、座っておくれ」。言いつけに従う。「知っての通り、ここ二、三週間かけて検査をした。心配しないで欲しいんだが、私たちは前立腺がんになってしまったんだよ」。そんな言い方をされて、笑いたい気持ちと泣きたい気持ちがごちゃまぜになった。「クル、まあ、なんてこと。それは大変ですね。でも、最高の治療をお受けになるでしょうから……」。マディバは私の言葉に感謝するように微笑んだ。私は言葉を続ける。「……とはいっても、私たちが一緒に前立腺がんに罹るなんて、ありえないでしょう」。マディバは声を立てて笑った。マディバは私を知り尽くしていた。マディバに対して失礼なことは決して言わないけれども、ユーモアのセンスを持ち合わせていることを知っていたのだ。それから、マディバは治療について説明してくれた。がんを公表する前に私に教えてくれたのは、マディバの思いやりだった。私がどれほどマディバのことを気にかけているか、マディバ自身よくわかっていたから。

マディバは一人称単数で話せない人だった。「私」という自己主張をせず、「私たち」と言った。周りの人すべてを包み込もうとする、謙虚さの表れである。また、刑務所時代に叩き込まれたANCの集団主義の表れでもあった。マディバはがんを、すぐに克服できる小さな障害物にすぎないと決め込んでいた。自分の健康や病気について、すべてを公表することをいつも主張したマディバは、記者会見で内科医のマイク・プリットと共に状況と治療について説明し、その翌日、放射線治療を開始する。毎日の治療が六週間続く。二、三週間目には体力を失い始め、私はとても心配した。マディバの治療を目にするのが辛かったので、マディバ夫妻と一緒にがんセンターに行くのをやめる。夫人はいつもマディバと一緒だった。生活のペースを落とし、治療からの回復を早めるため、ふたりはジョハネスバーグから動かなかった。マディバはなんとか治療をやり抜いたものの、毎日病院に行くことで精神的に疲労していた。

一般の人々から毎日、祈りと励ましの便りが殺到し、その対応が大変だった。ジョハネスバーグの日刊紙『スター』の見出しは、「マンデラ、がん。前立腺に軽度の悪性腫瘍。生命の危険なし」。その通り、生命の危険はなかった。今思えば、バタフライ効果のおかげで、マディバは順調に回復したのではないか。神様のご加護に加え、一般の人々からの祈り、励まし、ポジティブな思い、ほとばしる愛情がマディバを癒したのだ。六週間の放射線治療期間中、旅行にこそ出なかったものの、マディバはスケジュールを変更しないことを主張した。それで、朝いくつかのアポをこなした後で、午後の早い時間に病院へ向かう。だが、次第にマディバは疲れ切っていった。四週間くらい経って、本人がいくら働きたがっても、私たちは仕事量を減らす。特に重点的に行っていたプロジェクトはなかったし、毎日のアポにしても、治療中、世間から疎外されているとマディバに感じさせないために入れていたようなものだから。

放射線治療が終わる。マディバ夫妻には休暇が必要だった。どこに連れて行けばよいのだろう。南アフリカには、いや、世界中のどこにも、マディバが平和と静寂を得ることができる場所はないように思えた。ともあれ、なんとか解決策を見つける。前年イタリアの通信ネットワーク、エリタリア社から、ローマとベネチアで休暇を過ごすよう招待されていたのを受けることにしたのだ。マディバ夫妻に何をしてもらいたいということはなく、ただイタリアを楽しんでくれればよいという。完璧だ。コロッセウムでは、一般人が入れないようにし、マディバだけのプライベートツアーを行ってくれた。せっかく刑務所から釈放されたマディバが、別の形で囚われの身になっているると感じていた私は、その心遣いにとても感謝する。公共の場であまりにも注目を浴びてしまうため、ごく普通のことがマディバにはできなかった。大勢の人が後をついてきたり、近寄ってきたり、写真を撮ったり、触ったり、話しかけてきたりすることなしに、マディバが動き回ることは物理的に不可能だった。人々の注目を浴びることをマディバは気にしなかったが、手に負えなくなることもあった。

マディバは日常的な普通のことも、ごく普通の楽しみも、満足に味わえなかった。あまりにも長い年月、解放運動と他人の生活向上だけに心を定めていたマディバ。一体いつになったら、自分のために時間を費やすのだろうか。他人に尽くすための人生だった。他人のためにできることを何でもやっていた。しかし、グラサ夫人が一緒にいるとき、マディバは幸せだった。時には、夫人が傍にいるだけで十分なようだった。夫人が同行すると、いつもならマディバが決してうんと言わないことを、私たちもいろいろ体験することができた。地元の食べ物を試すとか、観光するとかいった、ごく普通のことだ。ベネチアではボートで市内観光を楽しむ。マディバが懸命に観光客として振る舞おうとしているのを見るのは素晴らしかった。休暇に招待してくれたホストは礼儀正しく、マディバのプライバシーをとても尊重してくれた。

そのすぐ後、財団の資金集めのため、ロサンゼルスを訪問する。ハリウッドは太っ腹でもなければ、私たちの訪問に好意的でもなかった。唯一手を差し伸べてくれたのは、反アパルトヘイト運動を支援してくれた人たちだけ。この時もまた、マディバに呼ばれるかもしれないと思い、ホテルから一歩も出なかったので、ロサンゼルスの街をあまり見ることができなかった。それでも、ホテルの部屋は美しかった。悲しいことに、何人かの人々は、マディバに大きな約束をしておきながら実行してくれなかった。

*

二〇〇一年九月十一日、私はケープタウンで講習会に出席した。予定より時間がかかり、その時泊まっていた両親の家に戻ったとき、二機の飛行機がニューヨークのワールドトレードセンターに突っ込んだと父に告げられる。CNNの報道を見て、すぐにマディバに電話。マディバは昼間ニュースを見ないし、車に乗っているとき以外、昼食時のラジオニュースも聞かなくなっていた。マディバはショックを受けた。メディアがコメントを求めて電話してくることがわかっていたので、何と言ったらよいか尋ねる（世界で大きな事件があるたびに、メディアはすぐ電話してきて、マディバのコメントやアドバイスや意見を聞いてくるのだ)。予想通り、間もなくメディアから電話がかかり出した。マディバからアメリカ国民への哀悼の意を伝える。ところが、マディバがいち早く声明を発表したことで、ムベキ大統領が立腹したと聞いた。大統領が声明を出すまで、マディバはコメントを控えるべきだったというのだ。

大統領府の懸念は理解できる。だが、マディバは国を代表して声明を発表したわけではない。ひとりの人道主義者としての発言である。なぜ個人の悲しみや共感を表現してはいけないというのか。しかし、これが本当にムベキ大統領自身の懸念なのか、それともスタッフの懸念なのか、この時もわからなかった。

マディバの個人秘書を務めること、オフィスを切り回すことに加えて、私はマディバのスポークスパーソンの役割も果たすようになっていた。昼夜を問わずメディアに対応しても、残業手当が出たわけではない。所帯が小さいおかげで、私たちは直ちに状況に対応できた。メディアに回答するのに、電話を二本かけるだけで済んだのだから。まず、マディバに電話して何と答えて欲しいか聞く。次に、ヘルヴェル教授に電話し意見を聞く。本当に小さなチームだったので、官僚主義とは無縁で、てきぱき仕事が進んだ。

メディアは私が新米だということを知っていたが我慢し、また敬意を表してくれた。マディバは記者会見の後に質問してくるジャーナリストに、「ゼルダの言うことを聞いた方がいいよ。ゼルダが私のボスなのだから」と時々冗談を言った。一度、南アの大学教授に電話して、メディアへの対応方法を質問したことがある。教授は時間をかけて、メディア対応の決まりなどを教えてくれた。最も大切なのは次の三点。第一に、メディアの言いなりになってはいけない。第二に、自分に責任がある領域をメディアにコントロールさせてはいけない。第三に、自分の管轄領域を常に明確に規定しなければならない。

私はこの教えを肝に銘じたのだが、報道関係者の多くは私を嫌な女と思っていたようだった。私は「メスライオン」「魔女」「ロットワイラー犬」などと呼ばれた。世界で最も有名な人物の門番を務めるためには、時にはタフでぶっきらぼうに振る舞わなければならない。日常業務に加えて、世界中のメディアに対応しなければならない私の大変さに気がつく人はほとんどいなかった。それでも私は多くの報道関係者と仲良くなり、信頼関係を築き上げた。また、周りの人の失敗から学び、同じ間違いを犯さないように努めた。一語一語に注意しながら発言するのは大変な努力でありストレスだった。本当に疲労困憊してしまう。だが、メディア対応に関して受けた最も貴重なアドバイスは、「決してメディアに嘘をついてはいけない」。どんな状況でも対応の仕方が数えきれないほどあると、マディバが私を教え導いてくれたのだが、その中に嘘をつくというオプションはなかった。

二〇〇一年九月の終わり、国連特別総会出席のため、アメリカに行くことになっていた。9／11の影響でキャンセルになるだろうと思っていたら、予定通り開催されるという。グラウンドゼロではまだ残骸撤去作業が続けられており、やりきれない哀れを感じる。私たちがグラウンドゼロを訪れたのは事件のわずか数週間後のことで、数千人の魂がまだ空中を漂っているかのように、あたりには靄《もや》がかかっていた。マディバの姿を認めた作業員たちが、手を休め拍手を始める。グラウンドゼロに立って初めて、悲劇の大きさを実感する。マディバは目に見えて動揺していた。ジュリアーニ市長としばらく話す。市長が撤去作業について説明してくれた。

ニューヨーク訪問の後、ブッシュ大統領に連絡を取ろうとした。ホワイトハウスの指揮センターに電話し、マンデラ氏が大統領と言葉を交わせる時間を予定に組み込んでもらうよう頼む。議題は何かと聞かれる。たまたまアメリカにいるので、困難な状況に直面している大統領に、マディバが助力を提供したがっている、と伝える。コールバックはなかった。ブッシュ大統領がマディバと話したくなかったのか、それとも指揮センターの職員が勝手に判断したのかわからない。

タンザニアのアルーシャで開催されたブルンジ和平交渉に参加した後、和平交渉の事務局長ボマニ裁判官が、ライバル関係にある当事者の何人かを南アフリカに連れて来る。マディバはジョハネスバーグで一行に会い、それぞれの言い分を聞いた。合意に達するには、どう見てもまだまだ程遠い。和平交渉はこの後二年続いた。関係者は利害関係のない場所で会う必要があったため、私たちはキリマンジャロの麓の町アルーシャに通うことになる。交渉にあたり、マディバは関係者全員に対しとても厳しかった。アルーシャの施設には限りがあったので、私たちの訪問はいずれも短期間だった。マディバは何時間もミーティングに座り、出席者すべてを強く叱責した。マディバがあまりにも容赦ないので、ヘルヴェル教授と私は一度ならず、心配したり、恥ずかしくなったりした。そうはいっても、マディバが敬意を失うことはなかった。だが、マディバの決意がどれほど固くても、どれほど粘り強く努力しても、当事者たちは一歩も譲らなかった。

ブルンジのブジュンブラを訪れたのは、ほんの数回だけだ。ブジュンブラ滞在中、山の中で続いている戦いの銃声が聞こえた。『私自身との対話』の中で、マディバはこう書いている。「指導者には二種類ある。(a)一貫性がなく、予想できない行動を取り、今日賛成したことに明日反対する者。(b)一貫性があり、信義を重んじ、先見の明がある者」。ブルンジの指導者たちが一貫性を持って平和的な解決を追求し、一貫性を持って調停プロセスに関与していたら、マディバはもっと忍耐強かったと思う。そういう指導者をマディバは尊敬したからである。

タンザニアのムカパ、ウガンダのムセベニ、ケニアのモイという近隣諸国の大統領が、アルーシャの合同ミーティングにしばしば参加した。三人ともマディバのことを、「偉大な人」を意味する「ムズィ」と呼んだ。歓待されたものの、マディバはエネルギーを費やしすぎていた。このエネルギーを南アフリカで使った方が、ずっと大きな効果があるのに。ANCに投票した国民にとって、水道や電気など公共サービスの普及が遅れていることが大きな問題になっていた。それで、マディバは南ア政府を助けて公共サービスの迅速な拡大に尽力した方がよいのではないか、と感じていたのだ。だが、ムベキ政権はマディバの助けを望んでいないようだった。余計なお節介と見ていたのだ。

アルーシャでの和平交渉に二年関わった後、マディバはクリントン元米大統領やシラク仏大統領などに呼びかけ、ブヨヤ大統領を暫定大統領とするブルンジ暫定和平合意に当事者全員が調印することへの支持を求めた。ブルンジ人たちが調印するとは思わなかったが、マディバは夜な夜な、時には朝の三時まで当事者たちと話し合い、合意書に調印しないことでアメリカ合衆国大統領に不敬を働いてはならないと説得を続けた。調印しないのは本気で平和を考えていないからであり、彼らの指導者としての評判が地に落ちると説いたのだ。

今考えると、アメリカ合衆国大統領を持ち出して説得するなんて馬鹿げている。だが、調印を拒否する理由が理不尽なものであった上、問題の唯一の解決策は和平であることを当事者に理解させるのに、他のあらゆる手段を使い果たしていた。和平調停には予算がついており、アルーシャでの調停が続く間、参加者には日当が支給され、食事、宿泊が手配される。ブルンジの藪の中で戦ってきた反乱軍にとって、和平交渉に参加して日当を貰う価値は明らかにあった。貰った日当を集めて、戦闘資金にすることができるからだ。だから、反乱軍は交渉をできるだけ長引かせた。マディバは一回に長くて三日しか時間が割けないのに、反乱軍側は二、三週間もアルーシャに留まっていた。交渉の当事者たちはいずれも高学歴で、ヨーロッパで教育を受けた者も数多くいる。和平交渉の利点が理解できないわけがない。しかし、こんな状況ではよくあることだが、国の将来のために自分個人の権力を手放す者はいなかった。権力にしがみつくのは立派な指導者ではないと、マディバは口をすっぱくして説いていた。侮辱寸前のたしなめ方をしたこともあった。しかし、和平交渉に進展は見られなかった。

二〇〇一年四月十八日、反乱兵がブジュンブラのラジオ局を占拠し、クーデターが始まったとのニュースが世界中に流れる。マディバはどこかに行っていて、数時間連絡がつかなかった。ヘルヴェル博士もつかまえることができず、ボマニ裁判官の携帯電話は切ってある。クーデターが事実であるかの確認を求めて、メディアからの電話がオフィスにかかり始める。最初に問い合わせの電話をかけてきた人に、私は皮肉めいた返答をしてしまった。「ジョハネスバーグのオフィスに座っている私が、ブルンジのクーデターについて知っているわけがないじゃないの」。私が電話番号を持っている人のうち、噂が本当かどうか教えてくれることができる唯一の人物、ブヨヤ大統領に電話することにする。ブヨヤ大統領は、白いソックスをはいていること以外欠点のない、チャーミングで、知的で、堂々とした紳士である。この時も、大統領はいつもと変わらず愛想がよく、「ムズィ」のオフィスから連絡があったことを喜んでいた。「ああ、ミス・ゼルダ。電話をありがとう。ムズィはお元気ですか」。数人の反乱兵がラジオ局を占拠しただけ、とのことだった。世界中でどう報道されているか教え、噂を否定する声明を発表するよう促す。私にかかった問い合わせにも、クーデターはないと答える。その夜友だちと会うことになっていたが、一晩中メディアからの電話に対応するはめになった。マディバに連絡がつくや否や、状況を手短に報告する。マディバは全然知らないところで、不必要な大騒ぎが起こっていたことに笑った。

ある日、パーシー・ユタール博士がマディバに面会を要請してきた。ユタールはマディバが終身刑を宣告されたリヴォニア裁判の検察官である。リヴォニア裁判の後ふたりが会ったのは、マディバが大統領だった頃、ユタールをプレトリアの大統領公邸に昼食に招待したときの一回だけだ。今回は、お金に困っているからリヴォニア裁判の書類を売りたい、その手伝いをマディバにして欲しいという。政府に書類を売りつけようとしたが断られたらしい。私たちも手を貸すのを断った。リヴォニア裁判の書類がなぜユタールの手元にあるのかわからない。自分が担当した裁判だから、自分のものだと思ったのだろう。のち、オッペンハイマー家とドウ・ステインが購入し、現在そのほとんどが国立公文書館に保存されている。

一九九〇年代、釈放後初めてマディバがユタールに会おうとしたとき、私はマディバらを刑務所に送ったという重荷を一生背負わなければならないユタールのことを気の毒に思った。だが、今回は胸が悪くなった。マディバを終身刑で刑務所に送った後、自分は自由のまま素晴らしい人生を送った男が今になって、マディバを刑務所に送ることになった、まさにその書類を売る手助けをマディバに頼んできたのだ。この書類は国の所有物である。引退後、どうやって持ち出して自分のものにしてしまったのか。納得いかなかったので、マディバが断る前から、私は絶対に関わらないと決心していた。

二〇〇一年十一月二日、ドウがマディバのために建てた家が完成した。場所は、リンポポ州ウォーターバークにドウが所有する野生動物農場「シャンバラ」の中。シャンバラとはチベット語で「地上の楽園」を意味する。一九九〇年の初め、マディバがウィニー・マンデラと別居しソウエトの家を出た後、六か月間マディバに住む場所を提供してくれた寛容な人物がドウだ。ある時、ドウがマディバ夫妻をシャンバラに招待してくれた。マディバ夫妻、ドウと妻のキャロリン、それに農場のスタッフだけの、リラックスした昼食会だった。戻ってきたマディバ夫妻は、ふたりが誰にも邪魔されることなくゆっくりできるよう、農場内に家を建てる申し出を受けた、と言っていた。ドウは断られるのを潔く受け入れることができない人だったので、マディバとお母さん（私たちはマディバの真似をして、グラサ夫人をこう呼び始めていた）は断ることができなかったという。敷地内のステイン邸が完成するより前に、あっという間に建てられたマディバの家はとても美しかった。

多くの点で、ドウ・ステインはジェイ・ギャッツビーを彷彿させた。たくさんある自宅のどこかで、突然常軌を逸した豪華なパーティーを開くことがしょっちゅうだった。マディバは数回しか参加しなかったものの、ドウとの時間を大切にし、また金持ちや有名人の豪華絢爛なライフスタイルを面白がった。ドウはマディバに、どんな途方もない商取引をしたか話して聞かせたものだった。ひとりの人間があれほどの富を持てることに、マディバは好奇心を掻き立てられていた。解放されたマディバにドウを紹介したのは、ＡＮＣのメンバーだった。一九九〇年代の半ば、当時の妻ウィニーと別居したとき、ドウは六か月、マディバを自分が所有する家に泊めてくれた。その家で、マディバは回想録『自由への長い道』を完成させ、ＡＮＣ幹部と定期的に会い、南アフリカの暫定憲法を作成する。その家はのち改装され、サクソンホテルになった。

ともあれ、遂にマディバに隠れ場所ができたのだ。マディバは大衆を愛し、大衆と一緒にいることが大好きだったものの、町中で平和や静寂や考える時間を得ることは難しかった。ジョハネスバーグにいる限り、マディバは多くの人々から様々な依頼を受け、その人たちを喜ばせようと努めた。だが、探し出すのが難しい場所にいれば、マディバが考えたり書いたりする空間を作り出すことができる。シャンバラはジョハネスバーグから離れており、マディバに会うためにわざわざそこまで訪ねてくる人はほとんどいないという結論に達する。マディバはシャンバラに数回出向いたが、その度に、二、三週間予定を空けておくよう、私たちに指示を出した。

シャンバラの家の完成が南アで開催されたミスワールドコンテストの時期と重なったので、ドウは各国代表をシャンバラのお披露目パーティーに招待した。マディバはミス南アフリカが選ばれるたびに、会うのが常だった。ある年、マディバは南ア訪問中のミスワールドに会いたいと言い出した。だがその時点で、マディバはまだミス南アに会っていなかった。私はミス南アに会ってもいないのに、ミスワールドに会うことはできないとたしなめた。自国の国民を無視しては厄介なことになる。それでマディバは、まずミス南アに会った。マディバは私のアドバイスに感心し、私が賢明な忠告をしたと、この話をいく度となく繰り返したものだった。私にしてみれば、大きな戦争を未然に防いだ人物として知られる方が嬉しかったのだが。マディバの友人や同志は、美人コンテストの優勝者とそんなに多くの時間を過ごしては、マディバのイメージに悪影響を与える、と文句を言った。そんなことを言われても、マディバは美しさにただ感嘆していたのだ。こういう一見くだらないことに時間を費やしたのは、美女と一緒にいるのが楽しいというそれだけの理由だ。そして、美女たちはもちろん、皆マディバを崇拝した。

二〇〇一年十一月の初め、ブリュッセルを訪れる。ブルンジ和平合意達成についてと、ＥＵがどのような形でブルンジを援助できるかについて、フェルホフスタット首相と会談するためだ。直前の十一月一日、私たちはブジュンブラを訪れて、ブルンジ暫定政府の宣誓式に出席していた。

和平合意はいくぶん無理やり達成したように感じられたが、マディバがその時合意を主張していなかったら、いまだに交渉が続いているに違いない。マディバは仕事が終わって安堵していた。南アの平和維持部隊は、今でもブルンジに駐在している。

十二月、トリポリにブラザー・リーダーを訪問した後、バンダール王子の夫人が運営するモザイク財団の資金調達イベントに出席するため、アメリカに向かう。アメリカではメリーランドにも行き、さらに、国連でブルンジについて報告を行った。次の行き先はトロントとオタワだ。オタワでは、ジャン・クレティエン首相から、カナダで最高の栄誉を授与される。とても忙しい一年だった。私たちは疲れ果てていた。高齢のマディバにはことさら大変だった。それでも、世の中に貢献したいというマディバの希求は衰えを見せない。マディバは新生南アの素晴らしいニュースを世界に伝えたかった。外国人に南ア経済を信頼し投資してもらいたかった。そしてその合間に、友だちとのつき合いも継続しようとしていた。

トリポリに向かう前、財団の資金集めにサウジアラビア、オマーン、バーレーン、クウェートを訪問する。私はオマーンとバーレーンが好きだ。バーレーンの国王も、オマーンの君主も、私たちを歓待してくれた。クウェートではおかしなことが起こった。私も含め、マディバの随行員は高級ホテルに泊まると、浴室の石鹼などを持って帰るのが常だったが、クウェートの迎賓館のマディバの浴室には、とても高価なブランド品の石鹼、アフターシェービングローション、ボディウォッシュなどがたくさんあった。私たちが外出中、誰かがマディバの浴室の品を盗んでしまう。迎賓館に残っていたのはボディーガードだけだから、恐らく盗人はボディーガードのひとりだろう。マディバは迎賓館を出る前、浴室に何があるか全部チエックしていたため、戻ったときになくなっているものに気がつき、ボディーガードを全員呼びつける。私は「証人」として呼ばれた。マディバの中の弁護士が裁判を始めたのだ。私はボディーガードたちの気持ちを考えるといたたまれなくなり、顔を隠したくなった。

マディバはボディーガードたちを尋問し、犯人に盗んだ品を戻す機会を与える。戻さなければ帰国後、警察大臣に報告し、ボディーガード全員を解雇するという。クウェートから直ちに警察大臣に電話するよう言われたが、警察長官に連絡がつかないふりをし、南アに帰国してからの方がよいとマディバを説得する。マディバは真剣だった。翌朝なくなった品が戻ると、マディバは約束通り、この件について忘れてくれた。私たちが自分の浴室から石鹸などを持って帰るのは気にしなかったが、マディバの浴室から取るのは許せなかったのだ。マディバはホテルの浴室に備えてある品を決して持って行かなかった。それどころか、触りもしなければ、使いもしない。ホストの厚意につけ入ることをしない人だった。そして、周りの人も同じように行動することを期待していた。

別の時、別の場所でのことだが、ボディーガードがホスト宅のナイフやフォークを盗み、上司に見つかったことがあった。マディバに知られたら絶対に容赦しないだろう。こっそり事態を収拾しなければならない。マンデラ弁護士に「検察官」を務めてもらうより、内部で処理した方がよいと判断したのだ。マディバの同行チームは交代制だったので、海外旅行中の出来事を南アに残っているスタッフは知らない。だから、この時のチームはマンデラ「検察官」を経験したことがなかった。私たちは盗難品をオーナーに返却し、犯人は帰国後、警察組織内で懲罰してもらう。マディバにとって、何があっても絶対に許せないことがひとつあるとしたら、それは不正直だ。石鹸一個でも、政治方針でも同じことだった。

私の目から見たマディバは親切で寛容であると同時に、主義に忠実で、自制心が非常に強い人だった。私がカルヴァン主義に則って育てられてきたからか、私の性質が繊細なためか、はたまた父の大声より大きな音がしない、穏やかな家庭で育ったためか、私は人が声を荒立てると恐怖を感じる。私生活では対立を避け、人と口をきかず、引きこもるたちだ。対立そのものを恐れているわけではないが、他人が声を荒立てるたびに神経質になる。相手がマディバでも同じだった。マディバは元々声の大きい人だったが、その声がいつもよりちょっとでも大きくなると、私は動揺した。マディバが怒り狂うことなどなかったし、いつもより声が荒くなったのは、長年仕えた間でほんの数回しかない。誰かが裏切ったとか、不正を働いたとか、個人的なことで本当に腹を立てたときだけだ。マディバが誰かを怒っている間、私は自分が怒られたかのように縮こまり、その人が立ち去った後、緊張をほぐそうと努力したものだ。マディバに近い人には、マディバが怒っているかどうかわかった。しかし、マディバは他人に八つ当たりして、怒りをぶつけることはなかった。心に怒りを抱えたまま、黙り込んでしまうのである。

大統領時代の後半、プレトリアのオフィスにひとりでいることがよくあった。ロリー・ステインが当直ボディーガードの日はロリーに電話して、その日の大統領の気分を前もって確認したものだ。ボディーガードが大統領をハウトンの自宅からプレトリアの大統領府まで車で連れて来るのだが、ロリーは大統領がその日、真面目か、ユーモアに溢れているか、何かに気を取られているかなど感じ取ることができる人だった。ロリーのおかげで、不適当なコメントをしたり、大統領にその気がないときに馴れ馴れしく挨拶したりすることなく、うまく一日を始めることができた。

＊

資金集めに旅行した話を随分したので、ネルソン・マンデラ財団には多額の寄付が集まったと思われるかもしれない。しかし、そんなことはなかった。マディバにとって、解放運動組織ANCのために資金を集める方が、財団のためよりずっと簡単だったようだ。財団の方向性がしょっちゅう変わっていたので、マンデラ家の財団にすぎないのか、それともプロジェクト実施を主眼とするNGOなのかはっきりせず、人々は寄付をためらったのではないか。

二〇〇二年の初め、大統領府儀典部の職員に偶然会う。西ケープ州にあるスピアーワイン園に飾ってあった、マディバの写真や肖像画が取り外されたという。ムベキ大統領の訪問に備えて、ということだった。この人の言うことを信じない理由はなかったし、その一週間後、『メール＆ガーディアン』紙の記事で確認が取れた。マディバに対してある種の感情を持っていたのが、必ずしもムベキ大統領自身とは限らない。だが、スタッフがこのような行動を取ったことにより、状況は悪化していった。新聞にこんな記事を書かれて、ムベキ大統領はさぞかし恥ずかしかったのではないか。ムベキ大統領が部下に命令して、ネルソン・マンデラに関係ある品を取り除かせたなんて、あまりに些末でとても信じられない。

二〇〇二年三月、マディバに新たなプロジェクトを与えられる。元解放運動の闘士のために、パーティーを開催して欲しいという。大統領時代、元解放運動家の妻たちを公邸にお茶に招いたことがあったが、それと同様のことをしてくれというのだ。もう解放運動の時代ではない。しかし、マディバは彼らの功績を称えたかった。マディバの人生は解放運動時代から大きく前進してしまったけれど、かつての仲間を忘れていない姿勢を見せたかったのだ。招待するのは約千五百人。さっそく資金を集め、イベント開催チームを組む。

思い出も多いが、困難も多かったこのイベントを、私は一生忘れないだろう。長い年月会うこともなく、お互いまだ生きているかどうかも知らなかった、かつての友人や同僚に再会して、老人たちの顔が輝くのを見たとき、頑張った甲斐があったと思った。ほとんどの人々は解放運動に身を投じた過去にもかかわらず、いまだに基本的な公共サービスも享受できない貧しさの中で暮らしていた。それを考えると、私は腹立たしかった。そして、出来る限りの手を尽くし、少なくとも素晴らしいパーティーを開くことで功績をねぎらった。

マディバは一か所に留まるのを嫌った。常に動いていたがった。老齢のため体が動かなくなる前に、できるだけのことをやっておきたかったのだろう。その頃、一週間に五件か七件、公式の場に姿を見せていた。どのイベントも似たり寄ったりだったので、長々と続くスピーチを二時間ずっと聞く必要はない。一度など、マディバは「牧師の祈りが長すぎるからやめさせなさい」と司会者に頼み、失礼にもお祈りを中断させてしまった。後で聞いてみると、お祈りそのものに反対はしないものの、あんなに長いお祈りをして、一度に聴衆全員を改宗させようとする必要はない、との返事。もっともである。イベントでのお祈りといえば、祝福を与えるとか開会の挨拶程度と相場が決まっているのに、この時のお祈りときたら説教よりも長かったのだから！

失礼に見えないようにしながら、能率を維持するのは非常に難しい。二〇〇三年二月、『サンデータイムズ』紙の社説で、学校の開校式でマディバをせきたてたと、マタタ・ツェドゥに非難される。「実に恥ずかしかった。マンデラの生活はとある白人女性に牛耳られていると、地元の人々は噂している。黒人のイベントに参加するときは、いつもすぐにいなくなってしまう。『白人のイベントに出席するときは、もっと長居をするようだ』と主催者が私に語った」。

私はマンデラの個人秘書、ゼルダ・ラグレインジを知っているが、黒人のイベントだからという理由で、鼻であしらうような人ではないと思う。問題はそれより、マンデラの事務所がスケジュールを正しく管理しているかどうかにある。懸案事項やイベントにごく短い時間しか費やさないのでは、ただ通り過ぎただけという印象を与えてしまう。そうならないよう、ある程度の時間を割くべきである。

口で言うのは簡単だが、実行に移すのは難しい。マディバはイベントに出席する前にプログラム案に自ら目を通す。マディバがどの部分を短くして欲しがっているか主催者に伝えるのは、私の役目だ。そして、到着後三十分くらいでマディバを退席させるのも私の仕事。確かに「通り過ぎただけ」である。しかし、人種、イベントの内容、場所にかかわらず、さっさと通り過ぎることを希望するのはマディバ本人なのだ。

問題は、私が白人であることを見過ごさない人が多かったことだ。人種は依然として争点となっていた。「肌の色に関わりなく、私たちは皆、南アフリカ人である」という事実を受け入れていない人が多くいた。過小評価されがちの、アパルトヘイトが引き起こしたダメージは、問題の言い訳が見つからないときにも表出した。手っ取り早く、人種のせいにしてしまうのだ。マディバから教わったことだが、議論の正当性を失わせることがふたつある。人種と侮辱だ。議論が信条に基づいている場合、人種問題を持ち出したり、議論の相手を侮辱したりする必要はない。自分の信条に従うことが大切である。信条を貫くことができなければ、議論に勝つことはできない。

(二〇〇八年、私は「ウィメン・オブ・ザ・イヤー」のひとりに選ばれた。『シティ・プレス』

郵便はがき

料金受取人払郵便

神田局
承認

9745

差出有効期間
2017年4月
30日まで

切手を貼らずに
お出し下さい。

101-8796

537

【受 取 人】

東京都千代田区外神田6-9-5

株式会社 **明石書店** 読者通信係 行

お買い上げ、ありがとうございました。
今後の出版物の参考といたしたく、ご記入、ご投函いただければ幸いに存じます。

| | | |
|---|---|---|
| ふりがな<br>お 名 前 | 年齢 | 性別 |

ご 住 所 〒 -

TEL ( ) FAX ( )

| | |
|---|---|
| メールアドレス | ご職業（または学校名） |

| | |
|---|---|
| *図書目録のご希望<br>□ある<br>□ない | *ジャンル別などのご案内（不定期）のご希望<br>□ある：ジャンル（<br>□ない |

書籍のタイトル

◆本書を何でお知りになりましたか？
□新聞・雑誌の広告…掲載紙誌名[ ]
□書評・紹介記事……掲載紙誌名[ ]
□店頭で □知人のすすめ □弊社からの案内 □弊社ホームページ
□ネット書店［ ］ □その他[ ]

◆本書についてのご意見・ご感想

| | | | |
|---|---|---|---|
| ■定　　価 | □安い（満足） | □ほどほど | □高い（不満） |
| ■カバーデザイン | □良い | □ふつう | □悪い・ふさわしくない |
| ■内　　容 | □良い | □ふつう | □期待はずれ |

■その他お気づきの点、ご質問、ご感想など、ご自由にお書き下さい。

◆本書をお買い上げの書店
［ 市・区・町・村 書店 店］

◆今後どのような書籍をお望みですか？
今関心をお持ちのテーマ・人・ジャンル、また翻訳希望の本など、何でもお書き下さい。

◆ご購読紙 (1)朝日 (2)読売 (3)毎日 (4)日経 (5)その他[ 新聞]
◆定期ご購読の雑誌［ ］

ご協力ありがとうございました。

ご意見などを弊社ホームページなどでご紹介させていただくことがあります。 □諾 □否

◆ご 注 文 書◆ このハガキで弊社刊行物をご注文いただけます。
□ご指定の書店でお受取り……下欄に書店名と所在地域、わかれば電話番号をご記入下さい。
□代金引換郵便にてお受取り…送料+手数料として300円かかります(表記ご住所宛のみ)。

| | |
|---|---|
| 名 | 冊 |
| 名 | 冊 |

| | |
|---|---|
| 指定の書店・支店名 | 書店の所在地域<br>都・道 府・県 市・区 町・村 |
| | 書店の電話番号 （ ） |

と『ラポルト』という日曜新聞二紙が、その年活躍した女性十人に与える賞だ。当時『シティ・プレス』の編集長だったマタタが、以前の意見の食い違いにもかかわらず、賞を与えてくれたことに私は感謝した。マタタ本人が推薦してくれたとは思わないが、嫌だったら編集長として反対することはできたはずだから。）

イベントで、マディバが耐えられないことがふたつあった。ブリーフィングと待合室である。私たちが時間通りに到着できるのに、他の人ができないはずがないという理由で、待合室に入るのを拒否したことが何度もあった。マディバがイベント会場に入ってしまうことで、準備が出来ているいないにかかわらず、イベントは余儀なく始まってしまうのだった。

二〇〇二年四月、マーク・シャトルワースが南アフリカ人として初の宇宙旅行者になる。開発したインターネットバンキング用セキュリティのソフトウェアを海外で売却して大金持ちになったマークは、当時南ア最年少の億万長者で、南アでは有名人だった。当然のことながら、マディバはマークに学校建設を依頼し、マークは何度かマンデラ財団を訪れていた。マークは、宇宙から私の携帯電話に電話しマディバと話すと約束してくれる。私たちはワクワクし、皆で一緒にマークが宇宙に飛び立つところをテレビで見た。だが、翌日にはいつもの生活に戻った。マークの宇宙行きでマスコミは持ちきりだったけれど、私たちには私たちの生活がある。

マークが宇宙から電話してくれる日を、書き留めておくのを忘れていた。私の携帯電話が鳴る。画面には誰からの電話か表示が出ない。普通ならこういう電話は取らないのだが、マディバが隣の部屋にいて、電話が鳴ったのを耳にしているため、電話に出た。「もしもし、ゼルダかい？」という声は、アメリカからの電話のように聞こえた。マディバと一緒にいるときに携帯電話に電話してきて、自分の企画提案を長々と説明したりする人を私は嫌っていたから、この時もイラついた。「ええそうですが、どんなご用件でしょうか」という私に、「ISS（国際宇宙ステーションの略称）から電話してるんだけど」。ISSって、一体何なのよ。私はちょっとイラついて、また用件を聞く。

「マークだよ。ISSから電話してる」。何かの団体かもしれない。馬鹿にされないよう、早く思い出さなければ……。「ゼルダ。マークだよ。宇宙から電話してるんだ」。まあ、なんてこと。やっと気づいた私は、「ああ、マーク。お元気？ マディバを呼ぶからちょっと待ってね」。

私はマディバのオフィスに走り込む。「マークです。マーク・シャトルワースが宇宙から電話してきました」。マディバも私が一体何を言おうとしているのか理解できない。とんだ笑い話だ。マークは地球に戻って来てから財団を訪れ、宇宙での経験を聞かせてくれた。電話してきてくれたときの話をしたら、面白がっていた。私たちはマークのことをとても誇りに思った。

同じ頃のことだ。クヌ村に行ったとき、マディバが農場に木を植えたいと言い出した。敷地のすぐ外を走っている国道二号線から家を見えなくするために、大きな木を何本も植えたいというのだ。私は誰に頼めばよいのか見当もつかない。それで、父に電話したところ、「調べてコールバックする」。人生のあらゆることが私にとって緊急であることを理解している父は、すぐにコールバックしてきて、業者を探してくれるという。翌日、業者の見積もりを送ってくれた。高すぎると言うと、なんとか解決策を見つけると約束してくれる。父親っ子の私は、どんな問題でも父が解決してくれるものと思っていた。そして、この時も父は期待を裏切らなかった。また電話してきて、自分でクヌへ出向いて木を植えると申し出てくれたのだ。

私は躊躇した。そんなこと言っても、大丈夫かしら。父に企画書を送ってもらい、マディバに渡す。マディバは乗り気で、父と話したいという。ふたりはすでに会ったことがあり、マディバは父の控え目な態度を気に入っていた。一方、マディバに対する父の態度は、マディバが私の人生に与えた影響のおかげで、好意的なものに変化していた。私はマディバに、私はこの件にまったく関わりたくないとはっきり伝える。父が状況報告する相手は私ではなく、マディバの会計を担当しているイスマイル・アヨーブ弁護士にして欲しい。身内びいきだと非難されたくない私の懸念をマディバは理解してくれた。

予想した通り、父は全身全霊を傾けてプロジェクトに取り組み、木が植えられるのに時間はかからなかった。父は木の代金、基礎工事にかかった代金、雇った労働者の賃金だけ請求し、自分はタダで働いた。マディバはそれをとても感謝した。私とマディバは「時代が変わりましたねえ。かつての保守主義者が黒人の庭に木を植えているなんて」と父をからかう。父も加わって皆で笑った。父は植樹プロジェクトを大層誇りに思っていて、私がクヌに行くたびに、木の様子を尋ねたものだった。マディバは亡くなるまで私の両親、特に父の安否を気遣ってくれた。一方、私の両親はマディバが私に与えてくれた機会にとても感謝しており、そのことも両親の心と態度を変えた一因だった。マディバとの交流、マディバが心から感謝したこと、マディバが父に示した敬意により、私の父は永久に変わった。

二〇〇二年二月、またニューヨークを訪問する。ジェーン・ローゼンタールとロバート・デニーロが始めたトライベッカ映画祭の立ち上げパーティーに出席するためだ。ローワー・マンハッタンのツインタワー攻撃後、ウォールストリートは安全な場所という評判を再構築するのに必死だった。私たちはまた、市役所で行われた新市長マイケル・ブルームバーグ主催のカクテルパーティーにも招かれる。カクテルパーティーや、くだけた立食のイベントにマディバを連れて行くのはとても嫌だった。人々がマディバを取り囲んでもみくちゃにしてしまう。それに、そのような場でマディバに話しかけるのは時間の無駄だ。一度に大勢の人が話しかけたり、周りがとてもうるさかったりすると、マディバの補聴器はすべての音を遮断してしまうからだ。

部屋には二百人くらい集まっていた。出迎えてくれる人がいなかったので、群衆をかきわけながら前に進む。子どもが何人かいた。子どもを見ると磁石のように引きつけられるマディバは、子どもたちと話し始める。子どもの言っていることを聞くためにマディバは腰をかがめ、私は子どもの言っていることを繰り返して伝え、マディバがそれぞれにふさわしい対応ができるように心がける。その時、ひとりの男が後ろからマディバに近づき、袖を引っ張った。一体誰が……。男がマディバの袖を引っ張るのをやめなかったので、私は振り向いて言った。「失礼ですが、ミスター・マンデラの袖を引っ張って、一体どうしようというおつもりですか。ミスター・マンデラは子どもたちの相手をするのに忙しいのです」。男は助けを求めるように辺りを見回してから言った。「マンデラ氏を私の友人たちに紹介したいのだが」。私は頭に血が上って答えた。「子どもたちとの話が終わるまで、待っていただけませんか」。男は皮肉っぽく「私が誰か知らないのか」と言う。「存じ上げません。とにかく、袖を引っ張るのはやめてください」。別の人が近づいてきて、私の耳に囁いた。「このパーティーの主催者の、ブルームバーグ市長ですよ」。驚いた私は市長に謝り、マディバは足元が危ういので袖を引っ張るのはやめて欲しい、子どもたちとの話が終わり次第振り向くから、と言った。市長は気に障ったようだったが、私には他にどうしようもなかった。

少し経って、また歩き始める。部屋にいた客は全員マディバとツーショットを撮りたがり、大混乱になった。部屋の中には有名なイギリス人の俳優、ヒュー・グラントもいたが、「ミスター・マンデラに紹介してくれ」と言い張ることもなく、ただ微笑んでいた。顔の表情から、マディバに会って興奮していることがわかる。ヒューはマディバのすぐ傍までやって来て、カメラを自分の方に向けた。今でいう、セルフィーである。「ミスター・グラント。私はミスター・マンデラのアシスタントです。写真をお撮りしましょうか?」。しょっちゅう頼まれてマディバとのツーショットを撮っていたので、私は他人のカメラを使うエキスパートになっていた。時と場所に問題がなければ、オフィシャルカメラマンの役目を果たすことは気にならない。ヒューは感謝していた。マディバには、ヒュー・グラントが誰であるかわざわざ説明しなかった。

二〇〇三年二月十六日、マタタ・ツェドゥは社説で、トリートメント・アクション・キャンペーン（ＴＡＣ）がマディバの顔をＴシャツに使ったと非難した。マディバは貧しい人に抗レトロウイルス（ＡＲＶ）薬を供給するよう、政府に圧力をかける運動を公然と支持していたが、ＴＡＣはその先鋒に立つ団体だった。当時、南アはエイズ感染率世界一になりつつあったのに、政府はＡＲＶ薬を無料配布していなかった。マディバはこの問題について話し合うため、今は故人となったマント・シャバララムシマン保健相（当時）に何度も会おうとした。保健相がこの問題についてほとんど注意を払わないことを、マディバはひどいと思い怒っていた。ばかげたエイズ政策のおかげで、南アが世界の笑い者になっていたとき、マディバは名もない人々のために闘おうと、陰で努力していたのだ。マディバはＴＡＣが自分の顔をＴシャツに使うのを気にしていなかったが、マタタは「このような悪用《アビューズ》」からマディバのイメージを守っていないと、またもやマディバのオフィスを非難したのだった。私は多くの事柄について反抗的に感じていた頃で、これもそのひとつだった。何百万人もの声なき民が薬を入手できずに命を落としていることこそ、

「虐待《アビューズ》」ではないのか。治療を行わないことで、政府は国民の人権を否定しているのである。

ARV薬について会って話そうというマディバの呼びかけに、政府からほとんど反応がなかった。私たちはひどく失望する。ある時など、保健相はマディバと三十分だけ話した後、ドレスの仮縫いの約束があるから、と会談を打ち切った。

エイズ問題の否認は権力のトップまで行き渡っていた。ムベキ大統領はエイズ患者をひとりも見たことがないと公言する。しかし、ARV薬を入手できるよう、マディバが助けた人は数え切れない。そして、薬を飲めば元気になって、普通の生活が送れるようになるのだ。ムベキ大統領はまた、HIVウイルスがエイズを引き起こすことを否定した。ほとんど死にかけていた女性がマディバに助けを求めたことがある。自力で食事もできないほど弱っていた。マディバはその女性を入院させ、処方された薬に副作用が出たときは別の薬を与えた。女性は退院し、今では結婚して子どももおり、普通の生活を送っている。その後、国内外の圧力と、クリントン大統領のような有力者の圧力から、南ア政府はARV薬を国民に支給するようになり、南アのエイズ感染率は以前より低くなっている。

二〇〇三年五月五日の夜、マディバの親友、ウォルター・シスルがたった今亡くなったとの知らせを受ける。ふたりは共に服役したばかりでなく、若い頃からの友だちだった。私は確認を取るため、直ちに敬愛していたANC事務局長（当時）のハレマ・モトランテに電話した。ハレマは知らないという。間もなく、別の人から確認が取れる。もうマディバは寝ている時間だったが、親友の身に何か起こったらきっと知りたがるだろう。グラサ夫人はモザンビークの故郷の村にいて連絡がつかない。マディバにとって大変なショックだろう。電話で伝えるようなことではない。私はマディバ宅まで運転し、家政婦に来訪の理由を告げ、マディバの寝室に向かう。生まれて初めて、マディバを起こすのが怖かった。旅行中、起こすことはよくあったが、今回は事情が違う。まず、足元の掛け布団に触れ、「クル、クル。お話があります。起きてください」。次に肩近くの掛け布団に触れる。マディバが目を覚ます。私が何か質問をすると思ったのか、「なんだね、ゼルディーナ」とだけ言った。「このようなことをお伝えする役目を務めるのは大変心苦しいのですが、ウォルターおじさんが亡くなりました」。マディバは私の言葉が耳に入らなかったのか、大変なショックを受けたかどちらかのようだった。私は同じ言葉を繰り返す。マディバは片手を額に当て叫んだ。「なんてこった」。体を起こすのに、しばらく時間がかかる。マディバが大丈夫なことを確認するまで、ベッドの端に座ることにした。こんなひどい知らせをもたらして申し訳ないと繰り返し、話に聞いた状況を伝える。お知りになりたいと思ったものですから、と言うと、

「うん、うん、もちろんだよ」。

翌朝早くシスル宅を訪問することになり、早く起こしてくれとマディバに頼まれる。ウォルターの妻アルバティーナの悲しむ様子を目にするのは、マディバにとって辛いことだった。マディバはふたりを若い時から知っており、ふたりはマディバの人生の一部だったのだ。マディバはウォルターを大変尊敬していた。ウォルターの謙虚さ、飾り気のなさ、そして類まれな指導力をことあるごとに賞賛していた。他の人を前に押し出し、自分は後方から導く人だった。マディバに対してもそうだったと、私は心の中で思った。服役時代も、ウォルターおじさんはマディバを前に押し出していたに違いない。マディバは服役中の思い出話をよくした。ふたりでしょっちゅう話し合っていたという。南ア国民にとって悲しい日だった。国が生んだ大英雄を失ったのだから。

マディバが生活のペースを落とす時期にさしかかっていた。決められたスケジュールをこなす

ことや、友だちや同志たちからの要請に対応することが、できなくなっていたのだ。ジョハネスバーグとクヌとマプトの家を行ったり来たりし、執筆をしたいときはシャンバラで静かな時間を過ごす。シャンバラには外部の人間が入れなかったので、普通の動物農場には行くことができない有名人をもてなすのにも適した場所だった。

マディバの囚人番号「４６６６４」を使った、エイズキャンペーンを始めてはどうか、という提案が数人の有名ミュージシャンから出された。マディバは慈善行為であろうと商業目的であろうと、自分の顔、写真、名前を商品化することに強く反対していた。そこで、囚人番号をブランドとして使い、エイズ対策の資金調達をしてはどうか、というのである。ブランドのお披露目はケープタウンでのコンサートで行い、提案者全員が無料で出演してくれるという。ミュージシャンがケープタウンでリハーサルを行っているとき、マンデラ財団のＣＥＯが、マディバが熱心に推し進めているプロジェクトに惜しみない努力を捧げてくれていることに対し、マディバ自ら感謝の言葉をかけるべきだと言い出した。

私たちはその時シャンバラにいた。時間を決めて、ミュージシャンに集まってもらう。私はミュージシャンひとりひとりについてマディバに簡単に説明し、マディバが名前を忘れないよう「ブライアン・メイ、クイーン」「デイヴ・スチュアート、ユーリズミックス」のように書き出した。最初に電話口に出たのはブライアン・メイ。私はマディバの傍に立ち、名前を書いた紙を指さす。「こんにちは、マディバ。ご機嫌いかがですか」とブライアン。「やあ、ブライアン。私は元気だよ。君こそどうかね」とマディバ。ブライアンは、このイベントに参加できて皆わくわくしている、と答えた。マディバは感謝し、言葉を続ける。「女王陛下《クィーン》は元気にされているかな」。次に電話口に出たデイヴ・スチュアートには「ユーリズミックスさんは元気かい?」。バンド名ということがわかっていなかったのだ。服役時代テクノロジーに取り残されたため、ＣＤが何であるか説明することですら大変だった。ましてや、私たちにとって当たり前のミュージシャンやバンドの名前など論外だった。私は間違った種類の情報を与えすぎ、マディバを混乱させてしまったのだ。だが、無知ではあっても、マディバの意図は純粋だった。

その年、マディバは八十五歳になる。財団のＣＥＯに誕生パーティーの開催企画を頼まれた私は、イベント資金を集め、世界中から千二百人以上を準正装の晩餐会に招待した。支持者、友人、政治家、王室メンバーなどマディバゆかりの人々だ。招待客リストを見た人から批判されることは覚悟していた。マディバゆかりの人々をもれなく招待するため、庭師から王室メンバーまでがリストに載っていた。昼夜を問わず働く。目的はシンプルだった。マディバが生きている間に、マディバの功績を称えること。イベントの後、エレベーターに向かう途中で、グラサ夫人にこう言われる。「ゼルダ。よくやったわね。今夜、マディバの栄誉が真の意味で称えられたわ」。多くの非難は受けたけれど、その甲斐はあったと思った。有名人が数多く出席していたことから、マディバはポップスターのようになったと不満を口にした人たちは、庭師や運転手や警備員もゲストとして出席していることに気がついていなかった。有名でないという理由で、メディアに取り上げられなかったからだ。それに、国際社会に援助を求めたとき、無料で時間と努力を費やしてくれたのはセレブたちだった。

マディバはパーティーが好きだった。ゲストリストを何度も見直し、ひとりひとりに対し自分でオーケーを出した。主賓席近くに席を割り当てられなかったと怒るマンデラ家の人もいたが、王室メンバーや国家元首も出席していたから仕方ない。そのせいか、マディバの九十歳の誕生パーティーがクヌ村のマンデラ邸で開催された際、私は招待されなかった。グラサ夫人が言い張ってくれたおかげで出席できたものの、私に割り当てられた席はテント後方の子どものテーブルだった。別に主賓席に座りたかったわけではない。だが、マディバの子どもたちが私をどう評価しているかがはっきりわかった。心配事を十分抱えているマディバには黙っておいたが、その時言っておくべきだったかもしれない。

十一月七日、マディバはシャンバラへ向かう。ロベン島で一緒に服役した人たちや、かつての同志と週末を過ごすためだ。解放運動時代マディバと親しかった人だけの、小さな集まりだった。マディバと旧友たちが楽しそうに昔話をしたり、からかい合ったりする姿は、私にとってかけがえのない思い出の一つとなった。皆シャンバラで素晴らしい時を過ごし、私たちも手を尽くしてマディバの旧友たちをもてなした。解放運動を推し進めた男たち。アパルトヘイト政権に正気を取り戻させるため、破壊行為などを計画した男たち。人生の大半を刑務所で過ごし、今、老年期に入ってやっと自由を楽しんでいる。皆が競い合って昔話をする。素晴らしい同窓会だった。めったにない、貴重で素晴らしいひととき。

南アフリカは大きく変わった。解放運動家が刑務所に入っているのは良いことだと信じて育ってきた私が、元ロベン島服役囚と楽しい時を過ごしている。アメッド・カスラーダ、エディー・ダニエルズ、マック・マハラジ、アンドリュー・ムランゲーニなど、そのうちの何人かは大好きになった。マディバの魂を獄中で生かし続けてくれた、これらの人たちに感謝する。彼らは獄中で希望を失ったことがあるのだろうか。こんなふうにマディバと昔話を楽しむ日がいつか来ると、想像したことがあっただろうか。

# 第9章　忙しい引退生活

私たちは何週間も続けてシャンバラに滞在するようになっていた。マディバはしばしば人を招待したため、シャンバラに来客が押し寄せ、マディバの安息の地がなくなってしまわないよう注意しなければならなかった。ある時、マディバは南ア労働組合会議（コサツ）のズウェリンジマ・ヴァヴィ書記長と南ア共産党（ＳＡＣＰ）のブレイド・ンジマンデ書記長を招待した。コサツとＳＡＣＰは、与党ＡＮＣの政治上のパートナーである。なごやかな昼食の後、ふたりをサファリに連れて行くようマディバに頼まれる。シャンバラにはビッグファイブ（ライオン、ヒョウ、ゾウ、サイ、バッファローを指す）が揃っていて、短時間のサファリでも、ライオンやゾウなど、五つのうち四つは確実に見ることができた。私はブレイドもズウェリも好きだ。白人の私がマディバに近く仕えていることが陰でいろいろ取り沙汰されている中、ふたりは常に私のことを丁重に扱ってくれた。ふたりとも、決して私のことを単なる雇い人と見なすことはなかった。サファリを楽しむブレイドとズウェリに、「あなたたちがサファリを楽しむなんてとんでもない」と告げる。笑うふたりに私は言葉を続けた。「共産主義者や社会主義者には、資本主義を楽しむことなど許されませんよ。楽しんでいても、顔に出さないようにしてくださいね！」

二〇〇三年の終わり近く、南ア出身のホテル王ソル・カーズナーがマディバを訪ねて来る。かつて、南アフリカはふたつのことで世界に知られていた。ネルソン・マンデラとサンシティである。一九八〇年代半ば、ボプタツワナにサンシティを建設したのがソル・カーズナーだった。ボプタツワナは「ホームランド」（アパルトヘイト政府が南ア国内に作った、黒人部族ごとの「独立国家」）のひとつで、アパルトヘイト政府の支持者と見られたマンゴペ大統領が治めていたため、サンシティは物議を醸した存在だった（フランク・シナトラなどがコンサートを行った一方で、ブルース・スプリングスティーンなどがボイコット運動を展開した）。釈放後マディバがソルに連絡し、南ア再建に尽力するよう説得したところ、ソルは喜んで手を貸してくれた。のちサンシティを売却し、海外でカーズナー・インターナショナルを設立したソルは、シャンバラ滞在中、モーリシャスに建設したリゾートにマディバを招待する。それを受けて、マディバ夫妻と孫の数人がモーリシャスのリゾートで休暇を過ごすことになった。

まさに地上の楽園。マディバ夫妻はワン&オンリー・ル・サン・ジェラン・ホテル敷地内に建てられた一戸建てに泊まってプライバシーを確保し、一行の残りは一戸建ての傍のホテルに滞在する。当然のことながら、ソルはマディバ夫妻に随行団がつくことを知っていた。随行団なしで旅する大統領や元大統領はいないからだ。どんなに裕福な人でも、食いものにされたと感じさせないことが大切なので、マディバ夫妻は私と医師と孫たちの費用を負担すると申し出る。もてなしの心につけ込まないのは、マディバの素晴らしい点だ。だから私たちも、マディバ夫妻が支払ってくれているからといって、ミニバーを空っぽにしたり、国際電話をかけたりせず、もてなしの心に最大限の敬意を払って応えた。

マディバに仕えて十年になっていたが、マディバが休暇をこれほど楽しんだのを見たことがなかった。妻や孫だけとの時間を楽しみ、食事は大家族のように全員で食べる。十年間で初めて、急ぐ必要がなかった。それに慣れるのに一苦労し、「くつろいで休暇を楽しみなさい」とグラサ夫人に何度も言われてしまう。モーリシャス人ダンサーによる踊りを鑑賞し、マディバ夫妻はダンスを楽しむ。マディバが夫人と踊るのを見たことは、この時を含め二度しかない。マディバはまた、「パタパタをやろう」と冗談半分に言い張った。「パタパタ」は南アフリカが生んだ伝説的歌手ミリアム・マケバとドロシー・マスカが共同で書いたコサ語の歌で、マディバが投獄される前の一九五七年にマケバがリリースし、一九六七年には米ビルボードの百位以内に入っている。「パタパタ」とは「タッチタッチ」という意味で、歌いながら、踊りのパートナーを「タッチ」する。ボディーガードのひとり、シドニ・ンコノアネが私にパタパタの踊り方を教えてくれ、マディバを喜ばせた。マディバはこの歌が大好きで、一九五〇年代にこの歌に合わせて踊った姿が想像できるほどだった。

朝グラサ夫人が散歩に出ている間、ボディーガードと私は運動し、その後は一日中、泳いだり、マディバの傍で日光浴したりした。マディバは海が見渡せる芝生の日陰に座り、通りかかる「半分はだか」の観光客に手を振る。「半分はだか」とは、水着を着た人を指すマディバ語だ。マディバは私たちに常時取り囲まれて、楽しそうだった。南アにいるときは忙しすぎて、共に過ごす時間を楽しむ暇がほとんどないが、ここでは一緒に食事をする時間が待ち遠しい。

南アとの唯一のつながりは、相変わらず新聞記事の切り抜きである。毎朝マディバが目を覚ます前に、ジョハネスバーグの財団職員が新聞記事を選んでファクスしてくれる。この種のリゾートに揃えてある海外の出版物にマディバはあまり興味を示さず、南アから切り抜きを送るよう命じていた。随行の私たちも祖国のニュースを知りたかったので、マディバが切り抜きに目を通すのが待ちきれない。ジョハネスバーグの財団職員たちは可哀想に、こちらの要求に合わせていつでも切り抜きが送れるよう、一日中オフィスで待機していなければならなかった。

二、三日経って、マディバが水に入りたいと言い出す。私たちは躊躇した。歩行困難のため杖を使っているマディバが、水の中で立てるだろうか。ボディーガードがテラスの水際までマディバを連れて行き、椅子に座ったマディバの足に波が当たるようにしてみる。マディバの顔が歓喜で満たされる。私は言葉で表現できない感動を覚えた。こんなに普通のことが、あまりにも普通すぎて私たちが一顧だにしないようなことが、ひとりの人間にこんなにも大きな喜びを与えることができるなんて！

マディバは四十年以上も海で泳いだことがないという。最後に海に入ったのは、ロベン島時代、海中から海藻を拾い上げたときだったが、それは看守に監視されての肉体労働であり、また冷たい大西洋でのことであり、さらに、岩の上で足を滑らせ、膝に一生の怪我を負ったときのことだった。今回はまったく違う。グラサ夫人のおかげで、マディバは再びシンプルなことに喜びを見出すようになった。家族との食事、日の光、花や風景や音楽の中に命の美しさを感じること……。どれも釈放後、マディバの傍を通り過ぎてしまったことだ。

マディバは忙しいスケジュールをこなすのに疲れてきていた。そして、もっと多くの時間をシャンバラでの執筆活動に費やしたがった。「引退したいよ」というマディバに、私はすでに引退していることを思い出させる。ヘルヴェル教授と話し合い、二〇〇四年六月一日、忙しい引退生活からの引退を発表する記者会見を開く。席上、マディバは「電話をしないでくれ。用があるときは、こちらから電話する」と宣言した。しかし、電話が鳴り止むことはなかった。イベントに出席してくれ、プロジェクトの立ち上げを祝福してくれ、行き詰まり状況を打開してくれなどの依頼が続く。誰もが、自分こそは例外なのだ、マディバが引退生活から抜け出して助けてくれるべきなのだ、と思っていた。マディバは会う人すべてに、自分は特別だと感じさせることができる人だった。だから、自分はマディバと特別な関係にある、と人は思い込んでしまうのだ。マディバが忙しすぎるとか、働きすぎるとか文句を言う人も、自分は例外だと信じていた。そんな状況で、時には気が狂いそうになる。自分はマディバと特別な関係にあると言い張る人の多くは、本当に特別な関係にあった。しかし、そのためにマディバは、体が動かなくなって本当に何もできなくなるまで引退できなかった。

ＡＮＣからも要求があった。総選挙が近づいているというのに、資金難で困っているという。大企業は特定の政党を支持していると見られることを嫌がっていたので、マディバはＦ・Ｗ・デクラーク前大統領を巻き込む。かつて敵だったふたりが一緒に街に出て、新国民党（アパルトヘイト政策を実施した国民党が、イメージ一新のため改名したもの）とＡＮＣのための資金集めを行ったのだ。ふたりはそれぞれがかつて率いた政党のために、私がアポを取ったＣＥＯたちのところへ、平身低頭して資金援助の要請に出向いた。もちろんどんな企業だって、マディバとデクラークが一緒に訪ねて来て喜ばないわけがない。資金集めは成功した。

二〇〇四年三月、映画『モンスター』の主演女優シャーリーズ・セロンが、南ア人として初めて米アカデミー賞を受賞する。その後間もなくシャーリーズが帰国したとき、マディバはマプトにいたが、シャーリーズに会うためジョハネスバーグに戻ることに同意した。メディアは大騒ぎだった。南アに戻ったら食べたいとシャーリーズが言っていたアフリカーナのお菓子、クックシスター（ドーナッツ生地をねじって揚げたものに、シロップをまぶしたもの）を注文しておく。しかし、マディバがシャーリーズに勧めたとき、一個だけ手に取ったものの、口にすることはなかった。シャーリーズはエイズ関連の慈善事業を始めたいという。エイズ問題の複雑さをどの程度理解しているのか、私は疑問に思った。会見の後、ふたりは一緒にメディアの前に姿を現す。シャーリーズは世界中のメディアの前で、マディバに「あなたをとても愛しています」と告げた。マディバはチャーミングである上、お世辞を惜しまなかったので、どんな女性でもマディバが大好きになる。女たらしの才能十分だった。

女性たちがマディバに永遠の愛を告白するのを耳にし、マディバが女性たちを魅了するのを見て、グラサ夫人は心穏やかならぬものがあったに違いない。それでも、文句を言ったことは一度もなかった。ただ、大統領府で一時期、度が過ぎたことがあった。女性職員全員がマディバに挨拶するたびに、キスをするようになったのだ。そのため、女性職員は公衆の面前で大統領にキスしないよう申しつけられる。とんだ笑い話である。誰もがマディバが大好きだったのだ。しかし、毎日どこかへ行くたびに、女性たちからキスされる姿を目撃されるのは、マンデラ大統領のイメージにとってマイナスになっていた。

それから一年くらい経って、マディバのエイズ意識向上運動「４６６６４」を支持するメッセージを録音してくれと、シャーリーズに頼むことになった。なかなか連絡がつかず、やっとついたと思ったら、映画の撮影で忙しいから、二十秒のメッセージの録音に時間が割けないと広報担当者に言われる。五分でいいから、と主張したが、不可能だという返事。まったく頭にきた。シャーリーズが南アに来たとき、マディバはわざわざ別の都市から飛行機でジョハネスバーグに飛んで会ったのに。この件がシャーリーズの耳に入って初めて、問題が解決する。スタッフのせいで、評判が大いに傷ついたり、人間関係にヒビが入ったりすることがあるものだ。

マディバの諜報相だったジョー・ンフランフラが脳卒中で二度倒れ、寝たきりになった。当時ANCの書記長だったハレマ・モトランテが、ジョーの具合が良くないとマディバに告げる。病院に見舞ったところ、ホスピスに入るお金がないという。マディバが企業に働きかけて資金を集めたおかげで、間もなくジョーは、しっかりした看護設備を持つ施設に入ることができた。ジョーが亡くなったと聞いて悲しかった。また、このようなことにマディバがいつまでも煩わされることが悲しかった。過去にしてもらったことへの恩返しを、永久に求められているかのようだった。時には執拗な要請もあった。お金に困ったら、どんな状況でもマディバ自らが助けてくれることを、誰もが望んでいた。

二〇〇四年三月二十四日、またサウジアラビアに向かう。サウジアラビアに行くのは資金集めのこともあれば、サウジ側から依頼されてのこともあった。私はアバヤを快適に着こなし、リヤドの町を動き回るようになっていた。過去の経験から、サウジアラビア人への不満をあからさまに表すべきではないことを学び、サウジアラビア訪問を楽しむようになっていた。どんな国であるか、どんな国民であるか、何をすべきか、何をしてはいけないかがわかってきたからだ。非現実的な期待を持たず、サウジアラビアの規則に進んで従うようになっていた。女性から指示を受けるのを嫌がる公務員とはいまだに意思疎通が難しいこともあったが、私がマディバと一緒にいる限り、そういう人でも私の言うことを聞いた。

今回は国王に会うことになっていた。女性は国王に会うことが許されないため、私はマディバに付き添うことができないと、いつものことながら言い渡される。マディバが私の在席を主張したところ、驚いたことに、メッセンジャーが戻って来て、同行の許可が下りたという。国王の宮殿に向かう時間が来た。到着すると、マディバは、私がいなくなることを恐れたときにいつもすることをした。車から降りた途端、立ち止まってこう聞いたのだ。「私の秘書はどこかな？」男たちは走り回って「秘書」を探し、私をマディバの元に急いで連れて行くことになる。ひとりでは警備員を通り抜けられず、マディバが呼んでくれない限り、途中で立ち往生してしまうことがわかっていたときは、意識的に車の中に留まり、マディバが呼んでくれるのを待つこともあった。さて、大勢の人に取り囲まれて宮殿に入りながら、マディバは私の手を取る。本来なら私はその場にいるべきではなかった上、未婚女性が男性の体に触れることは風習に適っていなかったので、私は居心地悪く感じた。マディバはサウジの風習をよく知っていたにもかかわらず、私の手を放さなかった。

待合室に通される。国王に呼ばれると、マディバはまた私の手を取り、そのまま謁見室に入った。マディバが国王に挨拶する。私はマディバの後ろに立っていた。後ろを向いて走り出したかったが我慢する。ものすごく居心地が悪い。マディバが振り返って、国王に言った。「国王陛下。これは私の秘書であり孫娘でもあるゼルダ・ラグレインジです」。国王と目を合わすのは許されないことを知っていたため、目を伏せたままにした。マディバはこういう状況で服従的に振る舞う人間が大嫌いだから、膝を曲げてお辞儀をしてはいけないと知ってはいたが、お辞儀をしてにっこりしてしまった。本当に怖かったのだ。私の頭を駆け巡っていたのは、「国王には私が黒人でないことは一目瞭然。マディバの孫娘なんてありえないじゃないの」。国王は私と握手しようと、手を差し伸べる。手を出しなさいとでもいうように、マディバが頷いているのが見えた。手を差し出す。その手を国王が握る。背中を汗が流れ落ちるのを感じた。

国王は目に見えて年を取っていたが好意的で、通訳を通じて、私たちを歓迎してくれた。手を放して欲しかったのに放してくれない。元気かどうか尋ねられる。私が答える前にマディバが遮って、サウジアラビアに向けて出発する直前に、ジョハネスバーグで車の窓を割られ、助手席に置いてあったハンドバッグを盗まれたのだ、と答えた。確かに前の晩飛行機に乗ったとき、私は取り乱していた。盗まれたハンドバッグには、私の生活すべてが入っていたのだ。携帯電話さえ持たずに飛行機に乗ったのは初めてだった。とはいっても、国王と同じ部屋にいる今、私が心配していたのはそんなことより、サウジ文化を侮辱してしまうことだ。マディバは私がまだショックを受けていると言い、国王が同情の気持ちを表す。やっと国王が手を放してくれ、私たちは一緒にお茶を飲んだ。国王は老齢で具合が悪かったため、あまり来訪者に会わなかった。それでも、私たちは短時間お喋りする。国王は明らかにマディバのことが大好きで、表敬訪問に感謝していた。

マディバはまた、皇太子との会談を要請していたので、その日の午後、皇太子に会いに行く。すでに皇太子が国政を担当していることは明らかだった。皇太子は以前より真剣で、また時間に追われていた。皇太子を取り巻く環境と皇太子のオフィスは国王のそれより多少改革が進んでおり、私が同席することにまったく問題はなかった。

サウジアラビアで数日空き時間があった。イスラーム教徒の聖地メディナとメッカに行こうとマディバが言い出す。すべての手筈が整ったところで、私はイスラーム教徒ではないから、どちらの町にも入れないと告げられる。びっくり仰天された。役人たちに「でも、マディバだってイスラーム教徒ではありません！」と抗議したら、それまでマディバはイスラーム教徒だと思い込んでいたのだ。人々にすっかり溶け込んでしまい、相手に同類だと思われてしまうマディバには、いつもながら驚いてしまう。

結局メディナにもメッカにも行かなかった。サウジアラビアの後、チュニスでアフリカインフラストラクチャー基金の理事会に出席し、それからイランで、ハタミ大統領からイランで最高の栄誉を受けることになっていた。チュニスに着くと、マディバは疲れているから理事会に出席したくないという。マディバが疲れ切って、何もする気にならないのを見たのは、初めてのことだ。私にしてみれば一大危機だった。ヘルヴェル教授に電話したところ、教授は同行していたシリル・ラマポザと声をひとつにしてこう言った。「マディバが出席したくないのなら、するべきでない。マディバには疲れる権利がある」。私には、主催者にどのように説明したらよいのか皆目わからなかった。幸いなことにシリルがすべてうまく説明してくれたので、私が責められずに済んだ。マディバは短時間の歓迎会にだけ出席する。マディバはそれから、「イランに行きたくない。うちへ帰りたい」と言い出した。イラン政府に伝えたところ、大層がっかりされる。マディバはそれまで海外への旅行をキャンセルしたこともなければ、とても旅行などできないと感じたこともなかった。しかし、マディバは今、自宅で妻と一緒に過ごしたかった。スケジュールに追いまくられる生活はしたくなかった。そういう兆候はずっと以前から感じ取っていたが、「もうこれ以上できない」と決める時期はマディバに任せていた。それでも、実際その時が来たら、やはり驚いてしまった。

南アフリカに戻る。マディバはサウジアラビアの国王と皇太子に、長年の厚意に対する感謝の品を贈りたいという。相談されたものの、相手は桁外れの金持ちだ。難題である。欲しいものは何でも手に入る人間に、一体どんな贈り物をすればよいのだろう。ふたりとも動物好きだから、アフリカのカモシカ類なら喜んでもらえるかもしれない。そこで、それぞれにスプリングボック二頭、オリックス二頭贈ってはどうかと提案する。調べたところ、両方ともサウジアラビアの気候で生きられそうだ。マディバも賛成してくれた。

シャンバラの農場マネージャー、ドリス・クロッホに助けを求める。動物たちは南アで検疫を受けなければならない。必要な書類を整え、輸出許可を得るのに数週間かかった。私の仕事は一体何なのかとよく聞かれたものだが、何と説明すればよいのだろう。「タイプして、電話に応えて、記者会見を開いて、スプリングボックとオリックスをサウジアラビアに輸出することです」とでも答えようか。

総選挙に向けてのANCの大集会に出席する。マディバは積極的に選挙運動をする気力を失っていた。ANC中央執行委員会の席上、マディバがムベキ大統領に対して無礼だと不満を漏らす声があったらしい。しかし、そういう人たちがマディバに直接意見を述べることはなかったので、会議でどういう議論がされたか、マディバは他の出席者から聞くだけだった。

南アフリカは二〇一〇年サッカーワールドカップに立候補していた。その話はマディバも耳にしていたけれど、このようなイベントは国家元首が先頭になって行うものだから、マディバの役割はあっても大したことはないと思っていた。二〇〇四年四月の後半、元ハオテン州知事で、当時は大企業を経営していたトーキョー・セクワレが、立候補委員会メンバーの立場でマディバを訪れる。トリニダード・トバゴに行って、ロビー活動を助けて欲しいという。マディバは疲れていて、旅行に乗り気ではなかった。断るがトーキョーは諦めない。二日後、私たちはトリニダード・トバゴへ向かっていた。財団はマディバが決めたことを、常に一貫して実行することができなかった。マディバを巡る力関係がどうなっているのか、一般の人々にはわかりづらかっただろう。私は多くの場合、責任者となることを断ったし、マディバの意思を貫こうとしても、意思決定にはマディバ、ヘルヴェル教授、財団CEOの意向に加え、外部の影響がかなり関わったからだ。しかし、最終的な決断はマディバが行う。ひとたびマディバが同意すると、気を変えるのは至難の業だった。ひとたび拒否した場合も同様だった。いずれにせよ、ひたすら意固地になるのである。

トリニダード訪問は小規模のものにし、プログラムを最小限に留めることを私は主張する。訪問の目的は、トリニダードに住むFIFAメンバーを説得して、南アに投票してもらうことだった。行きの飛行機は快適だったものの、完全な静寂の中で眠ることに慣れていたマディバは、誰かがトイレに行くたびに傍を通ったのでよく眠れなかった。私は心配した。トーキョーは快適な旅になるよう、できるだけの努力をしてくれたが、着陸後窓から外を見ると、政府が公式の軍隊パレードを用意しているではないか。そんなことはしないよう、頼んであったのに。こんな長時間の飛行の後、式典での役割を果たすことをマディバに期待するのは現実的ではない。私はトーキョーに仲介を頼んだ。トーキョー自身、マディバが疲れているのがわかったので、トリニダードのFIFAメンバーで、この国の実力者ジャック・ワーナーを飛行機に呼ぶ。儀仗兵は歓迎のために列を作っているにすぎないから、マディバは即座に空港を立ち去って構わないとのことだった。

最初から最後まで、戦いづくしの旅だった。トリニダードに行った二週間後、チューリッヒに飛ぶ。そこで南アは二〇一〇年サッカーW杯開催国に選ばれた。手伝った甲斐があったのだろう。チューリッヒからイギリスの田舎にあるドウ・ステインの屋敷に行き、数日休むことができた。

どの年だったか定かではないが、ロンドンに行った折、トニー・ブレア首相を表敬訪問した。

ブレア首相にはそれまで何度も会ったことがある。私はダウニング街十番地（英首相官邸の所在地）に行くのが好きだった。特に、この場所が二〇〇三年の映画『ラブ・アクチュアリー』に登場してから大好きになった。首相役のヒュー・グラントが官邸の一室で踊る場面では、その部屋に入ったことがあるので（さすがに踊りはしなかったが）思わずにんまりしてしまった。さて、首相訪問当日、約束の時間に遅れないよう急いで服を着る。ブレア首相はマディバをいつもと変わらない温かさでもてなし、会談に満足した私たちは泊まっていたドーチェスターホテルに戻った。

秋だった。太陽が朝遅く上り、夕方早く沈む。外はいつもながらどんよりしていた。ドーチェスターホテルに戻り、車から降りたところで、左右の靴が違っていることに気がつく。なんてドジなの！　恥ずかしくて、誰にも言えない。後になって、同行していた医師に告白し、ふたりで私の馬鹿さ加減を笑った。

ドーチェスターホテルでいつも、私は決まった部屋に泊まっていた。何度もこのホテルに泊まるうちに親しくなった、南ア出身のナイジェル・バドミントンが取り計らってくれたのだ。この部屋には小さな化粧部屋がついている。部屋というより、隅っこと言った方がよいくらい小さい。自然光が入らないため、人工の光に頼らざるを得ない。ホテルを出たとき、皆を一同に集めたり、マディバが準備できているか確認したりして大忙しだったので、左右違う靴を履いたことに気がつかなかった。似たようなデザインで、似たような高さのヒールだったから、歩いているときも違いに気がつかなかった。だが、ひとつは黒、もうひとつは濃い茶色。生涯最大のうっかりである。一体ダウニング街で気づいた人がいただろうか。恥ずかしくて穴に入りたかった。

マディバ夫妻がカルロス国王とソフィア女王の子息の結婚式に招かれていたため、ロンドンからスペインへ向かう。まるでお伽噺のようだった。来賓のほとんどが世界中の王室メンバーで、結婚式の最初から最後まで招かれた政治家はマディバ以外あまりいなかった。そのことでマディバをからかうと、自分だって王室の血を引いていると反論された。私たちの目からすると、単なるコサ族の王室にすぎないが、王室であることには違いない。マディバは王子として認識されることが大好きだった。

二〇〇四年五月二十四日、いろいろ世間を騒がせた、有名なボクシング興行師ドン・キングの訪問を受ける。キングもまた、マディバは自分に会うべきだと主張したひとりだ。かつてボクサーだったマディバは、もちろん断らなかったけれど。受付係に「キングが来ましたよ」と告げられたとき、私は一瞬、ドン・キングが来ることになっていたことを忘れ、「どの王様《キング》のこと？」と聞き返してしまい、皆で大笑いする。しかし、キングはボクシングの王様と呼んでふさわしい人物だった。このような心を明るくする出来事が数多くあったことで、私たちは正気を保つことができた。

短い休暇の後、予想していた通り、そして本当に引退したはずなのに、マディバはタイでの国際エイズ会議に出席したいと言い出す。引退してからもエイズに対する闘いを続け、後世に強いメッセージを残したかったのだ。八十六歳の誕生日の直前のことだった。タイからの帰国途中、私は『サンデー・インディペンデント』紙用にマディバへの誕生日メッセージを執筆する。誕生日当日の日曜日、私が書いた記事が第一面に掲載された。見出しは「クル、八十六歳の誕生日にプレゼントしたいのは時間です　ゼルダ」。心の底から、マディバが自分のための時間、妻と過ごす時間、思い出に浸る時間が持てるように願っていた。しかし、ちょっと暇ができると、マディバはまた何か始めてしまう。間もなく「引退」は「マディバがしたいことをする時間」に変わり、私たちはまた働き出していた。家にいて世の中から隔離されると、マディバの心の中で葛藤が生まれるようだった。私たち財団職員は、マディバが活動をやめることはないという結論に達する。そして、マディバが活動開始を仄めかすや否や、いつもの人たちがどこからともなく無心をしに現れるのだった。

マディバの家族やその友人の中に、私の存在を快く思わない人たちがいるのを感じていた。その中には、私という人間が嫌いな人もいれば、マディバが白人女性に頼っているのを居心地悪く感じている人もいた。マディバに対する責務と、私がマディバのイメージを悪くしているという見方の間で、私は揺れ動いていた。しかし、あまりマディバの傍にいないようにすると、マディバの方から電話してくる。私が傍にいないことに、苛つくこともある。マディバはこれまでにも増して、私に頼るようになっていた。その理由は簡単だ。年を取って記憶力が衰えてきたため、ミーティング前に、これは何のためのミーティングで、何が話し合われるか説明してくれる人が必要だったのだ。

マディバはまず私に座るように言い、それから説教を始める。私はマディバのために働いていること、マディバに言われたことをするべきこと、他の人の言動に左右されてはいけないこと……。今になってみれば、マディバがまだ私を擁護できる頃に、「私に対する不平は直接マディバに言ってください」とはっきり述べるべきだったと思う。だが、私の個人的な問題でマディバを煩わせたくなかった。若いアフリカーナ女性がマディバの世話をすることは、異様で不快な状況だとこの先ずっと見られることだろうが、マディバが私を必要とする限り、決してマディバの傍を離れない決心をしていた。「アフリカーナ女性を雇うなんて」とマディバに文句を言った人の話を、マディバは私に何度かしてくれたことがある。最初の頃、マディバは言い方に気をつけていたが、そのうちそんなことがあるたびに、ふたりで笑ったものだ。

マディバの自宅に電話すると、マディバの料理人として長年仕えたコリスワが大抵勤務中だったので、ふたりでお喋りすることがよくあった。誰もが私たちの仕事をしたがるだろうが、私たちほど時間と労力を喜んで費やす人間はいないだろう、との結論に達したものだった。

二〇〇三年の初頭、マディバが何かに心を悩ませていることに気がつく。何日も引きこもっているのである。話を聞くと、まだ生きているたったひとりの息子マハトが訪ねて来て、エイズになったと告白したという。私はすっかり打ちのめされてしまったが、できるだけの助けをするとマディバに約束した。

マハトは二〇〇四年十二月に入院する。入院した日の午後、私はマディバに付き添ってお見舞いに行った。マハトはすでに、高度集中治療室に入っていた。マディバが治療室の中に入る。私もぜひ一緒に、と言われる。マディバとマハトは、それまで時折しか会っていなかった。マハトがマディバの人生の一部になったのは、かなり後になってのことだ。私はあまりマハトに接したことがなかったけれど、マハトのことが好きになっていた。マハトは私に対していつも礼儀正しく敬意を払ってくれ、マディバに関して手伝って欲しいことがあるときや、マディバの代理としてイベントに出席することを頼んだときは、快く力になってくれた。最初の結婚でできた子どもたちがなぜマディバと親しくないのか不思議だったが、グラサ夫人が家族をまとめようと努力していた。夫人はマンデラ家内の対立グループの和解を仲介しようとし、マディバの子どもが全員マディバの人生の一部になることを主張した。子どもたちの中にはマディバに対して苦々しい感情を持っていた者もいたので、簡単な仕事ではなかった。私は雇われ者の身であるから、家族の問題には干渉しなかった。そして、自分が雇用人であるという事実を決して忘れなかった。

入院したマハトを見るのは悲しかった。マハトは口をきくことができなかったので、マディバの方から話しかける。退室する直前、私はかがみ込んで囁いた。「こんにちは、マハト。ゼルダよ。私たちがあなたのことをとても愛していることを忘れないで。頑張ってね」。エイズ患者が元気になったのを見たことがあったので、マハトもそうなって欲しいと思った。私たちが立ち去る前、マハトの妹マカジウェが入って来る。ちょうど私が看護婦に、マハトの体温を聞いているところだった。マディバに安心材料を与えることができないかと期待していたのだ。マカジウェは言い放つ。「兄の医療記録に口を出さないで。あなたには何の関係もないでしょう」。マハトがエイズであることを二年も知っていたこと、マハトに害を加えようとか、マハトの症状を他人に話そうとかしたことは一度もないことを説明したくてたまらなかったが、口を開くのは控えた。私はただマディバを安心させたかっただけなのだから。

南ア西海岸の小さな町パーテルノステルで、十二月の休暇を過ごしていたとき、マディバの家政婦メメから連絡がある。マハトの具合が悪くなっているから、戻って来た方がいいという。それが本当なら、マンデラ邸で手助けが必要だろう。休暇を打ち切ってジョハネスバーグに戻ることにする。ジョハネスバーグに向かって車を走らせていた途中、マハトが亡くなった。病院に訪ねたのを最後に、マハトに会うことは二度となかった。寄りつかないように言われたわけではないが、いると嫌がられるときはわかるものだ。ジョハネスバーグに戻った後二日待ってから、お悔やみを言いにマディバの家に行った、とグラサ夫人に告げたところ、どうしてもっと早く来なかったの、と聞かれる。死を悼んでいる人たちに、私がいることで余計な嫌な思いをさせたくなかったのだと答える。夫人は私が勝手に憶測して行動したことに苛立ちを隠せなかったが、それでも私の気持ちをわかってくれた。マハトにはマンドラ、ンダバ、ムブソ、アンディーレという四人の子どもがいた。この四人は私の日常生活の一部であり、一緒に育ったような気がしていたので、四人の気持ちを考えて心が痛んだ。当時、四人は私のことを姉のように慕ってくれており、私たちは強い絆で結ばれていた。

家族がマハトの死を悼んでいる間、私はマンデラ一家から距離を置いたものの、葬式の手配は手伝った。とても悲しい葬式だった。マディバの気持ちを考えると、胸が張り裂けそうだった。アフリカの伝統では、葬式の前日に遺体を自宅に持って帰り通夜を行う。死者は自分の寝室で最後の夜を過ごすのだ。翌朝、玄関を入ったところに遺体を安置し、聖職者によるお祈りが執り行われる。マディバのたっての願いで、私も出席した。マディバのすぐ傍に座ったグラサ夫人が葬儀の間中、マディバの手を強く握っていた。私が死人を見たのは、子どもの時に父方の祖母が亡くなったとき以来だった。その時の記憶は何年も心につきまとった。だが、家に戻ったマハトは安らかな顔をしていた。息子を埋葬したことは、マディバの人生の中でも、とても辛い経験だったに違いない。

二〇〇〇年代に入って間もなく、マディバはドウ・ステインに、余分な収入を得る手段はないかと相談する。元大統領として年金を受け取っていたが、いくつかある邸宅を維持し、親族のニーズを満たすにはとても足らなかった。周りの人すべての面倒を見なければならないという責任を感じているようだった。周りの人間も、必要なものがあるとマディバに頼った。『私自身との対話』に掲載された手紙を読むと、服役中も人々の面倒を見ていたことがわかる。

マディバが自らお金を扱うことはなく、金銭的なことは弁護士に頼んでいた。マディバが刑務所に入っていた間、世の中は大きく変わってしまったため、マディバには現代社会における銀行関連のテクノロジーをどう扱ってよいやらわからなかったのだ。当時マディバの財政面をすべて管理していたのは、弁護士のイスマイル・アヨーブだった。

マディバには他人を無条件に信じるという才能があった。私がイスマイル・アヨーブに会ったのは、大統領府で働き始めて間もない頃だ。マディバは支払いをする必要があるたびに、イスマイルを呼んだ。イスマイルはまた、マディバの知的所有権や肖像権を担当していた。イスマイルは自分の責任を重く感じ、プロジェクト実施に同意する人がいたら、話を進める前に、銀行に約束した金額を振り込むことを要求した。マディバが自分で金銭問題を扱うことはなかった。イスマイルが自分のためにどのような交渉をしているか、マディバは半分も知らなかったのではないか。しかし、マディバの財務管理に関して、イスマイルはしっかりしていた。

金を無心する人があるたびに、マディバはイスマイルの元に送った。だが、マディバは前もってイスマイルに電話し、それぞれの人にどのように対処すべきか伝えていた。そういう人たちに、イスマイルが出費の内容について根掘り葉掘り質問することがよくあった。相手はいい気がしない。そのため、大抵の人がイスマイルに好意を持たず、「イスマイルを辞めさせるべきだ」と言い始める。しかし、イスマイルは辞めなかった。マディバは非常に義理堅い人なので、他の人が何と言おうと、イスマイルへの信頼が揺らぐことがなかったのだ。

マディバの弁護士には、ジョージ・ビゾスもいた。ジョージはマディバが刑務所に入る前から、何十年もマディバの弁護士を務めていた。リヴォニア裁判におけるマディバの弁護団のメンバーでもあった。ジョージには、法律に関する豊富な経験と知識に裏打ちされた威信があった。また、マディバととても特別な友情を持っており、マディバはジョージが大好きだった。

家族を養うための余分な収入の稼ぎ方について、ドウ・ステインから返事がある。しかし、ドウのアイデアはマディバの肖像をある程度商品化するものだったので、マディバの弁護士は全員反対した。商品化をひとたび認めると、将来的に不正な使用を阻止することが非常に難しくなるからだ。意図は良いものだったけれども、ドウのアイデアは却下された。顔や名前を商業的に使いたくないというマディバの意向を、私たちは一貫して守ってきた。大統領引退後、マディバがネルソン・マンデラ財団に託した役割である。

マンデラ財団には、様々なことと引き換えに、寄付の申し出があった。だが、どんな大金を積み上げられても、絶対に曲げることができない不文律がいくつかあった。

いずれも、何があってもマディバがうんと言わないことだ。たとえば、エリザベス女王との関係を悪化させる可能性のあること、タバコやアルコールに関係すること、そしてマディバの時間を金で売ること。ある時、アメリカの有名なアルコール飲料会社が二百万米ドル寄付したいと申し出た。マディバからの見返りはまったく期待していないという。だが、アルコールは人道主義者ネルソン・マンデラのイメージに合わないので断る。サウスアフリカン・ブリュアリーズ（SAB）社からの寄付申し出もあったが、アルコール製造会社なのでイスマイルが断った。

パリに行ったとき、有名な高級品ブランドから五百万米ドルの寄付申し出があった。マディバに広告に出て欲しいという。感じのよい人たちだったが、マディバの名前を商業目的に使うことはできない。また、マディバの時間を金で売ることもしなかった。金を払うからマディバに会わせてくれ、という申し出は断った。そういう人たちが結果的にマディバに会うこともあったが、金を受け取ることは拒否した。ネルソン・マンデラの信念に共鳴することなく、生の人間としてのマディバから利益を得るために金を払うというのは、とても純粋な動機とは言えないからだ。合計すると何百万ドルも損をしたかもしれない。だが、私たちはネルソン・マンデラの業績と関係ないことに関わることも、マンデラの名前が商業的に搾取されることも避けた。少なくとも、避けようと努力し、大抵の場合成功したと思う。アルコール製造業者や、商業目的に近づいてきた人たちを、それが理由で嫌いになったわけではない。人間は時としてあまり考えず物事を行うが、だからといって、そのためにその人の誠実さが損なわれるわけではない。世界中の有名人は政治家を含め、広告に登場したり、昼食会や晩餐会でのオークションに品を提供したり、料金を取って一緒に時間を過ごしたりする。いい金儲けの方法だ。だが、ネルソン・マンデラほどの道義的責任を負う人間にはふさわしくない。

親族のために収入を得るのは個人的利益のためであるから、事態は複雑だった。ドウの提案が却下された数日後、イスマイルが別の提案を持ってきた。マディバがアーティストの指導を受けて絵を描き、その複製にサインし、販売するというものだ。マディバは年を取るにつれ、「大家族を扶養しなければならない」と周りの人々に繰り返すようになっていた。事態は緊急になっていたに違いない。「孫たちにちゃんとした教育を受けさせなければならない」と、教育信託基金設立の資金集めをしたりしていた。別に悪いことではないと思う。「長年服役したことによる不在をなんとか償うために、家族の面倒を見なければならないと感じているのだ」と、人々は理解していた。

イスマイルの提案が受け入れられる。間もなく、イスマイルはマディバの代理としてロス・カルダーというビジネスマンと契約し、マディバの家にアーティストを連れて来た。アーティストの指導の下、マディバは描画に色をつけたり、木炭画のスケッチをしたりする。イスマイルの提案は、世界的な偉人たちが同じようなアマチュアのアートを売り、かなりの利益を上げたプロジェクトを真似たものだ。マディバがいくつかの描画に色を入れ、複製が作られるという作業が繰り返される。次に、大量の複製画にサインする。私はマディバが複製画にサインするスケジュールを組んだ。数日に一回、マディバは一、二時間座って複製画にサインする。数百、いや数千の複製画だ。正確な数は知らない。マディバはイスマイルを信頼しきっていたので、私は毎回同席したわけではなかった。自宅でサインすることもあれば、オフィスですることもあった。誰も記録を取らなかったし、このプロジェクトの動機を疑問視する理由はなかった。マディバがよく言っていたように、確証がない限り、人の誠実さを疑ってはならないのだ。さらに、私がイスマイルに出会った一九九四年、イスマイルはすでにマディバのために働いていたので、私はふたりの関係やイスマイルの権威に異議を挟まなかった。ふたりの間には長年の歴史がある一方で、何度も指摘を受けた通り、私とマディバの間には歴史がなかったからだ。

二〇〇五年四月、「マディバ国の内戦」という記事が、悪事や不正を徹底的に調査し追及することで知られる『ノーズウィーク』誌に掲載される。筆者によると、

マディバ国で勃発した内戦を理解するには、国王が死の床にある中世の王国を想像するのがよい。家族、そして家族内の派閥が国王死後の地位を巡って、自分に有利になるよう世間の関心を煽り、宮廷は密談と陰謀で満ち溢れている。

この「内戦」の中心にあるのは、誰がマディバの将来的な収入を管理するのか、そしてもっと重要なのは、マディバの名前と肖像を商標登録する権利が誰にあるのかという問題だ。マディバは財産管理を家族ではなく、第三者、即ち弁護士のジョージ・ビゾス、バリー・チュエネ、ヴィム・トレンゴーヴに任せたかった。さらに、マディバはイスマイルの行動に失望していた。誰か

がマディバの頭の中に、イスマイルは進捗状況を報告すべきだという種を植えつけたために、マディバがアートプロジェクトについてイスマイルを問い詰め、その結果ふたりの関係が悪化したのではないだろうか。マディバはこのプロジェクトに関して気が変わり、ジョージ・ビゾスらにプロジェクト停止を命じる。イスマイルとカルダーが訴訟を起こされ、裁判所がマディバのアート作品販売の中止を命令したことで、このプロジェクトから利益を得ていた人たちが怒り、内戦が始まったのだ。

一番最近の戦いは二〇一三年のこと。イスマイルと、マディバのふたりの娘マカジウェとゼナニがバリー・チュエネを訴えた。チュエネ、ジョージ・ビゾス、トーキョー・セクワレがマディバのアート作品の売り上げを管理する会社の理事に任命されたのは合法的ではないという主張だ。訴訟は二〇一三年九月に取り下げられた。

マディバはシャンバラで時間を過ごすことが多くなった。シャンバラはマディバが執筆をするのに完璧な環境だっただけでなく、マディバがとても必要としていた平和と静かな時間を提供してくれた。刑務所が懐かしいよ、とマディバはよく言ったものだ。その言葉に驚き心配する私に、刑務所では読書したり思索に耽ったりする時間があったからね、と説明してくれた。マディバの言うことはよくわかる。マディバは回想録を書き上げたかったので、シャンバラに行くときは一度にまとめて数週間過ごしたがった。回想録をまとめる作業は長く面倒だった。原稿はすべて手書き。マディバが五ページくらい書いた原稿を私がタイプする。タイプした原稿をマディバが修正する。タイプ原稿に修正を入れて私に渡すのではなく、マディバはまた手書きで書き直す。私がノートパソコンを持って傍に座り、マディバが口述するのを打ち込むと提案したが断られた。

マディバはテクノロジーが嫌いで、ペンを手に持って自分で書きたがった。マディバがレコーダーに吹き込んだのを私がタイプするのはどうかという私の提案に対しても、「いや、そういうのは好きじゃないな」。リサーチャーを雇ってみたが、マディバにはすでに書き続ける気力がなくなっていた。

マディバがその頃書いた原稿の一部は『私自身との対話』に掲載されている。まだ発表されていない原稿が、大統領時代のみを扱った『自由への長い道』の続編に含まれることを願っている。

私たちはゆっくりと、しかし確実に、ブレーキを踏んでいた。二〇〇五年五月、マディバは最後のアメリカ合衆国訪問に旅立つ。最初に足を止めたのはニューヨーク。ゴールドマン・サックスの元会長が企画した、資金集めの晩餐会に出席することになっていた。グラサ夫人が同伴できなかったので、マディバは機嫌が悪かった。夫人が傍にいないと、マディバは落ち着かなかった。イベント当日の午後、マディバはいつものように昼寝する。晩餐会出席の用意をさせようと起こしに行ったところ、気分がすぐれないという。心臓が止まりそうになった。医者を呼ぶ。深刻な病気の兆候はない、恐らく疲労だろう、とのこと。晩餐会出席は取りやめ、その代わり、主なドナーたちを部屋に呼ぶことにする。マディバが何かをキャンセルするたびに、人々の反応が心配になった。

ドナーたちはとても理解を示してくれた。誰もが、こんなに理解してくれれば嬉しいのに。翌日、マディバは元気一杯だった。朝、クリントン大統領に会う。毎回のことだが、マディバはクリントン大統領に会うことを楽しんだ。グラサ夫人に会える日に一日近づいたことも、いつもながらマディバの機嫌を良くした。二日後、ソル・カーズナーとロバート・デニーロが主催し、ジェリー・インゼリロが準備した晩餐会に出向く。場所はトライベッカ。多くの友人が出席した、素晴らしいイベントだった。音楽界、エンターテインメント界のセレブもいたが、その半分は顔を知らない人たちだった。セレブたちがマディバに挨拶しようと押し寄せたので、断固としてテーブルから追い払わなければならない。マディバには、「スタミナが必要だからちゃんと食べることに専念してください」と言う。マディバは押し寄せるセレブたちが一体誰であるかまったく知らない。新聞で読んで、名前や顔に覚えがあった人もいるが、ほとんどは見たことも聞いたこともなかった。マディバはセレブに会ってもファンのような反応を示さなかったので、期待がはずれたセレブたちはかなりのショックを受けたのではないか。それを見るだけでも面白かった。セレブたちがマディバのテーブルに群がって来る。晩餐会から退席するとき、私たちが立ち止まって挨拶した人たちの中に、リチャード・ギアがいた。この瞬間マディバと身代わりになりたい女性が世界中に大勢いることに、マディバはまったく気がついていない。しかし、リチャード・ギアに紹介された私が口もきけなかったことに、マディバは気がついたはずだ。

そういえば、スペシャルオリンピックへの支援を表明するため、アイルランドに行ったときのことだ。マディバとエレベーターに乗ろうとしたとき、ひとりの男がやはりエレベーターに乗ろうと急いでこちらに向かっているのが見えた。エレベーターの中に誰がいるか気づいていない様子だ。もう一度目を凝らしてみたら、男はピアース・ブロスナンだった。私はマディバに囁く。「今、エレベーターに入って来る人は有名な俳優です。ジェームズ・ボンド映画で主役の007を演じたんですよ」。「有名な俳優」で止めておくべきだった。ただ、ブロスナンが付き人もなく、たったひとりでいたため、私は驚きのあまり気が動転していた。マディバがちょうど「何を演じているって?」と聞き返したとき、ブロスナンがエレベーターに入って来る。マディバは質問には答えず、「クル。有名な俳優のピアース・ブロスナンさんを覚えておいでですか」。マディバは「ああ、もちろん。お目にかかれて嬉しいですよ」。ブロスナンは見事に対応してくれた。エレベーターが止まり、その場を離れることができたときには嬉しかった。

リチャード・ブランソンが始めた、かつての戦場地帯で地雷を探知撤去する費用を拠出する「マインシーカー・プロジェクト」を支援するため、ブラッド・ピットが南アを訪問した際も、似たようなことが起きた。ネルソン・マンデラの人生は政治が中心だった。刑務所で上映された数本の映画を除いて、娯楽には縁がない。映画館に行く時間も、DVDを観たりしてくつろぐ時間もなかった。食べて、寝て、政治と人道的活動のために生きるだけの人生だ。ブラッド・ピットが誰か説明しようとしたが、簡単ではなかった。翌日ブラッド・ピットに会ったとき、マディバはいつも通り、名刺を持っているかと尋ねる。もちろんブラッド・ピットは名刺など持っていない。「じゃあ、どんな仕事をしているのかね」。前もってブラッドに、マディバはハリウッドの出来事や映画業界に疎いことを説明しておいてよかった。ブラッドはとても礼儀正しく、「俳優として生業を立てようと努力しています」と答える。私は「ご謙遜なさっていますが、実は世界でも最高クラスの役者さんなんですよ」と付け加えた。ブラッドは大騒ぎもしなければ、驚きも、恥ずかしがりもしなかった。本当の紳士である。

ブラッドがマディバを訪問する前の晩、マインシーカー・プロジェクトで働く共通の友人から電話があった。私が夕食を共にすることをブラッドが望んでいるという。最初、私は断った。その話を同僚にしたら、「ブラッド・ピットと夕食するのを断る人がどこにいるのよ」と正気を疑われる。ここにいるわよ、と私。南アの概況とマディバと会見する際の心構えを知ることが目的で夕食に招待してくれたことには感謝したが、ボスについて説明するための夕食会にはそれまで限りなく出席しており、嫌気がさしていたのだ。マディバのことは心から愛していたけれど、マディバと一緒に人をもてなす義務があるとは思わなかった。しかし、結局、招待を受けざるを得なくなる。そして、行ってよかったと思った。ブラッドは稀にみるほど感じが良く、謙虚な人物だった。それに私同様、バイクが大好きだった。なんと同じバイクに乗っていた時期まであった。ブラッドはマディバの話にだけ関心があったわけではなかった。南アがどんな国であるか、どのような将来を持っているかについて感触をつかませてくれる人と意見を交換することにも、心から興味を持っていた。

ニューヨークでのパーティーの後も、私たちのアメリカ旅行は続く。今回はジョージ・W・ブッシュ大統領がコールバックしてくれたので、ワシントンまで会いに出向いた。初めてジョージタウンのフォーシーズンに泊まる。ホテルがマディバ夫妻のために用意した偽名はスミス夫妻。アンジェリーナ・ジョリー、ブラッド・ピット主演のアクション・コメディー『Mr. & Mrs. スミス』が封切られた直後だった。だが、マディバがスミス氏とは笑ってしまう。南アでは白人の苗字と考えられているからだ。ストレスに押し潰されそうな状況でも、大抵このような笑いを誘う場面がある。ユーモアのセンスを持ち合わせていることが役に立つ。心の中で笑うことで、自分を正気に保つことができるからだ。

マディバはワシントンで、黒人議員の団体に演説した。あまりに大勢の人がいたのと、喜ぶ人や怒る人が出るのを恐れたため、個々の出席者への挨拶は控えた。ホテルに戻ってから、バラク・オバマ上院議員がマディバの演説の場にいなかったと知る。ある事柄に関するこの団体の見方に賛成しないから、ということだった。ヒラリー・クリントン上院議員からマディバに会いたいという要望がある。ニューヨークでの多忙なスケジュールをこなした後、マディバは疲労困憊していたが、クリントン夫妻は長年の友人であり、また政治やビジネスではなく、社交的な面談というので会うことにする。今回も、長距離の旅行はマディバにとって辛いものだった。マディバはまだこれからブッシュ大統領に会うことになっていたので、そのためのエネルギーを残しておく必要があった。オバマからも、挨拶したいという要望を受ける。財団CEOのジョン・サミュエルとヘルヴェル教授と私は、断ることで意見が一致した。マディバの疲れは限界に来ていたのだ。

ところが、マディバの長年の友人で、アメリカ人のフランク・フェラーリが、握手するだけのことであり、オマバ上院議員はアメリカ初の黒人大統領になるかもしれない人だと言う。私は心の中で呟く。だからどうだっていうのよ。結果的に、オバマの要請を受け入れることになる。ふたりは挨拶し、当たり障りのない会話をした。オバマは老齢のマディバをこの上なく丁重に扱った。それどころか、ドアマンから「秘書」（私）に至るまで、誰に対しても心遣いを示した。ネルソン・マンデラの人となりによく似ている。普通の人を大切にするのは、偉大な人物である証拠である。マディバはあまりにも疲れていたので、挨拶するのに椅子から立ち上がることもできなかった。誰がマディバとオバマの写真を撮ったのか覚えていないが、マディバは座ったままで、オバマは握手しようとかがみ込むシルエットしか写っていなかった。

「アメリカがイラクに侵攻するのは間違っており、トニー・ブレア英首相はアメリカの外相にすぎない」とマディバが発言して以来、ブッシュに会うのはこれが初めてだった。マディバはまた、「コフィ・アナン事務総長が黒人だから、ブッシュ大統領は国連の意思を尊重していない」とも公言していた。ブッシュへのダブルパンチである。マディバはブッシュと多くの議題について話したがっていた。会見の後、メディアの前に一緒に姿を現し、お互いの意見の相違を尊重していること、いろいろあったが友好関係を回復したことを世界に見せるという計画だった。マディバはよく言っていた。意見の違いは単なる相違であり、それ以外の点で人間関係に影響を与えてはならない。マディバはカダフィと異なる意見を持っていたけれども、だからといってカダフィに肘鉄を食らわせることはなかった。

この種の会談を行うのに、マディバがあまりにも疲れ切っているのではないかと心配になったので、会談用のメモを作成し、重要事項に印をつける。以前の訪問と同じ要領でホワイトハウスに入り、大統領執務室へと進む。待合室でインターンが、マディバと馬鹿げた世間話をしようとした。私は感情が顔にすぐ出るたちだ。インターンはすぐ、まずいと感じたようだった。大統領にはほとんど待たずに会え、会談が始まる。時間に正確なことに感謝した。最初は愛想がよかったブッシュだが、マディバが同じことを三回繰り返したあたりで、忍耐を失っているのがわかる。マディバはメモに従わず、メモにない話を長々と続け、メモの重要事項に戻ったと思ったら、すでに述べたことを繰り返した。ブッシュが老齢の弊害を理解していないのに気がついた私は、次第に心配になった。マディバの話を遮って、ブッシュは「さて、大統領閣下」と切り出した。マディバのことだ。「そろそろメディアに対応する時間です」。まだ話が終わっていないマディバは口を閉じない。ブッシュはマディバの言葉をまた遮り、同じことを繰り返す。困ったことになった。

ブッシュはマディバの言うことに耳を傾けるより、マディバと一緒にメディアの前に登場することに関心があるようだった。ブッシュは対アフリカ支援の増強に合意してくれたが、それでもその日経験したことについての私の考えは変わらなかった。このような状況でまったくマディバの力になれない私は無力感に打ちひしがれ、マディバが気の毒になった。しかし、忘れっぽくなったことや、考えが一か所に留まらないことに自分で気づきながらも、マディバは誇り高く活動を続けたのだった。「私は百歳近いのだから、忘れてしまうのだよ」と繰り返すマディバに、私は心を突き動かされた。そして、手を握ったり、肩に触れたりという、ちょっとした動作を通じて、私たちにはわかっています、たとえ忘れっぽくなろうと、傍にいてあなたを支えますよ、と伝え、マディバを安心させようとした。

当時私はジョハネスバーグの西に住んでいた。オフィスとマディバの自宅があるハウトンから、約二十一キロの距離だ。普通の交通状況で、片道四十分くらいかかった。通勤ラッシュ時間だと、片道二時間くらい。もう死にそうだった。それに加えて、マディバはどんな些細なことでも私に電話してくる。たとえば、ある土曜の朝、庭仕事をしていると、マディバから電話。「ゼルディーナ、今忙しいかい？」。もちろん忙しいとは言えない。「何が必要ですか、クル？」「電話で話せるような内容ではないので、自宅まで来ておくれ」。服を着替え、ハウトンの家まで行く。到着すると、十回のうち九回はなぜ私に電話したのか覚えていない。

電話するときは、どんな用事なのか書き留めておくように頼んだ。そうすれば、私が到着したとき、何をすればよいかわかる。だが、マディバは嫌だと言う。それでは、家政婦のひとりに用件を伝えて欲しいと頼む。それも嫌だと言う。仕方がないので、マディバ邸近くに家を探すことにした。その頃、初めてのバイクを買っていたが、大人になりなさい、オモチャなど売り払って、不動産に投資しなさい、と父に言われたため、マディバの家とオフィスの近くに家を買う。

だが、実際のところ、自分の生活を保ちながら働いて旅行するというペースが維持できなくなっていたのだ。日常的な事務だけでもかなりあったのに、マディバとイベントに出席するため碌《ろく》に出勤できないことから、オフィスでの業務が滞りがちだった。嬉しいことに、財団のＣＥＯが助手を三人雇うことに合意してくれる。三人は天国から遣わされた天使のようだった。手が増えて、本当に助かった。仕事の一部を助手に割り当てることで、メディア対応から時間管理まで、マディバに関するあらゆることを注意深く計画する余裕ができた。しかし、計画通り物事が進むことはない。マディバはその日の予定を秒刻みで知りたがったのに、いくら緻密に計画を立てても、完璧ということはなかった。人使いが荒いとか、一緒に働きづらい人だとか、面と向かって言われたこともある。私は自分が完璧主義者なので、他人への期待が高すぎることもあるのだろう。だが、マディバが年を取るにつれ、マディバに関しての細部にとらわれるようになり、不思議なことに、他人に対しては段々寛容になっていった。

マディバは時として気難しくなった。私が十分注意を払っていないとか、イベントへの同行を怠っていると感じると、仕事を助手に任せないで私自身がやるべき理由を見つけるのだった。また、私はスタッフ間の問題に巻き込まれることもあった。スタッフが嫌な思いをしたり、疎外感を味わったりしないように気を配らなければならなかった。私はかつての内気な白人の少女ではなくなっていた。そして、マディバは私の強迫神経症的な完璧主義に慣れていた。私のやり方はマディバにぴったり合っていたのだ。マディバは他人がぐずぐずしていることに寛容だったが、私だけは許さなかった。

二〇〇五年十月、ケニアに向かう。ナイロビでアフリカン・ピアレビュー・メカニズム（アフリカ連合加盟諸国のグッドガバナンスを促進するため、相互モニターする仕組み）の仕事をしているグラサ夫人に合流し、二週間一緒の時間を過ごすためである。恐らく私の人生で最も長い二週間だった。南アでは友人が私の引っ越しの荷造りをしてくれており、ケニアの私は家に帰りたくて仕方がなかった。マディバは口数が少なくなっていたが、それでも長時間何もしないでじっとしていることができない人なので不満だらけだった。にっちもさっちもいかない。マディバは妻と一緒にいたかったくせに、一か所に留まるのは我慢できなかったのだ。

当初、ナイロビのホテルに泊まる。周りに生い茂る緑の木々が美しかったが、木のせいでマディバの部屋には日光が差し込まなかった。屋外に出るとマディバの周りに人が集まって来て、自由に動き回ることができない。そのため、私たちはほとんどの時間を屋内で過ごした。数日後、ゴルフ場内の宿泊施設に移ることにする。少なくとも日光に当たることができるし、マディバが屋外に座ることができるからだ。しかし、南アから送られてくる新聞記事に目を通すことと、たまに訪れる来客に会うこと以外にすることはほとんどなかった。マディバの部屋の前には、木や茂みに囲まれた湖が見える。何もすることがないとき、私の想像が羽ばたく。あの湖はなんだか不気味で不思議。ネス湖みたいだわ……。マディバにネス湖の怪獣に関するスコットランドの神話を話して聞かせた。数日後、グラサ夫人が昼食を取りに戻って来たとき、その湖をネス湖と呼んだら、「マディバが怖がるからやめなさい」と言われる。私がマディバを怖がらせる、ですって？　皆で笑った。

南アに戻るとすぐ、友人に手伝ってもらって引っ越しする。何か普通のことをする時期だと思い、犬好きなので、ボストンテリアの子犬を二匹飼うことにした。名前はウィンストンとロキシー。平凡な名前の犬は嫌だ、有名な政治家の名前をつけようと、ずっと前から心に決めていたのだ。ウィンストンはウィンストン・チャーチルにちょっと似ている。葉巻をくわえたら完璧だ。ロキシーは女の子っぽく、どの政治家にも似ていない。クリスティーナ・オナシスやマデレーン・オルブライトに因んで名づける手もあったなと後になって思いついたが、ロキシーという名前もこの犬に似合っていた。この二匹が私の子どもになる。間もなくマディバは旅を嫌がるようになったので、ペットの世話がちゃんとできるようになった。

マディバはマプトで過ごす時間が長くなった。執筆は諦めていたが、南アにいるときは依然として面白いと思った人物に会いたがった。タレント発掘番組『アイドルズ』について新聞で読んだ後、出演者に会いたいと言い出し、アレンジしたこともあった。また、ある警察官が職務中十一発も撃たれたのに一命を取り留めたと新聞で読んだときは、その警察官に会いたがった。会いたいと言った人がやって来てくれたのに、知らない人間と会話する気分にならないこともあった。マディバが何を欲しているのか、予測するのが次第に難しくなっていく。必要なのは一層の忍耐と思いやりだった。こういうことは年を取っていく上で、自然の成り行きなのだから。年を重ねるごとに、気が変わることが多くなっていくものなのだから。

これ以後、あらゆることが落ち着き始めた。マディバはほとんどの時間を、妻とマプトで過ごすようになる。南アに戻って来るのは、大切な用事があるときだけ。グラサ夫人は自分の仕事を続けた。精力的な夫人には仕事をやめることができず、その結果私とマディバはほとんどの時間を家で過ごし、退屈していた。マディバがグラサ夫人に魅かれた理由のひとつは、精力的で情熱的な人柄だと思う。モザンビークのみならずアフリカ中に、ひいては世界に変化をもたらそうと決意献身する意欲的な人物だ。マディバは夫人と一緒にいたがったが、だからといって、夫人の活動をやめさせようとか、夫人の人となりを変えようとかすることは決してなかった。夫人は子どもが大好きで、母国モザンビークの人たちの生活を向上させることに情熱を燃やしていた。一九九五年には、子どもの難民に尽くした業績が認められ、国連からナンセン難民賞を受賞している。夫人は声なき人々の声になるという強い決意を持っていた。マディバはそんな夫人を大いに評価し尊敬しており、夫人の留守中、よく自慢したものだった。

二〇〇六年一月、ソル・カーズナーの招待を受け、再びモーリシャスに向かう。意図的に何の予定もいれず、また今度は一週間ではなく、十日の滞在にした。初めて行ったとき同様、楽しい休暇だった。前回同様、カーズナー・インターナショナルのジェリー・インゼリロが、ソルの指示により、私たちのニーズがすべて満たされるよう気を配ってくれる。マディバが最高の時を過ごせるよう、前回と同じマネージャー、マウロ・ゴヴェルナトの目があらゆる細部まで行き届いており、完璧なプライバシーが確保されていた。マディバはすっかり元気を取り戻し、次の一年に立ち向かうことができそうだった。

モーリシャスのジムで、現地の若いトレーナー、プラカシュ・ラムスルンに出会う。バイオキネティシスト（運動力学に基づいたリハビリテーションの専門家）として訓練を受けたという。マディバはジムに来ないのかと聞くので、ステッキを使うか、誰かが寄り添わない限り、歩くこともままならないと答えた。すると、ストレッチ運動と筋力トレーニングをすることで、きっとまた歩けるようにさせてみると挑戦してきた。普通なら、こんな提案をされると私は苛つく。マディバには複数の医師がつきっきりなのだ。私たちがどれほど一生懸命マディバの世話をしているか、人はわかってくれない。そんな提案は、すでに考慮したことがあるとは思わないのだろうか。医師たちはそんな提案に耳を貸したくなかったから、私がいつも聞き役になった。そして、提案を受け入れない理由を毎回考え出さなければならなかった。

私はロッジに戻り、プラカシュの提案をマディバ夫妻に伝える。ふたりとも、プラカシュがロッジに来てくれれば、ストレッチ運動を習ってもよいという。翌朝、プラカシュはトレーニングを開始した。マディバにどんなものか見せるため、まず私が実験台になる。それでよいということになり、マディバのストレッチが始まる。マディバはすぐにトレーニングが気に入り、プラカシュに協力的だった。モーリシャスを出発したときには、マディバはステッキも、付き添いもなしに、ひとりで歩くことができた。マディバは生き生きしていた。私はソルに感謝の手紙を出す。ソルの厚意のおかげで、「マディバの人生が何年も長くなった」と書いた。本当にそうだと思った。プラカシュを南アに呼び、マディバのマッサージ師を訓練してもらう。だが、マディバに続けてもらうには、固い決意と粘り強さが必要だった。マディバにはもう、そんな気力がなかった。数か月後、マディバはまたステッキのお世話になっていた。

自宅に戻ったマディバは、以前より居間で過ごす時間が多くなった。ある日、居間にかかっている植民地時代風の絵を取り外すときが来た、とマディバが言い出し、南ア画家の絵を入手してくれとグラサ夫人に頼まれる。前年、自分の家用に、コサ族の女性が一枚にひとり描かれた絵を数枚買ったのだが、その店の主人にマンデラ邸まで絵を持って来てもらう。マディバは最初、コサ族の女性三人が描かれた、色鮮やかな絵が気に入った。ところが、二週間後、気に入らなくなったという。「この絵は正しくない。女性しか描かれていないじゃないか。やはり男性も必要だよ」。そこで絵を画家に戻し、男性を一人描き足してもらうことになった。マディバの頭脳は、あらゆることについて、完璧に現実を反映し、バランスが取れているようプログラムされているのだ。それはもはや、意識的な決定ではなく、人格の一部になっており、自然に生じた反応だった。すべての人間を包み込み、すべてのことが完璧に調和していなければならないのだ。

それを毎日目にしているうちに、自分自身も多少そのようになってくる。マディバのような人物の傍にいると、自分の全存在に変化が現れるのだ。出会う人すべてに親切にしなさい。その人たちにどんな苦労があるか、知らないのだから。私は以前に比べ、見ず知らずの人を尊重するようになった。きちんと感謝の言葉を述べるようになった。他人に敬意を払うようになった。「他人が私をどう扱うかは、私がその人をどう扱うかによる」ということを、いつも心に留めて置いた。マディバから習った素晴らしい教訓だ。何年もマディバを見てきて、「人はあなたが言ったことは忘れるが、あなたがその人をどう感じさせたかは決して忘れない」という言葉が本当であることに気がつくようになった。愛想よく敬意を持って人に挨拶するだけで、この言葉が本当であることがわかる。

定期的に南アを訪問していたビル・クリントンが、二〇〇七年、マンデラ財団の資金集めイベントに参加してくれることになる。資金集めに友人の支援を頼むことが時にあったが、これもそのひとつだった。クリントンは競売用の品を寄付してくれた。財団からもマディバゆかりの品を提供した。参加者は百人にも満たなかったが、一晩でなんと千八百万ランド（百七十万米ドル）の売り上げを記録する。南アの競売史上、最高額である。売り上げは財団の基本財産に加え、財団継続に貢献することになった。

悲しいことに、マディバが始めた三つの非営利団体のうち、マンデラ財団だけが必要な基本財産に達していなかった。集めた寄付を他のふたつの団体と分け合わなければならないことがよくあったことも、その一因である。他の団体は子どもや奨学金といった、善意が集まりやすい分野に活動が集中していた。イベント企画や資金集めは私の仕事ではないはずだったが、私がすることだと思われていた。だが、資金集めをしたからといって、給料が余分に貰えたわけではない。マディバの偉業を引き継ぐこと、マディバの死後も未来の世代がマディバから学ぶことが重要だと信じていたから、やることすべてを成功させるために全力を費やしたのだ。だから、マンデラ家の人々に「なぜ秘書がそんな仕事まで手を出すのか」と聞かれると悲しかった。私には答えることができなかった。他の誰もやってくれないから、というのが最も真実に近いだろう。呼びかけに応じて支援してくれた人たちに、そして長年の間に培った友情と人間関係に、私は生涯を通じて感謝し続ける。

資金集めイベントの前日、クリントンは財団で感動的な演説を行った。その中で、マディバに触れ、こう述べている。

言葉で言い尽くせないほど残念なことがあります。私の友人［マンデラ］があれほど長い年月苦しんでいたときに、ロバート・ケネディのように抗議し手助けできる立場にいなかったことです。しかし、マディバは生き抜きました。それは神様が、理由があって、そう定められたからだと信じています。マディバが何も仰らなくても、今、徳と美に満ちた晩年の姿を見るだけで、私たちにはわかります。個々人の違いよりも、私たち誰もが持つ人間性の方が大切であると信じることができれば、若々しい外見を保ち、幸せに感じ、より充実した人生を送ることができるのです。

胸の隅々まで打つ言葉だった。私が聞いたクリントンの演説の中でも、際立っていると思う。

私たちはイギリスの政治家ゴードン・ブラウンとそのスタッフとも親しくなり始めていた。蔵相としてアフリカに大変熱心で、ミレニアム開発目標を達成するよう、全力を尽くして各国政府に働きかけてくれたゴードンは、イギリスのイラク関与の結果、政治的危機に立っていたトニー・ブレア首相の後を継ぐことになっていた。大変控え目なゴードンを、マディバは気に入っていた。ANCは英労働党と協力関係にあったものの、労働党が暴力や戦争に関わっている限り支持を控えていた。イラクから撤退する計画だったゴードンは、オバマ大統領がブッシュ大統領から引き継いだのと同じくらい複雑な状況をトニー・ブレアから引き継いでいた。トニーはチャーミングだったし、私はトニーのスタッフと仲が良かったが、トニーは私的人格と公的人格が一致しない人だった。個人的に話すと、人柄にもその考えにも好感が持てたのに、公の場では、そして政治的には、私が知っている人間とは矛盾する意思を表明する。一方のゴードンは、まさに寛大な巨人だった。ゴードンはまた、モザンビークを訪れ、マディバ夫妻と教育プロジェクトを立ち上げた。

この数年後、マンデラ・ローズ財団のCEOショーン・ジョンソンに、マディバがロンドンに行ったついでに、当時野党だった保守党のデイヴィッド・キャメロン党首に会って欲しいと頼まれる。ショーンによると、デイヴィッドは次期首相になる可能性があるという。口に出さない分別はあったが、バラク・オバマがアメリカ初の黒人大統領になるかもしれないと言われたとき同様、心の中で呟いた。まさかね。私が生きている限り、保守党員がイギリスの首相になるなんてあり得ないわ。しかし、ふたりともそうなってしまった。あの時デイヴィッド・キャメロンに会うことにして良かった。

マディバはいまだに、自分の「引退」の状況について、矛盾するメッセージを発信していた。

たとえば、「ザ・エルダーズ」の立ち上げ。世界中の政治家やオピニオンメーカーが集まって、平和や人権問題に関して提言するグループだ。元々の始まりは、二〇〇〇年代の初頭、実業家リチャード・ブランソンのロンドン邸での昼食会だった。その席上、ブランソンとミュージシャンのピーター・ガブリエルがアイデアを披露する。世界中で続いている紛争に正義と平和をもたらすため、年長の政治家の団体が指針を提供してはどうか、というのだ。素晴らしいプロジェクトだが、マディバはそのような活発な活動に参加するには年を取りすぎ、疲れすぎていた。それでもマディバは支援したいと言ってきかない。そこで、マディバがプロジェクトの立ち上げだけしてから、引退を理由にすぐに辞任することになる。影響力があり尊敬されている人々から成る独立機関が、世界の問題に関して必要とされる提言を行うというので、マディバはプロジェクト立ち上げを支援することに同意したのだ。

時々マディバは数日家でじっとしていた後、ペンを買いに店に行くと言い出したりした。マディバがどんなペンを好むか正確に把握していたので（ごく普通の、ビックのプラスチックボールペンだ）、私が買ってきますと申し出ると、「君では間違ったペンを買ってしまう」。ペンを買うというのはショッピングモールに行く単なる口実で、本当は人がいるところに行きたいだけなのだ。ボディーガードと私にとって、最悪の悪夢となる。マディバをショッピングモールに出入りさせるのは至難の業だ。通りに面した文房具屋に連れて行くのでは納得しない。ショッピングモールでないとダメなのだ。そして、ショッピングモールで、ごく普通のペンを買い、うちに戻るのだった。

ある時、マディバはペンを一本買うために、ジョハネスバーグ北部の大きなショッピングモールに出かける。私は一緒ではなかった。ビックペンで十分なことを知らないボディーガードが、マディバをモンブランに連れて行った。ペンを選んで支払いをしようにも、マディバは現金を持っていない。ボディーガードたちが手持ちの現金をかき集めるが、必要な金額に達しない。もちろん無理である。南アの警察は国民に仕え国民を守ることを期待されているのに、給料がとても少ないのだ。

マディバは現金を持ち歩かなかった。時折誰かに頼んで現金を貰うことがあっても孫に渡してしまい、孫に渡したことをすっかり忘れてしまうので、財布はいつも空っぽだった。マディバの財布にいつも変わらず入っているのは、マック・マハラジの名刺だけ。なんだか微笑ましい。ともあれ、私はボディーガードから緊急の電話を受ける。ペンの代金を支払ってくれと、マディバが頼んでいるという。支払い方法について店のオーナーと話そうとしたところ、コールバックして請求書を送るとのことだった。

モンブランはルパート一家所有のブランドである。ルパート家は父のアントン、息子のヨハンの二代にわたり、マディバの長年の友人だった。現在の家長ヨハンはカルティエ、モンブラン、ヴァンクリーフ&アーペルなど世界的な有名ブランドを傘下に持つ名門企業の経営者である。モンブランがルパート家の所有であることを、マディバが覚えているわけはない。一方のボディーガードたちはマディバのために良いペンを見つけようと、真摯な気持ちでモンブランに連れて行っただけだ。当然マディバが支払えると思っていたのだ。もちろん、ヨハンはマディバにペン代を請求するようなことはできない。それで、ペンはプレゼントだ、というメッセージが届いた。マディバは当初断ったが、ヨハンが金を受け取ることはありえず、結局マディバが折れる。具合が悪くなるまで、マディバはそのペンを胸ポケットにいつも入れ、「大統領のペン」と呼んだ。インク定期的にインクを入れなければならない万年筆だったが、大抵インクが入っていなかった。インクを探して入れても、すぐに使うことがなかったため、この万年筆を使ってサインをするときは大抵インクが滲んで役に立たなかった。それで、できるだけ使わないようにした。

マディバがまるで神聖なもののように大切にした所有物はほとんどない。二本のペン、腕時計、空っぽの財布、象牙のステッキ、老眼鏡のケース、そして補聴器。一番大切なのは何といっても結婚指輪だ。屋内でも屋外でも、働いているときも休んでいるときも、いつも身に着けていた。これらの品々は就寝時にベッドの横に丁寧に並べられ、目が覚めるとまず確認していた。定期便の飛行機で海外に行くときは、到着するまで私に財布を託した。自分で持っているよりも安全だと思っていたのだ。私の席はいつもマディバに近かったから、私が持っていても安全性に変わりがあるとは思えない。それに、マディバの財布はいつも空だった。ある時、手荷物に入れるべきものを家政婦がスーツケースに入れてしまった。マディバがどうしても手元に必要だと言うので、パイロットをなんとか説得して、私とボディーガードが荷物保管場所に入り、その品を探したことがあった。それが手元にないと安心して眠れない、というのである。マディバには非常にこだわることがいくつかあったが、これはそのうちのひとつだった。

新聞も、マディバが神聖視したもののひとつだ。マディバが目を通すまで、他の誰も読むことを許されなかった。誰かが開いた新聞は嫌がったので、ページを開けることなく差し込み広告を取り出さなければならない。一度でも開かれた新聞は、読むことを拒否した。そして、読み終わったら、たとえ女王陛下を待たせていても、自分で畳まないと気が済まない。新聞と膝掛毛布に関しては、ゆっくりと完璧に自分で畳んだ。二十七年間世間から隔離されて生きた証拠だろう。細かいことにこだわる時間が十分にあったのだ。そして、あまりにも何度も繰り返したものだから、日常生活の一部になってしまったのである。私たちがその習慣を変える理由も必要もない。

私はよく、マディバの靴を脱がし、マディバの足を足載せ台に載せた。その時、靴をマディバのすぐ傍で、マディバの目が届く位置にきちんと揃えて置かなければならない。さもないと大目玉を食らう。椅子の下に隠そうとか、左右揃えないで置くとか頭に浮かんでもいけない。呼び戻され、やり直すよう命じられる。規律正しい人格の表れだった。「ゼルディーナ。こっちに来て、直しておくれ」と言われると、私は靴を同じ向きに正確に揃え、マディバが見える位置に置き直すのだった。

今から本屋に行く、と言い出すこともよくあった。マディバはへたな図書館より多くの蔵書を持っていたのに。マディバが外出すると大勢の人に取り囲まれて大変なので、私が代わりに買いに行く方が絶対楽だ。それで、どの本が欲しいのか、ダメ元で聞く。マディバの答えはふたつにひとつ。「行って探したい本がある」と言われたら、題名を聞くことは控えた。または正直に、「本屋に行って本が見たいだけだ」と答えることもある。見たいのは本だけではない。人間にも会いたいのだ。本屋はすぐに大混乱に陥る。一秒でも早くその場を立ち去ることができるように、私は関心がある本の題名や分野にマディバの神経を集中させる。その間、人々は何をしに本屋にやって来たのか忘れ、マディバをすっかり取り囲んでしまう。敬愛の念からとはいえ、人々がマディバの元に押し寄せたために、マディバの命に関わる事態になってしまうのではないかと、私とボディーガードたちはよく心配したものだ。

時にはページをめくって、本にざっと目を通すこともあった。だが、たとえ面白い本でも、文字が小さすぎたらマディバは買わない。大手の出版社ナスペルスに、マディバのために大きな文字で本を印刷してくれないかと頼んだことも一度ではなかった。ナスペルスは快く応じてくれた。本屋に行くたびに数冊はタダで貰うのだが、マディバは大抵、一般客同様に扱われることを主張し、代金を払おうとした。「代金を払わせてくれなかったら、この本屋には二度と来ない」とマネージャーを脅すこともあった。タダでものを提供されれば、多くの人は喜んで受け取るだろう。だが、ネルソン・マンデラは違う。代金を払うと言ってきかない。タダでものを貰うことは稀だった。一冊だけ買うこともあれば、本が詰まった箱をいくつも持って本屋を出ることもあった。買った本の多くは、最初のページを開いただけでお蔵入りとなった。

マディバは南アフリカ人の作家や伝記を好んだ。お気に入りの本に、アフリカーナの詩人、C・ルイ・ライポルト（一八八〇‐一九四七）の詩集があった。マディバはライポルトの文章が大好きで、一九九九年には西ケープ州にあるライポルトの墓に参っている。有名な南アの作家、アンキー・クロッホの『カントリー・オブ・マイ・スカル』は何度か購入した。「もうその本はうちに二冊あります」などと諭しても無駄で、私に腹を立てることもあった。そのため、同じ本を四冊も五冊も買ってしまうはめになる。

マディバはまた、「辞書が必要だ」と言い出すことがあった。何度かいろいろな辞書を買った後に気がついたのだが、「ほんの数週か前に一冊買ったばかりじゃないですか」とマディバをたしなめるのはまったく意味がない。辞書は本屋に行く口実にすぎないからだ。大きな文字のオックスフォード辞典など、二十冊くらい買った。外国にいるときでも、マディバは突然、「辞書が要る」と言い出す。ホテル近くの本屋に出向き、辞書を買い、南アに持って帰るが、その辞書はその後、一度も開かれることがない。マディバは正直に、「人が大勢いるところに行きたい」とか、「町を見たい」とか言えなかったのだ。そんなことを口にするのは利己的だと思っていたようだ。だから、本屋に行くとか、ペンを買うとかいう口実を使ったのである。マディバにはごく普通のことができなかった。超有名人であることの困った点だ。普通のことができる自由は、奪われて初めてその価値がわかる。

どういうわけか、本屋に行くと、マディバはアフリカーンス語の本の棚にいつも惹きつけられた。『私自身との対話』の中で、アフリカーナ作家、ランゲンフーヴェンへの愛着をこう語っている。

第一に、文体がとてもシンプルであること。第二に、とてもユーモラスな作家であること。そして、ご承知の通り、ランゲンフーヴェンの作品は、イギリス人を模倣したいという欲求からアフリカーナを解き放つことも目指していました。アフリカーナに愛国の誇りを吹き込もうとしたのです。だから、とても好きなのですよ。

若いアフリカーナに誇りを吹き込もうとするこの言葉を、私はしっかりと心の中に留めた。人間が一個人であり続けること、同時に自分の民族の歴史を受け入れることを、マディバは大切だと思っていた。若いアフリカーナと話をするとき、私はよくこの言葉を引用したものだ。

ある時、孫息子の卒業式に出席した帰り、マディバをエスコートする車両の列が、プレトリア大学近くの、学生で溢れる地域で突然止まった。マイカーで後についていた私は車から飛び降り、なぜ止まったのかボディーガードに聞く。答えは簡単だった。マディバが本屋に行くというのだ。数冊にざっと目を通した後、マディバは外国語学習教材が並べてある棚の前で立ち止まる。外国語を独学するための本やテープである。ポルトガル語の教材一式を購入する。マディバはモザンビークで時間を過ごすことが多くなっていたので、ポルトガル語を学びたかったのだ。マプトにいる間、周囲で交わされるポルトガル語の会話を理解したかったのだ。ポルトガル語を学ぼうとしていることをグラサ夫人に言わないでくれと口止めされる。密かに夫人の言葉を学んで、驚かせようという魂胆だった。なんとロマンチックな振る舞いだろうか。だが、マディバは購入した教材の箱を開けもしなかったと思う。その教材がどうなってしまったか知らない。私たちのポルトガル語は「おはよう」「ありがとう」「お願いします」のレベルから進歩しなかった。

二〇〇六年十一月十四日、マディバはモーガン・フリーマンと昼食を取るため、サクソンホテルに向かっていた。いつも通り、エスコート車両数台で移動する。私はこれもいつも通り、自分の車を運転し、エスコート車両の最後に連なった。私たちは予定より遅れていた。マディバは時間厳守に厳しい人だったので、次の約束に遅れないよう、なんとかして人々をマディバの周りから追い払うことに苦労したものだ。この時もそうだった。昼食に間に合えばよいが、と渋滞の中で願う。渋滞を通り抜けようと、ＶＩＰを意味する青いライトが光り、サイレンが鳴り響く。

私たちが右折しようとしていた交差点に差しかかる（南アでは車は左側通行）。警察がパトカーを止めて道路を遮断し、私たちの車を誘導してくれる。その時、一台のスポーツカーが近づいて来た。イヤホンをつけていた運転手はサイレンが耳に入らず、交通遮断にも気がついていない。フルスピードのまま、交差点に入っていたエスコート車両の一台に衝突する。まるでスローモーションビデオを見ているかのようだった。ＢＭＷＸ５が空中に舞い上がる。エスコート車両の流れが止まったのはほんの数秒間だ。大統領護衛班が実働するのを初めて見る。並外れた優秀さだった。

スポーツカーがぶつかった車両に乗っていたボディーガードたちが武器を手に車から飛び出し、私の車も含めた他の車両に分乗する。そして、破損した車とボディーガードふたりだけを後に残し、マディバを現場から素早く遠ざけ、まっすぐホテルへ向かう。事故が起こったとき、マディバは違う方向を見ていた。マディバの車は重装備で防音に優れているので、衝突音も聞こえない。ボディーガードたちはマディバをホテルに降ろしてから、事故現場に急いで戻る。私は事故現場の真ん前のオフィスで働いている友人に電話をかける。友人は会社の同僚を現場に送って、マディバのボディーガードたちに手を貸してくれた。マディバは何事も起こらなかったかのように、モーガンとの昼食を楽しむ。モーガンのビジネスパートナー、ロリによると、ホテルに到着したとき、マディバ以外の全員が目に見えてショックを受けていたという。典型的なマディバの日常風景である。たとえどこにいようと、周りを取り囲んでいる何層もの保護機能が日常生活のプレッシャーを吸い取ってくれるため、マディバ本人にはほとんど影響がなかった。

この年、映画『ラストキング・オブ・スコットランド』が封切られる。マディバがよく知っている史実に基づいた映画だったので、どうやってマディバの時間を潰そうかアイデア不足になっていた私は、観に行きたいかどうかマディバに尋ねた。ありがたいことに、配給会社のニューメトロが映画館を貸し切りにしてくれる。私たちは映画館の裏口から入った。ポップコーンの申し出に、マディバ曰く、「結構だ。これまでの人生で十分食べたからね」。そして、私とボディーガードを指さしながら「若い人たちに食べてもらう番だよ」。実際のところ、マディバがポップコーンを食べたことがあるかどうか疑問である。だが、これまでの生涯で一度も「スナック」を口にしたことがなかったから、今になって試してみようという気にはならなかったのだろう。映画館に出かけたことは他に二度ほどあった。一度はマイケル・ムーア監督のドキュメンタリー『華氏911』、もう一度は『クィーン』を観に行ったときだ。『クィーン』の上映中、何度か私の方を振り向き、スクリーン上のヘレン・ミレンについて、「あれが女王なんだね」と囁いた。マディバが映画を楽しむのを見て嬉しかった。映画など私たちには珍しくもなんともないが、マディバにはほとんど観る機会がなかったからだ。

南ア人の映画監督ギャビン・フッドが『ツォツィ』でアカデミー賞を受賞したときのことだ。ギャビンと、主演の南ア人俳優テリー・ペートとプレスリー・チュウェネヤハエがロサンジェルスから戻って来た後、ケープタウンのマンデラ邸にマディバを訪ねて来た。私たちは三人をとても誇りに思った。南ア人がアカデミー賞を受賞したのは、シャーリーズ・セロンに続いてまだ二回目だったので、メディアは何日もそのニュースばかり取り上げていた。オスカーを手にしたマディバは大喜び。「私にくれる気はないかね」と冗談を飛ばしたところ、ギャビン・フッドが大混乱したのが表情でわかる。ネルソン・マンデラに頼まれれば、もちろんオスカーだって渡すべきだろう。いや、まさかそこまでしないか。

二〇〇七年の初め、モナコのアルベール大公から、その年の後半、マンデラ財団と自分の財団のために、モナコで資金集めのイベントを主催したいとの申し出がある。条件はマディバが出席すること。その頃には、マディバは旅にうんざりしており、ただ家で夫人と時間を過ごしたがっていた。時折旅をしようと提案することがあっても、そのうち忘れてしまう。それほど乗り気ではなかったのだろう。本当に行きたければ覚えているだろうから。だが、王室から招待されると、普段より乗り気になる傾向があった。それで、当時のマンデラ財団ＣＥＯアクマット・ダンゴーに頼まれ、私と同僚がモナコの王室オフィスでイベントの準備をすることになった。

モナコに毎月飛ぶ。アルベール大公のスタッフとミーティングを重ねたが、そのうち、どの職場でもそうであるように、ここでもオフィス内の勢力争いがあることがわかってくる。そのため、交渉するのが大変だった。

私は知っている限りの資産家に連絡し、イベントでテーブルを予約してくれるよう頼む。また、長年の間に出会った人々にメールし、どんな品が競売にかけられるか知らせ、支援をお願いする。九か月の間、世界中の人々と緊密なコミュニケーションを取り、イベントの支援を要請し、自費でモナコへ飛んで競売に参加してくれるよう説得したのだ。その甲斐あって、マディバの友人のほとんどが出席してくれた。努力が実って、資金集めは成功する。私は誇らしかった。マンデラ財団はかなりの寄付を集め、将来的に財団を維持していくための基本財産を増やす。だが、まだ安心できるほどの資産ではなかった。

モナコ滞在中、一度具合が悪くなる。肺炎に罹ったと思った。病院でレントゲンを撮る。病院には英語ができる人がひとりもいなかったので、簡単な診察も不可能に近かった。それでなくとも、ひどい病院だった。それで、立ち上がることができるようになるや否や、ロンドンに飛ぶ。ロンドン在住の元同僚ふたり（医師とボディーガード）には、大変世話になった。死にかけている（と私は思っていた）のに、力になってくれるのは元同僚しかいない。私には一緒に働いた人以外、助けてくれる人がいないのだ。普通の人生からいかに隔離された生活を送ってきたかを、私は思い知らされた。

モナコに来る途中、マディバ夫妻はロンドンに立ち寄り、議会広場でのマンデラ像の除幕式に参加する。モナコのイベント企画の合間に、私は除幕式の準備のため、定期的にウェンディ・ウッズに会った。ウェンディも夫の故ドナルド・ウッズも、反アパルトヘイト活動家だった。除幕式準備委員会を率いるのは、ウェンディとリチャード・アッテンボロー。私はリチャードが大好きで、会うのが楽しみだった。歴史的なイベントだったため、珍しくマディバ自身が除幕式を行ってくれた。マディバは何かに自分の名前がつけられることも、自分の銅像が建てられることも、いたるところで表彰されたりすることも好きではなく、「評価し栄誉を称えるべき解放運動の英雄は他にもいる」とよく言っていた。そして、たとえ銅像建立に同意しても、うぬぼれていると見られることを恐れて、自らが除幕を行うことは大変嫌っていた。

私たちはゴードン・ブラウン一家や首相室のスタッフと大変ウマが合い、会うのがいつも楽しみだった。ゴードンには除幕式で会うことになっていたが、それでも数日前に挨拶に行くべきだと思った。二〇〇八年八月二十八日、ダウニング街十番地に入る前、マディバにメディアが私たちの到着を待ち受けていること、首相がマディバ夫妻に会ったとき、メディアに写真撮影の機会を短時間与える手筈になっていることを伝える。マディバはとても忘れっぽくなっていた。公共の場で本人が認めるほどだった。予定を何度も繰り返し、次に何をすべきか毎分のように教えなければならなかった。しかし、時折、頭がはっきりすることもあった。そんな時は、何をしているか、どういう予定になっているかをしっかり把握しており、鋭いユーモア感覚で私たちを驚かせるのだった。

「首相官邸では、メディアからの質問に答えることになっていない。ここでゴードン・ブラウンに会えて嬉しいとだけ言えばよい」と前もって伝えておく。ダウニング街に到着し、首相と当たり障りのない挨拶をした後、マディバはメディアに向かって冗談を言った。「妻と私はここに来ることを誇りに思い、幸せに感じています。イギリスは南アの支配者だったのですから。しかし、私たちはイギリス支配を打倒しました。今は対等の立場にあります」。その場にいた人間全員が笑い出した。いや、私を除いて全員が。マディバなりの優れたユーモアのセンスをもって、植民地時代から長い年月が経ったことを強調したのだったが、私はこのような発言をメディアがどう受け止めるかわからず、ショックを受けていた。

マディバが当惑し精神的に参るような状況に陥らないよう、私たちは注意した。私はもう、演説原稿を演壇に持って行くたびに緊張することはなかった。私の心配はマディバに関することだけになっていた。マディバは大丈夫だろうか。プレッシャーに耐えられるだろうか。しかし、ステージに上り演壇に立つと、元気一杯の、昔のマディバが蘇る。私たち若者にとって、老いの過程を目撃することや、時としてどう対処してよいかわからないことは辛かった。適応、適合の連続だった。マディバに不都合が生じないように、またどんな事態が発生しても対処できるように、常に考え、計画し、行動しなければならなかった。簡単な会見依頼に対する受け答えが、マディバの老化と共に変化した。「ええ、絶対大丈夫ですよ」が「日時が近くなってから確定しましょう」になり、「今の時点でははっきりお答えできません」になり、遂には「もう面会はお受けできません」と答えるようになる。

モナコでの資金集めが大成功に終わった足で、パリに向かう。サルコジ大統領が空港で出迎えてくれたことにマディバは感激し、「現職大統領が元大統領に会いにわざわざ空港まで来てくれるなんて、礼儀正しいことこの上ない」と、その後何年も話していた。ダイアナ妃が亡くなってから、私たちがリッツホテルに泊まったのはこれが初めてだった。好奇心の強い私は、マネージャーにこっそり頼んで、亡くなった夜のダイアナ妃の足跡を辿る。事件を捜査しようとしていたわけではなく、どんな夜だったのか理解しようとしていたのだ。

私の敬愛する人々が次第に年老いていっていた。マディバは二〇〇七年、八十九歳になる。私は人の誕生日を忘れないよう気をつけた。具合が悪い人には花を贈った。時には元気かどうか聞いた。私なりの、シンプルな人間関係の保ち方である。それに、何かして欲しいときだけ連絡するなんて、道理に適っていないし失礼である。最近どこかで「人生は短いのに、人間関係を築くには多くの時間と努力が必要だ」という言葉を目にしたが、まさに的を射ている。

私が財団で一体何をやっているのか、人は不思議に思っていたのではないか。資金集めのイベント以外、成果が測りにくい仕事だからだ。私は昼食会や朝食会に出席し、健康に悪いほど頻繁にコーヒーを飲んだ。寄付をしてくれるくれないにかかわらず、支援に対する心からの感謝を示すためだ。元々人づき合いが好きなたちではないので、閉口することもあった。それでも、私は財団を支援してくれる人々に、心から気にかけていることを示そうとした。クリスマス、ラマダン、ユダヤ教のお祝いには、カードや挨拶を欠かさなかった。年取ったマディバが自らカードを書くことはできなかったし、財団には何千枚のカードを印刷する資金がなかったので、私はこれらの小さな心配りをできるだけ続けるように努力した。マディバに教わったように、人に与えることができる一番大切なものは時間なのだ。一九八一年三月一日付の、娘ジンジへの手紙の中で、マディバはこう書いている。

窮屈な独房の中を歩き回ったり、ベッドに横になったりするとき、お父さんの思いはよく遠くをさまよい、過去の出来事や間違いを思い出します。その中には、お父さんが貧しく苦労していた頃、友達になってくれたり、助けてくれたりした多くの人々の愛情と親切に対し、刑務所に入る前の人生で最良の時期に、十分感謝を示しただろうか、という思いがあります。

（『私自身との対話』）

いついかなる時でも感謝の気持ちを忘れず礼節を守ることは、マディバにとってこの上なく大切だった。それがこの文章から読み取れる。親切にしてくれた人々にお礼を言ったり、敬意を示したりする機会が将来的にあるかどうか、私たちにはわからないのだから。

その年父が七十歳の誕生日を迎え、翌年には母が七十歳になった。それを記念して、兄、兄のパートナーのリック、それに私が両親の費用を分担し、久しぶりに家族旅行に出かけることにする。両親は七十年代後半以来モーリシャスに行っていなかったので、行き先にはモーリシャスのシュガービーチリゾートを選んだ。休暇中に、リックの両親から電話がある。プレトリア郊外の小さい農場に住んでいたリックの両親は犬を十匹くらい飼っており、休暇中の私たちの犬をまとめて預かってくれていた。リックが電話に出て、テーブルから離れる。リックがテーブルに戻って来て、今度は私がビュッフェ料理を取りに行く。テーブルに戻ると、厳粛な雰囲気が漂っていた。私の犬の様子を尋ねる。元気だという。兄の様子が変だ。何かがあったに違いない。私に腹を立てているのかしら。南アに戻った夜、犬を迎えに農場へ急ぐ。車を止めたとき、父がすでに来ていることに気づく。私の前に到着するよう、空港から直接急いでやって来たようだった。父が私の方に歩いて来て、私の手を取る。「ゼルダ、ロキシーが死んだよ」。私のベイビー、私の愛しいベイビーが死んだというのだ。私たちが出発したとき、ロキシーは発情期だった。雌犬を集めて小さい囲いに入れておいたところ、争いが持ち上がり、残りの犬が集団で一番弱い犬を襲ったのだった。

人生でめったにないほど悲しい日だった。ロキシーと一緒に過ごせなかった時間を悔やむ。十分な時間を一緒に過ごせなかったのは仕事のせいだ。犬と一緒に過ごす時間すら見つけられない私に、どうして自分の子どもが持てるだろうか。ロキシーは私の子どもだった。少なくとも自分の子どもと呼ぶのに一番近い存在だった。親としての責任を果たさなかったように感じた。

随分長い時間嘆いた後、すべては私が自分で選んだ、人生の上での選択なのだ、と思った。自分以外、責めを負う人間はいない。しかし、その選択のおかげで、私はあまりにも多くの特権と機会を得ていた。ロキシーを失った私は悲嘆に暮れて泣き、三日間仕事に行かなかった。ジョハネスバーグでの「４６６４コンサート」の五日前だったが、私は自分を取り戻すことができなかった。それまでの人生で最悪の出来事だった。ロキシーの死から立ち直るのに、少なくとも一年かかる。今でもロキシーは、私の心の中で特別の場所を占めている。

亡くなる前年、ロキシーは出産していた。私は子犬を売る前に、それぞれに立派な政治家の名前を与えた（子犬のうち二匹は、まだ小さいうちに死んでしまった）。たとえば、インディラは一九八四年に暗殺されたインドの第三代大統領インディラ・ガンジーに因んで名付けたものだ。ロキシーが亡くなった後の四月、インディラを買った家族から電話がある。インディラはうまく一家に適応しておらず、子どもの安全が心配だ、もし貰い手があるなら喜んで譲るが、そうでなければ安楽死させるという。その日のうちに、私の家に連れて来てもらった。父親のウィンストンと同様、インディラは今の私にとって最愛の存在である。ボストンテリアを飼うことで、私の心は癒された。犬たちは一番辛かった時期の私を見守ってくれた。旅行するとき会いたいのはこの二匹であり、昼間オフィスで働いているとき考えるのもこの二匹のことである。私は冗談にこう言ったりする。少なくとも「私の子どもたち」には教育費がかからないわ。その分、私のバイクに使うことができるのよ。

# 第10章　旅の終わり

マディバは九十歳に近づいていた。私は三十八歳。マディバが九十歳まで生きるとも、三十八歳の私がマディバに仕えているとも、想像したことがなかった。しかし、時間は飛ぶように過ぎた。私は自分が授かった特権と経験の貴重さを、やっと認識し、理解し始めていた。そして、マディバのために何としても、九十歳の誕生記念行事で財団史上最大の寄付を集めようと、これまで以上に燃えていた。

　マディバは国外で休暇を取ることに、もはや熱心ではなくなっていた。毎年一月、スタッフに休暇を与えるため、ハウトンの家は数週間使わない。ハウトンのスタッフがクヌにも同行することになっているので、クヌに行くこともできない。グラサ夫人に行き先のオプションを探って欲しいと頼まれる。ツォーゴサン（南アのホテル旅行業界で最大の上場企業）会長で良い友人のジャブ・マブザに相談し、ヌッツィに行くことにする。海岸にお城風の別荘がいくつか並ぶ、一般の人が近寄りにくい場所だ。「城」を取り囲むのはナイズナの森林。マディバは家の外に座り、森を眺めて楽しんだ。休暇から戻ってかなり時間が経ってからも、マディバは時々こう尋ねたものだ。「ところで、ゼルディーナ。ナイズナの森に連れて行ってくれたことがあったね？」「ありましたよ。クル」と私。もちろん私が招待したわけではなく、手配しただけだが。

その年の前半、アパルトヘイト時代の外相だったピック・ブアタから連絡がある。南アを訪問する予定のスティーヴン・ホーキング教授がマディバに会いたがっているという。ブアタは南アのある大学に関わっており、その大学を通じてホーキングが連絡してきたらしい。ブアタは二〇〇〇年に国民党を離党してANCに入党し、国民を面白がらせた。その動機が何であろうと、マディバはもちろん、ANCに有利な、このような行動を喜んだ。ホーキングに会うことは断ったのだが、それまで何度もあったように、考えを変えるよう説得されてしまう。

会見の式次第に関し、ブアタと打ち合わせる。マディバは前もって決められていない事態が起こった場合、対応することができなくなっていた。急速に老化が進んでおり、手順や内容をはっきり決めておかなければならない。ブアタには、ヴィットヴァーターースランド大学応用数学部教授で、宇宙理論を専門とするブロック教授が付き添っていた。ブロックは「月の石」のかけらを配ったことで知られており、何年も前、マディバにもひとかけらプレゼントしていた。

ホーキングに会ったのは素晴らしい体験だった。だが、テクノロジーをほとんど理解していない九十歳の老人に、コンピューターを使って会話する教授と意思の疎通を図ってもらうのは並大抵のことではない。おまけに、補聴器を使うマディバの苦労を理解していないブアタが、しょっちゅう言葉を挟む。ついに私は顔を真っ赤にして言った。「ミスター・ブアタ。お願いですからやめてください。私たちが全員寄ってたかって、マディバにああしろこうしろと指図するべきではありません。私がすでに説明しているのですから、マディバが自分で考え理解するまで時間を与えてください」。老齢のマディバにはまったく知力がないから、自分がやり方を教えなければならないと思い込む人が多すぎた。しかし、それでは全然助けにならない。複数の人間が同時に話しかけると、補聴器が全員の声を遮断してしまい、マディバを混乱させるだけなのだから。

干渉しないでくれと言うと、人は感情を害したり、私がマディバを独占しようとしていると思ったりする。だが、そういう人たちには、公の立場で仕事をする九十歳の老人を扱った経験がないのだ。ともあれ、そういうわけで、ホーキングとの会話は弾まなかった。その上、予定外のことはしないでくれと頼んであったにもかかわらず、ブロックとブアタは本やカードなどを次々と取り出し、個人的なメッセージを添えてサインするよう、マディバに要求するではないか。私はカンカンになった。会見前に合意し署名した式次第を守る気が、ふたりにないことは明らかだった。

予定外のことが起きると、マディバはどうしてよいかわからなくなり、途方に暮れた目をして私を見る。それで、私が訪問客に説明したり、訪問客と口論したりすることになる。マディバは私の人柄を熟知しており、私は私で自分に正直に振る舞った。私たちはまた、特定の依頼を口実に近づいて来て、マディバに会うとまったく違うことを言い出す人々にうんざりしていた。彼らはノーと言えないマディバの性格を知っていたのだ。そこで、私たちはいくつかの決まりを作る。決まりが世間に知られてくると、ゲシュタポ並みだと非難する人が出てきた。一体どうすればよいというのか。他にオプションがない私たちは、決まりを守り通そうとする。それでも、ダメ元でごり押しする人が後を絶たなかった。

二〇〇八年六月のことだ。マディバが大統領だったとき、儀典部長だったジョン・レインダーズが突然病に倒れる。マディバはジョンのことを大変気に入っており、ジョンの仕事ぶりに感謝していた。私たちがブルームフォンテインの病院に見舞いに行ったとき、ジョンはすでに昏睡状態だった。マディバが白人に会いにブルームフォンテインまで旅したことで、マディバに近い人々から激しい抗議の声が上がる。とはいっても、マディバに面と向かって文句を言う者はいない。矢面に立つのは私である。私はそういう人を、本人に言ってくださいとマディバの元に送ったりはしない。私が非難を受け止め、そして忘れることにする。私の面の皮は、サイの赤ちゃん並みに厚くなっていた。好きな人を自由に訪れることもできないマディバのことを思うと辛かったが、私自身が非難されるのはカエルの面に水だった。

それでも、人種問題に関する新聞記事には対応することにしていた。人間を肌の色で判断し続ける限り、国民全員が夢見てきた虹の国の建設には程遠いという、マディバが繰り返して述べた言葉を人々に思い出させるためだ。ああ、マディバは正しかった！　私も、肌の色でレッテルを貼られることにうんざりしていた。私は南アフリカ人だ。大切なのはそれだけなのだ。

ティム・マッセーが率いる「46664プロジェクト」が、七月に大規模な九十歳誕生記念コンサートを企画していた。場所はロンドンのハイドパーク。ティムと私はコンサートと同じ時期に、財団の資金集めディナーを企画することにする。またもや、友人知人関係を頼り、寄付を予算に組み込むようお願いした。

マディバのためのイベントを外国で企画運営するのは、並大抵のことではない。それでも、私はいつも、メニューの詳細に至るまで、南アの要素が絶対に含まれているよう配慮した。ゲストリストも問題だ。誰も彼もが出席したがるけれど、席の数は限られている。

テーブルをランク付けして売り捌く。ハイドパークに設置した巨大なテントは満席となった。

こういった晩餐会には誰もが招待されたがるくせに、決まって支払いを渋る人が出てくる。タダの席が増えるほど集まる資金が減る、つまり、たとえばタダの席を二十から百に増やすことで、運営費を払った後の利益が減るという常識がわからない人がいるのだ。今までマディバの活動を支援したことも、資金集めに協力したこともない人たちほど、無料招待リストに載りたがった。ある時点で、しっかり足を踏ん張り、一線を引くしかない。私のプロとしての評判に傷がついてしまうし、資金集めの成功不成功が後になって尾を引くからだ。

友人のセイラ・レイサムと、ネルソン・マンデラ子供財団イギリス支部の助けを借りて、大きな利益を生み出すこと間違いなしのゲストリストを作成する。セイラには、セイラがホワイトハウスで働いていたとき知り合った。席は完売した。私たちはまた、マディバの友人、家族、解放運動時代の同志を来賓ゲストに加えた。マディバがロンドンに到着する日が近づく。私たちは準備で大忙しだ。マディバの誕生日がすぐそこに迫っているとは信じ難かった。ロンドンでは一般の国民ですら、わくわくしていた。

マディバのロンドン訪問を準備しているとき、またもや政治勢力争いに巻き込まれる。

南アフリカではまだターボ・ムベキが大統領を務めていたが、政治的には不安定だった。二〇〇五年、最高控訴院がジェイコブ・ズマ副大統領とシャビール・シェイク（ジェイコブ・ズマのファイナンシャルアドバイザー。ズマに多額の無利子無期限融資をした見返りに、数多くの政府プロジェクトを請け負った）の間に汚職関係があるとの判決を下したのを受け、ムベキとＡＮＣはズマをすべての職務から解き放つ。二〇〇六年には、ズマ家と親しい女性がズマをレイプ容疑で訴え、ズマは合意の上での性交だと主張。最終的には無罪の判決が下りたものの、二〇〇七年のＡＮＣ党大会でズマ派がムベキを追い落とすのを防ぐためにムベキが先手を打ち、ズマに政治的宣戦布告したものと世間は受け止めた。案の定、二〇〇七年十二月、ズマがムベキを蹴落としてＡＮＣ党首に選出される。

この権力争いが、社会のいたるところに影響していた。誰もがムベキ派かズマ派に組み込まれたのだ。マディバの大統領時代ひとつにまとまっていた南アは、実際は同時に、社会のあらゆるレベルに深く根づく分裂を抱えていた。ズマが党首になるや否や、ＡＮＣはムベキを大統領職から罷免する。ムベキは党の役にも国の役にも立っていないとして、屈辱的なやり方で引きずり下ろされたのだった。そして、当時副大統領だったハレマ・モトランテが大統領に就任し、二〇〇九年の総選挙でズマが大統領に選出される。

ネルソン・マンデラ財団は政治に関与しない。マディバ自身、政治とは関わりを持っていなかった。引退後、ＡＮＣの会合に出かけるのをやめ、いつまでも忠実なＡＮＣ党員であり続けるものの、党の運営は若い世代に任せると宣言していた。しかし、人々は財団をアンチ・ムベキ、即ちズマ派と見なした。マディバの訪英をロンドンの南ア高等弁務官事務所（英連邦加盟国同士は、大使館ではなく、高等弁務官事務所を置く）に告げたのは、まさにこの政治抗争の真っ只中だった。

マディバの誕生日祝賀イベント出席のため、私たちがロンドンに到着する三日前、ロンドンの南ア高等弁務官事務所のロジスティクス担当部署から電話がある。これまでと違い、南ア政府の厚意でヒースロー空港国内線のＶＩＰルームを通って入国することはできないし、ＶＩＰルーム使用にかかる費用も持たない、というのだ。私は爆発した。「何ですって？　ご冗談でしょう。過去九年間、元大統領だからという理由でＶＩＰルームを手配し、料金を支払ってくれたじゃないの。それが、今になって何ですって！　普通の乗客のように、ターミナルビルの中を歩けって言うの！」。ネルソン・マンデラがいなかったら、私たちの多くは仕事を持っていないだろうという、皮肉たっぷりのメールまで書いてしまった。まったく馬鹿げたことをしたものだが、怒り心頭に発していたのだ。

私は財団のCEOと会長に、「戦う」意思を伝える。自分の主義信条を貫くためなら、何だってやる決心だった。私は自分個人の問題でマディバを煩わせたことがない。この時も、マディバに伝えたら動揺し傷つくだろうと思い、何も言わないことにした。VIPルームの使用料は数百ポンドだったが、財団に払ってもらう気はない。元大統領が空港VIPルームを通ることを在外南ア外務省事務所が手配しないという突然の変更は、閣議レベルで決定されるべき事柄だと思う。一公務員が決めることではない。しかし、高等弁務官事務所は、「南ア政府に要請された公式訪問ではないので、支払うことはできない」の一点張り。だが、これまで何度も、公式ではない訪問なのに払ってくれていた。

マディバはANC内の勢力争いでズマを支持していると見られていたため、ムベキ派の人々は大統領が了解するだろうと思って勝手にいろいろなことをしていた。元大統領に与えられたこのような特権を取り上げるほど、ムベキは狭量ではない。南ア人がムベキ派とズマ派に二分しているために、こんなことになったのだ（結局、ゴードン・ブラウン首相のオフィスに連絡し、VIPルームの手配をしてもらった）。

＊

イベントは大成功だった。一億五百万ランド以上（現在の為替レートで約七百五十万ポンド）もの寄付が集まった。マンデラの名前を冠する非営利団体主催の資金集めイベントで、これほどの金額が集まったことは、今日に至るまでない。利益はネルソン・マンデラ子供基金、マンデラ・ローズ財団、ネルソン・マンデラ財団の間で分配した。競売にかけられた品で私が一番気に入ったのは、ソル・カーズナーが二百九十万ポンドで落札した、マディバの手形の複製だ。その時点で、マンデラ関連団体へなされた寄付の最大額である。

マディバは他人の富と名声に好奇心を掻き立てられたが、だからといって、それが人への接し方に影響を与えることはなかった。一人の人間がビル・ゲイツやソル・カーズナーほどの富を持ち得ることが、興味深くて仕方なかっただけなのだ。マディバはよく、南ア人の友人の富を自慢したものだ。パトリス・モツェペ、トーキョー・セクワレ、ドウ・ステイン、ルパート家、オッペンハイマー家……。皆マディバによくしてくれ、学校診療所建設やその他のプロジェクトに支援を頼むと、いつも快く応じてくれた。しかし、マディバにとってとても大切だったのは、援助を頼んでいないときでも、敬意と礼節をもって彼らに接することだった。ゼナニ・マンデラへの手紙で書いているように、「些細なことに注意を払い、ちょっとした好意を有り難く思うのは、立派な人間の大切な特徴のひとつ」（『私自身との対話』）なのである。だから決して私たちは誕生日や記念日を忘れなかったし、頼みごとをされないときでも、マディバが友人たちと時間を過ごすよう気を配った。そういうことがマディバの言う「些細なこと」なのだから。マディバを尊ぶからには、マディバの交友関係を尊ばなければならない。

退場予定時間を超えてもパーティーの席にいたがったマディバだったが、ようやくホテルに戻って休むことにする。マディバ夫妻が同時にメインテーブルからいなくなるのはまずいので、夫人はもう少し会場に留まることになり、私がマディバをホテルまで連れて行ってから、また会場に戻って来た。このイベントは私のキャリアのハイライトのひとつである。私個人に褒賞もメダルも欲しくないが、私はマディバがまだ元気なうちに、ふさわしいやり方で礼遇祝福されたと感じてもらいたくて必死だった。あの夜、自分がいかに敬愛されているか、マディバにわかってもらえて、私の思いは満たされた。ホテルからイベント会場へ戻る車中、私の胸は誇りと喜びで一杯になった。著名人や、マディバの友人のセレブたちのおかげで、このイベントに注目が集まり、大きなドナーを集めることができた。彼らは自分で飛行機代を払って参加し、マディバの栄誉を称えるために無料で貢献してくれた。もちろん彼らもマディバと関係があることで何らかの利益を得ていたとはいえ、関係者全員の協力によりイベントが成功したのだ。

翌日の夜のコンサートも、晩餐会同様、大成功を収めた。だが、マディバは旅に疲れていた。いつものように、マディバに挨拶しようと、人々が先を争って押しかける。挨拶できた人とできない人の間で争いが起きそうな様子を遠くから眺めながら、私はマディバがとても可哀想になった。マディバは、南アフリカ、アフリカ各国、そして世界各国からのミュージシャンたちが、自分の誕生日を祝って演奏しているのをただ楽しみたいだけなのに。ノルウェーのトロムソで、マフィキゾロという南アバンドの演奏を見たときのことを思い出す。南アのバンドが世界の檜舞台で自分のために演奏するのを、マディバはとても楽しんでいた。しかも今回は、マディバの誕生日なのである。

マディバが舞台に上がる前、小柄な女性が私に近づいて来た。すぐに誰か気がつかなかったが、元スパイスガールズのエマ・バントンだった。エマはコンサートの合間に、お知らせを伝えたりコメントをしたりするセレブのひとりで、マディバが舞台に上がる前か上がるときに、プレゼントを渡したいと強く主張した。エマのプレゼントというのは、とてつもなく大きな箱だ。エマ自身、誰かにこんな大きなプレゼントを渡されたら、受け取るとも一晩中抱えて歩くとも思えない。また、マディバが大統領だった頃、公邸を訪問したスパイスガールズがマディバのトイレットペーパーを盗んだことを自慢していたと耳にして、スパイスガールズには頭に来ていたので、私はエマという人物に先入観を持っていた。さらに、マディバの両手はいつも自由である必要があった。それで、私はエマがプレゼントを渡すことを許さなかった。

舞台に上ったエマは、明らかに取り乱していた。多くのアフリカ人のミュージシャンをかき分けながら、マディバの方に進んで行くのが見えたので、エマから目を離さないようボディガードに命じる。単なる無邪気な女性なのかもしれない。だが、このような状況では、たとえセレブであろうとも、その必要があればマディバに寄せつけることはできない。先回りして行動するのも私の仕事だ。物事が起こる前に、対処しなければならない。マディバはステージ上で、アフリカ人のミュージシャンたちに取り囲まれたいのだ。だから、マディバの期待に反する事態が起こって、マディバががっかりすることのないようにしなければならない。マディバが舞台に上る。観客は大騒ぎだ。泣き出した者もいる。あまりの騒ぎに、耳が聞こえないほどだ。私はマディバの気持ちを思い、興奮と喜びで胸が一杯になった。

ジンバブエのムガベ大統領による深刻な人権蹂躪に関して意見を述べて欲しい。メディアや一般国民から、マディバに対してそう望む声が高まっていた。それまで、見解を述べるようにという世界中からの圧力に、私たちは抵抗していた。以前、「勝手に行動して政府の外交に干渉した」と批判されたことが一度ならずあったからだ。結局、短い声明を発表する。「身近なところで、我が国では同じアフリカ人に対する暴力事件、また隣国ジンバブエでは政治指導層による破滅的な失敗が起きています」。言葉少なく述べることで言葉以上のことを意味し、あることを言わないことで別のことを意味すると解釈された。世界中のメディアがマディバの言葉に飛びつき、数日間、ニュースのヘッドラインとして使われることになる。

翌日、マディバは一九六〇年代リヴォニア裁判の被告だった、昔の同志たちに会う。マディバを終身刑に宣告した裁判から、すでに四十年以上が経っていた。裁判以来、会っていない同志もいたが、マディバは全員のことをよく覚えており、楽しい一時を過ごした。裁判を待つ被告人として四十年前に会ったきりの友人たちが、今ロンドンのドーチェスターホテルでお茶を飲んでいるのは感慨無量である。南アフリカに戻ってからは、マンデラ財団が私的な同窓会をマディバのために開いた。招待したのは、リヴォニア裁判の被告やマディバと共に受刑した人々のうち、まだ生きており、かつ南アに住んでいる人たち。元同志たちが語り合うのを見るのは感動的だった。この人たちにたくさんの質問をし、何時間もお喋りできたら！　会話の大部分は「誰それにまた会ったかい？」「誰それはどうなったんだ？」といった類のものだった。

ロンドンでの九十歳誕生記念行事は、マディバが外国で公に姿を現す、完璧な締めくくりとなった。二十年前、「フリー・マンデラ」と銘打った七十歳誕生記念コンサートがイギリスのウェンブリースタジアムで開催され、世界中で六億人以上がその模様を目にした二年後、マディバは自由の身になった。今回の記念行事は二十年前より小規模だったとはいえ、マディバの人生を祝う場にマディバが在席し、私たちの旅の終わりにふさわしいものだった。その後、私たちは二度と外国に行かなかった。旅をするには、マディバは年を取りすぎていたのである。

マディバは時々、「今からエレベーターで一階に降りるところだ」と自宅から電話してきた。

エレベーターが途中で止まり、中に閉じ込められるのが怖いのだ。だから、十分後に私から電話をかけ、マディバがエレベーターから無事出て来たか確認しなければならない。その時はおかしかったが、今から考えると悲しい。その場にいて、そういった電話に出たことが、私のマディバに対する愛情を一層強くした。マディバが私に頼り切っていたという事実のためだろうか。だが、この敬慕と愛情の念がまた、私に対するあれほどの憎しみを生み出したのだった。

こういった電話はまた、マディバがいかに年老いたかを私に再認識させた。ほんの数年前なら、エレベーターが途中で止まったとき、マディバは率先して他の人々を安心させようとしただろう。何年も前、カンパラでそういうことがあった。ウガンダの副大統領と一緒だったのだが、マディバに同行するはずの人間だけでなく、その場にいた全員がマディバと同じエレベーターに乗ろうとしたので、私は閉所恐怖症気味になり、階段を利用した。そして、その日に限りエレベーターが途中で止まってしまった。一階のエレベーター出口の前に立ち、技術者が到着し、閉じ込められた人々を救出してくれるのを二十分間待つ。やっとエレベーターから出て来た副大統領は取り乱しており、いくぶん恥ずかしがっているようだったが、マディバは閉じ込められていた間中、ユーモアで皆を楽しませていたのだった。

グラサ夫人に教わったことがある。自分に忠実であること。大切なのは私とマディバとの関係だけであり、他の人とマディバの関係は私の責任ではないこと。何をするにつけても、心の中の声に耳を傾けること。何が正しいか間違っているかは自分の心が教えてくれる。心配したり、心が悩まされたりするときは、そう感じる理由があるはずであり、心が一番休まる対応をすること。グラサ夫人と私の関係は必ずしも平穏ではなかった。若い女性が自分の夫といつも一緒にいること、いつ起きろとかいつくつろげとか白人女性に命令されること、そして四六時中他人が傍にいることが楽なはずがない。それにもかかわらず、夫人は私に感謝と敬意を示してくれ、私の体面を保ってくれた。どんな時も冷静さを失わず、私を導いてくれた夫人には、感謝してもしきれない。

九十歳の誕生日の頃、マディバが同僚、同志、スタッフ、そして友人たちの多くと食事を楽しめるよう、少人数の集まりをいくつか企画する。南ア郵便局はマディバの誕生日記念切手を限定販売し、一揃い送ってくれた。切手に使われた写真のうちの二枚は、私のお気に入りのマディバの写真だった。

マディバはバーバラ・マセケラ、ジェシー・デュランテ、フレネ・ジンワラなど現役時代に仲が良かったANCの女性たちや、ドロシー・マスカ、ミリアム・マケバ、アビゲイル・クベカ、タンディ・クラーセンといった同世代の歌手を昼食に招いた。また、マディバの誕生日を祝って八月二日に開催されたANC集会に出席する。政府は国民対象のコンサートも開催したが、土壇場まで宣伝をしなかったため、観客数は少なかった。さらに、「六月十六日財団」がマディバにヘクター・ピーターソンの美しい銅像をプレゼントする（六月十六日は、一九七六年のソウェト蜂起勃発日を記念して、「若者の日」として国民の祝日になっている）。マディバが銅像を受け取ったとき、私の胸にこみ上げるものがあった。理事会メンバーのひとりが、私がマディバの世話をしていることに対して感謝の言葉を述べる。一九七六年の運命の日に至る一連の出来事を後世に伝えるために設立された組織からそのような言葉を頂戴し、とてもありがたく思った。この国は随分変わったものだ。アフリカーナの私が黒人に感謝されるようになったのだから。

私が辞任して別の仕事を見つける夢をマディバが見たのはこの頃だ。翌日オフィスにやって来たマディバは、私に見捨てられた夢を見たと大層深刻な様子で言った。私が？　ゼルダ・ラグレインジが？　そんなことは何があろうと決してないと約束する。私は自信のなさを克服していた。そして、私たちのどちらかが死ぬ日までマディバに仕えると、固く決心していた。

# 第4部

## 最後の日々

2009-2013

# 第11章　最後まで共に

また一月がやってきた。スタッフに休暇を与えるため、ハウトンのマンデラ邸を留守にしなければならない。どこにマディバを連れて行ったらよいか、まったく思いつかない。ホテルは人目につきすぎる。一日中屋内にいても気にならないほど大きな部屋か、外に出ても一般人に会わない私有地を見つけなければならない。なかなか大変だ。サンシティに連れて行ってはどうかという提案があった。ジョハネスバーグから飛行機で三十分しかかからない。マディバは遠くに行くのに乗り気でなかったのでちょうどよい。

マディバの娘のひとりから「そんなところに連れて行くなんて」と抗議の電話がある。まるで私が勝手に決めたかのような言い方だ。娘にはグラサ夫人と話してもらう。貴賓室が無料で提供され、三室から成るスイートは孤独を感じないほど広く、外に座っても一般人の目につかないことを理解してやっと、娘は納得してくれた。

サンシティに到着する。グラサ夫人と運動を兼ねて散歩に行くことになっていた日の朝七時、携帯電話が鳴る。時間をずらして欲しいというグラサ夫人からの連絡だろう。もう少し寝たいから、という夫人の言葉を想像して、にんまりしながら電話に出る。思っていた通りグラサ夫人だったが、用件は違った。「ゼルダ。お医者さんを至急連れて来てちょうだい」。廊下を全力疾走する。医師の部屋のドアをノックし、「ハロルド。早く来て」と大声で呼ぶ。ハロルドはすでにちゃんと服を着ており、私が説明する間もなく、医療カバンをつかむ。私たちはマディバのスイートに向かって走った。走りながら、ボディガードのひとりにも声をかけて一緒に来てもらう。マディバは浴室で足を滑らせ、頭をぶつけたらしい。重傷ではなかったものの、頭からかなりの出血がある。マディバを助け起こす。ハロルドが直ちに必要な検査を行い、ジョハネスバーグのプリット内科医に報告する。ようやくベッドに運ばれ、医師の治療を受けているとき、私が部屋を出入《ではい》りしているのに気づいたマディバの顔がぱっと明るくなった。「ああ、ゼルディーナ。ここにいてくれたんだね」。たとえ何があっても最後までマディバに仕えると、決意を新たにした瞬間である。

無意識のうちに、私の体はショックを受けていた。人生のうちであれほど恐怖を感じたことはない。肩と首がひきつけを起こす。マッサージ、鍼、瞑想など、ありとあらゆることを試したが治らない。痙攣がなくなるまでに数週間かかった。グラサ夫人にも災難が降りかかる。怒り狂ったマンデラ家の人々が、マディバをサンシティに連れて行ったこと、マディバが転んだことで、夫人を責めたのだ。転ぶのはどこだって起こりうるし、年寄りが転ぶのはよくあることなのに。

マディバは以前ほど、お喋りでなくなっていた。段々引っ込み思案になっていき、オフィスに出向くのも稀になる。オフィスに行くことがあっても、ひとりで静かに座り考え込み、人と話をするのは気力と体力がある日だけ。マディバが新聞を読んだり、黙って椅子に座っていたりするだけのときでも、誰かが傍にいるよう配慮する。マディバは財団職員と会話を交わすのが好きだったので、新入職員には必ず紹介した。また、マディバが帰属感を持てるよう、マディバがオフィスに来たときは必ず挨拶をするよう職員に頼む。マディバが決まった冗談を言う職員もいた。たとえばマレサが第一子を妊娠中、「一体何人の赤ちゃんがお腹にいるのかね？」。小柄な体に大きなお腹を抱えていたからだ。グラサ夫人のアシスタントで、背が低いヴィルマには、「最近背が伸びたんじゃないか？」

時には、いきなり「ゼルダ。私たちは随分長いこと一緒だね」などと言い出し、私を驚かせたこともあった。長い間一緒に働いているという意味だ。私はマディバの言葉の選び方に微笑を禁じ得ない。ひとりの人間に私ほど長く仕えていると、相手が何を言いたいかわかってくるので、細かい説明が不要になるものなのだ。「ええ、クル。十五、六年一緒に働いていますよ」。私がそう答えるたびに、マディバは驚く。なぜ驚くのか聞き返したことは一度もなかった。私がそれほど長く働くと思っていなかったのだろうか。それとも、時が早く過ぎ去ったことに驚いたのだろうか。

モーガン・フリーマンとそのビジネスパートナー、ロリ・マックレアリーは、長年の間に私たちと親しくなっていた。私たちが海外に行くときに会うこともあったし、モーガンたちが南アフリカに来たときは必ず立ち寄ってくれた。モナコの資金集めイベントに出席してくれた際、一九九五年に南アで開催されたラグビーワールドカップについての映画を企画しており、クリント・イーストウッドが監督を引き受けてくれたと伝えられる。マディバが刑務所で暗唱していた詩に因み、『インビクタス』という題にするという。「私の運命の主人は私。私の魂の船長は私」という言葉で終わる詩だ。映画の準備のため、ハリウッドから大勢の人が南アにやって来た。私はその人たちと度々会い、ロジ関係などで協力してくれそうな人に紹介する。さらに、マディバを演じるモーガンの役作りを助けてくれないかと頼まれたので、台本を読んだ上で同意する。一九九五年の時点では、私はマディバのオフィスで重要な役割を果たしていなかったけれど、映画の成功のためにできるだけ力を貸したかったのだ。

大統領府に協力を仰ぎ、製作準備チームにユニオンビル視察許可が下りた。マンデラ財団はリサーチにも協力する。私はレターヘッドやアクセスカードのサンプルを渡し、大統領執務室のレイアウトを紙に描いて説明した。ちゃんとした仕事をすると確信はしていたものの、ハリウッドがあそこまで完璧に再現するとは思ってもみなかった。初めて足を踏み入れたセットは、ハウトンの最初のマンデラ邸。撮影スタッフの間を縫って進み、セットに入ってよいという合図を受けるまで、半分開いたドアの後ろで待つ。私は反射的に思った。マディバったら、こんなところで何をしているの？　モーガンだった。居間に座るマディバを演じていたのだ。話し方がマディバに怖いほどそっくりだった。その後、モーガンが年を取るにつれて段々マディバに似てきたと、私たちは声を揃えたものだ。

その日は一日、家の内部について気がついた細かいことを指摘したり、モーガンの役作りを助けたりする。モーガンはマディバを完璧に演じた。マディバを知る人間から見ると、どの映画のマディバよりも一番本物に近い。私が指摘したのは、足を組む回数が多すぎるとか、両手を表情豊かに振り回しすぎるとかいった、細かい動作の違いくらいだ。モーガンはあっという間に正しい動きを習得した。

わくわくする一日が終わり、ジョハネスバーグに戻る。休みが一日しか取れなかったのだ。だが間もなく、マディバやボディガードが登場する場面の撮影が増えてきたので、また休みを取って撮影に協力し、一層本物らしくするためにどうしたらよいかなど指摘した。

マディバの九十歳記念行事の折、私たちは友人や一般の人々にお祝いのメッセージを送ってくれるよう頼んだ。ハイドパークでのイベントの写真と一緒に一冊のノートにまとめ、思い出の品としてマディバに贈ろうと思ったのだ。メッセージの中に、ボノからのメモがあった。「マディバ。誕生日おめでとうございます。世界各国が七月十八日を祝日に制定するよう、働きかけているところです。自由を切望する人々全員が自由を手にする日まで、ネルソン・マンデラの闘いは終わっていないことを思い起こすための祝日です」。このメモを見て、ティム・マッセーと私は微笑みを交わした。なかなか意味深長なメモである。どうやったら実現できるだろう。ああでもない、こうでもないと考えた挙句、マディバの大統領時代の法律顧問で、当時国連で働いていたフランク・ヘイソムに相談する。マンデラ財団と４６６６４プロジェクトが南アの国連大使に頼み、七月十八日を国際ネルソン・マンデラ・デーに制定するよう、国連に提議してもらうことになった。

国連は満場一致で提議を承認し、議決が採択される。バソ・サング南ア国連大使が際立ったロビー活動を行い、他国の国連大使に働きかけてくれたおかげだ。七月十八日は各国の祝日にこそならなかったが、世界の人々が身近な環境に違いをもたらすために貢献する日として宣言されたと聞き、私たちはとても誇りに思った。アイデアを出した手柄を否定するボノに、私はよく言ったものだ。「時々あなたのクレイジーなアイデアが世界をより良い場所にすることがあるけれど、これはその完璧な例ね」。

ニューヨークでも、46664プロジェクトを使って、財団の資金集めイベントを行う。難しかった。マディバが出席しない、初めての資金集めイベントだった上、世界不況の真っ只中だったからだ。人々は不況の中、たとえ善意の寄付でも、目立つ行動をしていると見られたがらなかった。出席者の大部分は、それまでもいつも助けてくれた人々だった。予想通り、資金集めは大した成功を収めなかった。ただ、ひとつ素晴らしかったのは、その時つき合っていた彼が初めて私と一緒に海外に行ったことだ。費用は自分たちで負担した。十六年間で初めて、仕事が終わった後、夜の時間を一緒に過ごす人が出来たのだ。

私の仕事で一番寂しかったのは、世界中のホテルでひとりぼっちの夜を過ごすことだった。短期間ボーイフレンドがいたこともあれば、一時の情事もあったが、誰も私の置かれた状況を理解してくれなかった。また、マディバにサインしてもらおうとか、私の人脈を利用しようとか、私を通じて面白い人々に会おうとかいう、下心を胸に秘めて近づいてくる人間が後を絶たなかった。何度か失望を味わった後、私は世捨て人のようになってしまった。だから、いつもひとりだった。電話をする人も、おやすみなさいを言う人もいない。心は自然と仕事に向かう。ますます仕事にのめり込む。寂しさを紛らわせるため、仕事に心理的に依存してしまうのだ。ところが、ある時点で、人生を他者と分かち合うことがそれほど複雑なことに思えなくなった。仕事に没頭する言い訳を見つける必要がなくなった。それまでは、独り身の自由のおかげで人間として成長した一方、大切な人と経験を分かち合い、大切な人に気遣ってもらうことがなかった。だが、今回は違った。

その年の年末、マディバ夫妻はシャンバラで数日過ごし、その間ハウトンのスタッフに休みを取ってもらう。シャンバラ滞在が終わりに近づいた頃には、マディバの老化が思っていたよりずっと進んでいること、体力が急速に衰えていることが誰の目にもはっきり映った。

マディバはもう、ひとりで動くことが簡単にできなかった。そして、何かが心を悩ましているようだった。シャンバラ滞在の終わり頃のある朝、どうも機嫌が悪い。食事を取るのを拒否し、すぐにでも農場を出発したがった。「お母さんや」とグラサ夫人に言う。「わしたちは危機的状況にある」。どんな危機的状況なのか、夫人と私が聞き出そうとしたが言ってくれない。そして、「お母さんや。危機的状況にあるのが、わからないのかい」。そして、今すぐに出発すると言い張った。マディバは通常、ジョハネスバーグからシャンバラまで軍用ヘリで飛ぶ。車でジョハネスバーグに戻るのは時間がかかりすぎ、マディバには辛いからだ。休暇シーズンだったため、すぐに飛んでくれるパイロットを見つけるのは難しかった。シャンバラのオーナー、ドウ・ステインがたまたま農場にいたので、ヘリコプターを見つけてくれとグラサ夫人が頼む。

そんな中、ボディガードの誰かがジョハネスバーグにいたマディバの娘マカジウェに電話し、マディバが直ちに出発したがっていると報告した。マカジウェからグラサ夫人に「父を解放してちょうだい」という電話がある。グラサ夫人の傍に立っていた私には、マカジウェの言葉がすべて聞こえた。まったくうんざりだ。私たちはマディバの言う危機的状況が何なのか突き止めようとしながら、ドウがヘリコプターを探してくれるのを待っていた。すると、いきなりエスコート車両の列が現れ、何が起こっているのかはっきり理解していないマディバを車に押し込み、ジョハネスバーグに向かって出発してしまった。もうパニックだ。これまでボディガードたちがグラサ夫人を置いてきぼりにしたことは一度もなかった。南アフリカ共和国の元ファーストレディでありマディバの妻であるグラサ・マシェルが、ボディガードも車両もなしに、シャンバラに取り残されてしまった。夫人の娘ジョジーナと私で、どうやって夫人を自宅まで送り届けるか知恵を絞る。

そうこうしているうちに、ドウがヘリコプターを手配してくれ、空からエスコート車両隊を追う。南ア警察のやり方に不慣れなドウは、高速道路に着陸するようヘリに命令した。そんなことをしたら、ボディガードたちに恐らく射撃されてしまうことを知らなかったのだろう。農場のマネージャー、ティヌス・ネルがボディガードたちにドウの計画を知らせようと、エスコート車両隊を車で追いかける。マディバの昼食を買おうとしたエスコート車両がKFCのドライブスルーで止まったので、ティヌスはやっと追いつくことができた。ドウはヘリを着陸させず、ジョハネスバーグまで飛んで、そこでマディバに会うように命じられる。

マディバはシャンバラを去ったとき激怒していたが、何を怒っているのか誰にも理解できなかった。危機的状況があると繰り返しただけだった。私たちは気づかなかったが、マディバにはきっと、その先何年かの状況が見えたのである。健康を害すること、辛い思いをすること……。自分の体が変化しつつあることに気づきながらも、それをうまく私たちに伝えることができなかったのだ。

私はそれまでの十六年間、腹を立てたことが何度もあった。だが、ある段階まで来ると皮肉を感じて笑ってしまい、怒りが収まるものだ。私たちは何年もマディバに尽くしてきた。マディバの世話をし、決まった時間に正しい食事をさせ、他人がマディバに敬意を払うよう、またマディバが望むように物事が行われるよう気を配ってきた。ところが、突然、状況が変わってしまった。私たちは外側に押しやられ、外から中を覗き込んでいる。マディバがKFCのドライブスルーに連れて行かれるなど、想像したこともなかったが、それが突然、現実に起こっている。

マディバが家に到着したとき、私たちはまだシャンバラで荷造りをしながら、グラサ夫人をヨハネスバーグに急いで送り届けようとしていた。マディバが帰宅して間もなく、ドウが到着し、それからマカジウェがやって来る。マディバはまだとても気分を害していたが、口に出して説明することができなかった。それでも、「出て行け！　出て行け！」と繰り返し、ドウ以外の全員を家の外へ追い出す。自分の生活に誰にも干渉して欲しくないと言ったそうだ。

マディバが立腹し、このような状態になったとき、私は心の底からマディバの健康を心配した。怒りがあまりにも激しいので、脳卒中を起こしてしまうのではないかと思ったのだ。一、二日経って、マディバは落ち着く。そして間もなく、クリスマスを過ごすため、クヌに旅立った。

二〇一〇年の初め、『トップギア』（世界中で車のテストドライブを行う、イギリスの人気テレビ番組）南アロケのオーガナイザーから、マンデラ財団が番組に協力する見返りとして、財団を番組の寄付金受益団体に加えるという提案が寄せられる。この提案は他の依頼同様、財団のCEO、会長、幹部からなる委員会に送られた。委員会の了解を受けて、番組のオーガナイザーたちに会いたいかどうかマディバに聞く。実績や人物などを確認してから、マディバは同意した。オーガナイザーたちはジェレミー・クラークソン（『トップギア』の主要プレゼンター）と製作チームがマディバに表敬訪問することを求めた。『トップギア』は世界で最も視聴者の多い番組ということなので、マディバの偉業を未来に、そして世界中に伝えるために設立された、マンデラ財団の「記憶と対話センター」を何らかの形で番組の中で紹介することを条件に同意する。その条件には関係者全員が賛成した。寄付金集めのイベントでは約八十万ランドが集まり、私たちは満足だった。イベントにはクラークソンとジェイムズ・メイ（『トップギア』のプレゼンターのひとり）が出席するかもしれないという話だった。翌日ふたりはマディバに表敬訪問をすることになっていたので、どんな人物か感触をつかみたかった。また、個人的にずっと『トップギア』のファンだったこともあり、クラークソンとメイに会いたかったが、ふたりはイベントに姿を現さなかった。

寄付金集めイベントが開催されたのと同じ日、ニール・アームストロングがマディバを訪問する。一九六九年、アームストロングが人類として初めて月の上を歩いたとき、服役中のマディバは新聞もラジオもテレビも手元になかったが、看守から話を聞いたそうだ。その頃にしては珍しく、マディバはアームストロングとの会話に大いに興味を示した。私たちはアームストロングについてほとんど知らなかった。あのような途方もない経験をして人生がどう変わったのか、私は知りたくてたまらなかった。アームストロングは熱心に自分の経験を分かち合ってくれた。私は好奇心をそそられ、畏敬の念を感じた。そして、マディバが質問をし尽くした後、変な質問をたくさんしてしまった。マディバも大変面白がっていた。アームストロングは心優しい人物だった。そして、あのような経験をしたために、人生に対する理解の仕方が普通の人とは違っていることが、性格の中に見て取れた。また、もうかなりの年配だったので、マディバも共感しやすかったようだ。ふたりの老人が人生で最も困難な経験を分かち合うのを目にするのは、素晴らしかった。私にとって、マディバと過ごした時間の中でもベストテンに入る瞬間だ。

ジェレミー・クラークソンが面白おかしい人だということは知っていたけれど、如才なさも兼ね備えていると思っていた。ところが、翌日マディバのオフィスに入って来て、ラップダンスを見たことがあるかとマディバに聞く。そんなことを年取った大政治家に聞くなんて、場をわきまえないにもほどがある。マディバは代わりに返答して欲しそうに、私の方を見る。私はマディバの方を向いて、「答える必要はありませんよ、クル」と言い、身を構えてジェレミーを見つめる。九十歳の老人に聞くには馬鹿げた質問だと私が思っていることに、ジェレミーは気がついたようだ。

ジェレミーたちが席に着く。私はマディバに、ふたりが誰であるかもう一度説明する。世界で最も人気があるテレビ番組のプレゼンターであることや、世界中に何人の視聴者がいるかなど、少し詳しく話したのだ。マディバはふたりが言うことに耳を傾ける。ふたりが著書をマディバに渡し、マディバはぱらぱらとページをめくる。会話する気にならないようで無口だった。

その時は気がつかなかったが、クラークソンはマディバの方から会いたがっていると思い、マディバはクラークソンたちから面会の依頼があったと思っていた。ジェレミーがマディバに、よくオフィスに来るのかと聞き、マディバは、そんなことはない、オフィスに来るのは今年、今日が初めてだと答える。その前日、エディー・イザード（イギリスのコメディアン）とアームストロングにオフィスで会ったことが新聞で報道されたのを知っていた私は、「クル。覚えていますか。昨日来ましたよ。ニール・アームストロングに会ったじゃないですか。月へ行ったときの話をしてくれて、とても面白かったですよね」。「ああ、そうだった。思い出したよ」とマディバ。クラークソンとメイを見ながら、他に言うことを思いつかなったマディバは「君たちも月に行ったことがあるのかい？」と冗談を飛ばす。ジェレミーが場違いなジョークを口にするのなら、マディバだって冗談くらい言ってもいいだろう。

ところが、クラークソンは後に、マディバが自分をニール・アームストロングだと勘違いした、と記事に書いた。記事に書くには不適切なことだし、また、そんな勘違いは絶対になかった。クラークソンが誰だか知らなかったかもしれないが、他の人と取り違えたということはありえない。

クラークソンはマディバが年を取っているからという理由で、マディバの知性を過小評価したのだ。まったく敬意のけの字も感じられない。

それだけではない。イベントで集まった八十万ランド近い額は、ネルソン・マンデラ財団のものだと思っていた。ところが、数日後オーガナイザーに会った際、夕食やイベントのコストを差し引くと、寄付額は半額くらいになると告げられる。私は激怒した。財団管理上、難しい問題が持ち上がってしまう。のち、南アの『メール&ガーディアン』紙にこの一件に関する記事が掲載され、私はオーガナイザーにひどい態度を取った嫌な女として描かれる。私はまったく気にしなかった。人々が、マディバやマディバの周りの私たちを利用するのに飽き飽きしていた。面と向かってはっきり口にせず、煮え切らない態度を取られるのにうんざりしていた。最終的に財団は寄付金を受け入れる。しかし、前もって取り決められた手筈と異なり、財団が寄付者のひとりひとりに連絡してフォローアップしなければならなくなり、かなりの手間がかかった。加えて、財団をまったく尊重しない先方の態度もあり、嫌な経験だった。後になって、なぜクラークソンをマディバに会わせたのか質問する人がいたが、私たちは決められた手続きに則ったまでで、マディバのアドバイザー全員が前もって検討したのだ。それに、他の多くのこと同様、紙に書かれたこと――財団の仕事を世界中の視聴者に見せる機会を提供するということ――は、財団にとってプラスになると思われた。私たちにとって大切だったのはお金というより、ネルソン・マンデラの業績を後世に伝えようとする財団の仕事を世間に知らしめるという約束だった。広報活動が大いに必要とされていたからだ。しかし、その結果、痛い教訓を学ぶことになった。

二〇一〇年、南アフリカはＦＩＦＡワールドカップを主催する。マディバはたまにしかオフィスに顔を出さなくなっていた。年齢が色濃く表れ始めていたマディバの姿は、私たちにとっては驚きでもなんでもなかったが、一般市民はショックを受けた。ますます忘れっぽくなり、また、人に会いたくないことや朝ベッドから起き上がりたくないことも時々あった。かと思えば、世間から離れるのが嫌で、人に会いたがるときもある。大抵の日は、家で一日休むことを好んだ。しかし、ワールドカップのために南アにやって来たミュージシャン、来客、観光客、そしてありとあらゆる国家首脳がマディバを表敬訪問したがった。全員に会うのは到底不可能である。マディバは開会式に出席することになっていたため、来客に会うことで開会式に出席できないほど弱ってしまうかもしれないという恐れから、訪問を受け付けないことにする。

ＦＩＦＡはまた別問題だった。ＦＩＦＡに侵略されたようだと、私たちは冗談を言い合った。サッカーの世界団体というより、ひとつの国家のようだ。しかし、マディバの開会式出席準備に関しては、かなりこちらの要求を聞き入れて柔軟に対応してくれた。南アフリカの人々は概ね、ワールドカップはお金がかかりすぎると感じていた。大勢の訪問客に対応するためのインフラ投資が必要とされたからだ。ＡＮＣが政権を取ってすでに十六年経っていたにもかかわらず、大部分の南ア人は貧しかった。発展途上国にありがちな多くの様々な問題のせいで、基本的な公共サービスがなかなか行き渡らない。ワールドカップ主催の見返りとして、十分な社会貢献プロジェクトを行うとの約束がＦＩＦＡからあったものの、実際行われた証拠は当時ほとんどなかったし、いまだにない。

時にはＦＩＦＡがマディバを酷使しようとして摩擦が起こったこともあったが、ＦＩＦＡ職員とは概ね良好な関係だった。開会式の準備のため、関係者全員が顔を揃えた数多くのミーティングに出席する。ミーティングの後、私がマディバのニーズを幹部に伝えると、ＦＩＦＡはマディバのために計画を変更したり修正したりしてくれた。もちろんFIFAはマディバが開会式に出席することで、開会にお墨付きを与えて欲しかったわけだが、マディバのニーズをすべて満たすために、心から気を遣ってくれたと思いたい。私は南ア組織委員会のダニー・ヨルダーンCEOとFIFAの幹部に対し、マディバが搾取されるのを防ぐ必要性と、このようなイベントに真冬にマディバを出席させることの難しさについて、ざっくばらんに話した。

南アフリカの大統領と副大統領には、医療チームが常に同行する。すでに大統領職から離れたマディバにも、海外に旅行するときはこの特権を与えられた。マディバが年を取るにつれ、医療チームが同行することが増え、マディバが九十二歳になった頃には、国内のイベントにも毎回同行していた。ある日、開会式準備ミーティングの後、ジェローム・ヴァルクFIFA事務局長に呼び止められる。マディバの医療を担当する軍医総監から電話を受けたという。電話したのは軍医総監ではなく、その右腕で、歴代元大統領の医療を監督するダブラ大将だった。その時まで、重要人物がマディバに会いに来たとき以外、ダブラを目にすることはほとんどなかった。

ダブラはジェロームに、マディバの移動に関する決定権を持つのは自分一人だけだと言った。ダブラが行った決定というのはこうである。開会式当日、マディバはまずSAFAハウスに行く。SAFAハウスは南アサッカー連盟の本部が入っているビルで、スタジアムの近くにある。SAFAハウスでは、アーヴィン・コザ会長のオフィス内の待合室に連れて行かれる。フィールドに行く時間になったら、スタジアムの入り口まで約一キロの道のりをゴルフカートで移動する。

私にしてみれば、おかしな話だった。なぜ年寄りを、それも真冬に、屋根のないゴルフカートに乗せて、そんなに長距離を移動するのか。ジェロームがその指示を受けたのは、開幕戦の二日前だった。ジェロームが当惑しているのがわかる。無理もない。ワールドカップに向けて何年も私と準備してきたのに、開幕直前になって、今まで会ったことも話したこともない人から電話があったのだ。幸いなことに、大統領護衛班の長、ドラドラ准将もこのミーティングに出席していた。私は准将を呼び止め、ジェロームに同じ話を繰り返してもらう。ドラドラはダブラの指示を一蹴した。マディバの移動手筈と移動方法はこれまでいつも、私たちが作成したプログラムに従って、警備担当が決めてきたのだ。

私はダブラがこのように干渉したことと、納得がいかないマディバの移動方法に驚愕した。ドラドラがダブラに電話してこの時は事が収まったが、権限を巡る争いがあることが明らかになった。ダブラ率いる医療チームも、ドラドラ率いる警備チームも、自分たちこそが究極の権限を握っていると信じていた。マディバのオフィスは警備チームと長年つき合っており、お互いの領域に関して敬意と深い理解を持っている。だが、マンデラ財団とマディバのオフィスの権限を弱くしようとする動きがあるようだ。マディバが年を取るにつれて、そして自分の意思を表現できなくなるにつれて、いろいろな人々が干渉してきて、自分の思い通りにマディバを動かそうとする。マディバのためではなく、自分の目的のために。もしかしたら、本人たちは国のためにやっていると思っているのもしれないけれど。私はその渦中に投じられ、辛い思いをすることになる。

ＦＩＦＡワールドカップ開幕コンサートが開催された夜、悲しいことに、マディバの愛するひ孫娘ゼナニが交通事故で亡くなった。翌朝目を覚ますと、噂は本当かというメッセージが大統領府から入っていた。確認したら本当だった。私はショックで体が麻痺する。ゼナニはこの上なく優しく、愛情深い子どもだった。

ゼナニが亡くなったことを聞き、マディバは当然のことながら開会式に欠席するものと思った。

だが、私の耳に矛盾する報告が入って来る。グラサ夫人は遺族の力になろうとすでに家を出ていたため、すぐに連絡がつかない。やっと電話があった夫人によると、家族会議の結果、マディバは開会式に行かないことに決まった。ところが、三十分後マンデラ邸から電話があり、マディバが出席することに間違いないという。どうしてこんなことになったのか問い質したところ、短時間でも観衆の前に姿を現すよう、スタッフの誰かがマディバを説得したらしい。また電話をし、誰がマンデラ邸にいるのか確認する。どうやら、医療チームと警備チームが、「世界が待っているから」とマディバを説得したようなのだ。世界が待っているというのは本当だとはいえ、自分たちが開会式に行きたかったので、マディバに罪悪感を抱かせ、出席するよう説得したに違いない。マディバと家族が辛い思いをしているときに、自分たちがイベントに出席するために、マディバをダシに使ったのだ。マディバに出席してもらうため、開会式の直前になって、計画を変更させようとしたのだ。私は激怒する。グラサ夫人に報告すると、帰宅して問題を解決してくれた。

マディバが何をしなければならないか、何をしなくてもよいかを決める権限を巡る戦いが熾烈なものになることは明らかだった。マディバは開会式には行かず、家族と共に通夜に参列する。マディバを巡る権力争いで心身が消耗してしまう。医療スタッフはマディバの生活をコントロールしたがっていた。その一方、マディバに長年仕えてきた者たちは、確実に脇に押しやられていた。その時の私には知る術《すべ》もなかったが、事態はこの先もっとひどいことになる。マディバが可哀想だった。車にはねられたカモシカのような気持ちだったのではないか。明晰な判断力を失い、何が何だかわからない状況で、いろいろな人々にあっちに押され、こっちに押される。

私たちにとっては悲しい日となったが、サッカーシティで開幕試合の幕が切り落とされた南アフリカは興奮の渦に巻き込まれていた。南アは再び、ひとつの国としてまとまっていた。スポーツは国民をひとつにする。初戦の勝利に勢いづき、人々の頭から敗北への恐怖が立ち消えた。国は観光客で溢れ、商売は繁盛していた。参加国の旗がいたるところではためく。人々は車や家に、応援する国の旗を掲げた。

ゼナニの葬式は開幕試合の一週間後に執り行われた。二週間後、クリントン夫妻と一緒に試合を観戦している最中、私の祖母が亡くなる。ワールドカップ期間中、悲しい葬式に二回も参列することになった私の心中は複雑で、国中を駆け巡るお祭り気分に乗り切れない。グラサ夫人とジョジーナがプレトリアでの祖母の葬式に出席してくれたことに、私の家族はとても感動し感謝した。ふたりがわざわざ時間を取り、そんなに遠くまで運転して来て、私と家族の心の支えになってくれるなんて思ってもみなかった。亡くなった祖母は、祖父母のうち唯一生き残っていた人だった。母を孤児院に送ってトラウマを与えたことで、私は祖母に対しいくぶん苦い思いを持っていたものの、祖母が亡くなってとても悲しかった。人間が出来ている母は恨みに思うこともなく、祖母と大変仲良しで、亡くなるまでずっと傍にいた。

グラサ夫人はまったく予期していないときに姿を現す。いつ自分が必要とされているかを探知する母性本能を備えているのだ。私も、夫人を支えなければ、と思うようになった。マディバの老化が進むのを目にするのは、妻として辛いだろう。機械ではないのだ。支えが必要なこともあるだろう。ボーイフレンドにふられて傷心の日々を送っていたときや、人生があまりに重くなったとき、グラサ夫人は他の誰よりも私を支えてくれたのだから。

マディバの存在の根源は尊敬だった。友だちに敬意を払うこと、敵に敬意を払うこと、自分より貧しい人に敬意を払うこと、自分よりひどい服を着ている人に、自分より教育程度が低い人に敬意を払うこと、そして自分に危害を加えた人や間違いを犯した人にまで敬意を払うこと。しかしました、自分より権力を持っている人、豊かな人、賢い人にも敬意を払っていないと感じた日は一日たりともなかった。マディバが私に敬意を払う。マディバほど優れた人物ではなく、マディバほど物知りでもなく、収入も少なく、人生についてほとんど知らず、そして時には唖然とするくらいおバカさんの私なのに。一日たりとも、だ。たった一度すらない。そして、グラサ夫人はそのマディバを本当に幸せにした唯一の人間である。それだけでも、夫人は尊敬に値する。

五月、マンデラデーに何かしようと決心する。同僚のセロ・ハタンとアイデアを出し合い、バイク仲間とツアーをすることにした。ジョハネスバーグからケープタウンまで、約千四百キロの道のりを走り、マンデラデーの宣伝をしようというのだ。道中で、チャリティープロジェクトに参加し、六十七分の奉仕をする。マンデラデーはマディバの功績を称える日で、誰でも実行に移せる理念に基づく。六十七年間社会的不正義と闘ったマディバが、その日六十七分だけ社会奉仕することをあなたにお願いしているのだ。ひとりひとりがたった六十七分の努力をするだけで、世界を良い方に変えることができることを示す目的もある。

ワールドカップに関連する財団の仕事の合間に、バイクツアーの準備を行い、サッカーの試合を観にやって来た外国人ビジネスマンたちの世話をする。財団での仕事が少なくなってきた中、忙しくしていないといられない性分の私は、その前年、南アを訪問するＶＩＰのロジ手配を行うビジネスを設立しており、ワールドカップ時に数人のクライアントを受け入れていた。時間とエネルギーをすべての仕事に広く薄く分配する。

バイクチームは決勝戦の翌日、財団を出発する。寒い真冬の日だった。プロジェクトは楽しかったばかりでなく、大成功に終わる。ワールドカップ観戦のため南アに来ていたモーガン・フリーマンとロリ・マックレアリーも参加してくれた。南ア国内のメディアも、世界中のテレビ局も、大々的に取り上げてくれた。何よりも大切なのは、何千人もの人々に会って奉仕したことだ。この活動を、これからも続けていきたい。旅が終わり、参加者全員、人々の生活を良い方に変えることができた、と爽快な気分を味わった。

決勝戦のすぐ前の木曜日、ゼナニの死により開幕試合に行けなかったので、決勝戦を観戦したい、少なくとも姿を見せたいとマディバが言い出した。関係者全員にマディバの希望を伝える。またもや、マディバの登場に向けて、あらゆる準備が始まった。

決勝戦当日の日曜日、マディバが閉会式に参加し、少なくとも観客に手を振るための準備がやっと整う。マディバは興奮していたが、冬だったので、観衆の前に姿を現すのはできるだけ短い時間にする必要があった。スタジアムに到着する。ダブラ大将と国防軍のお偉方が総出で待っていた。わけがわからない。もし何か起こっても、自分では何もしない管理職ばかりではないか。警備チームと医療チームが別々のゴルフカートをマディバのために用意している。権力争いが始まった。ダブラは、フィールドまでの五十メートルを自分がゴルフカートに乗ってマディバに同行すると主張する。警備チームは不満だったが、何も言わない。だが、ダブラが同乗すると、グラサ夫人がゴルフカートに乗れない。私には到底納得できず、大口論になる。スタッフは全員若くて健康だったから、同行する必要があるなら、ゴルフカートの隣を歩けばよい。それに、公の場でＶＩＰに何か起こったら、その場で対処しないで、まず安全な場所に連れて行くのが普通だ。なぜグラサ夫人の席を医療スタッフに明け渡す必要があるのか。死んでも譲歩できない一線である。ダブラの提案には常識のかけらもない。しかし、マディバが到着しても、まだ決着がついていなかった。

警備チームと私は声をひとつにした。ダブラが怒りを感じているのがわかる。ダブラは決定権を握りたかったのだが、私たちにはダブラの意思に従うことで、マディバを不自由な目に遭わせることは絶対に許せなかった。マディバの名前が呼ばれ、ゴルフカートがフィールドに向かう。ゴルフカートは無数の護衛官と医療スタッフに取り囲まれている。国防軍医療部のお偉方まで勢揃いしている。私は通路に留まり、遠くからこのサーカスを眺めていた。観客がマディバに気づく。熱狂的な声で耳が聞こえないほどだ。マディバが微笑み、手を振る。ロシア製の毛皮の帽子を被り、お気に入りの暖かいコート、スカーフ、手袋を身に着けている。傍に座るのはグラサ夫人。ふたりが観衆に手を振る。マディバは幸せだった。公のキャリアを終えるのにふさわしい幕切れである。マディバが公式にイベントに登場するのは、これが最後となる。

二〇一〇年の終わり頃、ハウトン邸のスタッフに休みを取らせるため、マディバはシャンバラに向かう。マディバが旅行をやめ、外出することもほとんどなくなっていたので、スタッフは働き詰めだった。これ以上心身が持たない限界まできており、休みが緊要だったのだ。シャンバラの後、マディバ夫妻はクヌで家族とクリスマスを迎える。私もクリスマスは自分の家族と過ごした。

二〇一〇年十二月の終わり、マディバ夫妻と新年を迎えるため、私はケープタウンに到着した。二週間ぶりにマディバを見て、とても心配になる。体重が随分減っていた上、落ち着かず怒りっぽかった。私が休暇に出かける前、マディバはかなりの歩行困難になっていた。医療スタッフに懸念を伝えたところ、「マディバは大丈夫だ」の一点張り。私の上司の具合がどうであろうと、私には関係ないことと思われているのは明らかだった。

グラサ夫人も心配していた。医療スタッフはマンデラ家の誰かの指示に基づいて行動するようになっており、グラサ夫人が夫にとって大切だと考えているのとは違った優先順位に従っていた。スカイニュースで、マディバが床ずれに苦しんでいると報道される。政府とは関係ないケープタウンの医者たちも心配していた。

ケープタウンの医療補助員ロドニーと私は、マディバの居心地をよくするための医療機器を買いに行く。プレトリアからマディバに同行してきた看護婦や医師たちは、マディバの具合やマディバが難儀をしていることに関心がないようだった。無能だとしばしば非難されてきた秘書の私が、ケープタウンの医師たちと協力して、どうしたらマディバの医療ニーズを余すところなく満たせるか調査する。このような状況の中で、気が狂っていくように感じた。私が今、精神病院に入っていないのは、自分でも不思議なほどだ。

まず疑問なのは、もしマディバをケアするのが政府の責任なら、なぜ必要最低限のものを供給してくれないのか。年を取るに従って、必要とするものも変わる。マディバができるだけ快適でいられるように、常に状況に適応していかなければならないというのは常識であろう。『私自身との対話』の中で、マディバはこう言っている。「私は常識と実体験を重視する世界に入っていた。そこでは高学歴が必ずしも決定的要因ではなかった」。これこそまさに私が認識するようになったことだ。私は学位や高等教育の資格を持っていない。しかし、高学歴よりも、父に教わった「常識」が決定的な役割を果たしたことが何度かあった。

日が経つにつれて悪化するマディバの状態は、マディバの健康を担当する、プレトリアのダブラ大将とラムラカン軍医総監に報告されていた。どう見ても、専門家に膝を検査してもらう必要がある。

予定されていた一月十一日に、マディバがジョハネスバーグに戻るのは不可能だった。歩くのがとても困難になっていたので、車椅子を入手する。この車椅子はハウトン邸のエレベーターに入らない。エレベーターを大きいものに変える必要がある。大きいエレベーターを設置するには、シャフトを拡大しなくてはならない。ハウトン邸の家政婦長、メメ・ハガレと私はエレベーターを設置した会社に連絡を取り、できるだけ早く工事を始めてもらう手筈を整える。シャフト工事の進捗状況を、メメが毎日知らせてくれることになった。工事に時間がかかることから、予定より少し長くケープタウンに滞在する必要が出てくる。一週間くらいの延長になりそうだ。ときたまマディバに会いに人が訪れる以外、落ち着かない沈黙が家を覆う。

二〇一一年一月十三日、第二陸軍病院の整形外科医がマディバの診察をするよう命じられる。ヘルヴェル教授と私がマディバと一緒に待つ居間に、医師が入って来た。膝を触られ、マディバはとても痛がった。医師は助手に頼んでマディバを寝室に運んでもらい、診察を行う。寝室から出て来た医師はショックを受けているようだった。過去二週間の状況悪化の原因は、深いところにあるかもしれないという。フォローアップの連絡をしてくれるとのことだった。

この日、グラサ夫人はたまたまモザンビークに行っていた。息子がロボラを払う準備をしていたのだ（ロボラはアフリカの伝統で、結婚の前に男が払う結納金である）。グラサ夫人の家族が夫人の時間や世話を要求することはほとんどなく、このようにグラサ夫人が自分の子どもたちのためにモザンビークに行くのは珍しかった。ダブラがケープタウンへやって来る。医師がダブラに状況説明を行い、マディバが受けている医療ケア全般に対してショックを表明し、地元ケープタウンの陸軍病院に直ちに入院させるよう訴えた。私に決められるようなことではない。グラサ夫人がその夜戻って来ることになっているから、緊急事態でもない限り、夫人の帰りを待つしかないと答える。

ダブラは、マディバがホームシックになっていることの方を心配しているという。マンデラ邸の使用人のひとりをジョハネスバーグから飛行機で呼び寄せることを提案したダブラに、家庭内のことやスタッフの出勤状況を決めるのは、医療とも私の仕事とも関係ない、と答える。それに、マディバのホームシックは二年近く続いている。マディバとある程度時間を過ごしたことのある人なら誰でも知っている。ジョハネスバーグにいればクヌを懐かしがり、クヌにいればジョハネスバーグに戻りたがる。ケープタウンにいるときは、クヌかジョハネスバーグに行きたがる。年寄りはそんなものなのだ。それで、家庭内のことはグラサ夫人に任せ、あなたは医療マターに専念すべきだと忠告する。ダブラは動転したようだが、私にしてみれば、ダブラの行動は、またもやグラサ夫人を無視したものだった。どの職場にも力関係を巡る争いがあるものだが、マンデラ家でも常に策略が渦巻いていた。

グラサ夫人が十四日の夜遅くに戻って来る。前もって、マディバを診察した専門医とダブラが翌朝会いたがっていると携帯メッセージを送っておいた。十一時にふたりに会ってくれるという。ところが、ダブラはマディバを診察した専門医をグラサ夫人とのミーティングに参加させないことにし、マディバに会ったこともない内科医を連れて来た。当の患者を診察したことがない医師に、病状の説明をさせようというのだ。

金曜の朝、グラサ夫人とジムに行く。運動の後、夫人の車まで一緒に歩きながら、マディバを診察した専門医は、マディバの急激な衰えには精密な検査をしないとわからない原因があるかもしれないと疑っていること、その日の午後にマディバを入院させるようダブラたちは勧めるつもりでいることを伝える。私は夫人のことも心配するようになっていた。マンデラ家内の絶え間ない確執と策略に晒されストレスで困憊しているときに、夫が入院する必要があると宣言されて脳卒中を起こしてしまうかもしれない。グラサ夫人が「お母さん」として傍にいてくれることなしには、夫人がマディバを支えてくれることなしには、私たちはやっていけなかった。医師たちが十時半にやって来る。しばらく話してから、入院の手筈が整えられ、マディバは第二陸軍病院へ入院し、いくつもの検査を受けることになる。レントゲンやスキャンなど、検査に次ぐ検査が続いた。

私はマンデラ家の一部の人たちから、マディバの私生活には関わらないように、それまでよく言われてきた。けれども、私はやるせない不満で一杯だった。医療の素人から見ても、対処方法がまずいことは一目瞭然だ。しかし、医療チームは患者のためになるかどうかより、マンデラ家内の利害関係に対する考慮を優先していた。マンデラ家の一部の人たちはまた、マディバの病状について私と話さないよう、医師たちに指示を与えていた。私があれこれ指摘することが、マンデラ家の人たちを苛立たせていたのだ。

病院での状況は概ね良かった。だが、マディバは病院というものが好きではないので落ち着かず、病院にいたくないと抗議した。翌日の土曜日、朝六時頃、マディバに長年仕え信頼されているボディガード兼運転手のマイク・マポニャから電話がある。マイクはマディバが釈放されてからずっと、マディバの運転手を務めてきた。心臓が止まりそうになる。マイクが私に電話してくるのは稀だ。それに、重要でない電話をしてくるには早朝すぎる。最悪の事態を予想して電話に出ると、マディバが私に、直ちに病院へ来て欲しがっているということだった。服を着て、外に出ても恥ずかしくないよう身づくろいをしてから出発したので、到着するまでにちょっと時間がかかる。マディバはカンカンだった。「ゼルディーナ。他の人間ならともかく、よりによってお前が私を見捨て、こんなところに置きざりにするなんて！」。マディバは何年も病院で一夜を過ごしたことがなく、病院に泊まったことがとても嫌だったのだ。グラサ夫人が間もなく到着するから、とマイクがとりなす。面倒を見てくれる人たちが病院にはいるし、大丈夫かどうか確認するために検査するのだ、と私から説明したが、マディバは耳を貸さない。幸いなことに、間もなく夫人が到着し、マディバを落ち着かせてくれた。マディバがあれほど動揺しているのを見るのは辛かった。それで、機会を見つけ、できるだけ早く退散する。具合が悪いマディバが、欲求不満の塊になっているのを見るのが耐えられなかったのだ。医師たちは四六時中マディバの傍にいた。閉ざされたドアの向こうで何度か話し合いが行われていた。医師たちがマディバの治療に専心していること、そしてマディバが専門家の手にかかっていることで私は安心する。私の気に懸かっているのは、それだけなのだから。

ダブラの姿が見えない。その日マディバの当番であるはずの医師は、扁桃腺炎で休んでいる。マディバの健康を担当する重要人物のうちふたりがいないことで、私は大層心配になった。グラサ夫人がマディバの娘三人に入院を伝え、私はヘルヴェル教授に連絡する。情報を漏らさないことが大切なので、財団の誰にも知らせていないと教授に告げる。さもないと、メディアや一般市民が病院に押しかけて大騒ぎになる。

土曜の夜、当時の国防相リンディーウェ・シスルが病院を訪ねて来た。南アフリカでは、国家元首と元国家元首の健康管理は国防省の管轄になる。リンディーウェは、今は亡きマディバの友人ウォルターとアルバティィーナの娘であり、マカジウェ・マンデラの従姉妹でもある。私はその場にいなかったが、同席したグラサ夫人によると、国防相もマディバの健康を心配していたとのことだった。土曜の夜遅く、マディバが亡くなったという噂がメディアを駆け巡る。マディバが亡くなったという噂を消したかった政府は、マディバは検査を受けるためケープタウンの病院に入院したとの声明を発表したがったが、私はマディバのプライバシーを守るため場所は公表しない方がよいと提言する。

一方、マディバが亡くなったという噂は本当かどうか、財団から私に問い合わせがある。「マディバは生きています。でも、詳しい情報は教授に聞いてください」と答える。これまでもメディアに情報をリークしたと非難されたことが何度もあったので、私から情報を出すことは差し控えたかった。極秘で話し合ったことがどういうわけかリークしたことがあったため、財団の電話が盗聴されているのではないかと疑っていた。特に今回のようなケースは、財団幹部が手順を決める方が好ましい。財団が発表した声明は、「マディバは夫人と休暇中であり、亡くなったという噂は根も葉もない」というものだった。財団からこういう声明を発表したので、独自の声明は発表しないよう大統領府に助言する。

専門医全員が検査を済ませ、マディバは日曜日に退院する。午後一時にケープタウンのマンデラ邸に戻ると、扁桃腺を患って休んでいたはずの医者が待っていた。マディバの自宅に来ることができるほどの健康状態なら、なぜその日病院に出向き、退院させてよいという指示を専門医たちから受けることができなかったのだろうか。それに、病気だったら、マディバの近くに来るのは良くないのではないか。老人は、特に病気の老人は、若者より病原菌に感染しやすいのではないか。

月曜日、火曜日とマディバが回復していくのがわかる。薬が効いてきたようだ。木曜日の朝、マディバの具合がどうか医師の口から聞きたくてたまらなかったが、医療スタッフと警備スタッフから「医師は病院にいない」と言われる。どこにいるのか聞いたら、買い物に出かけたという。あんまりである。ネルソン・マンデラが退院してまだ三日なのに、ショッピングを優先する担当医がいるだろうか。すると、医師が職場にいないことを問題視できる立場に自分があると考え、差し出がましいことをしたとして、私がマンデラ家に報告されてしまった。

グラサ夫人は息子マレンガの結婚式に出席するため、マプトに向かって発った。マディバは大丈夫だから旅に出てもよいと、医師に言われたのだ。私は夫人と緊密な連絡を取り、マディバの回復状況を報告すると約束する。

土曜日、マディバの娘ゼナニがケープタウンに到着することになっていた。自分がモザンビークで結婚式に出席している間、マディバの傍にいて欲しいとグラサ夫人が頼んだのだ。ゼナニは午前十時頃マンデラ邸に到着する。マディバはまだベッドから起き出していない。複数の専門医が十一時にマディバの診察に来ることになっていた。ゼナニと家政婦のシャーリーと私は台所でお喋りして、時間が過ぎるのを忘れてしまう。十一時をまわってから専門医はどうなったか問い合わせると、マンデラ邸へ行けという軍の司令を待っているという。軍隊らしい官僚主義。軍から病院へ、迎えが送られてくるらしい。専門医に電話し、なぜ自分で運転しないのか尋ねる。許されていないという。専門医が自分で運転してはいけないなんて、緊急事態だったらどうするのだろう。ケープタウンの病院に専門医を迎えに行って、ケープタウンのマンデラ邸へ連れて行くよう、プレトリアの本部が指令を発するのを待たなければならないのだろうか。

マディバの健康が心配でたまらない。ヘルヴェル教授をケープタウンの事務所に訪ね、状況は悪化する一方だから、私たちが介入すべきだと提言する。医療チーム内の力関係やマンデラ家内の勢力争いのせいで、関係者全員がひとつのことに合意するのは不可能だった。私は何につけても、ヘルヴェル教授に相談していた。マディバはヘルヴェル教授に相談することなく物事を決めたことがなかった。教授はマディバにとって、バランスを保ってくれる存在だった。マディバがやりたいことと、やらなければならないことの、納得できる妥協案をいつもうまく見つけてくれた。私は一日のどの時間でも必ず教授を捕まえることができる、数少ない人間のひとりだった。様々な活動に関わって多忙な教授だったが、私たちが自分に頼り切っていることを理解していた。また、緊急時に私が真っ先に連絡するのが自分であることも知っていた。教授は国防相と話をすると言ってくれる。そして、グラサ夫人がマプトから戻る翌日の月曜日、国防相と会うことになる。

日曜日にグラサ夫人が帰国したとき、マディバの具合はさらに悪化していた。マディバは私や夫人の姿が見えないと嫌がり、誰かがいつも傍にいることを要求した。顔が青ざめ、弱っている。かなり具合が悪い。私はマディバにお別れを言う心の準備をしながらも、マディバが最善の医療チームに面倒を見てもらえるよう、全力を尽くす闘いに挑む決意をする。

月曜の朝、専門医のひとりがチームから外された。マディバの治療方法に関して意見の不一致があったからとのことだった。別の専門医がプレトリアの第一陸軍病院から派遣され、チームに加わる。この専門医はマディバを診察し、大きな懸念を表明した。この状態で、マディバが私たちと一緒にジョハネスバーグまで戻るのは不可能だという。第二陸軍病院でもう一度、胸のレントゲンを撮ることを勧められる。マディバは肺炎に罹ったのではないかと私は思った。高齢者の死因には敗血症や肺炎が多い。一方、グラサ夫人はシスル国防相、ヘルヴェル教授に会い、過去数週間の状況を詳しく説明する。マディバの健康と医療ケアに対し、ヘルヴェル教授は夫人や私同様心配していた。夫人は自分が軽んじられているように感じ、絶望的になっていた。だが、懸念を表明したのが白人の私であり、専門家も全員白人だったため、事態は人種問題的色彩も帯びてきた。教授、グラサ夫人、国防相が干渉しない限り、問題解決は不可能だ。

国防相は医療チーム全員を入れ替える可能性を探る。一方のグラサ夫人は、家族が承認した任命に自分が干渉したら、家族に磔同様の目に遭わされると感じていた。誰が誰を任命しようと、ネルソン・マンデラは一流の医療ケアを受けるべきだということで、意見が一致する。シスル大臣は国際的な医療チームを作り上げると申し出たが、グラサ夫人はそうすることで南アの医療従事者を信頼していないと見られると躊躇した。夫人の懸念はもっともだ。南アフリカには、世界でも最高水準の医師がいるのだから。

火曜日より前のことだが、第一陸軍病院からやって来た専門医に、水曜日には全員ジョハネスバーグに戻って大丈夫と告げられる。緊急医療設備を完備した傷病者輸送機が、マディバを迎えにプレトリアから飛んでくることになった。当時ロジスティクスを担当していた同僚のマレサから連絡がある。この飛行機は特別の設備を載せているため、乗客は四人か五人しか乗れないが、残りの医療スタッフと警備スタッフのために、もう一機チャーターしたとのことだった。

火曜の朝、私はグラサ夫人、ンダダと朝食を取る。ンダダはマディバの孫息子で、祖父の世話をするため前日到着していた。朝食の席で、私はふたりに飛行機のスペースに関して説明する。ンダダは、家族が同乗するべきだから、自分がマディバと一緒の飛行機に乗る、と言い張った。グラサ夫人は、飛行場に着いてから誰がどの飛行機に乗るか決めよう、だが一番優先されるのは医師だ、と言う。私は夫人の気持ちを思い、心が痛んだ。ンダダの言葉は、グラサ夫人が家族ではないと示唆していたからだ。私が傷つくのは大事件ではなく、このような日常的な事柄だ。そして、もちろん、妻がどのように扱われているか耳にしたら、マディバは大いに傷つくだろう。マンデラ家の人々の邪魔になるようなことはしてはならないと知っていた私は、定期航空便に乗る手筈をすでに整えていた。グラサ夫人が、余分にチャーターした飛行機に乗らないかと言ってくれたが、乗りたい人のためにスペースを空けてあげたい、それに、邪魔になるようなことはしたくない、と断る。

膝を組んでマディバの傍に座っていたら、マディバが私の足を触った。まるで、私がちゃんとそこにいるかどうか確かめているかのように。涙が目に溢れる。動揺をマディバに気づかれないよう、立ち上がる。マディバは体が大層衰え、会話をしなくなっていた。なぜ入院していないのか不思議だったが、専門家を揃えた医療チームが待つジョハネスバーグに、翌日出発すると告げられる。

水曜の朝早く、マンデラ邸に到着する。マディバは朝食中で、傍に人がついていた。私はコーヒーを飲み朝食を取った後、空港へ向かうことにした。グラサ夫人に挨拶する。咳が止まらないマディバに挨拶するとすぐに、向きを変えて家を出た。泣いているところを誰にも見られたくなかったから。マディバに最後のお別れを告げたような気がしていた。

空港に着いたが落ち着かない。ボディガードに電話し、マディバの飛行機が離陸したら連絡するよう頼む。医師たちとの話し合いの結果、飛行機がプレトリアに到着したら、マディバは自宅に連れて行かれ、二十年来の主治医マイク・プリットが診察しに来ることになっていた。マディバはプリット医師に、文字通り命を預けていた。年を取ると食欲がなくなるものだが、マディバが食べたがらないときは、「一日三食摂るのはプリット先生の命令です」と言ったものだ。本当のことだし、そうすると食べてくれた。だからプリット医師がジョハネスバーグで待ってくれているというのは、わずかながらも心の慰めになった。

私の飛行機が遅れたため、私が飛行機に搭乗する前にマディバの飛行機が飛び立つ。私は疲れ、感情的になっていた。泣いて真っ赤になっていた目を隠すために、セレブ気取りのワナビーのように、機内でもサングラスを外さなかった。マディバの健康に関する噂がメディアでも巷でもせっかく収まっていたので、赤い目をしているところを知り合いに見られ、憶測を煽りたくなかったのだ。

誰にも会いたくなかった。この頃には、友だち付き合いもやめていた。友人たちは私の全世界がマディバを中心に回っていることを知っていたので、動揺しているのを見られたら、マディバに問題があることを知られてしまう。マディバのあのような姿を目にするのは、それまでの人生で最悪の大失恋より辛かった。私は友だちからの電話に出ることもなければ、携帯メッセージにも返事をせず、社会から完全に引きこもった。このストレスと痛みを誰とも分かち合うことができない孤独を感じる。ヘルヴェル教授に毎日電話で状況報告した以外には、誰とも口をきかなかった。誰に言われなくとも、自分にとって何が最善かわかっていた。それは、社会から完全に引きこもることだった。

仮眠を取る術《すべ》を体得していたので、普段なら、飛行機でもどんな乗り物でも、すぐ眠ることができた。しかし、ジョハネスバーグに戻るフライトでは、片目を閉じることすらできなかった。疲労困憊していたのに、目がはっきり覚めていて、周りのどんな動きも感じ取った。ジョハネスバーグに着陸する。人前で電話に出たくなかったから、携帯電話のスイッチは入れないままにしておく。最悪の事態を予測していたのだ。ハウトレインに飛び乗り、サントトン駅で降りる。迎えに来てくれた兄が家まで送ってくれた。

サントンで携帯電話をオンにする。最初にかかってきた電話は、財団CEOのアクマットだった。マディバはどこにいるか知っているか、と聞かれる。私より早くケープタウンを出発したから、もう自宅に戻っていると思う、と答える。マディバはミルパーク病院に連れて行かれたという連絡が財団にあったらしい。ミルパーク病院はジョハネスバーグの私立病院だ。ボディガードに電話する。ミルパーク病院に向かっているところだという。アクマットに電話し、ボディガードから聞いたことを伝える。この時にはすでに、財団がマンデラ家と相談の上で、「マディバは定期健診のためミルパーク病院に入院した」という声明を発表していた。私はヘルヴェル教授に電話し、声明が発表されたことへの懸念を表明する。定期健診という言葉を使ったことを心配したのだ。

自宅に戻る。犬たち、兄、それに長年の同僚であり、長年私を支えてくれたマレサに再会して嬉しい。少し経って病院へ向かう。病院に到着したとき、マディバは診察中だった。引き戸の隙間から姿が見える。手を振ったら、振り返してくれた。依然としてとても衰弱した様子だったが、マディバは大丈夫だと私にはわかった。床ずれと膝の炎症に加え、呼吸器の感染症と発表された。肺炎に罹っていたのだ。いろいろなことが一緒くたになって、体に大きな害を及ぼしていたわけだ。

二日経つ。病院に出入りする秘密の通路を見つける。私をマディバの健康状態の「バロメーター」(マンデラ家の人々の言葉)として、メディアに使われないためだ。メディアは私の一挙手一投足に注目していた。たとえば、私とジョジーナがつまらない冗談に笑っている写真が新聞に掲載され、笑っているのだから「マディバは大丈夫」と解釈されたりした。金曜日の午後に退院することが決まる。回復の兆しが見える。私はマンデラ邸のスタッフを助けて、マディバの帰宅に備える。病院で大々的な記者会見が開かれている間に、マディバは退院した。警備チームが知恵を働かせたのだ。そろそろ退院の時間とメディアが思ったときには、マディバはすでに自宅に戻っていた。

日曜の新聞に、マンデラ財団とマンデラ家の関係がぎくしゃくしているため、政府が干渉せざるを得なかった、だから財団の声明発表の後、誰もマディバの入院に関して声明を発表しなかったのだ、という記事が掲載された。真実ではない。マディバの財団スタッフとマンデラ家の一派閥の間には常に緊張関係が存在していたが、マディバの入院のために関係がさらに悪化したことはないし、また、財団と関係がうまくいかなかったのはマンデラ家の全員ではない。

マディバが次第に衰弱するにつれ、マンデラ家の一部の人間が、財団の活動内容や運営方法に口を出すようになってきた。マディバが元気だったら、そんなことは絶対許さなかっただろう。マディバは長年の間、財団スタッフを導いてくれただけでなく、多くのことから守ってくれた。ところが、マディバが衰弱したのをこれ幸いと、マンデラ家の一部の人間が自分に有利なように財団を動かそうとし始めたのだ。

間もなくマディバはずっと元気になった。だが、完全に回復するまでには時間がかかる。マディバの病気が長引く中、支払いや家計の切り回しに支障が出てきた。マディバの銀行口座をマディバに代わって管理する権限を持つ人がいないので、別の方法を考え出さなければならない。家族の間で争いが起こるのは必至だった。

マディバの財産管理を巡っての争いが、時間が経つにつれてますます泥沼にはまり込んでいく。

長年の間、マディバの口座の出入金を確認するのに、銀行は私に連絡してきた。有名人のマディバと直接話すことができなかったので、預金、引き出し、振替があるたびに、本当にマディバが行ったことなのか、私に電話して確かめたのだ。今回、グラサ夫人とマディバの娘ふたりが代理権を持つことになったが、出入を確認するために、銀行は今まで同様私に連絡してもよいという手紙に、マディバがサインすることになっていた。私は必要書類をすべて整え、グラサ夫人に渡し、ニューヨークに旅立った。目的は、ネルソン・マンデラ財団のための資金集めイベントについてクリントン財団で話すことと、マンデラデーの共同イベントについてトライベッカ映画祭と打ち合わせることだ。私はマディバの口座に関して代理でサインする権限を持っておらず、グラサ夫人がやりたがらない、事務的なことを受け持っていただけだったが、銀行から出入確認の電話を受けるのは面倒なので好きではなかった。一年前、私がマディバの財産に何の権限も持たないようにするため、財団が帳簿係を任命してくれて嬉しかったほどだ。もしかしたら、無意識のうちに、何が起こるか感じていたのかもしれない。

私がニューヨークにいる間、マカジウェがある月曜の朝早く、オフィスに私を探しに来た。私が見つからなかったので、アクマットに私の所在を尋ねる。アクマットが「ニューヨークに行っている」と答えると、誰が旅行する許可を出したのかと聞く。「財団の業務出張だから、CEOである自分が許可した」とアクマット。マカジウェは、なぜ一介の秘書がニューヨークまで出張する必要があるのか問い質したという。それに対し、アクマットが何と答えたか、私は知らない。マカジウェの尋問は続く。マンデラ家の一員である自分たちが代理権を持っているのに、なぜ秘書が預金の出入を確認する必要があるのか。私は自分の意見を言わない方がよい時があることを学んだ。状況を見れば、何も言わなくても一目瞭然だからだ。

グラサ夫人は自分の家の中でプライバシーをまったく持っていなかった。マディバが一日二十四時間の医療ケアを必要とする一方で、夫人のプライバシーは考慮されなかった。自分の家の中で、寝室から台所まで寝間着で行くことができない状況を想像してみて欲しい。家の中には常に見知らぬ人たちがいる。ちゃんと身づくろいをすることなしに、自分の寝室を出ることもできない。決して気を抜くことができないのだ。一挙手一投足を多くの目や耳が追う。

マディバとヘルヴェル教授から学んだ素晴らしい教えのひとつに、「時には物事が起こるままに任せ、傍観者に徹する」というのがある。痛恨は人を病気にする。服役時代、マディバたちは石灰岩の採掘場で働かされ、意味もなく石灰岩を削らされた。痛恨も同じことだ。苦々しい気持ちを培うという愚かな行為に携わることで、徳性が損なわれる。干渉せず、物事を成るがままに任せることが肝要だ。変えることができない状況だってある。私は仕事をする上で、すぐに物事に対処したい性分だった。だが、時間が経つにつれて、そして年を取るにつれて、成り行きにただ任せるべきだということを学んだ。他人に対する不信感を表に出さないマディバを長年見てきたが、そうすることによりマディバはある意味で、人々に自分の幸運、不運を作り出させていたのである。何よりも大切なのは忍耐だ。

# 第12章 別れ

初めての長期入院から二、三か月経って、マンデラ家の人々はマディバをクヌに移動させることに決める。マディバはよく、一緒に育った人のことや、亡くなった家族について聞いていた。クヌは東ケープ州の辺鄙なところにあり、また、その前の十二月にマディバの具合が悪くなった場所でもあったため、マディバに仕えていた私たちはこの指示に懐疑的だった。ジョハネスバーグの自宅にいれば、最新の医療を直ちに受けることができる。親しい友人たちが訪問することもできる。家族も時折やって来る。アメッド・カスラーダやジョージ・ビゾスのような人々に会いに来てもらうこともできる。しかし、クヌでは難しい。クヌでの生活はどんなものになるのだろう。マンデラ家の人々が言い張ったことなので、グラサ夫人には反対できない。ただ、クヌであろうが、ジョハネスバーグであろうが、マディバは夫人が傍にいる限り、情緒が安定していた。

私は毎週、それが無理な時でも二週間に一度は必ず、ネルソン・マンデラ財団から交通費を支給してもらってクヌを訪れた。マディバはお喋りこそしなくなったものの、誰かが傍にいることを望んでいた。マディバを訪れる人はほとんどいない。医療スタッフと家政スタッフを除けば、傍にいるのはグラサ夫人だけ。クヌは辺鄙なところにあり、訪問は一日がかりだ。それも、一日で戻って来ようとすると、朝三時に起床し、夜の八時に帰宅することになる。誰もが簡単に訪れることができる場所ではない。静かで隔離されていた。

マンデラ財団で、組織再編成の発表がある。核となる仕事に集中するという。アメリカ合衆国の大統領図書館のような、マディバの偉業を継承し、後世に伝えることを目的とした場になるというアイデアに私は賛成だった。マディバも「記憶と対話センター」を設立すること、財団がネルソン・マンデラ関連資料の収集保存と、人権や民主主義に関する対話促進に特化したNGOとして生まれ変わることを支持し、二〇〇四年に自らセンターを立ち上げていた。その後何年にもわたって、マンデラ財団へ私的文書、贈呈品、メダルなどが寄贈され、「センター」所有資料となる。しかし、マディバのオフィスを閉鎖するという考えに私は反対だった。マディバが生きている限り、たとえ本人が対応できなくても、人々はマディバと接触の機会を欲するだろう。友人でも、一緒に働いた人でも、マディバと何らかの関係があった人なら誰しも、これまでのつき合いを認めて欲しいだろう。マディバのオフィスが閉鎖されると、それが不可能になる。しかし、マディバのオフィスは閉鎖され、マディバの人間関係はそれまでの経緯を知らない人々が担当することになった。マディバの友人たちも、その他大勢と同じように扱われる。友人たちのひとりひとりがマディバと持つ関係に敬意を払っていないように思えた。

ヘルヴェル教授とグラサ夫人も、マディバが亡くなる日までオフィスと秘書をキープすべきだという考えを持っており、オフィス閉鎖に反対だった。財団の会長を務めるヘルヴェル教授は、マディバが元気な時に自ら私を選んだのだから、私を解雇する書類にサインすることは拒否するとまで言ってくれた。しかし、マディバのオフィスは閉鎖され、職員は全員解雇される。私はパートの身分で再雇用されることになったものの、完全に窓際に押しやられ、お飾りの仕事しか与えられなかった。やはりマディバに長年仕えてきたマレサとトコは解雇された。私はそれまで給料目当てで働いてきたわけではないし、お金では決して手に入れることのできないものを得た。だから、たとえ無給でも、マディバとグラサ夫人に尽くそうと決心した。それに、最後の日まで決して見捨てないと、自分自身にもマディバにも約束をしていたのだから。

＊

二〇一二年が始まる頃には、マディバはクヌに常住するようになっていた。私は毎週クヌに行き、一日か二日マディバと一緒に過ごす。二〇一二年二月二十八日、私が正職員としてマディバに尽くす最後の日。その翌日もこれまでと変わりがないと思っていたが、まったく違った。突然、何の目的もなく、空っぽになったように感じる。こんな事態をマディバが許すはずがない。だが、マディバはもはや意思決定をすることも、自分の望みを口にすることもできなくなっていた。それどころか、次第に私たちから距離を置くようになっていく。目に見えて年老いたマディバは一日二十四時間のケアを必要とし、私たちがかつて知っていた陽気な人物ではなくなっていた。

財団ＣＥＯから、私の職名が上級個人秘書から個人秘書に変更になったと告げられる。十八年の間に、タイピストから個人秘書助手、個人秘書、マネジャー兼スポークスパーソンになり、また個人秘書に戻った。愛情と心遣いと忠誠心と信頼が、そんなジェットコースターのような道のりに私を導いたとは、正直なところ笑ってしまう。

　私はずっと、マディバのために最善を尽くすことだけを願望としてきた。だから、私を周縁に押しやろうとする、この新たな試みに怯むことはなかった。ネルソン・マンデラが私を信頼し、自ら私を選んでくれたのだ。ネルソン・マンデラが、自分を形成した政党ですら私の存在を批判したにもかかわらず、守ることができなくなるまで私を守り続けてくれたのだ。マディバに尽くすことに人生を捧げるしかないではないか。だが、このような出来事で自分がないがしろにされても、私は自己弁護しようとはせず、流れに任せた。きっと起こるべくして起こったことなのだから。また、うぬぼれていると解釈されるのが嫌だったので、マディバに選ばれたという事実を持ち出すこともなかった。それでも、いつかきっと、自分で自分を守らなければならない時がやって来るだろう。そして、その日が来たら、物事を理性的に、違った目で見るようになるだろう。

　私たちアフリカーナは、「自分は何にも値しない」「自分は取るに足らない存在だ」「自分には何も達成できない」と教え込まれて育つ。世の中で成功したアフリカーナは、この精神的足枷から自分自身を解き放つことができた人たちだ。だから、マディバに選ばれたという事実を受け入れるのに、私は苦労した。これはアフリカーナの特徴の中でも、最も魅力的でないもののひとつだと思う。この特徴にメリットがあるとしたら、自分の価値を考えないので、うぬぼれに溺れてしまうことがないことだろうか。そう、誰よりも私自身がよく知っている。私の人生を素晴らしいものにしてくれたのはマディバだ。私は何の価値もない人間だった。そして、マディバがいなかったら、今でも存在価値ゼロのままである。

　マンデラ家の毒がいたるところに漏れ出していた。マンデラ家の多くの人々は、私がマディバの傍にいることをずっと快く思っていなかった。その彼らにようやくチャンスが巡って来たのだ。それでも私はマディバを見捨てることを拒否した。私が毎週飛行機でマディバに会いに行くことをマンデラ家の人々は嫌がり、財団のCEOに、私がクヌに一体何の用があるのか問い質した。毎週クヌに飛んでマディバの世話をするためにスポンサーを見つけなければならなくなったとしても、私は喜んでそうするつもりだった。クヌにいるのはグラサ夫人、家政スタッフ、医療スタッフだけ。マディバは孤独を感じていた。ズマ大統領がたまに会いに来てくれ、ほんの数人の親しい友だちも、わざわざ辺鄙なクヌまで時々足を延ばしてくれることがあったものの、マディバは次第に世の中から隔離されていった。だが、重要人物が訪れたときには、突然訪問客が増えた。また、時にはアメッド・カスラーダなどの旧友に頼んで、会いに来てもらった。旧友たちが訪ねてくると、マディバの心が明るくなるのが目に見えてわかる。

私が会いに行くたびに、マディバはとても喜んでくれた。会話はほとんど交わさない。グラサ夫人がいるときは、私と夫人がお喋りするのを見て楽しんでいた。マディバは命に取り囲まれたいのだ。人々に触れられ、世話をしてもらい、普通の生活感覚を身の回りに作り出して欲しいのだ。取り残されたと感じないために。「ああ、ゼルディーナ。よく来たね。ご両親は元気かい」とマディバ。「クル。私が元気かどうかは聞いてくれないのですか」とからかうと、マディバは笑いながら肩をすくめる。一日の会話がそれだけのこともあった。それからうとうとし始め、目が覚めると手を伸ばして私の手を握る。ほとんどの訪問客に対して、そんな調子だった。

クヌの家が改修されることになり、マディバはその間ジョハネスバーグに戻ることになる。おかげで会いに行くのが楽になった。ある金曜日の午後、グラサ夫人と私は、スキー事故で重傷を負った、オランダのベアトリクス女王の息子について話していた。夫人はオランダ王室に、慰めと励ましの気持ちを伝えようとしていた。オランダ王室とは親密なつき合いをしていたため、王子の事故の知らせに心を痛めていたのだ。

その日の夜、私はベアトリクス女王一家の苦しみを思いながら床に就く。携帯電話をマナーモードにし、翌朝はいつもより遅く起きる。目が覚めて、携帯電話を見る。何か起きたようだ。不在着信が七件、ショートメールが十六件もある。もう前ほど働いていなかったから、普通の状況では考えられないほどの連絡量だ。最初に開けたのは、友人でジャーナリストのロビン・カーノウからのメッセージ。「マディバが入院」とある。「まさか。どこで聞いたの？」。その話でニュースが持ちきりだという。報道をチェックする。本当にマディバは入院しているようだ。私は知らなかった。誰も私に教えてくれなかった。ジョジーナに連絡して確認を取る。ジョジーナも詳しいことは知らない。グラサ夫人に携帯メッセージを送り、大丈夫かどうか聞く。いつどこでといった詳細は必要ないが、マディバ夫妻が大丈夫かどうかだけ知らせて欲しいと頼む。私が情報をリークしたと非難されたくなかったからだ。夫人は何が起こったか、簡単に説明してくれた。

グラサ夫人ほど礼節を欠いた扱いを受けた人間を、私は他に知らない。マディバの葬式を巡る家族内の争いは、マディバが亡くなる何年も前に始まっていた。二〇〇五年四月、『ニューズウィーク』誌に、マディバの葬式の手筈と、葬式を担当する委員会についての記事が掲載される。マディバの葬式に関する記事がメディアに登場したのはこれが最初だった。グラサ夫人やマディバの子どもの一部は、葬式準備に関わるのを拒否する。マディバはまだ概ね健康だった。元気に生きている人、それも妻がしっかりケアを与えている人の葬式を計画するなんて考えられない。グラサ夫人が葬儀手配について相談を受け、何が計画されているか知らされたのは、ずっと後の二〇一三年、ノシヴィウェ・ンカクラ国防相が親切にも夫人を話し合いに入れてくれたときだ。

夫人は私の名前を葬式のゲストリストに加えるよう主張してくれた。クヌの農場に埋葬されるとき、たとえ塀の外に立つしかないとしても最後まで傍にいると、私はマディバに約束していたが、夫人の尽力がなかったら、本当にそうなるところだったのを後になってから知る。

マディバは時々言っていた。どんな人物か知りたかったら、権力を与えよ、と。その言葉は正しかった。ひとたび力を手にすると、人は本性を表すものだ。

マディバが入院するたびに、私たちは固唾を飲んだ。マディバが入院すると、私は引きこもるしかなかった。誰とも口をきかず、電話にも出ない。両親とすら話をしない。言葉を交わすのはヘルヴェル教授、グラサ夫人、それにジョジーナだけ。この三人にはわかっていた。私が信頼を裏切るとか情報をリークしたとか疑われたりすれば、私を追い払うよい口実をマンデラ家の人々に与えてしまい、二度とマディバに近づかせてもらえないことを。彼らにそんな喜びを与える気はさらさらない。だから私は皆から距離を置き、グラサ夫人からの進捗状況説明に頼った。私はまた、大きな重荷を背負う夫人のことを心配し始めていた。夫人が夫の健康を死ぬほど心配している一方で、マンデラ家はこれまで以上に分裂していた。

職場では、依頼や提案などの件数が少なくなり、やっとプレッシャーがなくなる。もっとも、マディバが再び活発に活動しないことを理解できない人間が少数だが存在した。自分だけは例外であると考える人間や、自分のプロジェクトに力を貸すことができるのはネルソン・マンデラしかいないと、論理を超えた理由を見つける人間がいまだにいたのだ。長年の仕事を通じて気がついたことだが、依頼を断るなどネガティブな仕事を続けると、精神にとてもネガティブな影響を与える。シニカルな性格になってしまい、否定的な考え方から抜け出すのに、絶え間ない努力を必要とするようになる。マディバへの依頼が減ったこと、それに伴うネガティブな仕事が減ったことのおかげで、生活にバランスを見つけることが容易になった。私は人生の次の段階に向かって準備していたのだった。

結婚をせず、子どもを持たないことを後悔しないのか、とよく聞かれる。私の人生を描写するのに、「後悔」という言葉を使うのは利己的であり、あまりにも感謝知らずであろう。マディバと一緒にいることで、あまりにも多くのことを得た。その代わり、私はマディバに若さと、そして恐らく自分の未来まで捧げたのだ。しかし、だからといって、私はマディバを決して責めない。そういう選択をしたのは、最終的には私自身なのだから。それは犠牲だったのだろうか。結婚し子どもを持つ機会を失ってしまったのかもしれない。だが、それを苦だとも悲しいとも思わない。得たものがあまりにも大きかったから。私は私自身を得たのだ。私は自分の人生に百パーセント満足している。

パートの立場になったこと、そして給料が減ったことから、どこからか収入を生み出し、また、やりがいのある仕事を見つける必要が出てきた。しかし、まだマディバに対しある程度の責任があったので、経済的ににっちもさっちもいかない限り、正職員の仕事には就かない覚悟だった。さらに、マディバやグラサ夫人が私を必要とするときは、いつでも駆けつけられるようにしておきたかったが、もうひとつパート仕事を見つけてしまうとそんなことは不可能だし、両立できると思うのは理に適わない。

ともあれ、非常に奇妙な経験だった。約十八年間、体中にアドレナリンをみなぎらせて走り続けた後、一夜にしてアドレナリンゼロの状態になるのは笑い事ではない。生きる目的を見つけなければ。簡単ではなかった。マンデラ家の一部の人間は、いまだに私を締め出したがっていた。

二〇一二年三月一日、「残りの人生」の初日、人生の旅で自分自身について発見したことを忘れないよう、私は左手首の内側に入れ墨を入れる。「情熱に従え」。この言葉通りに生きる限り、この先一生幸せでいられる。私の情熱は人に尽くすことだ。人に尽くすとき、私は充実を感じる。私はこの入れ墨をフランス語で入れた。「自分のルーツを見つけなさい」とマディバに言われたことを、一生心に留めておきたかったからだ。私の祖先はフランスからやって来たので、フランス語で入れたかったのだ。

新しい生活の最初の数か月は容易ではなかった。時々財団オフィスへ出向き、事務仕事をする。たまにマディバにも会いに行く。クヌの家の改修が終わったら、マディバはクヌに戻るという発表があった。私は再び、週に一度か二週間に一度、クヌに通うことになる。マディバはお喋りのこともあれば、無口のこともあった。グラサ夫人と私は、その時世界や南アで起こっていることについて、一日中議論したりする。ANCの内部抗争、アラブの春など世界のニュース、アフリカ諸国の情勢……。マディバは自分の周りが生き生きしていることが嬉しいかのように、時折私たちに微笑みかける。私たちは居間に座り、お喋りを続ける。突然マディバが、ハンドバッグが床に落ちているから拾いなさい、などと言う。マディバの頭ははっきりしており、周りで何が起こっているか完全に認識していた。時にはヘルヴェル教授に電話し、マディバと言葉を交わしてもらう。教授の声を聞くたびに、マディバの顔がぱっと明るくなる。「ああ、ジェイクス。話ができて嬉しいよ」。マディバはお気に入りの椅子に座りながら、よくうつらうつらした。そして、突然目を覚まし、私とグラサ夫人が傍にいることを確認するのだった。私が享受した恩典はすべて終わったと思っていたが、前より多くの特権を手にしたように感じる。その頃マディバ夫妻と過ごした時間は、私にとって最も貴重でかけがえのない瞬間だった。

グラサ夫人が傍にいないときは決まって、マディバは「お母さんはどこに行ったのかい？　いつ戻るのかい？」と聞いた。そのたびに、何曜日の何時に戻る、と返答しなければならなかった。夫人がジョハネスバーグに日帰りし、私がクヌを訪れるときなど、夫人と私は空の上ですれ違った。夫人がいない日は、一日に二百回も「お母さんはどこにいるのかい？」とマディバに聞かれたような気がする。マディバは夫人に完全に頼り切っており、夫人が傍にいないと落ち着かなかった。

人は皆、自分の人生に忙しく、マディバを訪れる者はほとんどいない。クヌに行くのは本当に面倒だ。それに、マディバはいつも人に会いたい気分とは限らなかったから、親友にですら会いに来てくれとお願いしにくい。よく知らない人の訪問は、スケジュールに入れないようにする。マディバはほとんど口をきかなくなっていたため、知らない人を連れて来ると、面会中に気まずい沈黙が流れ厄介だった。

だが、後になって気づいたことだが、グラサ夫人や私がいないとき、マンデラ家の一部の人間が私たちの留守をよいことに、見知らぬ人間をマディバに会いに連れて来ていた。そういった訪問の写真や記事がメディアに現れると、財団がマディバを弁護するはめになる。「誰それが会ったのなら、なぜ私はダメなのか」と言う人々との戦いが再燃するのだ。「訪問客は受け付けないよう指示を受けているので、財団が承認した訪問ではない」ことを卒なく説明しなければならない。時には、マディバに何かを推薦して欲しいとか、サインして欲しいとか、この人に会って欲しいとかいう依頼に対し、財団が断った後でマンデラ家の人間が同意し、グラサ夫人や私がいないときにやりたい放題やることもあった。マンデラ家の一部の人間は、もはやマディバ自身が文句を言ったり、主義主張を守り通したりできないことにつけ入るようになった。マディバ「本人」からこれこれこういうおかしな依頼があったと、企業から財団に問い合わせが寄せられることもあった。

私は大好きな地域に住み続ける経済的余裕がなかったので、ジョハネスバーグの外れに引っ越した。市内の職場に通勤するのが大変だった。普通の勤務時間に働く必要はなかったとはいえ、お金の遣い方に気をつけなければならない。友だちや近所付き合いが懐かしい。財団から無視され、友だちと疎遠になったように感じる。私はそれまで何年も、自分をサポートしてくれる友人関係を築いてこなかった。人は皆、自分の生活に忙しい。なんとかして自信を取り戻し、立ち直らなければならない。私はまた、自分の心配を友だちと分かち合う勇気がなかった。人から強い人間と思われているがために、強い人間の振りをしなければならなかった。そして、政治が懐かしかった。この国で起こっていることすべてに関する内部情報を持っていた頃が懐かしかった。

ヘルヴェル教授がマディバに何か月も会っていなかったため、クヌに会いに来てもらうことにした。二〇一二年八月、イーストロンドンまで飛んで来た教授を、私が二百六十キロの道を運転しクヌまで連れて行く。教授とマディバは笑いに満ちた再会を楽しんだ。午後イーストロンドンまで教授を送る途中、マディバにとって珍しく楽しい日だったことに気がつく。

私は教授が大好きだが、マディバの教授に対する愛情はもっと深かったと思う。やはり長いこと教授に会っていなかったグラサ夫人も一緒に過ごした時間を楽しみ、マディバの大統領時代について、教授が本の執筆を始めることに皆が賛成する。教授と私はイーストロンドンまでの車中で、マディバの大統領時代を思い起こして笑った。数多くの出来事が起こり、ストレスに満ちていた。どんな大変な目に遭うかわかっていたら、まだマディバにそれほど愛着が生まれる前に、別の選択をしていただろう、とふたりの意見が一致する。イーストロンドンまでの三時間に、十八年間の思い出が駆け巡った。空港で別れを告げたとき、マディバと一日を過ごしたことを教授が喜んでいるのがわかる。その日家に戻ってから、教授は私に携帯メッセージを送ってきた。忙しいスケジュールの中を、マディバに会いに来るよう私が言い張ったことに対するお礼だった。教授は無数の企業や団体の要職を務め、多くのプロジェクトに関わっていたが、多忙なスケジュールの中、マディバに会いに遠方に出かけるため、一日を空けてくれるよう頼み込んで良かったと思った。

数か月後、教授が亡くなったという知らせを受けたのは、ホリデーインのベッドの中だった。私はクヌから約四十キロの町ウムタタに泊まっていた。マディバの年齢の人間がそのような知らせにどのように反応するのかわからない。グラサ夫人はショックを和らげるため、注意深くタイミングを選んで、マディバに知らせを伝える。マディバの目が悲しみと喪失感で一杯になる。マディバはそのまま数時間、まったく口をきかなかった。これほどのショックと悲しみを、マディバがどのように消化するかわからない。夫人はその日ジョハネスバーグに行くことになっていたのをキャンセルし、マディバの傍を離れないことにする。

それまでの十八年間に、ヘルヴェル教授が果たしてくれた役割はあまりにも大きかった。他人が自分にとってこれ以上大切になるのはありえないという思いを百倍したくらいだろうか。教授は物事に、普通とはまったく違ったやり方で対処した。ある問題を解決しようと皆で頑張っているとき、最もバランスの取れた解決策を思いつくのはいつも教授だった。教授の葬式でナスペルス社のCEO、クアス・ベッカーが言った通り、実は皆妥協することになるのに、教授の提案に関係者全員が満足したものだ。絶対に与しやすい人間ではないものの、いとも簡単に他人の尊敬を勝ち取る人だった。距離を置いて、何も言わず物事を観察し、事態をまったく違った方向に向かわせるような言葉を発する。それによって、相手は自分自身で解決策を見出す。どんなにくだらないことでも、どんな不平不満でも、教授は私の言葉ひとつひとつに耳を傾けてくれた。そして、私が間違っているとき、それを正直にはっきりと、しかも敬意を持って、指摘してくれたものだった。

マディバが大統領だった頃、教授は私たちの旅によく同行した。そして、私たちの毎日の仕事に深く関わっていた。教授が政府の仕事から退いた後は、それほど深い関わり方はしなくなったものの、それでもすぐに電話できる相手だった。世界中のどこにいても、電話してアドバイスを求めたものだ。大事件が起きたときでも、とても馬鹿げたことや可笑しいことが起きたときでも、私が真っ先に連絡するのが教授だった。噂話を分かち合い、冗談を言い合ったりしたが、ひとたび真剣な話になると、私を導いてくれる父親のような存在だった。教授は第一言語のアフリカーンス語が大好きだった。私たちはアフリカーンス語で胸襟を開いて語り合った。非常に表現豊かなアフリカーンス語を冗談で使い、ふたりで大笑いすることもあった。どのような状況に置かれたどのような人にも、共感することができる人だった。そして、自分の役割を完璧にこなした。外国の国家元首との会話を卒なく執り行った直後に、下っ端の役人に話しかけ、自分との会話の方が重要人物と話すより楽しいと思わせることができる人だった。

教授の告別式の日、アーサー・チャスカルソン（人権弁護士。リヴォニア裁判弁護団の一員）元憲法裁判所長官が亡くなった。チャスカルソンはマディバが、南アの司法機関の最高位である、憲法裁判所の初代長官に任命した人物だ。教授の告別式の直前、チャスカルソンの息子から、父親が亡くなったというメッセージを受け取る。教授の告別式のプログラムディレクターは、人望の厚いトレヴァー・マニュアル大臣だった。私は大臣にチャスカルソンの死去を告げる。大臣は告別式の前に、チャスカルソン裁判官のために黙禱を呼びかけた。私の人生で重要な位置を占めていた人物がふたりも、一週間のうちに亡くなってしまった。もう耐えられない。悲しすぎる。教授は最後まで私の傍にいてくれると信じていたのに。私はまた、マディバの葬式に教授が参列できないことに腹を立てていた。だが、人生とはそういうものだ。マディバが人の死について話すとき、また人々がマディバの死を話題にするとき、「私たちの誰だってマディバより先に死んでしまうかもしれないのに」と思った。教授だって、私たちを置いていってしまったではないか。

その二、三か月前のことだ。マディバの警備スタッフ、家政スタッフ、それにグラサ夫人が、マディバ担当の医療スタッフに新顔がふたり加わったことに気づいた。もしかしたら、諜報部のエージェントではないだろうか。医療チームの常勤メンバーはこのふたりを知らないという。ズマ大統領のオフィスに問い合わせる。確認して回答するとのことだったが、返事はなかった。それで、またメッセージを送る。今度は「これは明らかにマディバと家族のプライバシーや尊厳の侵害であるから、政府にとってかなりきまり悪い状況を生み出す可能性がある」と付け加える。

すると、即座に返事があった。「情報相に報告した。情報相から回答がいく」という。その言葉の通り、数分後、シヤボンガ・クウェレ大臣から状況質問の電話がある。大臣は一時間後にまた電話をしてきた。問題のふたりは国家情報部のメンバーではないが、軍がそのような人員配置を承認したのかどうか、軍医総監に聞いてみるとのことだった。私は大統領府へのメッセージに記したことを大臣に繰り返す。大臣から二度と連絡はなかったが、三週間後、問題のふたりはいなくなり、数週間後また姿を現した。彼らの任務が一体何だったのか、最後までわからなかった。公務員がこのようなことに使われていることに私はむかついた。これほど、私を怒らせるものは他にあまりない。影響力がある人物が手を回して、国の資源を自分の利益のために使っているのだ。政府内の腐敗は大問題である。南アの民主主義を脅かす最大の問題と言ってよい。この一件は、腐敗した政府が国の仕事にこの種の外部干渉を許している、確かな例である。

当時の副大統領はハレマ・モトランテだった。ハレマとマディバはANC内で長いつき合いがあり、マディバはハレマをとても気に入っていた。ふたりは長い間会っていなかったので、十二月七日金曜日に、ハレマがクヌを訪問することになる。ハレマがマディバを訪問することを私が知ったのは木曜日だった。それを聞いて嬉しかったものの、わざわざその週また飛行機に乗ってクヌに行く気はなかった。するとハレマのオフィスから電話があり、訪問がマディバの都合でキャンセルされたという。すると、突然ハレマのオフィスから電話があり、訪問がマディバの都合でキャンセルされたという。家政婦のメメによると、マディバの気分がすぐれないのが理由だが、様々な憶測が飛び交うことを恐れて、副大統領の方からキャンセルしてくれるよう頼んだとのことだった。副大統領はなぜ訪問をキャンセルしなければならないのか、私の口から聞きたいという。その一週間後に、ANCの全国大会が開催されることになっていた。訪問がキャンセルされたのは、なんらかの政治的干渉があったのではないか、と危惧していたのだ。私はコールバックして、単にマディバの気分がすぐれないだけだと伝える。気まずい状況だった。だが、その頃には、人に会いたくない日、ただベッドで寝ていたい日がマディバにあることに私たちは慣れっこになっていたので、今回もきっとそうだろうと思った。

十二月八日の土曜日、ラジオ局のスタジオにいたとき、アクマット・ダンゴーから電話がある。私は土曜日、地元のラジオ局で、生活情報番組の共同司会者を務めていた。放送中は電話を取ることができなかったため、番組が終わり次第コールバックする。マディバの健康に関し憶測が流れており、なぜハレマの訪問がキャンセルになったか、日曜紙が理由を探ろうとしているという。メメに電話して確認すると、マディバは元気だと請け合ってくれた。メメとの会話中、後ろでマディバの声が聞こえた。アクマットにコールバックする。私の電話はその後、鳴りっ放しだった。

二時間後、ニュースが流れる。マディバが定期健康診断のため、プレトリアの病院に入院したという。寝耳に水である。私はグラサ夫人に携帯メッセージを送る。「お母さん。大丈夫？　マディバが入院したと聞いたけど」。夫人は私のメッセージに気がつかなかったのか、すぐには返事をくれない。電話や会話は盗聴されているのではないかと疑っていた。南アフリカでは、国家の安定を脅かすとか、テロ行為を計画しているとか見なされた人物の電話は、盗聴してもよいことになっている。私たちは国家の安定を脅かすことも、テロ行為を計画していることもなかったが、医療チームを含む公務員たちがマンデラ家の一部の人間から、グラサ夫人の一挙手一投足を見張るよう命じられているのではないかと思っていた。後でメメが電話してきて、教えてくれる。実はマディバはプレトリアの病院に連れて行かれたのだが、誰にも言ってはいけないと医療チームから口止めされていたというのだ。私には理解できなかった。なぜそんなに急いで、しかもこっそりと、マディバをプレトリアに連れて行かなければならなかったのか。

またもや、私たちは息を殺して知らせを待つ。まったく信じられない。私は迷信を信じるたちではないが、教授が先に逝ってマディバを迎える準備をしているという思いを拭い去ることができず、怖くなった。間もなくグラサ夫人が電話で状況を説明してくれる。声から、かなりの重圧に晒されていることがわかる。夫人はストレスを感じ、心配していた。嵐が過ぎるまで待ってから、マディバに会いに行った方がよいのは明らかだ。数日後、ジョジーナと一緒にお見舞いに行く。私は、教授の時と同じ間違いを犯すことを懸念していた。ケープタウンの病院にやっとお見舞いに行ったとき、教授はすでに意識がなかったのだ。マディバは私が誰かわかり、短時間とはいえ話をする。それで気が落ち着いた。マディバが「ああ、ゼルディーナ」と言ってくれさえすれば、私は安心するのだ。世界中のすべての人々同様、私もマディバが元気なことを頼みにしていた。グラサ夫人としばらく時間を過ごしてから、病院を後にする。

マディバの状況について、政府が定期的な声明発表を怠ったため、国民は心配していた。マディバの健康状態の発表は政府が行うと、政府からマンデラ財団に告げられていた。また私自身、その仕事に関わるつもりはなかった。マディバに関連することを扱うのがどれほど難しいか、そしてどれほど感謝されない仕事であるか、よくわかっていたからだ。今後は政府が担当する番だ。私は自分の感情に集中できて嬉しかった。

私はマディバの病状をとても心配していた。そして、九十四歳の老人ならそうであるように、マディバの状況も毎日変わった。元気かと思ったら、翌日には具合が悪くなる。私は休暇を取って、両親の元に向かう。これ以上耐えられなかったし、マディバのお見舞いにも行けなかったからだ。

休暇中のある日、グラサ夫人から携帯メッセージが届く。マディバの具合が良くなったこと。白人看護婦のひとりを「ゼルディーナ」と呼び始めたこと。私がいなくてマディバが寂しがっていると思うこと。私にはどうしようもなかった。マディバの元に駆けつけたかったが、クリスマスを両親と過ごさなければならない。定期的にマディバに会うことも、気が向いたときに訪問することも、もはやできなかった。私が自分を無視していると、マディバが思わないように願う。両親も年老いていた。この先長くないに違いない。仕事のために、私は何年も両親をないがしろにしていた。クヌで子どものためのクリスマスパーティーを企画運営していた間、七年間もクリスマスを両親と過ごさなかった。親不孝をやめ、両親と時間を共にする時期がやってきたのだ。

海沿いの町で両親とクリスマスを過ごし戻って来たときには、マディバはすでに退院し、自宅に戻っていた。私はマンデラ財団での、以前より縮小した業務に戻り、できるだけ忙しくするように努める。ひどく落ち込んで、一日中ベッドから起き上がれない日もあった。健全ではない。マディバに会いたくてたまらなかったが、私が訪問すると家政スタッフの一部がマカジウェに報告することが頭から離れない。そのうち、あなたはこの家で歓迎されない、とはっきり言われるだろう。

ロンドンで、ドキュメンタリー『ミラクル・ライジング』が初めて上映される。一九九〇年から一九九四年にかけての、南アフリカの民主化への移行を取り扱った、パワフルな物語である。この時期のマディバの役割も取り上げられていたが、焦点はシリル・ラマポザとロルフ・メイヤーに当てられた。「南アフリカ民主化に向けての会議」（コデッサ）でＡＮＣと国民党の和平交渉を先導したふたりである。私は製作チームの一員として、一月末にロンドンへ飛んだ。海外旅行は久しぶりだったので、わくわくする。マディバが旅行をやめて以来、疎遠になっていた人々に会えて嬉しい。上映会は成功だった。出来上がった作品を目にしたとき、製作に関わったことを誇りに思った。作品の中でインタビューされていたセレブたちには感心しなかったが、より多くの人々に見てもらうには、セレブが売り材料になるのだろう。当時我が国が直面していた問題を私は理解していたので、このような形で歴史に貢献できて嬉しかった。このドキュメンタリーは南アフリカのテレビでも放映され、評判が良かった。

二〇一三年二月十四日、パラリンピックの出場選手オスカー・ピストリアスが、モデルのガールフレンド、リーヴァ・スティアンカンプを射殺する。侵入者と間違ったという。南アフリカ中が大きなショックを受ける。英雄が地に落ちた。私たちの希望が地に落ちたのだ。そして新生南アが体現したすべてが、南アの奇跡が、躓いてしまった。なぜこの事件のことをそれほど大事に感じたのかわからない。だが、このバレンタインデーの日、私たちは皆、一種の喪失感を味わった。常に英雄を求める南ア人にとっては、ことさら辛かったのだ。マディバは誰にとっても英雄だったが、身体の障碍を克服し、南アフリカの名を世界中で知らしめたオスカーも英雄だった。人々はオスカーを偶像視していた。マディバは常に、自分も含めて、人間を偶像視しすぎることに反対だった。偶像はたやすく転落し得ることを、よくわかっていたからだ。私たちはオスカーをあまりにも高い台座に乗せてしまったために、その転落の度合いは予想を超えて大きかった。『私自身との対話』の中で、マディバはこう書いている。

「聖人とは清廉であろうとする努力を怠らない罪人である」と言われます。人生の四分の三を悪人として過ごしても、残りの四分の一で敬虔な生活を送れば、聖人の列に加わることができるかもしれないのです。現実の生活で私たちが相手にするのは神ではなく、私たちと同じ普通の人間です。しっかりしていないながら移り気で、強くもあり弱くもあり、有名だったり悪名高かったりする、矛盾に満ちた男女です。その血流の中で、ウジ虫が強力な殺虫剤と日々戦っている人間なのです。（一九七九年十二月九日付、ウィニー・マンデラ宛の手紙）

マディバはどの人間にも良いところと悪いところがあると信じていた。マディバのおかげで、このようなことが起こったときの、人間に対する私の考え方が変わった。そして、疑問にも思ってみなかった物事に対する考え方や見方が、マディバのおかげでどれほど大きく変わったかを再認識したのだった。

二〇一三年三月九日、マディバは再入院する。グラサ夫人によると、簡単な治療のためだから心配するようなことはないとのことだ。マディバはとても脆くなっていた。マディバが入院するたびに、私はマディバと一緒に過ごす時間が限られていることを心に刻む。

三月二十二日、マディバは退院する。その日、私は三回お見舞いに出向いた。マンデラ邸に到着したら、マカジウェがいた。以前私に関する話し合いの席で、マカジウェは、「ゼルダはもう父のために働いていないのだから会いに来て欲しくない」とはっきり述べていた。私がマディバを訪問するしないはマカジウェが決めることではない。マカジウェに会わないよう注意はするが、マカジウェを喜ばせるためにマディバに会いに行かないようなことはしないと決めていた。グラサ夫人が私を擁護してくれる。マンデラ家の人がどう思おうと、自分は夫が決めたことを守り通す、夫が亡くなるまで夫の願いを貫き通す、と告げたのだ。夫人はマンデラ家の人々に対し、私が時々訪問することで、マディバの気が落ち着くと説明してくれた。その言葉を聞いたとき、私は思った。マディバに会うと私の気も落ち着くの。利己的な考えかもしれない。人間というものは、他人にさんざん噛み砕かれた挙句、利用価値がなくなったら吐き出されるものだという思いを拭い去ることができなかった。それに対しマディバがどう感じるか、私にはわかりすぎるほどわかっていたが、この時点でマディバがどのように感じていたかを想像するのは私には出すぎたことだ。戦うべきか、それとも、なるように任せるか、私の心は引き裂かれていた。この一件で学んだ教訓は後者だった。

その日、二度目にマンデラ邸を訪れたのは午後三時頃。まだマカジウェがいる。グラサ夫人はすでに、自分のオフィスに行っていた。それで一旦家に戻ることにし、グラサ夫人と話して、六時にまた行くことにする。その後の数日間、家族と過ごすことになっていたが、マディバには二週間会っていなかったので、出発前に是非会いたかったのだ。六時には、マカジウェはいなくなっていた。グラサ夫人は誰かと面会中だった。夫人と話すことがあったので、面会が終わるまで待つことにする。

マカジウェの息がかかったスタッフが、私が来たことをマカジウェに携帯メッセージか電話で伝えたようだ。間もなくマカジウェが戻って来る。台所で待っていると、不思議なことにスタッフがいつの間にか姿を消す。マカジウェが入って来て、ドアを閉め、こう言った。「ここしばらく、あなたと話したいと思っていたのよ。『マンデラの晩年』というドキュメンタリーをヒストリーチャンネルが製作中で、あなたが協力しているという噂を耳にしたけど、父にとっても信頼されていたあなたがそんなことをするのは、あまりにも倫理にもとるわ」。

父親の人生において、私がなんらかの役割を果たしたことをマカジウェが認めたことに、私は驚いた。恐らく、マディバが中心人物ではない『ミラクル・ライジング』のことを聞きつけ、誤解したのだろう。私はわざわざ訂正しなかった。私が献身し、信頼関係を持っているのはマカジウェの父親だ。マディバ夫妻の尊厳と品位を守るためなら何でもするが、私の献身はそれ以外の人には及ばない。じゃあなぜ回顧録など書いているのか、と異議を唱える人がいるかもしれない。だが、この本は違う。マディバの尊厳を傷つけていない。この本は、マディバの病状の記録でもなければ、病気や苦悩がどうマディバに影響したかを記したものではない。実は、私が絶対に口にすることも、文章にすることもないことがたくさんある。私の関係はマディバとのものだ。マンデラ家の人々とも、他の誰とも関係ない。

会話が熱を帯びてきたとき、グラサ夫人が私を呼んでくれる。おかげで助かった。夫人が呼んでくれなかったら、後で後悔するようなことを口走っていたかもしれない。夫人と少し話をしてから、マディバに会わないまま、マンデラ邸を後にする。マカジウェが二階のマディバの部屋に陣取っていたので、私が行っても追い払われるだけのことがわかっていたからだ。マディバに会うことができずとても落胆したが、腹を立てながらも、これ以上頑張っても無駄なことにも気がついていた。

その翌週、マディバに会うことができた。私を見た途端、顔がぱっと明るくなる。「ああ、ゼルディーナ。来てくれたんだね！」「ええ、クル。会いに来ましたよ。ご加減はいかがですか」。マディバはOKの印に親指を立て、「ご両親は元気かな？」。私は感動した。マディバはあまり喋らなくなっており、その日の会話はこれだけだった。その短い会話の中で、私の両親のことを気遣ってくれたのだ。口では説明できないやり方で、マディバは私を変えた。私の人生を、私の考え方を、そして何よりも、私の心を！　私はマディバの手を握って、しばらく傍に座り、マディバが寝入るのを待って立ち去った。

数日後、ゼナニとマカジウェが、マディバの長年の友人ジョージ・ビゾス、マディバの弁護士バリー・チュエネ、マディバの同志トーキョー・セクワレが、「手とアート」プロジェクトで制作されたアート作品の販売管理人に任命されていることに対し、異議を申し立てたというニュースが流れる。マディバ自らがこの三人に、自分に代わって管理してくれるよう頼んだというのに。醜い争いになることは必至だった。私はこのニュースに動揺する。数か月前に解決したと思っていた事柄だった。マンデラ家内の争いは私には関係なかったから、どうなっているのかわざわざ問い合わせることはあまりしていなかった。侮辱と糾弾がメディアを賑わす。ゼナニとマカジウェはコネがあるジャーナリストに情報を流し、マディバの長年の親友であるジョージ・ビゾスをあまりにも失礼なやり方で非難した。ゼナニとマカジウェの行動は、父親の決定に異議を申し立てたことになる。マディバが自分の決定を守り通すことも、ふたりに反対する者たちがマディバに反論してもらうこともできないのを十分承知の上で、この行動に出たのだ。

マンデラ家の内部紛争に関わる気は毛頭なかったが、管財人たちの弁護士に擁護の証言をするよう頼まれたので、裁判所に呼ばれたら証言することに同意する。私の決心はシンプルだ。マディバが財産管理を自分の子どもたちに任せたかったら、まだ元気なうちにそう手続きしていただろう。マディバが決めたことは、喜んで証拠を提示して守るつもりだった。マディバの慈善事業のスタッフ等の任命に関しても同じことだ。マディバの弁護士たちも、裏付けしてくれるはずだ。

のち、弁護士が、弁護宣誓供述書と共に、マディバが自分の意思をはっきりと表示した際の議事録を証拠として提出したことで、ゼナニ・ドラミーニとマカジウェ・マンデラの行動は父親の意思に反していることが明らかになる。私を含めた出席者は、そのミーティングをはっきりと覚えていた。訴訟は取り下げられる。

これは私の戦いではないと、自分に言い聞かせなければならなかった。私がしなければならないのは、グラサ夫人を助けること、それに時折、マディバを抱きしめ、微笑みかけ、手を握ること。この頃マディバを訪ねると、孫のひとりゾレカによく出くわした。FIFAワールドカップ開幕直前に交通事故で亡くなったゼナニの母親だ。ゾレカは私の存在を脅威に感じることなく、私がマディバの傍に座ってもくつろいでいた。ゾレカはほとんど毎日祖父と時間を過ごすよう努めていた。マディバも喜んでいるようだった。

二〇一三年三月二十七日、マディバはまた入院する。肺炎が再発したのだ。その数日前、マディバを訪問したとき、家政スタッフのひとりがひどい風邪を引いていたことを思い出す。病人をマディバの近くで働かせるなんて、信じられなかった。その結果、マディバはまた肺炎に罹って入院してしまった。マディバほど高齢になると、病原菌に感染しやすい。それなのに、マンデラ邸では病気の人間が働いている。病気なら、なぜ働きに来るのだろうか。人間は諦める潮時を知るべきだ。諦めたいから諦めるのではなく、諦めるべきだから諦めることが必要な時もあるのだ。

またもや、世界中が息を凝らす。この先何が起こるか知っていたら、努力しないで諦めるかもしれないから、未来のことは知らない方がよい。それに気がつくほどの大人になっていたとはいえ、私にとってとても辛い時期だった。それまでに最悪の経験だと思っていたことは、この時のストレスとは比べものにならない。先のことがわからない心配に満ちた日々。病院にお見舞いに行きたくてたまらないが、マカジウェがいる限り私は行けない。マディバの前で口論はできない。いつ訪問できるか、グラサ夫人とジョジーナの連絡を待つことにする。私が行っても大丈夫という日が来た。ジョジーナが運転して連れて行ってくれる。病院の外にメディアが陣取っているのが見える。ふたりの姿がカメラに収められたのではないかと心配する。二〇一一年同様、もしふたりが一緒にメディアに登場したら、激怒したマンデラ家の人々から散々に言われるだろう。病院を出るとき、誰にも見られないよう、私は後部座席に身を隠すことになった。座席に横になって隠れる私の姿を笑うことで、マディバの病状についての緊張とストレスがいくぶん軽減される。私は東ベルリンから西ベルリンに連れて行かれる、冷戦時代のスパイのような気がした。マディバは十一晩病院で過ごした後、ジョハネスバーグの自宅に戻った。

マディバが満足いくほど回復してから、グラサ夫人と私は昔の同僚や友人たちに時折会いに来てもらうことにする。数週間前、ANC幹部がマディバを訪問することになっていたが、緊急事態が発生したとかで実現しなかった。その後、今度はマディバの具合が悪くなり、双方がフォローアップしないまま、数週間が経っていた。

二〇一三年の初め、マンペラ・ランペレ博士が、二〇一四年の総選挙を念頭に、新しい政党を結成すると発表する。与党ANCに対抗する野党の中で、ある程度の大きさがあるのは民主連合（DA）だけだった。DAはかつての国民党よりずっとリベラルだったものの、白人が牛耳る政党と一般に見られていた。ランペレは高名な学者であり、元反アパルトヘイト活動家であり、一流のビジネスウーマンである。また、ネルソン・マンデラ財団設立以来の役員でもある。ランペレの発表は多くの人々に歓迎されたものの、新党アガングは急速に勢いを失っているようだった。ランペレは、マディバが一九九〇年に解放された後、最初に健康問題についてアドバイスした医師だ。また、マディバに心臓専門医を紹介してくれたのもランペレである。この心臓専門医は、国防軍の医療チームがマディバの医療を担当するようになるまで、長年の間マディバの治療に当たった。そういうわけで、ランペレはマディバの旧友であり、グラサ夫人にとっても良い友人だった。ランペレが会いに来てくれた日、マディバは階下の居間に座ることができるほど具合が良かった。マディバに長いこと会っていなかったランペレは、マディバの病状悪化に心を痛めた。訪問時間は短かった。ところがランペレはラジオのインタビューで、マディバに会ったと口を滑らせてしまう。

その一週間前、DAが党の政策を国民に知ってもらおうというキャンペーンを開始し、ヘレン・スズマン（DAがその流れを組む進歩党、進歩連邦党の重要メンバー。アパルトヘイトに反対し、マンデラの釈放を訴えた）がマディバに抱きかかえられながら、一緒に歩いている写真を使った。苛立ったANCは、マディバの写真を選挙キャンペーンに使用したと非難する。DAの選挙キャンペーンに加え、ランペレがマディバを訪問したことで、ANCは不必要にいきり立った。マディバがANCの要であり、マディバがANCに一生を捧げたことを疑う者はいない。だが、ANCはマディバの「所有権」を巡って挑戦されたと感じたのだ。

その頃、ジェシー・ジャクソン師（アメリカの聖職者、人権活動家）が南アに来ていた。南ア解放運動への貢献により、ズマ大統領から叙勲されることになっていたのだ。ジャクソンはマディバに会いたがり、大統領府から私に連絡が入る。ズマ大統領の指示だという。マディバは訪問客、特に見知らぬ人に会えるほど元気ではなかった。大統領府の役人に説明したところ、わかった、大統領とジャクソン師に伝える、ということだった。

マディバが元気になり次第会うことになっていた人のひとりが、ハレマ・モトランテ副大統領だった。ハレマはもう何か月もマディバに会おうとしていた。二〇一二年十二月、ANCの全国大会で党首に立候補し落選したハレマは、ズマ大統領に挑戦したことで評判を落とし、党内で脇に押しやられていた。マディバはハレマが大好きだったこともあり、グラサ夫人と私はハレマのマディバ訪問について話し合った。金曜の夜、私はハレマの秘書に連絡し、訪問を受け入れられるほどマディバが元気になったことを伝える。しかし、このことは他言しないよう念を押した。

財団との契約内容が変わり、パート待遇になったため、特に仕事がない日や自宅で働くことにした日には、私はジョハネスバーグに行かなかった。その月曜日、私は他に用事があり、一日のほとんどバイクに乗っていた。ほぼ一日インターネットにつながっておらず、ツイッターもチェックしなかった。

その夜ジョハネスバーグに戻ってからツイッターをチェックしたら、その夜のニュースに出たマディバの姿を見た一般国民からの、怒りのツイートで溢れていた。私には何のことやらさっぱりわからない。私が外に出ている間ANCがやって来て、なぜかマディバが「元気」な「証拠」として、訪問の状況を撮影することを主張したのだ。計画は逆効果だった。

ユーチューブで見つけた映像を見て、気分が悪くなる。マディバは元気にも見えなければ、訪問を喜んでいるようにも見えない。居間は大混乱している。大統領とANCの大物の訪問なので、フラッシュ撮影が許可されている。マディバの目が光に敏感だから、フラッシュを使ってはいけないことは南ア人だったら誰でも知っていることなのに。映像の中のマディバは、大騒ぎに圧倒されて無口だった。画面を見れば、誰も仕切っていないことが明白だ。マディバの健康管理に責任がある医療スタッフのダブラ大将とラムラカン軍医総監まで、マディバの目を守り、マディバの健康に目を配るどころか、自分も写真をぱちぱち撮っているではないか。ひどすぎる。こんなことになってしまうなんて。まるで動物園だ。マディバは観光客に取り囲まれた、檻の中の動物のようだ。途方に暮れているように見える。その時、グラサ夫人は財団でミーティングに出席していた。マンデラ邸から財団までわずか二分の距離なのに、誰も夫人にこの訪問を伝えていなかった。

私に訪問を事前に連絡してこなかったのは恐らく、こんな茶番劇を私が容赦しないことを知っていたからだ。私が秩序を保ち、マディバの周りでの振る舞い方を指示することを人々は嫌っていた。それが原因に違いない。私がいなければ、こういうふうに振る舞うのだ。ツイッター上で戦争が始まる。ジャーナリストたちが、ゼルダは一体どこにいたのか、と発信する。思わず返事をしそうになるのを抑えるために、お尻の下に手を置く。翌日財団に出勤すると、アクマット・

ダンゴーCEOがマディバの映像に関して嫌悪を込めてコメントした。私は「これこそ、皆が望んでいたことじゃないの？」と言ってしまう。マディバには秘書はもう必要ないと、あれほど強く要求したのは、こういうことをするためではないのか。私がその場にいたら、メディアの前に、あんなに弱々しいマディバの姿を晒すことは絶対に許さなかった。気が転倒したのは私だけではない。一般国民も、マンデラ家の人々も、ANCに対して激怒した。

その後、マディバに会うのが以前より簡単になる。マンデラ家の人々がマディバの「監視」を緩め、私は以前より自由にマディバを訪れることができるようになった。マディバに会うたびに、これが最後になるかもしれない、と思う。

＊

二〇一三年六月八日、マディバはまた入院する。大統領府から、マディバの病状は「深刻だが安定している」との発表がある。またもや肺の感染症だ。心配でたまらない。今回は危なそうだ。入院の二日後の早朝、私はジョジーナの車の後部席に隠れて、お見舞いに行く。マディバは目に見えて具合が悪く、弱々しかったが、目を開けて、なんとか微笑んでくれた。

その時初めて、入院した夜の出来事について話を聞く。医療チームか警備チームの誰かが、一般国民の目を避けるため、ナンバープレートのない軍の医療用車両でマディバを病院に連れて行くことにしたという。最初の疑問が湧く。国民の誰が、午前三時に見張っているというのか。そして、プレトリアの病院へ行く途中車両が故障し、救助が到着したのは四十分後だったという。最初私は冗談かと思った。一体なんでまた、重病のネルソン・マンデラが、真冬の午前三時に、高速道路の真ん中で四十分も放って置かれたのか。そんなことがありえるのか。この話をそれまで聞いていなくてよかった。気が触れていただろうから。私はありとあらゆる、攻撃や防御の手段を奪われたような気がした。まさに完全武装解除。こんなことが起こったのに、私はどんな影響力も権威も持っていなかった。そして、自分がマディバとグラサ夫人をなおざりにしてきたように感じた。ふたりを思って、私の心が血を流す。マディバはどんなに怖かったことだろう！ グラサ夫人はどんなに怖い思いをし、どんなに無力に感じ、どんなに神経をすり減らしたことか！ 夫人に会ったとき、明らかに大きな精神的ショックを受けていた。どうして、こんな状況になってしまったのだろう。なぜ、ネルソン・マンデラに、世界で最も敬われている存命中の人間に、こんなことが起こり得るのだろう。そんな目に遭って、マディバがまだ生きているのは、奇跡としか言いようがない。

間もなく、病院の外にメディアがキャンプを張る。世界中からジャーナリストがやって来た。世界中が息を凝らして見つめる中、病院の外の中継車両に何百万ドルもが費やされる。しかし、病院の中で、闘士はゆっくりと回復していった。「逝かせてあげるべきだ」という人がいる。「回復祈願はやめるべきだ」という人もいる。彼らは知らない。頑固な自由の闘士は自分で自分の最期を決めることを。私は一日十二時間以上、マディバは重体だが安定しているという大統領の言葉を確認しようとする、南ア中の人々、世界中の人々に返事をしていた。私の回答は、大統領の言葉を繰り返すだけの、曖昧なものだった。しかし、人々は心配していたのだ。ジョジーナと私は長時間お喋りして、お互いを支え合う。私の心配が軽減されなければ、私の心配が家族に伝染し、そのうちマディバが皆の心配を感じ取るような気がしていた。

ある日、マディバの娘ジンジが、私がマディバに会いにきたのかどうか、ジョジーナに質問した。「父を見舞う機会をゼルダに与えるべきだと思う」とのことだった。私が数日前に来たことをジョジーナが告げると、「これで安心だわ」と言ったという。それを聞いて、感動した。マシェル家の人々以外にも、私を気遣ってくれる人がいる。嬉しかった。

私がお見舞いに行った翌日、警護が厳しくなる。「私が後部席に隠れて忍び込むのを防ぐためかもしれないわ」。ジョジーナと笑う。「世界は私を中心に回っているわけではないのよね」と言葉を続ける。心配している最中でも、こういった馬鹿げた冗談で笑うことができた。のち報道されたところによると、警備強化はジャーナリストを締め出すためとのことだった。私が原因ではないと知り、嬉しかった。

生きているマディバに最後に会ったのは、二〇一三年七月十一日のことだ。その翌日、マンデラデーに少しでも貢献するために、恒例の「バイカーズ・フォー・マンデラデー」に参加して、国中をバイクで回ることになっていた。病院にはグラサ夫人の息子マレンガ・マシェルと一緒に行き、メディアに見つからないよう裏口から入る。最初にマレンガが病室に入り、マディバ夫妻とプライベートな時間を持つ。しばらくして私が呼ばれる。マディバは目を開け、感情を表すことができたが、すぐにうとうとし始める。マディバの姿にショックを受け、ベッドの傍で体が震える。マディバの手が見えない。マディバの手を握りたかったのに、手が見つからない。私は途方に暮れ、体が麻痺する。グラサ夫人が、私が来ていることを告げる。マディバの目は閉じられたままだ。夫人が私に頷く。マディバに話しかけてもよいという合図だ。

悲しそうな声はだめ。陽気な声を出さなければならない。「こんにちは、クル。会いに来ましたよ……」と口にした途端、マディバが目を開く。満面にきらきら輝く笑みが広がり、マディバの目が私をじっと見つめる。「具合はどうですか、クル。元気そうですね」。元気そうには見えなかった。「会えなくて寂しかったですよ」という私に、マディバは微笑み続ける。他の人には、そんな微笑みを見せなかった、あなたのために取っておいたに違いない、とグラサ夫人とマレンガがからかう。マディバはまたうとうとし始め、目を閉じる。私はしばらくその場に留まる。夫人とマレンガが部屋の端に移動する。話しかけてもいいのよ、とグラサ夫人。私は姿勢を正し、明日、バイクの旅に出発すると告げた。二〇一〇年に初めてバイクの旅をしたとき、「どうしてそんなことをするんだ」というマディバの質問に対し、「クル、あなたのためです」と答えた話をもう一度する。また、マディバのために、出発するのだ。その夜、出発するのが悲しかった。でも、微笑みさえすればやっていけると思った。まさか、マディバにもう二度と会うことがないとは思ってもみなかった。

バイク旅行から戻って来た後、何度かお見舞いに行こうとグラサ夫人に連絡したが、そのたびに訪問が許されない理由を告げられた。夫人には病院で二度、別件で会ったものの、マディバにはとうとう会えなかった。

六月十五日、『サタデースター』紙の一面トップに、ショーン・ファンヒエルデンがキレたとの記事が掲載される。同じ記事が、翌日、アフリカーンス語の日曜新聞『ラポルト』に載る。ショーンはマディバに信頼されたボディガードで、私の十年来の友人である。ショーンはマディバがどの病院に入院しているかという情報をメディアに流したと軍医総監に疑われ、二度目の停職処分を食らっていた。記事の中で、ショーンは二〇一〇年ワールドカップの際、国防軍の医療スタッフがマディバの側近や警備を牛耳った件に言及していた。私はショーンがとても可哀想だった。グラサ夫人がいないときにマンデラ邸を訪れた私を、私を立ち入らせないようにという家族の指示にもかかわらず通してくれたのは、ショーンだった。ショーンがいてくれなかったら、どうしていたかわからない。

　数日後、マディバを病院に連れて行く途中の救急車が故障したことがメディアにリークし、世界中で報道される。各新聞は、グラサ夫人が「狂乱していた」と描写した。翌日マカジウェが病院にやって来て、グラサ夫人を「狂乱夫人」と呼ぶ。夫人は非常に傷ついた。ジョジーナと私は夫人を支え、気を強く持たせようと絶えず努力していた。私が夫人の元に行けないときは、ジョジーナがよく代わりに行って心の支えになってくれた。ヘルヴェル教授がいないのが悲しかった。教授が生きていたら、私たちのために力を尽くしてくれただろう。私たちを導いてくれただろう。教授の死は、言葉で表すことができない心の空隙をもたらした。

　マディバが入院する前の週、サウスアフリカン・ブリュアリーズ（ＳＡＢ）社で働く友人から連絡がある。昔我が家で働いていたメイドのジョガベスの居所がわかったという。ジョガベスのことはずっと気になっていて、何度か探し出そうとしたが、そのたびに行き詰って諦めていた。だが、ジョガベスの夫がＳＡＢの年金を受け取っていたことから、夫の名前と一九八〇年代の所在地を教えただけで、現住所がわかったのだ。私は直ちに母と兄に携帯メッセージを送り、ある夜、ジョジーナと夫のエサウに電話する。また連絡がついた喜びに心が震えた。ところが、再会を計画したところでマディバの具合が悪くなったため、延期せざるを得なくなった。「あなたの姿をテレビで見るたびに『私のゼリー（ゼルダの愛称）が大きくなった』とずっと思っていましたが、どうやって連絡したらよいかわからなかったのですよ」というジョガベスの言葉に、私は嬉しくて涙ぐんだ。家族の一員のようなジョガベスの心に感動する。ジョガベスに早く再会したい。年老いたふたりの力になれることがあるかどうか知りたい。ジョガベスはかつて、私のために自分の人生を捧げてくれた。今度は私が恩返しをする番だ。

マディバにはいつも驚かされる。長期にわたる病床においても、私たち、そして世界に、マディバなしの人生に向けて心の準備をする時間を与えてくれた。誰にとっても、辛い時期だった。皆、精神的に消耗していた。私は夜、よくマディバの夢を見た。いい夢のこともあれば、悪夢のこともある。毎朝目が覚めて、マディバがまだ具合が悪いことを思い出しショックを受ける。心配しながら携帯電話に手を伸ばし、夜の間、マディバに関するニュースやメッセージがなかったかどうかチェックする。私は四六時中マディバのことを心配していた。少しの間普段通りの生活を続けていると、突然現実が襲って来て、どっちつかずの不安な状態に引き戻される。段々自分が役立たずに思えてくる。もう仕事で忙殺されることがなかったことから、時間を持て余す。破滅的状況の中にいるような気がする。マディバに会うことも、手を差し伸べることもできない。苛つき、傷つき、毎日感情が激しく起伏する。夢が鮮やかになる。朝目が覚めて、単なる夢にすぎないと自分に言い聞かせなければならない。マディバの死を迎える心の準備をするに従って、夢を見る頻度が高くなる。

私が最も心配したのは、そのために夜よく眠れなかったのは、長引く病の間、「どうしてここにゼルダがいないのだろうか」とマディバが思う瞬間があるかどうかということだった。絶対に見捨てないと約束した私が結局は自分を見捨てたと、マディバが思うかもしれない。その考えに身が縮こまる。私が自分を無視したとか見捨てたとか、マディバは思っただろうか。マディバに出会って十九年後の今、私は自分の白い手をマディバの黒い肌の上に置きたくてたまらない。私の肌より劣っていると教え込まれて育った肌である。しかし、私の人生に意味を与えてくれたのは、まさにこの黒い肌だった。四十三歳の私の全存在が、あの手にもう一度触れることを、指の関節の皺を感じることを切望していた。「心配しないで、クル。私は見捨てていませんよ」という私の言葉を聞き、マディバの笑顔が部屋中をぱっと明るくするのを見たくてたまらなかった。

# 第13章　また会う日まで

映画『自由への長い道』に、ネルソン・マンデラ役の俳優がクヌの丘をゆっくり歩いて上る場面がある。優しい日差しの中、見慣れた足取りのマディバがカメラに背を向け、緩い勾配をどこに行くともなく上っていく。マディバ本人ではない。イギリス人の俳優のイドリス・エルバだということはわかっている。だが、その映像があまりにもパワフルで、感動的で、大きな悲しみを心の中に呼び起こしたことから、私は映画館の中で泣き出してしまった。涙が流れに流れ、止めることができない。そんなことは、それまで経験したこともなかった。涙は私の目からポンプで汲み出されたかのように勝手にどくどく流れ出し、頬を伝い落ちる。止めようとしたが、無駄だった。南アフリカでの封切り初日に『自由への長い道』を観たその夜、私は四十三年の人生で初めて、泣きながら眠りに就いた。間近に迫ったマディバの死を悼むかのように。私は知っていた。マディバの命が終わりに近づいていることを。マディバが苦痛を感じていることを。だが、マディバの人生の再現場面はそのようなことすべてを突き抜け、マディバの思い出が私の心を満たしたのだった。

　死の床にあった二〇一三年十一月に封切られたこの映画を、マディバが観ることはなかった。二十年以上前にマディバが映画化を許可した物語だ。プロデューサーのアナント・シンがマディバの人生を映画化する権利を取得してから、映画館で上映されるまで二十年かかったが、亡くなる直前にマディバの人生を思い起こすよい機会を与えてくれた。

　映画はマディバが払った犠牲だけでなく、若くて健康なネルソン・マンデラの姿も描いている。今は衰弱しきったマディバの体が、映画の中では頑強で生き生きしている。マディバは踊るのが大好きだった。映画のマディバの踊りは、膝を痛めた後の摺り足ではなく、一九五〇年代のかっこいいバップだ。マディバはソファイアタウンに踊りに行った話をよくしてくれたものだが、映画を観て、その現場を視覚化することができた。海外旅行先で、ふたりだけの昼食や夕食を取りながら、マディバは若い頃の話を熱心に、詳細を交えて語ってくれたものだった。私は最高の聞き手だった。マディバの話を聞きながら、想像を自由に羽ばたかせ、その時の外見や姿勢や服装や、女性たちを魅了したかとか、どんな踊りを踊ったかとか質問をしたものだった。マディバは私の忌憚のなさを面白がった。「女性たちはあなたと踊るためなら何でもしたのですか」と聞く私に、マディバはちょっと恥ずかしそうに笑い、「もちろんだよ！」と自慢する。その答えに私は吹き出したものだった。

　映画を観る二、三か月前に、マディバに会いに行くのをやめていた。マディバがまだ「重体だが安定している」と見なされながらも退院した後、グラサ夫人に自宅でお茶に呼ばれた。「あなたがマディバのことをどんなに思っているかよく理解しているからこそ、衰弱しきったマディバの姿を見て欲しくない」とのことだった。最初、私は懐疑的だった。マンデラ家の人々に命令されて、マディバにもう会わせることができないと言っているのだろうか。だが、考え直す。夫人にそう言われて良かったのだ。私は、自分のことをどうしようもできなくなったマディバを見たくなかった。マディバの前で、感情を自制できなくなるのが嫌だった。本当に家族の意向でマディバに面会禁止になったと知ったのは、マディバが亡くなった後のことだ。

マディバはなぜ、安らかに死ぬことができないのだろう。自分を解放することができないのだろうか。そんな思いが頭を離れなかった。マディバに何が起こっているか知ることも、理解することもできない中、そんな思いに憑りつかれ、日々少しずつ心が蝕まれていく。

多くの南アフリカ人同様私も、マディバは人工的に生かされているのではないかと時々思った。だが、グラサ夫人とジョジーナによると、まだ生命の輝きがあるという。時々誰かの手を握ったり、目を開けたりすることがあるというのだ。しかし、十一月にはそういうこともなくなっていた。医師たちのとてつもない延命努力にもかかわらず、マディバの魂はこの世から離れつつあった。

これほど衰弱しているマディバにこれほどの生命力があるなんて、医者たちは驚いていた。マディバは今、死ぬことを恐れているだろうか。元気な頃のマディバは死に対して深刻な態度を取らず、「死んだらそれでおしまいだよ」などと軽口を叩いていた。先祖の魂がまだマディバを呼んでいないのだろうと言う人もいたが、マディバ自身、先祖のことを考えているだろうか。マディバは伝統を尊重する一方で、必要以上に伝統を気にすることはない人だった。

マディバの健康状態に関する知らせを待ちながら、一日二十四時間スタンドバイの状態で、私は不安な日々を過ごす。一日二十四時間、どっちつかずの状態で生きていた。グラサ夫人とジョジーナと携帯メッセージで連絡を取り合う。三人とも不安だった。通常の仕事を再開しようと、時にはふたりに会ったが、大抵多くの質問はせず、「マディバは大丈夫？」「お母さん、マディバは苦痛を感じてないかしら？」「お母さん、周りで何が起こっているか、マディバは気がついていると思う？」など短い質問をするに留める。大勢の人からマディバについて質問されているだろうから、ひとりでもそんな人間を減らし、それよりも夫人の支えになることで、マディバへの忠誠を示そうとしたのだ。一九九六年、パリで初めてグラサ夫人に会った日、私はマディバから、夫人の面倒を見るように、何があっても夫人から目を離さないように言われた。私はまだマディバの指示に従っていたのだ。

そして、避けることができない知らせがやって来た。十二月三日、マディバの状態が悪化しているとグラサ夫人とジョジーナに言われる。終わりの始まりだ。

十二月五日木曜日、マンデラ財団でジョジーナに会う。疲労困憊しているようだった。

その日の夕方、ジョジーナから電話がある。グラサ夫人に頼まれたとのことだった。マディバの親友たちに、マディバの病状悪化を連絡するよう言われる。辛かった。あまりにもあからさまだった。私のリストに載っている人々に連絡するのに何時間もかかる。デズモンド・ツツ、アメッド・カスラーダ、ターボ・ムベキ、ジョージ・ビゾスなど、マディバと親しいものの、政府から連絡がいかないような人々だ。連絡を始めたときは気を強く持っていたが、苦痛とショックと驚きが一緒くたになった彼らの反応を聞いて、私は気がくじけていった。一件一件の電話が終わるたびに、「どんなことでも、やり終えるまでは不可能のように思われるものだ」というマディバの言葉を繰り返して気を取り直し、次の電話に取り掛かる。

その日の夕方遅く、私の家の上を二機のヘリコプターが危険なほど低く飛行した。私が住んでいたのは、軍用ヘリの常駐基地が所在するプレトリアと、マディバの家があるジョハネスバーグの中間にあたり、基地からマディバ邸に行くヘリコプターは私の家の上を飛ばざるを得ない。軍隊が最悪の事態に備えているのだろうか。それとも、最悪の事態が起こってしまったのだろうか。恐らく後者だろう。マディバが亡くなった場合、儀典の観点から軍が絡むことになっているし、「ウフル」（長いナイフの夜）を恐れて軍を出動させたのかもしれない。「ウフル」というのは、マディバが亡くなった日の夜、黒人が白人を殺すという噂である。ただ、そんな推測を話題にするのは一部の右翼白人だけだった。また、黒人白人にかかわらず国民全員が恐れている事態、即ちマディバの死に対応するに当たり、南アフリカは以前より国としてひとつにまとまっており、以前より対応能力があった。

その時がやって来た。マディバが亡くなったことが私にはわかる。誰に確認する必要もない。台所のテーブルの傍の椅子に座ったまま、数分、体が麻痺する。その後で立ち上がる。そうすれば、ヒステリックにならないで済むような気がしたのだ。外に出て、暑い夏の夜、ひとりで静かに座った。考え、祈り、マディバの死を自分の中で消化しようとする。私は自宅でひとりっきりだった。祈り、蠟燭を灯し、できるだけ早く床に就こう。この後、何が起こるかわかっていた。電話がひっきりなしに鳴り始めるが、出ないことにする。すでに噂が流れているようだ。二時間後、遠くはロサンゼルスから、「マディバは大丈夫?」という携帯メッセージが入り始める。嘘はつきたくなかった。しかし、質問に答えたら、それが野火のように広まってしまう。

電話は鳴りやまない。マナーモードにして、睡眠薬を二錠飲み、床に就く。正式発表は大統領が行うことになっていたが、それがいつになるのかわからなかった。ネルソン・マンデラ財団のセロ・ハタンCEOに、翌朝六時にオフィスで会ってくれるよう頼む。セロの同意を聞いてから眠りに就く。

兄と兄のパートナーのリックに携帯メッセージを送り、翌朝早く私の犬たちを迎えに来てくれるよう頼む。「質問はしないで。できるだけ早い時間に、ウィンストンとインディラを迎えに来て」とだけ書いた。この先数日は家に帰れないだろうから、犬たちの世話をしてもらう必要があったのだ。

二〇一三年十二月六日、目が覚めたら午前四時をちょっとまわったところだった。すでに電話が二十八件、それに何百件ものメールや携帯メッセージが入っていた。シャワーを浴び、階下に降りてコーヒーを淹れ、メッセージに目を通し始める。一夜明けたら、最悪の悪夢が現実になっていた。マディバが亡くなったのだ。大統領が真夜中、発表したという。今日に至るまで、発表の映像を私は見ていない。

午前六時前、両親に電話する。ふたりともすでに知っていた。寝室でラジオをつけたままにして眠っていたら、音楽が中断し、大統領の発表が流れたので、父が母を起こして知らせを告げたという。一九九〇年に「テロリスト」マンデラ釈放のニュースを聞いて私に警告した父は、マディバを思って子どものように泣き出し、一晩中テレビの特別番組に見入っていたそうだ。悲しみに溢れた両親の声を聞いて、私はようやく泣き出した。

オフィスに急ぐ。同僚の何人かはすでに出勤していた。皆、動揺していたが、次の数日の出来事の準備をするため、直ちに仕事に取り掛からなければならない。兵隊が作戦モードに入るように、私たちは気を取り直す。弔辞を書きこむノートを買わなければならない。声明を準備しなければならない。一般国民がマディバの死を悼むことができるスペースを作り出さなければならない。セロの指導の下、有能なスタッフたちがあっという間に、財団内に場所を確保する。私は友人のミネーをオフィスに呼んで、私宛ての電話に出てもらう。誰かに電話対応してもらう必要があった。メディアからコメントなどの要請が殺到する中、ミネーに電話に出てもらうことで、次に何をすべきか考える心のゆとりを確保しようとしたのだ。メディアをおとなしくするため、私は声明を発表することにした。コンピューターの前に座る。言葉と涙が同時に流れ出始める。

ネルソン・マンデラ財団が私の声明を発表することに同意してくれる。私はこう書いた。

容赦ないプレッシャーに苦しむことがよくあった。そんな時はマディバを見た。素晴らしい気品と活力に溢れるマディバを。私は最後までマディバの元を去らなかった。去ることができなかった。ネルソン・マンデラは人に忠誠を要求しない。だが、ネルソン・マンデラに関わった者は誰でも、決して揺らぐことのない、深い忠誠心を抱いてしまうのだった。今マディバの旅立ちを悼みながら、私はもう二度とマディバに会うことがないという事実をゆっくりと受け入れつつある。しかし、英雄というものは、決して死ぬことがないのだ。部屋に足を踏み入れ、マディバの寛大な、思わずこちらまでにっこりしてしまう微笑みを見ることも、「ああ、ゼルディーナ。ここにいたんだね」という言葉を二度と聞くこともないのが悲しい一方で、マディバがこの世にいなくなってもマディバの遺業が受け継がれることを私は受け入れようとしている。マディバの偉業は、マディバに因んで名付けられたすべてのもの、本、映像、映画などの中に生き続ける。そしてまた、マディバの名前を聞いて私たちの心に湧き上がる敬意や愛情、マディバのおかげで、私たちが一国民として団結したこと、そしてとりわけ、私たちの関係の在り方の中に生き続ける。マディバの微笑みのひとつひとつを、楽しかった時を、困難だった時を、そしてなによりも、誰の目も気にせず、私が私になれた瞬間をこれからずっと慈しみたい。クル、また会う日まで！　この先一生涯、日々あなたを愛し続けます。

最後の文をタイプし終わったとき、現実が私を直撃した。私はマディバにさよならを言っているのだ。そんなこと、本当に起こっているのだろうか。机に向かってこのような言葉をタイプする自分を、今まで想像したこともなかった。別の世界からお別れを言っているような気がする。ミネーが私に代わって電話に出たり、メッセージに返答したりしてくれていた。マディバが私にとってどれほど大切か知っていたから連絡をくれた人がいる一方で、私がマディバとの接点だから電話してきた人もいる。皆、マディバが亡くなって、どこでどのように悲しみを表現したらよいのかわからないのだ。私は自分の感情について考え始める前に、するべきことをまずはっきりさせる必要があった。

マディバの死に備えて、私とグラサ夫人とジョジーナは「友だちリスト」を作成していた。マディバの元で働いた人たち、リヴォニア裁判を共に経験した人たち、マディバが創設した非営利団体の長や役員たち、それに友人、支持者たちなどが含まれていた。慈善事業に援助が必要な時や、孫の仕事探しや子どもへの手助けが必要な時に、マディバが助けを求めた人々も含まれている。このリストは何度か見直された。最後の見直しは、二〇一三年六月にマディバが入院したときだった。その後、リストはマカジウェと、最年長の孫であるンディレカ・マンデラ（マンデラの長男テンベキレの娘）に渡された。マディバの葬式手配に関わっていた家族はこのふたりだけだった。ふたりは八年間も、マディバの葬式を計画していたのだ。

政府は当初、ユニオンビルで葬式を行う予定だった。ユニオンビルは南ア権力の中心であり、これまでの国葬はすべてそこで行われていた。マディバは自分が世界にとってどれほど大切か過小評価しており、控えめで質素な人物だったので、クヌに埋葬されたがった。だが、国葬までクヌでして欲しいとは言っていなかった。

しかし、葬式の焦点は、誰がマディバの遺産を引き継ぐか、そしてマンデラ家内の勢力争いになってしまう。

私がマディバの人生で果たした小さな役割を覚えてくれている人々に、感謝の念を禁じ得ない。たとえばデズモンド・ツツ大主教。ケープタウンの聖ジョージ大聖堂で大変感動的な説教を行い、その中で私に触れてくれた。しかし、人間は誰しも忘れっぽい存在であり、また他の人と取り換えがきく存在である。ツツ大主教ほどの人物でも私の苗字を忘れ、私のことをゼルダ・ファンフラーンと何度も呼んだ。ツツ大主教も年老いていた。体の衰弱に加えて、尊敬する人物が亡くなったことに動揺していた。悲しみに打ちひしがれる私に、「自分だったら苗字をファンフラーンに変えるよ」という携帯メッセージやツイートがいくつも送られてくる。ジョークだが、その時は笑うことができなかった。

ンカクラ国防相が私の長年の奉仕に対し感謝を表明してくれたことに感動する。国防相は私について、「ボーイフレンドを持つ時間もなかったのではないか」と述べた。他人にそんな詮索はされたくなかったが、国防相の言葉は真実だった。公の場で誰かがそんなことに言及したのは初めてだ。マディバから頻繁に電話があったため、男性と二十分も一緒にいられない時期もあった。だが、怒りを感じることはなかった。私にとって一番大切な人間は、マディバだったから。一時の情事やうまくいかない関係を持ったことはあったけど、男性にすべてを捧げることはできなかった。私にとって仕事がすべてだった。そして、それが気にならなかった。自分で選択したことなのだから。国防相にお礼を言われたことで、私は一層感傷的になる。それまで誰かに感謝されるなんて、期待したこともなかった。マディバが感謝してくれるだけで十分だった。マディバに選ばれ、マディバに仕えるという至福を与えられたことは、それまでの人生で持っていたどんな期待も超えていた。しかし、ＡＮＣの人間に感謝されたことで、心が打たれる。私がマディバの世話をしたのは、私個人がマディバのことを気遣ったためだけではない。他に何百万人もの人々がマディバのことを気遣っていた。その人たちとマディバの関係を尊重するために、私はマディバに尽くしたのだ。

私のツイッター、フェイスブック、携帯メッセージ、メールは突然、私に感謝する言葉で埋めつくされた。圧倒される量のメッセージに、返事を書ききれない。左脳人間である上に細部にこだわる私は当初、すべてのメッセージにお礼の返事を書くつもりだった。ところが、時間が経つにつれて、あまりのメッセージ量に携帯電話が固まってしまう。それに、やりたいことをすべてやる時間がなかった。私に感謝のメッセージを送ってくれた人々は全員、私と同じ喪失に心を痛めている人たちだった。自分も辛い中、私のことを思ってくれていたのだ。なんとありがたいことか。

さて、マディバの「友だちリスト」に載った人たちのために、どうやって告別式出席許可を取得するか考えなければならない。マンデラ財団の新ＣＥＯ、セロ・ハタンが独自のルートで情報を得ようとする一方で、財団スタッフは葬儀の詳細に関する問い合わせの対応に追われた。十二月十日火曜日、ソウェトのＦＮＢスタジアムで開催される告別式の詳細を得ようと、問い合わせの電話が相次いだが、私には答えることができない。情報が手元になく、送られて来ることもなかったからだ。「友だちリスト」のための出席許可をどうしようかと模索する中、突然マシェル家に連絡がある。マシェル家には五人分しか許可を発行しない、そして、マシェル家リストのトップはグラサ夫人だという。グラサ夫人は自分の夫の葬式なのに、自分と家族四人しか出席を許可されないというのだ。あまりにも馬鹿げていて、声を出して笑うしかない。

告別式までの数日間、財団職員の多くはほとんど寝ずに、情報を得ようとしたり、どういう手筈になっているのか理解しようとしたりした。大混乱どころの騒ぎではない。立案のまずさに国家の秘密主義が加わって、前々から起こるのがわかっていたことにしては、あまりにもお粗末なアレンジだった。私はマディバと世界中を旅し、国家元首が大勢集まるイベントに出席したことも何度かある。それほど大規模なイベントの企画運営には多少の混乱がつきものだが、今回ほどの大混乱は経験したことがない。全容を把握し、必要な情報をすべて提供することができる者が誰一人としていない。計画は五分ごとに変更される。責任者たちですら、何も知らないようだった。

日曜の夜、私、政府の儀典担当職員たち、マディバの家族が激しい言葉の応酬を交わす。救出に現れたのは、ANCの某高官だった。マシェル家の人々のために出席許可を入手し、ジョジーナと私がいたサクソンホテルに届けてくれる。

まるで茶番劇だった。故人の未亡人や子どもたちが告別式出席許可を取得することさえ至難の業なのだ。その他の人々の許可を取るなど不可能同然だった。

オバマ大統領とクリントン元大統領の出席に備えて前哨部隊が到着し、詳細を得ようとしていた。私にも連絡がある。イベント準備が大混乱しているために、誰もがプレッシャーと不満を抱え、激しい感情がぶつかり合う。なぜ準備に八年もかけたのか、それまで何度も疑問に思っていた。ところが今、誰も情報を持っていない。財団はまるで油断していたところをいきなり襲われた、アマチュアのような有様だった。次の日にマディバの「友人リスト」の人々に許可が出るという確約を取る。

月曜の朝は、早くから電話をかけまくる。午後二時、友人のバセツァナ・クマロ（元ミス南アの実業家。旧姓マハラメラ）が「友人リスト」用許可証を受け取りに、ANC本部に出向く。許可が下りたのは、リストの半数だけだった。告別式は翌日に迫っている。許可が出るかどうかわからないのに、わざわざ海外から飛んでくる人間がいるわけがない。誰にも招待状は送られていなかった。マディバの友人たちはスタジアムに行き、早い者勝ちの席を確保し、一般市民と一緒に座るしかない。ツツ大主教ですらそうだという。

いくらなんでもこれ以上事態が悪化することはないように思われたとき、根管治療を受けることになっていたのを思い出す。その前の週に予約を入れたのだが、心の痛みがあまりに大きかったため、歯の痛みを忘れていたのだ。運転しながら、山のような問い合わせに答えることはできないので、友人のマルリが迎えに来て、歯科医院まで連れて行ってくれた。治療中はマルリが電話に出てくれ、治療台に横たわる私に質問する。まるでマンガに出てくる患者のように口を開けたままの私は、回答を紙に書きマルリに渡す。マルリはほとんど識別できない私の字をなんとか解読し、一時間半の治療中電話に応対してくれた。間もなく歯科医はその日のうちに治療を終えるのが不可能なことに気がつき、来週戻って来るように言う。歯科医は私がプレッシャーに晒されていることを理解してくれ、この上なく忍耐強かった。なんとか痛みを止めてもらい、私たちは歯科医院を後にする。

口の中は綿で一杯。痛み止めのおかげで口も脳みそも麻痺している（神経を落ち着けるため、許容量以上の局地麻酔を頼んだのだが断られた）。問い合わせして来る人々に、まだ情報がないと伝える。楽観的でいるよう努めた。だが、やっと全員に返事をしたと思ったら、最初に電話してきた人が最新状況を求めて連絡してくる。ノイローゼ直前。プレッシャーに耐えられない。

時折、ジョジーナとバセツァナと私は怒鳴り合い、ヒステリックに泣き出し、それから気を取り直して、普通の状態を取り戻そうとした。三人の間でなら、どんな種類の感情を噴出させても大丈夫だった。サクソンホテルのマネージャーで、良い友人となったジョージ・コーエンと、オーナーのステイン家は、葬式が終わるまで私がホテルに滞在するよう言い張った。ジョージは私の力になろうと、出来る限りの努力をしてくれる。私の住まいは市内から結構離れていたので、宿泊場所を提供してもらうだけで、プレッシャーがいくぶん軽減された。

マディバの友人の何人かも、サクソンホテルに滞在していたため、全員がばらばらなところにいるのに比べ、連絡するのが楽だった。どんな小さな情報でも、入手するや否や私はジョージに伝え、ジョージからホテルに宿泊している友人や、ホテルに滞在していなくてもジョージが連絡先を知っている人々に伝えてくれる。マンデラ財団の職員たちは、一般市民がマディバの死を悼むことができる場所を財団の敷地内に確保するのに忙しかったので、ジョージとホテルのスタッフが私を助けて、電話に応対したり、運転手を出してくれたり、情報収集を行ったりしてくれた。それに加え、ジョージは、食べたがらない私に無理やり食事を取らせてくれる。私が苦痛と欲求不満のためにすすり泣いている場面に一度ならず遭遇したジョージは、私を慰め落ち着かせ、解決策を考える助けをしてくれた。マディバの友人たちは全員、自分はマディバの人生の中で重要な位置を占めており、自分が情報や詳細を求めるのは当然だと信じているようだった。そのため、情報を提供できない私は、プロとしてふさわしくないばかりか、思いやりのない人間のように見られた。

月曜の夜、国防相から電話がある。プレトリアのユニオンビルまで出向いて、「友だちリスト」用告別式出席許可問題を解決するように言われる。土壇場の状況では、それが唯一可能な解決策だという。その時までに、手を貸してもらえそうな人には全員、携帯メッセージを送ったり、電話をしたりしていた。だが、月曜の夜七時になっても、翌日の告別式が何時に始まるのかさえわからない。

情報がなくて困ったのは私たちだけではない。メディアも計画が立てられず苦労している。政府は「知る必要があることだけ教える」やり方を取っており、情報を小出しにしていた。

一方、マディバはプレトリアの第一陸軍病院で防腐措置を施されていた。マンデラ家と何年も親しい関係にある私の友人ロビン・カーナウによると、テンベ族の長老たちの手伝いで、マディバはあの世に行く心の準備をしているところだという。長老たちがマディバに、日々の状況を説明しているそうだ。役所の煩雑な手続きや官僚主義を毛嫌いしていたマディバが私たちのフラストレーションを耳にしたら、一体どのような反応をするだろうか。

歯科医院に連れて行ってくれたマルリが、ユニオンビルに行くときも運転してくれた。古い友人のセアラ・レイサムも一緒だった。セアラはビル・クリントンの訪問準備をするために、クリントン自らの命令で早めにアメリカからやって来ており、出来る限り私の手助けをするという任務も帯びていた。ユニオンビルに向かう途中で、バセツァナから電話がある。「許可証の印刷はユニオンビルで行われていないから、ジョハネスバーグに戻って来なさい」。Uターンしてジョハネスバーグへ戻る。残りの許可証は午後十時までに発行すると言われる。十時半に電話したら、今度は午前一時までに連絡するとのこと。午前一時には午前三時と言われたので眠らずに待つが、三時をまわっても何の連絡もない。五時前には、私たちはまたいろいろな人に電話を始めていた。大ビジネスマン、ヨハン・ルパートのような人物が、告別式に参列するためケープタウンから飛んで来ていたものの許可証がない。午前六時、ルパート家に許可証を二枚届けた。許可証に記された名前はルパート夫妻にとって見知らぬ他人。だが他に方法がない。ヨハンは飛行機に飛び乗り、ケープタウンに戻って行った。

ヨハンはプロジェクトに財政援助が必要な際、マディバがいつも連絡した人のひとりだ。マディバとルパート家の関係は、マディバの釈放直後、一九九〇年代初頭の政権交代交渉時に遡る。マディバはヨハンを息子のひとりと見なしていた。それなのに、ヨハンはマディバの告別式に参列を許されなかった。

ネルソン・マンデラの名前を冠したどの団体のCEOにも役員にも、告別式出席許可が下りなかった。いずれも、過去二年間何度か提出した「友だちリスト」に名前が載っていた人たちだ。マディバの人生の中で長年重要な役割を果たしたスタッフたちも、許可証が貰えなかった。

朝八時。四十五分の睡眠を取った後、私はマンデラ財団に到着する。マシェル家の人々はそこから告別式に向かうことになっていた。私は財団の会長であるンデベレ教授とCEOのセロに深く詫びた。ふたりに許可が下りなかったことで、私はひどく落胆し、傷つき、恥ずかしく思った。グラサ夫人がマシェル家リストに加えてくれなかったら、私も出席できないところだった。マディバの人生の大きな部分が無視され、ごまかされたような気がした。マディバ自ら任命した人たちや、マディバの遺業を継ぐためマディバ自らが設立した団体が、心根の卑しい行動により脇に押しやられた。

ジョージ・ビゾス弁護士がやって来た。マディバの最も古い友人のひとりだ。マディバとのつき合いは、リヴォニア裁判時代に遡る。ジョージもマシェル家リストに入れてもらっていた。ジョージをバスに乗せ、ロサンゼルスから駆けつけたモーガン・フリーマンのビジネスパートナーで私の友人でもあるロリに、ずっと傍にいてくれるよう頼む。スタジアムに到着したら、大混乱が待ち構えていた。雨が止まない。ジョハネスバーグを強い嵐が吹き抜ける。神様がマディバを歓迎してくれている印だから、縁起が良いと人が言う。マディバが聞いたら、たわ言だと思うだろう。混乱に満ちた難しい事態が、雨のために一層複雑になった。最近になって誰かが言っていたことだが、マディバは人が自分のことで大騒ぎするのを嫌ったから、大騒ぎさせないために雨を呼んだのではないか。

私たちは個室から別の個室へと、転々と移動させられ、年老いたジョージと共に、階段を上ったり下りたりする。途中で、ツツ大主教やコフィ・アナンなど「ザ・エルダーズ」のメンバーが、個室の入り口で警察に手荒く扱われているのを救出する。失礼なことこの上ない。

ボノ、ソル・カーズナー、シャーリーズ・セロン、それにドウ・ステインの妻と子どもたちが会場に到着したときも、個室に入れてもらえなかった。儀典担当官に追い払われ、長い廊下に面した「空いている部屋」を使えと指図される。そこから一番近い空いている部屋に連れて行ったが、オレンジ色のプラスチックの椅子があるだけで、飲み物すらない。少なくとも、プライバシーは確保できたものの、その部屋はひどいことに、ステージの後ろのスクリーンの真後ろにあったため、ほとんど何も見えなかった。「ちゃんとした部屋を見つけたら戻って来るから」と、その部屋で待ってもらうことにする。皆が部屋から出て、警察や儀典担当官に手荒く扱われる事態は避けたかった。頭の中で、「マディバを大切にするには、マディバの友人を大切にしなければならない」と繰り返す。これが私のマディバに対する最後のご奉仕だとしたら、マディバが培ってきた友情関係に礼を尽くしたい。

ひと通り戦い、泣き、叫び、癇癪を起こしたところで、ＡＮＣの副会長、ジェシー・デュランテが救出に駆けつけてくれた。ジェシーに状況を説明する。ジェシーが大臣用特別室の入り口で、儀典担当官や警察を相手にした議論に加わる。ジェシーも私同様苛立ち、マディバの友人たちがこれほどの侮辱を受けるのは許されないと感じていた。ジェシーは儀典担当官のひとりにこの件を任せ、友人のひとりが皆を呼びに行く。

マディバは長い演説が続くイベントが大嫌いだった。人々が何時間も費やして自分を称賛するのをひどく嫌がった。「誰かが一言自分のことを褒めたら、それで十分だ」と言っていた。このイベントは私たちの期待に反し、マディバの人生を祝うものではなかった。平日だったので、九万人を収容できるスタジアムは半分も埋まっていない。なんと恥ずかしいことか。告別式に出席するには仕事を休むしかなかったが、クリスマス休暇直前だったため、多くの人々は休めなかったのだろう。

グラサ夫人の子どもであり、マディバの義理の子どもにあたるジョジーナとマレンガも、相応の対応をしてもらえず、私たちやその他のマシェル家の人々と一緒に大臣用特別室の中にいた。式典が半分終わったところで、誰かがふたりを呼びに来る。フィールドの家族用席にふたりが座る場所があるという。だが、私たちは行かないようふたりに忠告した。あたかも「付け足し」のようにフィールドに歩いて行って、恥ずかしい思いをすることはない。マディバはこのふたりと、血を分けた自分の家族より多くの時間を過ごした。ふたりを見るたびに、マディバは微笑んだものだ。それなのに、これほど失礼な扱いを受けるとは。

クリントン元大統領に呼ばれ、大統領用特別室に行く。クリントン夫妻とチェルシーが私に挨拶したいということだった。秘書のＪＤが迎えに来てくれる。三人の姿を見て、私は気を失いそうになった。まるで両親や家族に会ったかのような気がする。過去十九年間、三人と長い時間を過ごした。マディバに対する私の愛情をクリントン夫妻は感謝しており、また、私はマディバがどれほど彼らを愛しているか知っていた。クリントン家の三人は、私たちと同じ心の痛みを感じていた。クリントン夫妻は仕事上の敬慕を超えて、マディバを深く愛していた。夫妻もマディバを失って悲しんでいる。マディバとの関係で大切なのは一緒に過ごした時間の長さではなく、心の中でマディバのことをどう思っているかだ。クリントン夫妻はそれを理解していた。

オバマ大統領が、マーティン・ルーサー・キング並みの歴史に残る名演説を行う。だが、スピーチの数があまりにも多すぎ、私たちが望んでいたような、マディバの人生を祝うイベントではなかった。何時間も、延々とスピーチが続く。マディバがスピーチより喜んだに違いない歌や踊りや音楽はほとんどない。主催者は明らかにマディバのことがわかっていない。的外れにもほどがある。

さらに、大変恥ずかしいことに、ズマ大統領の名前が出たり、ズマ大統領がスタジアムの大スクリーンに映ったりするたびに、ブーイングが起こる。私はまったく驚かなかった。数年前ジェイコブ・ズマのレイプ裁判の際、躾のなっていないANCの若者たちがターボ・ムベキの顔写真付きのTシャツを燃やし始めたとき、ズマは咎めなかった。それと同様の、大統領に対する不敬である。同じことが別の時に別の形で起こっただけだ。虐待が起こる男女関係のようなものだ。虐待をひとたび許してしまったら、超えた一線から戻ることができない。あの時許されたのに、なぜ今回はダメなのかという論理である。ズマだけでなく、南アフリカ全体にとって恥ずかしい出来事だった。

火曜の夜、告別式が終わってから、私たちはグラサ夫人に会いにハウトンのマンデラ邸に赴く。

クリントン一家はそのすぐ後、南アフリカを発った。マディバにいつも微笑みをもたらした、鋭敏なビジネスマンのソル・カーズナーも目に悲しみを湛えながら立ち去る。晩年のマディバが落ち込んでいるとき、たとえソルやクリントン夫妻から連絡がなくても、電話があったと伝えたものだ。そのたびにマディバの顔に微笑みが戻って来た。ソルもクリントン夫妻も、できるだけ頻繁に訪ねてきてくれた。南アに用事があるときは、欠かさずマディバに会いに来てくれた。クリントン元大統領はアフリカの他の地域に行く予定ができたとき、必ずマディバの誕生日に合わせて南アを訪問するよう設定してくれた。

その夜寝る前に、翌朝、ボノ、ナオミ・キャンベル、それにステイン一家が、マディバの遺体が横たわるユニオンビルに行って弔意を表明できるように手配する。マディバは、有名人という立場を生かして大義名分を支援するボノが好きだった。マディバの非営利団体の資金集めコンサートやイベントに、お願いすれば必ず、出演料も交通費も要求せず出演してくれた。ナオミはネルソン・マンデラ子供基金をおおっぴらに支援してくれた初めてのセレブで、マディバの名誉孫娘第一号だった。マディバがソウェトの家を出てウィニーと別居したとき、ステイン家は六か月も住居を提供してくれた。マディバが『自由への長い道』を書き上げたのも、ＡＮＣが暫定憲法を準備したもの、ステイン邸でのことだった。マディバの友人や同志をもてなしてくれ、マディバが息子マハトの子どもたちと時間を過ごすスペースを提供してくれた。彼らはマディバの人生において重要な地位を占めた人たちであり、それ相応の扱いを受けるべきなのに、マディバの遺体が安置されているユニオンビルで最後のお別れを言う機会を与えられていなかった。

ジェフ・ハデベ法相の夫人ブリジットが、翌朝サクソンホテルからユニオンビルまで連れて行くと申し出てくれる。ユニオンビル付近の道路はすべて遮断されており、許可された車に乗ることができなければ、ユニオンビル行きの公共の交通機関を待って、何時間も列に並ばなければならないのだ。水曜の朝六時、ブリジットから電話があり、ジェフが八時にホテルに到着するという。七時まで待ってから、サクソンホテルのマネージャー、ジョージに頼み、ナオミ、ボノ、ステイン一家を起こしてもらう。八時にまたブリジットから電話。ジェフは別のイベントに出席しなければならなくなったので、迎えに行けない。パニック。どうやって皆をユニオンビルまで連れて行けばよいのだろう。マディバにお別れを告げたいVIPを五、六時間も一般国民と一緒に列に並ばせるなんて、南ア政府もまさか考えてはいないだろう。

私は無力感に打ちのめされた。それまでは、いつも問題を解決してきた。いつも解決へのドアを開けてきた。だが、私に残されたドアはひとつひとつ閉じられている。マディバが知ったら激怒するだろうが、そんなことを考えても仕方がない。背筋を伸ばし、対処し、別の方法を見つけるしかない。

私が電話しているとき、やはりサクソンホテルに滞在していたF・W・デクラーク前大統領が私の会話を偶然耳にする。デクラークは一九九〇年、マディバの釈放を決めた大統領だ。マディバはデクラークが好きで、多大な尊敬の念を抱いていた。私もマディバ同様、デクラークを尊敬していた。電話を終えた私に、デクラークが「ゼルダ、私のボディーガードのノーマンに話しなさい。なんとか助ける手があるかもしれない」と言ってくれる。九時十五分、デクラーク前大統領夫妻と一緒に、何台かの車を連ねて出発する。この皮肉っぽさときたら、耐えられないほどだった。多くの人々にとってアパルトヘイトを体現している人物が、ある意味でまたマディバを救ってくれたのだ。言葉を失うと同時に、マディバに伝えたくてたまらない。だが、デクラークが私たちを助けてくれたと聞いても、マディバは驚かないだろう。政治的立場は違っていても、デクラークは話のわかる善人だとマディバは信じていたからだ。

大統領の迎賓館に到着する。セレブは入れてもらえたものの、私とステイン一家は締め出された。ジェフ・ハデベ大臣夫妻が到着して、私を中に入れてくれる。次はステイン夫妻をどうやって中に入れるか考えなければならない。それでもなんとかして、ゲスト全員をマディバが眠るユニオンビルに連れて行くことができた。

ユニオンビルの階段を下りながら、私は落ち着きを取り戻す。マディバにサヨナラを言う心の準備をしなければ。お別れの言葉をしっかり頭に入れなければ。口に出して言うつもりはなかった。マディバには聞こえるはずだ。生前のマディバは私が言葉を発する前に、私が何を考えているか理解していた。時には私の発言の後、「おや、ゼルディーナ。お前がそんなことを言うとは不思議だね。私もちょうど同じことを考えていたんだよ」と言ったりした。今回だって、そうに違いない。

柩まであと数歩。そんなに簡単ではないことに気がつく。マディバには数か月会っていない。マディバに会えず寂しく思っていた。私の後ろを歩いていたナオミが凍りつく。怖かったのだ。私の目から涙がまた流れ始める。私は取り乱していた。ナオミの助けになりたかったけれど、自分の面倒も見きれない。私の手を握っていたブリジット・ハデベが私の手を放し、ナオミの手を取る。私もナオミの力になりたかった。次の瞬間、サモラ・マシェルの娘で、グラサ夫人の義理の娘にあたるオリヴィア・マシェルが私の左手を、そしてボノが右手を取る。ボノの傍らには妻のアリが立つ。柩に対面する時が来た。

出来る限りの平静を保つ。だが、マンドラ・マンデラと目が合ったとき、心が粉々になった。説明することのできない痛みが体を貫く。その場にいた人の多くも感じたと思う。マンドラは私にとって、弟のようなものだった。マンドラの元に歩いて行って抱きしめたかったけれど、できなかった。

ボノとオリヴィアが私を柩まで導いてくれる。マディバがいた。命のないマディバが。死んで冷たくなったマディバが。クルは逝ってしまったのだ。最初に気がついたのは、首の傷跡。そこからチューブを突き刺していたのだろう。最後の六か月、マディバを生かし続けたチューブを。今、そこにあるのは傷跡だけ。穴は閉じられていた。長年一緒に働いていると、お互いの体の傷まで知るようになる。私はマディバの顔にある、どんなに小さい傷跡も知っていたが、首のこの傷は新しかった。次に、マディバが深い灰色をしていることに気がつく。胸は完全に平たくなっている。テーブルの表面のように平たい。そんなマディバの姿を見て動揺する。だが、お別れを言う時間はほんの一分しかない。ボノが代表してお祈りの言葉を唱える。美しい言葉。息ができない。喘ぎを抑え込む。ボノは、マディバをこの世に送ってくれたことに対し神に感謝し、マディバの傍にいてくれるよう、そして、マディバがいなくなった後の人生に私たちが意味を見出せるようになるまで、私たちの傍にいてくれるよう神に祈る。ボノに導かれ、柩を離れる。振り返って、柩の元に走り戻りたい。まだ何か言い足りなかった。どんな時でも人は、もっと何か言うことがあるような気がするものだ。私はこれまで生きてきて学んだ。言ってしまったことより言わなかったことの方を後悔するものだと。だから、それまでの数年間、どれほど私が愛し、感謝しているか、マディバに告げてきた。言わないで後悔したくなかったのだ。柩から遠ざかりながら、私の愛情と感謝の気持ちをマディバはわかってくれていると思った。

ボノとオリヴィアに手を握ってもらい、ユニオンビルの階段を上る。この階段を上るのは恐らくこれが最後だ。だが、階段を上ったことを後になって思い出せない。大統領迎賓館に戻る途中、誰も一言も発しなかった。泣かないように努力するのは諦める。涙が滝のように流れ落ちる。息ができない。独りぼっちになったような気がする。だが、私にはまだ、面倒を見なければならない人たちがいる。

サクソンホテルに戻り、皆で昼食を取る。ボノとアリが出発するのがとても悲しい。長年の間にボノのスタッフとも良い友だちになった。彼らはある意味で、私の精神的柱になってくれた。ボノはまた、いくぶん伝道師的である。人生について深い理解を持っており、マディバの長い闘病期間を通して、元気づけのメッセージを送ってくれた。何の要求もせず、何の情報も求めず、ひたすら美しい言葉を送り続けてくれたのだ。「この世で私たちは、お互いを家まで歩いて送っているにすぎない」（アメリカ人スピリチュアリスト、ラム・ダスの言葉）という言葉を思い出し、少し気が落ち着く。私はその日一日の緊張と激しい感情の動きから疲れ果てていた。ある意味で、マディバの友人はすべて、特別な種類の人間であるように思う。マディバはある種の人間を惹きつけた。そして、自分の友人たちが私の世話をしてくれていることを、マディバは喜んだに違いない。「よかったね、ゼルディーナ」と言うに違いない。

政府の計画性のなさが続く。次の数日間、どうやって生き延びるか考えなければならない。短時間感情が抑え切れなくなることは数回あったが、じっくり座って考え、マディバが亡くなった事実を自分の中に吸収する時間はなかった。自分のことを考える時間も、マディバの死を百パーセント受け入れる時間もなかった。マディバに二、三か月会っていなかったことから、本当に逝ってしまったとは信じ難かった。私はマディバが自宅にいることに慣れていた。朝目が覚めるとまず、マディバが重体である事実に思いを馳せることに慣れていた。毎日その日がどんな形で終わるかわからなかったけれど、本当の終焉は予想していなかった。

次に私が直面した問題は、アルフレ・ウッダード、オプラ、ゲイル・キング、ステッドマン・グラハム、フォレスト・ウィテカー、リチャード・ブランソンのために、クヌでの葬儀出席許可を取ることだった。葬儀は二〇一三年十二月十五日、マディバの故郷の村で行われることになっていた。皆わざわざアメリカからやって来てくれたにもかかわらず、許可を取れるかどうか自信がなかった。これらのセレブは国家元首より下、大臣より上の地位とされるが、そういう地位はマディバの葬儀許可手続きで考慮されていなかったので、一般大衆同様の取り扱いになるという。そんなことは絶対にさせない。八年間も計画されたイベントなのに、起きるべきではない、おかしな問題が相変わらず続出している。

グラサ夫人に届け物をするため、マディバ宅に出向く。立ち入り許可期限が切れているから中には入れないと、制服姿の女性警察官に言われる。これまで見たことのない人物だ。その隣にはマディバのボディーガードのひとりが座っていたが、私に手を貸そうとはせず、沈黙を守っている。警備員の詰め所に行く。台所のスタッフに電話して、グラサ夫人が私を待っていることを証言してもらおうと思ったのだ。ところが電話に誰も出ない。ボディーガードに何年マディバに仕えたのか聞く。八年という返事。グラサ夫人に呼ばれてやって来た私を助けないのは許されない行為と思わないのか、と問い質す。今日は非番であり、制服の女性の相手をしているだけだという。「あなたのその言葉を聞いて、マディバがどう思うかしら。マディバに仕えたあなたならわかるでしょう。私が言うまでもないわ。恥ずかしいと思いなさい」と会話を打ち切る。私は泣きながら、グラサ夫人の携帯電話に電話する。夫人が自分のボディーガードを門まで迎えに寄越してくれた。

母屋に着いたら、葬儀出席には写真付き許可証が必要と言われる。裏庭にまわり、儀典担当官が許可証を発行している部屋へ行き、グラサ夫人に言われて許可申請に来たと伝える。ところが、私の名前がリストに載っていないという理由で、許可発行を拒否される。リストに載っていない人間に許可を与えることができるのは、マカジウェとンディレカだけだという。諦めてグラサ夫人のところに戻り、せっかく招待していただいた祈禱会には出席せず、家に帰ると告げる。儀典担当官がいる部屋に私を連れて行って許可を得るよう、グラサ夫人はマカジウェの夫アイザックに頼む。私たちが許可証を得るために、夫を亡くして悲しんでいる未亡人が仲介しなければならないことにむかつく。ところが、自分はマカジウェの夫であり、これは「マシェル夫人からの特別な要請」なのだとアイザックが説明したにもかかわらず、儀典担当官は許可証発行を拒絶した。随分長いこと議論を交わしてようやく、許可証が発行される。「マシェル夫人からの特別な要請」という形でアイザックが許可を頼んだことを不思議に思う。

グラサ夫人に挨拶してからマンデラ邸を後にする。祈禱会に出席するよう夫人に言われたが、あまりにも気が転倒していた。助けが必要な時はいつでも駆けつけると夫人に約束する。マディバの生存中、私が担当していた事務仕事の一部を、夫人はまだ私に頼っていた。毎月の支払いやマンデラ家の人々に頼まれての銀行振り込みなどだ。マンデラ家の人々は、自分の口座に金が振り込まれたか知りたいときは躊躇なく電話してくる一方で、私のことを人間として扱う価値がないと思っている。すれ違っても、儀礼的な挨拶ひとつしてくれない。ましてや、マディバの葬儀出席を許可するという、ごくわずかの敬意を払うことなど問題外なのだ。なんと皮肉なことか。感情が沸騰する。

まだオプラ、ブランソン、ウィテカーの葬儀出席許可証をどうにかしなければならない。マンデラ邸を去ってからの数時間、それだけに取り組んだ。マディバの友人たちに葬儀出席許可を出すよう、ありとあらゆる人にメールし、電話し、携帯メッセージを送る。だが、私が相手にしたのと同じ儀典担当官たちは、大統領府の長官にまで「あなたの指図は受けない」と言い放った。どうやら、政府内で対立があるようだ。マディバの葬儀はマディバを尊ぶものでも、マディバにふさわしい尊厳を与えるものでもなく、自分の権力を誇示したり、これまでの恨みを晴らしたりする場になっているような気がした。その一方で、誰が取り仕切っているのか誰も知らない。大イベント開催準備と称して海外視察旅行に大金を浪費しながら、お粗末な計画を立てることに八年間費やしただけなのだろうか。それとも、特定の派閥に属さない人々をマディバの葬儀に参列させないようにしようという意図的行為なのだろうか。八年もの計画期間があれば、誰だってうまくやってのけるはずだ。儀典担当官の言葉を聞くのは不快だった。マディバを深く愛する人々がこのように扱われて心が痛む。儀典担当官はオプラたちが自らハウトンのマンデラ邸に出向いて、許可を得ることを主張した。皆にそう伝える。

残念なことに、許可証を発行してもらうために、オプラやフォレストやゲイルたちは儀典担当官たちと無数の写真を撮らなければならなかった。ひどすぎる。友人たちがこんな扱いを受けることを、マディバは許さないだろうし、私はマディバがこんな目に遭うことを許しはしない。しかし、マディバの友人たちはマディバの葬儀出席許可証を手にするために、ファンと写真撮影することを余儀なくされたのだ。私はマディバに、一緒に写真を撮ってくれと頼んだことはない。私がマディバと一緒に写真に写ったのは、マディバと仕事中に誰かが偶然写真を撮ったときとか、来客との記念撮影に私も入るよう呼ばれたときとか、ごくまれに、マディバの友人たちが私も写真に入るよう頼んだときだけだ。私があれほど長い間マディバに仕えることができた理由のひとつだろう。マディバと親しくなったことや一緒に写真を撮ることで、マディバが期待する行動から逸脱することを、私は自分に許さなかった。一度マディバに、自分と写真を撮るのが嫌なのかと聞かれ、そんなことはない、と笑い飛ばしたことまである。だから、儀典担当官の態度は私にとって容認できないものだった。

金曜日、ジョジーナとジョジーナの家族や友人と一緒に、フェイザル・モトレカー（南アの投資会社モトレカー・ホールディングの創業者、会長）夫妻が手配してくれた自家用飛行機で東ケープ州に向かう。ウムタタに着陸。丘には青草が生い茂り、一面に緑が続く。この年はよく雨が降った。その日も降っていた。マディバが知ったら大変喜ぶだろう。マディバにこの光景を見せてあげたい。土壌に十分水が行き渡り、放牧や農業に適した豊かなものになると、マディバは嬉しがった。ＣＮＮのロビン・カーナウとのインタビューで、マディバの孫息子のひとりがこんな逸話を披露していた。マディバとクヌの家の居間に座っていたら、マディバが年少の孫息子ムブソに、雨の中を裸で走るように言った。マディバが子どもの頃、よくそうしたという。マディバは何度も何度も辛い目に遭いながらも、無条件に人生を愛した。八十年前、若きネルソン・マンデラがこの同じ丘を遊び戯れた姿を想像して欲しい。過去の重荷を持たず、未知の未来を前にした、裸の若きネルソン・マンデラを。今日の雨はマディバの帰郷にふさわしいのだろう。

飛行場からの車の中で、クヌにマディバを訪れたとき、どうやってマディバを微笑ませたかを思い出す。「こんにちはダリブンガ！」と、マディバを割礼名で呼んだのだ。アフリカーナ女性がコサ名を使って挨拶したことをマディバは面白がり、顔中が微笑みで一杯になったものだ。

数頭の牛の傍を通り過ぎる。マディバは自分の牛をとても愛していた。マディバの農場を車で回り、牛たちを眺めたものだ。マディバは実は、大規模な畜産農家になりたかったのではないかと、密かに思った。コサ族の伝統では、人間の富は所有する牛の数で測られると、マディバは何度も教えてくれた。マディバは常に三十頭から六十頭の牛を所有していたため、「あら、クル。なんてお金持ちなんでしょう！」とコメントすると、マディバは声を立てて笑った。

私の心に一番残っているのは、マディバの近づきやすさ。誰とでも自然に仲良くなること。私の主な仕事はマディバを守ることだった。人々の愛情で窒息することがないように、盾になってマディバを守ることだった。開放的なマディバに似合わない閉鎖的な葬儀準備のやり方に、私は混乱し、悲しくなり、恥ずかしくさえなった。

世界中のメディアがクヌに集まって来る。マディバはジャーナリストが大好きだった。こんなに多くのジャーナリストがクヌに集まったのを見て、どれほど喜ぶだろうか。マディバがここにいたら、ジャーナリストたちにこの小さな村を大いに自慢しているに違いない。マディバは自分について批判的なことを書いたジャーナリストを食事に招いたものだった。批判して厄介なことになった、と皆思う。ところがマンデラ邸に着いてみると、マディバは批判の内容や理由を理解するために、話をしたいだけだということに気がつく。大抵の場合、ジャーナリストたちは考えを変えることがないままマンデラ邸を後にしたが、マディバは彼らの考えを変えようとはしていなかった。マディバはジャーナリストたちと話をして、正しい知識を得ることができたし、マディバから正しい情報を得て、考えを変える者も時にはいた。いずれにせよ、敵意を持ってマンデラ邸を去る者はいなかった。こんなにも多くの懐かしい顔をクヌで目にして、私は彼らがマンデラ邸を訪れたとき、マディバがいかに魅力を振りまいていたかを思い出した。マディバは情報をメディアと共有するのが大好きだった。そして、メディアがきちんと仕事をしていることに感謝した。葬儀はまったくマディバらしくないものだった。誰が力を持っているか示すために、メディアは遠ざけられ、情報は共有されなかった。

日曜日、葬儀出席のため朝四時に起きる。ジョージ・ビゾスがバスに乗らないで済むよう、なんとかしてマンデラ邸に連れて来る方法を考えようとした。ジョージは年老いて歩行困難だった。体がとても弱っていた。助けてくれたのはまたもや皮肉なことに、マディバの元ボディーガード、ピット・エルヴィアだ。ピット自身、葬儀出席許可を持っていなかったが、マディバへの最後のご奉公と、私たちが道路封鎖や警察検問所を通過できるよう戦ってくれた。ピットはマディバの大統領時代、マディバと親密だったボディーガードのひとりで、葬儀当時は警察時代の上司ロリー・ステインの元で働いていた。ロリーは今では警備会社の社長として大成功を収めている。情熱を持つことに専念すれば、人生で成功することを示す良い例である。

クヌに到着する。当然の礼儀として遺族に挨拶するため、ジョージ・ビゾスをマンデラ邸に連れて行く。正面玄関に鍵がかかっている。マカジウェの娘がドアの内側に立って、たとえ誰が来ようとドアを開けることはできないと怒鳴る。仕方がないので、ジョージとその息子を台所のドアから中に入れ食堂に入る。マカジウェが通り過ぎたが私たちに挨拶もしない。マディバが衰弱するにつれて、マディバが選んだスタッフやマディバの友人をマカジウェたちが快く思っていないことが明らかになった。ジョージもそのひとりだった。その年、マカジウェはマディバが設立した基金の理事にジョージが任命されていることに異議を唱え、公の場で個人攻撃を行った。マカジウェの娘は大っぴらにジョージを侮辱し蔑んだ。私たちの誰も、この家で歓迎されていないのだ。

マカジウェの娘に礼儀正しく挨拶したら、食堂から出て台所に入って行った。台所で意を決したように振り向き、食堂に怒鳴り込んで来る。「ゼルダ。あなたたちにここにいて欲しくないわ。ジョージおじさんは来てしまったから仕方がないけれど、あなたのような人たちにはこの家に来て欲しくないのよ」。「ジョージおじさんのような人をどう扱ったらよいか指示さえ出してもらえれば、喜んでマカジウェの言うことに従うわ」と私。マカジウェの娘は同じことを繰り返す。「私たちはあなたのような人たちにこの家に来てほしくないの」。父親のアイザックはじっと見ているだけ。私は向きを変え立ち去る。ジョージと息子はマカジウェの娘の傍を通って、他の人が集まる居間に入って行った。

そのすぐ後、トーキョー・セクワレが到着する。マディバと一緒にロベン島で服役し、マンデラ政権に仕えた（一九九四年から九八年、ハオテン州知事）人物だが、やはり歓迎されず追い出された。ジョージ・ビゾスが理事を務めた基金の理事に、トーキョーもマディバから任命されていたのだが、マカジウェはそれにも異議を唱えていた。トーキョーもマンデラ家から敵視されていたのだ。マディバがジョージやトーキョーを基金の理事に任命したのは、それなりの十分な理由があってのことである。だが、マディバの具合が悪くなり、自分の意思を通すことができなくなったとき、マンデラ家の人々はマディバが決めたことに挑戦し始めた。マディバが亡くなった今、ありとあらゆるマディバの決定を覆そうとすることは明らかだった。マカジウェやンディレカの陣営に属さない人の側についていたり、そういう人が友だちだったりしても、マンデラ家で歓迎されない。追い返されたのは私だけではなかった。

マディバに仕えた十六年間余りとマディバの晩年。それと現在起こっていることはあまりにも対照的だ。そのギャップを受け入れるのが心理的に辛かった。

クヌは東ケープ州の雄大な山々の間に沈む、小さなコミュニティである。マディバの農場は小さいが、隣人たちの農場に比べるとかなり贅沢だ。マディバとグラサ夫人が二〇〇〇年代初頭に建てた家は、周りに住む人々の生活水準からすればかなり豪華であるものの、同様の社会的地位にある人々の家に比べれば質素だった。マディバの葬儀に備えて設置された巨大なドームを見て、私はショックを受ける。大きなテントというより、小さな飛行機の格納庫といった方がふさわしい。この日のために用意され、何年もしまってあったということだ。南アフリカのキューで製造され、ビニールのカバーはドイツからわざわざ運んで来たという。マンデラ邸からドームまでは約一・五キロの砂利道だ。家からドーム正面への道を取っても、ドーム裏への道を取っても、マンデラ邸の敷地の大きさがよくわかり、またマディバご自慢の牛たちが見える。

マディバのことを考えながら、ドームまで歩き始める。私が家から追い出されたことを、マディバは納得しないだろう。自分の農場にこんな巨大なドームをこれ見よがしに建てたことを、マディバは納得しないだろう。数年前マハトが亡くなった際、まだ意思決定をすることができたマディバは、私が家での葬儀に出席することを主張した。今、私が出席することをマディバ自身が主張することができないために、私はマディバの葬儀から除外されている。二〇〇九年十二月頃までマディバは時々、大目に見るようにという私のとりなしにもかかわらず、人を家から追い払うことがあった。だが、マディバの声は今や沈黙させられてしまった。

このような辛い時、私はマディバから学んだ素晴らしい教訓を思い出すよう努めた。私がマディバと培った人間関係を、誰も私から奪うことはできない。人間は死んでも、人間関係は死なない。私とマディバの関係はいつまでも生き続ける。

ほとんどの葬儀参列者は、車で約一時間のウムタタからバスに乗せられてやって来て、ドームに集まっていた。オプラのバスが敷地内に入れてもらえなかったと聞く。オプラの飛行機をウムタタ空港に着陸させるのも大変だった。というのは、国家元首の飛行機にしか着陸許可が下りなかったからだ。最初は「それももっとも」と思ったが、例外に着陸許可を得た飛行機が数多くあるというではないか。オプラがウムタタから乗ったバスはドームへ行く許可を受けていなかったので、オプラは母屋で下ろされた。オプラは母屋からドームまで、牛を追い越しながら、埃だらけの道を歩かなければならなかった。途中まで歩いたところで、マディバの元ボディーガードのロリーが大臣用車両をなんとか手配してくれ、オプラと随行員たちをドームまで連れて来た。オプラはそれまで二回、クヌを訪問したことがあった。二回目は子どものためのクリスマスパーティーで、二万五千人の子どもたちがクヌや周辺地域から集まった。また、マディバに学校建設を依頼されたオプラは、ジョハネスバーグの近くにオプラ・ウィンフリー・アカデミー（二〇〇七年に創立された寄宿舎ベースの女子中等学校）を設立した。南アフリカの私立学校の中でも異色の存在だ。南アの恵まれない子どもたちに対するオプラの支援に、マディバはとても感謝していた。マディバはまた、オプラの裕福さを面白がっていた。オプラが自分の番組の参加者全員に車を買い与えた寛大さをしばしば人に話して聞かせ、「そんなことって、信じられるかい？」と締めくくったものだ。

　オプラ、ステッドマン、フォレスト、ゲイルがドームに向かっている間、私はジョージ・ビゾスやリチャード・ブランソンらのために席を探す。知っている人が入り口にやって来るたびに、ブリジット・ハデベと弟のパトリス（南ア有数の鉱山王パトリス・モツェペ）がマディバの友人のために取っておいてくれた席へ連れて行ってくれた。

　グラサ夫人はまだ母屋で、これからマディバをドームへ、そして最後の安楽の場所へ連れて行く用意をしている。前日のテレビニュースで、疲労困憊している姿を見た。マディバが愛するクヌの農場の丘までの、最後の旅の準備をしているのだ。

責任を感じたゲスト全員に席をどうにか見つけると、自分の席が残っていなかった。残された選択肢は、式典進行に関わる軍の人々と一緒に座ることだけ。だが、とても感傷的になっていたことが恥ずかしかったので、ドームの外に出て草の上に座る。友人でCNNのレポーターのロビン・カーナウが近くにいる。南ア国営放送のスピーカーから、葬儀の進行状況が聞こえる。中継車の後ろに設置されたスクリーンで、葬儀の様子を見ることができた。霊柩車が到着する。南アの国旗が被せられたマディバの柩が、砲架車の上に乗っている。私はドームの外に締め出されたような気になっていた。同時に、ドームの外にいる人がほとんどいないため、マディバに個人的な別れを告げる機会を与えられたようでもあった。これも皮肉なことだ。軍隊の行進が通り過ぎたとき、私はすすり泣きのために息ができなかった。最初に見たのはマンドラ。祖父を守るかのように、軍隊の車の前部席に座っている。マディバの後に続くのはグラサ夫人の車。車の窓の内側に夫人の姿が見える。抱きしめて、慰めたくてたまらなかった。そして、夫人に抱きしめてもらいたかった。マディバの葬儀には最高の軍葬の礼が与えられた。つまり、軍のありとあらゆる儀式儀典がマディバの葬儀に適用されたのだ。

この四十八時間前、デズモンド・ツツ大主教がマディバの葬儀に招待されていないことに対し、メディアで怒りが吹き荒れた。トレヴァー・マニュアルに伴われドームに到着したツツ大主教は、痛みと悲しさで満ちていた。私は時間が許す限り、ツツ大主教を抱きしめる。ツツ大主教を慰めたい気持ちと、ツツ大主教に慰められたい気持ちの両方だった。マディバはツツ大主教が大好きだった。

心の痛みのために私が震えているのを見て、見知らぬ黒人男性が歩いて来た。腕を私の周りに回し、「ゼルダ。心配するんじゃないよ。シシ（「シスター」の意）、辛さはいつまでも続かないから」と言ってくれる。男性の腕に身を任せたかったが、気をしっかり持たなければならない。抱きしめてくれたことにお礼を言う。数週間後、この男性の顔を思い出そうとした。誰だったか思い出し、連絡を取り、お礼を言いたかった。単なるハグと慰めの言葉ではなかった。心の底から私のことを思ってくれていた。見知らぬ人が、それも黒人がこのように私に手を差し伸べてくれたことが、琴線に触れた。長い道のりを辿り、私たちはここまで歩み寄ったのだ。

葬儀が始まる。九十五歳で亡くなったマディバのために、九十五本のロウソクがステージの上に美しく飾られている。マディバに最後の別れを告げ、お祈りを捧げることに専心すべきだが、できない。また事務的なことが気になる。特に心配したのは、どうやってオプラと随行団をマンデラ邸まで連れて行くかということ。大金持ち、有名人、それに過去十九年間私が会ったことも名前を聞いたこともない人たちが、埋葬場所に行く許可を与えられていた。葬儀に出席したゲスト四千人のうち、わずか四百人だ。私自身、許可証がどんなものか見せてもらえただけで、許可証はもらえなかった。

葬儀では、刑務所時代の友人、アメッド・カスラーダが感動的な演説を行う。マディバを称え、天国にいるＡＮＣの最強チームに加わったのだと述べた。とても感傷的になっているキャシー（カスラーダの愛称）の姿を見るのが悲しい。キャシーとマディバは服役前からの友人だった。ロベン島で十八年間共に服役し、その後ポールズモア刑務所でも一緒だった。

間もなく式典が終わる。演説に次ぐ演説だった。心を打つスピーチがあった一方で、マディバの後光に最後に浴したいことがミエミエの人もいた。式典中、マディバを彷彿とさせたのは、子どもたちによる歌だけだった。グラサ夫人が著名な南ア人アーティスト、ムボンゲーニ・ンゲマ（『サラフィナ！』などで有名なプロデューサー、演出家、脚本家、作曲家）に頼んで、葬儀の一週間前、マディバのために書かれた歌を子どもたちに歌ってもらい、収録したのだ。この歌を聞いたとき、思わずつられて笑ってしまうようなマディバの微笑みが、私の頭の中に鮮やかに蘇ってきた。子どもたちの声の中に、マディバの生き生きした姿が想像できた。ああ、でも今はもういないのだ。マディバの未亡人が頼んだことのうち守られたのは、この歌とマディバの人生を象徴する九十五本のロウソクだけだった。

式典が終わるのを待つ間、私は追悼文に隅から隅まで目を通す。追悼文も、賛辞も、感謝の言葉も、マディバの遺業を継続するためにマディバ自らが創設した団体のどれにも触れていない。まるで存在しないかのようだ。

参列者たちが埋葬場所に移動を始める。マディバの友人の多くや家族が私の傍を通り過ぎる。マディバの友人の何人かが、埋葬場所へ行かないのか質問してきた。許可が出なかったのだと答える。なんとか許可がもらえるよう尽力すると申し出てくれる人もいる。でも、私のお別れはもう済んでいた。私とマディバの関係は、墓の傍に立ったかどうかで決まるような関係ではない。そんなことよりずっと、ずっと奥深いのだ。葬儀の間オプラの面倒を見ていたロリー・ステインが、ドームの外にいた私とロビンに加わる。ロビンとロリーと私。マディバの指導力と個人的な愛情のおかげで、人生が変わった三人の南ア人が、スクリーンに映る出来事を共に見つめる。私とマディバの関係は、人生の節目となる瞬間に傍にいるかどうかで決まるものではない。一緒に過ごした、普通の時間で決まるものだ。ロリーとロビンと私はお互いを抱きしめながら、歴史の前線にいることを感じ取っていた。それぞれがそれぞれのやり方で、偉大な人物に、私たちのクル、私たちのタタ、私たちのマディバに別れを告げながら。

私たちはスクリーンに映る出来事を眺めながら佇んでいた。二十一発の礼砲が鳴る。まるで涙が連発で空に打ち上げられたようだ。南アの国旗を掲げたヘリコプターが列をなして、クヌの丘の上を低く飛ぶ。後に続くのは戦闘機だ。爆音が身を貫く。現実がやっと実感となる。終わったのだ。私は大泣きを始める。ロビンの肩を涙で濡らす。ロリーが私とロビンを抱きしめ、痛みのあまり震える私たちを慰める。涙が再び滝のように流れる。ロビンは中継中ではなく、私の友だちとしてその場にいてくれただけだった。しかし、ロビンも私も気がついていなかったが、ロビンのマイクはオンになっていた。マディバの最後の旅の映像が生中継されている間、世界中でCNNを見ていた人は私の喘ぐような泣き声を耳にした。アトランタのスタジオから、「マイクがオンになっている！」という叫び声がロビンのイヤホンに飛び込む。私の泣き声を数百万もの人々が耳にしたことにロビンは気がつく。私は知らないままだ。ロビンはジレンマに陥る。私から離れなければならないが、放ってはおけない。私を一層強く抱きしめ、数分間慰めた後、ロビンは私を放し、カメラに向かい、周りの状況を説明する。この場のとてつもない喪失感と悲しみに言及しながら、私たちと泣いていたロビンの目は赤かった。マイクがオンになっていたことをロビンが教えてくれたのは、その二週間後のことだ。裏切られたとは思わなかった。心がばらばらにならないよう、ロビンとロリーというふたりの友人に支えてもらう必要があったのだから。世界中の人々と痛みを分かち合いたいと思っていた私は、自分でも知らないうちに、そうしていたのだった。だが、同時に、それほどひとりぼっちに感じたことは今までなかった。喪失感がつき纏う。虚しさのあまり体が震える。

マンデラ邸に向かって歩き始める。まだ人々はマディバの墓地で忙しくしている。家に戻らなければ。まずホテルへ行き、それからできるだけ早くジョハネスバーグに帰ろう。これ以上耐えられない。うちに戻って、犬たちとだけ一緒にいたい。マンデラ邸に向かって途中まで歩いたところで、マディバのボディーガードのひとり、サムがゴルフカートに乗せてくれる。私はどのように見えたのだろう。見慣れた顔が通り過ぎる。異なる役割を持って、マディバに仕えてきた人々だ。ゴルフカートの後部席に座った私に気がつき、カートを止めて、言葉を交わしてくれる。洗濯しすぎて色あせた服が詰まった袋のような気がした。体にまったくエネルギーが残っていない。感情をコントロールすることがまったくできない。軽視され、墓地に行かせてもらえなかった、マディバの昔からのANC同志たちがカートを止め、私と言葉を交わす。マンデラ邸に入り、居間のからっぽの黄色の椅子を最後にもう一度見たい。だが今日は、これ以上悲しい思いを自分にさせるのはやめよう。またすぐに、きっと戻って来るのだから。

オプラと随行団のために、ドームからマンデラ邸への移動方法を確保する。マンデラ邸でバスが待っているはずだ。リチャード・ブランソンも大丈夫。ジョージ・ビゾスにはゴルフカートを使ってもらうことにする。それから私は帰路についた。皆が大丈夫なことを確認したから、もうするべきことはない。この場を去る時が来た。ホテルに戻り、喪服のままベッドに入る。疲れ果てていた。二時間眠って起きたら、親切な同僚ヤセが、その夜ジョハネスバーグに戻れるよう、飛行機の便を変更してくれていた。私が静かにひとりでいたいことを直感的に理解し、手を尽くしてフライトを変更してくれたのだった。雨の中を二百六十キロ、イーストロンドンまで運転し、ジョハネスバーグ行きの飛行機に乗る。自宅に着いたのは夜中の一時をまわっていた。それから眠りに落ちるまで、しばらく時間がかかった。

次の数日は支払いに追われる。マディバの葬式はクリスマスの十日前だったので、納入業者たちはクリスマス休暇の前に、それぞれの職員に給料を支払う必要があった。

根管治療の残りを済ませる。ドウ・ステインの六十一歳の誕生祝賀晩餐会に出席したが、ドウの具合が悪かったため、どことなく陰気なパーティーだった。さらに、前の週のストレスから体のあちこちに故障が出たので、その治療も行わなければならない。六月、マディバが入院した頃、ジムで怪我をしたのだと思う。腰が常時痛く、時には痛みが膝まで広がった。どれほどストレッチをしても、どれほど痛み止めを飲んでも、痛みはなくならなかった。十二月十九日の朝、目が覚めたら体が麻痺していた。両足に感覚がない。腰の痛みは相変わらずだったが、膝から上に神経を感じなかった。どうしてよいかわからず、休暇中の理学療法士の友人に戻って来てもらう。随分治療をしてやっと、六月から苦しんでいた痙攣がすべてなくなった。いつものことだが、マディバが病気になると、ストレスと心配から、私まで具合が悪くなるのだ。

十二月二十日の金曜日、やっとウムタタに戻る。マディバの墓に参り、最後のお別れを言うためだ。その数日前から、私は人生の意味や、死を免れない運命について考えていた。マディバは生死をいたって個人的な問題だと見なしていたため、あまりマディバとはこの件について話したことがなかった。マディバはどう思っていたのだろうか。それまでの二週間、できるかぎりグラサ夫人を守ろうとしてきたが、それでも夫人は私が埋葬の現場にいなかったのを知っていた。埋葬に参列を許されなかったのは私だけではない。家政婦長のメメと家政婦のベティも墓地に行くのを許されなかった。それどころか、マディバの柩がジョハネスバーグから到着したとき、マンデラ邸の入り口で柩を迎えることすら許されなかった。ふたりとも、マディバに長年忠実に仕えてきたというのに。

クヌの丘は、以前ののんびりした生活に戻っていた。ドームは撤去され、ドームがあった場所には芝が植えられていた。スプリンクラーが芝に水を撒いている。牛や山羊が人生の変化に影響されることなく、以前同様自由に動き回っている。私はまっすぐ農場に行って、グラサ夫人に挨拶する。埋葬の前の木曜日に会ったきりだった。

グラサ夫人から埋葬の詳細を聞きたかった。お気に入りのシャツを着ていましたか。そうではない、という返事。気に入ったシャツではなかった。大切にしていた私物が一緒に埋葬されたという。杖も一緒でしたか。ドウ・ステインから贈られた象牙の杖。ドウの農場「シャンバラ」で死んだオス象の象牙。ドウはシャンバラにマディバのために家を建てた。その家でマディバは『自由への長い道』の続編を執筆していた。杖は見つからなかったという。悲しかったが、意外ではない。グラサ夫人と一緒に、クヌの家からハウトンの家へと、杖の足跡を辿る。最後に杖を見たのはハウトンだった。私も夫人も、杖を探すエネルギーも気力も持っていなかった。「きっといつか見つかりますよ。私たちのどちらかが生きている間に見つかればいいですね」と夫人を慰める。この本を読んだ誰かが見つけるかもしれない。杖には「マディバへ。ドウ・ステイン」とはっきり記してあるし、他に類を見ないような特別な杖だ。象牙百パーセントの歩行杖。マディバと一緒に埋葬されるべきだった。

その夜十時をまわってから、クヌからウムタタへ運転して戻る途中、ウムタタの丘から喩えようもなく美しい月が上った。あれほど明るいオレンジ色の月は見たことがない。白人のアフリカーナ女性がクヌからウムタタへと、たったひとりで運転している。マディバが生きていたら、私の安全を心配して、ボディーガードをつけてくれたことだろう。そんなことを考えながら、微笑みが浮かぶ。月を見つめながら、思い当たった。マディバのおかげで、私には怖いものがなくなったのだ。私はやっと大人になったのだ。二十年前の私だったら、この道を夜ひとりで運転するなど、思いもよらなかっただろう。しかし、かつてトランスカイと呼ばれたこの土地は、人をとりこにする。自分の一部になってしまう。二十年前の私は多くのことを怖がっていた。人生、黒人全般、マンデラという黒人、南アフリカの将来……。今の私は趨勢に流されない。恐怖に影響されることもない。私は自分が確立した、ひとりの人間になったのだ。マディバは、平和と自由を私に与えてくれた。恐怖という足枷から自由にしてくれた。マディバは黒人だけでなく、白人も解放したのだ。私は自由になった。身軽になった。私の師がネルソン・マンデラであることに感謝している。マディバが亡くなった悲しみは大きい。だが、マディバから得たものはあまりにも大きい。ウムタタへ戻る途中、月をずっと眺めながら、私はマディバに語りかけ続けた。

墓地には日曜の朝出かける。正午頃には墓地を去る予定だった。八時を少しまわったところで、お母さん、ジョジーナ、メメやベティら数人の使用人、それにボディーガードと一緒に墓地まで車で行く。前日、新鮮な切り花を注文しておいた。マディバと、マディバの三人の子どもたちの墓の掃除を始める。誰も口をきかず、厳粛な雰囲気だ。どの墓石にも、マンデラ家の紋章が刻まれている。「ハウス・オブ・マンデラ」ワイン（娘のマカジウェが二〇一三年に売り始めたワインの銘柄）のラベルで見慣れた紋章だ。柩の上と墓石の周りに備えられた白い花、ラン、バラなど古くなった花を取り除き、新しい花を置いた後、お母さんが全員を呼び集め、メメにお祈りを捧げるよう頼む。私たちは手を握り合い、メメが美しい祈りの言葉を述べる。私は震えていた。メメはソト語でも祈った。その間、私はアフリカーンス語で祈りを捧げ、マディバに感謝のメッセージを送ろうとする。これまで何度もしたように、私がどれほど感謝しているか、そして何よりも、私が愛していることを忘れないようにと、マディバに伝える。

正午を少しまわって、ウムタタ空港を出発する。ウムタタからジョハネスバーグまでの五十五分の空の旅が、これほど長く感じられたことは今までなかった。すべてが終わったのだ。終焉。

これから、もっと大変になるだろう。マディバの遺書、マディバの遺産、そして業績の管理に関して、一悶着起きることは必至だった。そういうものなのだろう。私にとっては、先に進む時がやって来た。私の務めは終わったのだ。マディバの最後の数か月は、マディバが愛して止まなかったロシアの偉大な作家、トルストイの最期を思い起こさせる。皮肉なことに、ふたりの最期はとても似ている。亡くなる前に多くの人々が群がり、遺業と遺産の管理を巡る争いに明け暮れた。

私は小さい飛行機の中で、ドアに一番近い席に座り、飛行機の後方を向いている。定期便に乗るよりずっとよいし、便利でもあるが、感情を隠す場所がないことから、私たちは皆、裸で晒されているような気がした。お母さんの痛みを感じる。飛行機が厚い雲の中に入る。涙をこらえきれなくなったお母さんが泣き出す。お母さんが泣き出す。遂には、全員がそれぞれの席で泣き出す。私、お母さん、ジヨジーナ、お母さんの義理の姉セリーナ、ベティ、それにボディーガードのコーディアー。飛行中、誰も一言も口をきかなかった。

いつものお母さんはとても強く、ストイックだ。しかし、雲を押し分けて進み、ひとりぼっちのマディバから遠ざかりながら、私たちは皆、マディバを置き去りにしているような気がしていた。見捨てられたとは、マディバに絶対感じて欲しくない。絶対にしないと、私がマディバに約束したことだ。だが、今、どうすればよいのか。マディバは故郷に戻っている。ヒーローというものは決して死なないのだ。マディバはあの美しい丘にいる。そして、亡くなった後のマディバは、生前よりさらにパワフルになるだろう。

マディバのイメージ、マディバが遺したものを守らなければならない。

残りの人生をどのように過ごすか、今の私にはわからない。マディバの長い闘病生活のおかげで、私は成長せざるを得なかった。人生で最も貴重な教訓を学び、人間とはどんなものかをこの目で見た。マディバは自らの病を通じて、国をまたもやひとつにしたばかりでなく、思ってもみなかった大切なことを教えてくれた。人生が導くままに生きようと思う。たとえどんな時でも、自分がいるべき場所にこれからずっといることを、今の私は知っている。毎年、マディバのために、マンデラデーのバイクツアーをすること以外、将来の計画はない。別の仕事を見つけるかもしれない。人生を共にする男性に巡り合うかもしれない。私の心のひとかけらはすでに他の人物のものであることを理解し、尊重してくれる男性に巡り合うかもしれない。そのかけらは、年老いた黒人男性のものなのだ。かつて私たちの敵だった男性、今はクヌの黄金色の丘の土深く、古《いにし》えの王のように眠る男性のものなのだ。

日が昇るたびに、日が落ちるたびに、私たちはマディバを思い出すだろう。私たちはマディバを忘れてはならない。マディバに教えてもらった教訓を覚えている限り、マディバは私たちの面倒を見てくれるだろうから。

私たちはゆっくりと雲の上に出て、太陽の光に到達する。アフリカの太陽の暖かい光が、飛行機の窓から注ぎ込み、私たちの顔を温め、涙を乾かす。これから何が起こるかわからない。しかし、私たちは出来る限りのことをやったのだ。

さようなら、クル！　また会う日まで。

# 謝辞

過去四十三年間に、私の人生に貢献してくれた人、私の人生で何らかの役割を果たしてくれた人全員にお礼を言おうとすると、それだけで一冊の本になってしまう。多くの名前を以下に書き忘れたかもしれないことを予め謝っておく。大変奇妙なことながら、私のことを傷つけた人ですら、今の私を作り上げてくれたという意味で、何らかの役割を果たしてくれた。私が出会った人たちは一人残らず、私の人生でどのような役割を果たしたかにかかわりなく、何らかの恩恵を与えてくれたのだ。

この美しい祖国で私が現在享受する自由をもたらすために、苦しみ犠牲になってくれた人々に感謝の意を表したい。

私の両親デス・ラグレインジとイヴォンヌ・ラグレインジに感謝する。あなたたちのおかげで、今の私がある。私がどれほどふたりのことを愛しているか、わかってもらえていないかもしれない。愛情を表に出すことはあまりないし、私は確かに変わった子どもだから。しかし、ふたりの無条件の愛情と支援を心から感謝していることをわかって欲しい。私が今日身に付けている規律、主義、道徳、価値観の土台を築いてくれたのはお父さんとお母さんだ。精神誠意尽くすこと、忠誠、強い意志はふたりから受け継いだものだ。ふたりのおかげで、私は愛することの意味を知った。

兄のアントン、そして兄のパートナーで、もうひとりの兄と言ってよいリック・フェンター。世界の誰よりも、信頼できるふたり。いつも支えてくれてありがとう。励ましてくれてありがとう。揺らぐことのなく支えてくれてありがとう。面倒を見てくれてありがとう。あなたたちふたりは私のよりどころだ。

ラグレインジ家とストレイダム家の全員に感謝する。

長年迷惑をかけてきた友人マレサ・スラバート、ずっと力になってくれてありがとう。一緒に天国も地獄も見た私たち。あなたはいつまでも私にとって大事な人だ。

長年の友人、ジェニファー・プレラー、母のように支えてくれてありがとう。あなたのようなやり方で支えてくれる友人がいるなんて、私は幸せ者だ。もう限界だと思ったとき、もうひと押ししてくれた。常に私の態度を注意し、私を強い人間にしてくれてありがとう。

愛犬の面倒を見てくれたヨルネとアレット・ファンヘイスティエン夫妻。あなたたちがいない人生なんて考えられない。私より頻繁に私の家に泊まってくれた時期もあった。急なお願いでも快く、家と犬たちと私の面倒を見てくれてありがとう。大変な時に助けてくれたこともあった。老人ホームのポーチに共に座る日を楽しみにしている。

私を正気かつ頭脳明晰に保ってくれた友人、ラルフ・ブルンメルホフ医師、ありがとう。昼夜を問わず頼りになる存在だ。

ロビン・カーナウ、キム・ノールガールド、それにふたりの子どもたちフレヤとヘッラ。私を家族の一員として受け入れてくれた。類ない友情に感謝する。

ドウとキャロリン・ステイン夫妻。愛情とケアに感謝する。

ミネー・ヘンドリックス、マルリ・ホッフマン、アンリー・マレー、ロリ・マックレアリー、アネレ・ンドダ、セアラ・レイサム、ダイアン・ブルッドレイク。指導、保護、貴重な英知に感謝する。

以下のとても特別な友人たち、同僚、比類ない種類の人たちに対し、彼らの親切、支え、思いやりに感謝する。コンスタント・フィッサーとハネ夫人、リアン・ファンヒエルデン、ギャレス・クリフ、ダグ・バンド、ジョン・デイヴィッドソン、ジャスティン・クーパー、マット・マケンナ、マリウス・ファンフィーレン、イアン・ダグラス、ルーシー・マシュー、カトリオナ・ガルデ、ロリー・ステイン、エレイン・サローナー、ロディ・クイン、キム・マリ、バセツァナ・クマロ、ジョハンナ・ムコキ、レブス・モゴバ、マシャディ・モトラナ、デヴィリアーズ・ピナール、ウェイン・ヘンドリックス、ヘンク・オッペルマン、エイドリアン・バッソンとセシル夫人、ジョージ・ルデケ、ヴァルディマール・ペルサー、パオリ・マセイン、ジョージ・コーエン、ジョナサン・バット、マシュー・バーンズとトレーシー夫人、ダン・ンツァラ、ドット・フィールド、グレッグ・クツィエ、ロブ・フレミングとアマンダ夫人、リビー・ムーア、ジョヴィタ・マシェル、パトリシア・マシェル、リサ・ハリデー、コラ・フォーズマン、トレーシー・デヴェンポート、シルビア・フィリュン、アッティー・ファンヴェイク、アーテム・グレゴリアンとサヨラ夫人、フマ・アベディン、ソニア・ズィーツマンと夫君クツィエ、ハンナ・リヒェルト、ディオン・ブルッドレイク、ドリキ・ファンセイル、ヘイン・ベゼイデンホイトとヘルミエン夫人、ディオン・ストーンとイズェル夫人、アンジー・クマロ、グレッチェン・デスミット、ティヌス・ネルとシェリン夫人、アニー・ロートン、エイドリアン・ブリック、ベヴァリー・ロクストン、ジーン・ウルヴァング、ピーター・デヴァールとジャニス・フェランテ、ダレン・スコット、ドニー・ニコル、ジョン・カーリン、タト・シクワネとタビソ夫人、ニール・フィルユンとアンドレア夫人、TJ、ルイスとタニアとリズ・ステイン、アルパッド・ブソン、リナ・ブルームバーグ、アミ・デサイ、ブライアン・ハバナとジェニーン夫人、ジョン・スミスとロキシー夫人、スカルク・バーガーとミシェル夫人、レイク・ニエトリング、ティム・マッセーとクレア夫人、ジェリー・インゼリロとプルーデンス夫人、マリリン・カルステッド、バーバラ・ホーガン、ハインリッヒ・ヘルヴェル、ジャブ・マブザ、グラハム・ウッド、アラン・ノットクレイグ、ムトビ・ティアムザシェ、ノーマン・アダミ、ドン・ギプスとリズ夫人、ロブ・ブロジンとローリ夫人、ケヴィン・ウィルソン、ダン・モヤナ、カールハインツ・コーゲル、アンドリュー・ムランゲニ、コルネ・クリハとジャスティーン夫人、オリヴィア・マシエル、フランク・グイストラ、スーザン・クリフラー、ジョガベス・シラルケと夫君エサウ、オプラ、ゲイル・キング、リチャード・フリードランド、ヴィレム・アレクサンダー国王とマキシマ女王、ターボ・ムベキ元大統領とザネレ夫人、F・W・デクラーク元大統領とエリータ夫人、ハレマ・モトランテ副大統領、テンバ・サンゴニ裁判官、カニ・ドゥロモ、ウナティ・ムセンガネ、シーラ・シスル、フェイザル・モトレカーとマカイカ夫人、ジョナサン・オッペンハイマーとジェニファー夫人、ニッキー・オッペンハイマー、ギャヴィン・コッペル、トミー・エラスムス、ボンギ・ムカベラ、チャールズ・プリーバッチ、クネネ兄弟、シリル・ラマポザ、デイヴィッド・ロッカフェラー、レオン・フェルマーク、ベニー・グール、ロジャー・フリードマン、マック・マハラジ、ターボ・モハバ大主教、アナント・シンとヴァネシュリー夫人、マルシ・ムプルワナ主教、ロビン・ファレル、マイク・プリット医師、バンダール王子、ジョレネ・チャイト、アルフレ・ウッドダード、ロデリック・スペンサー、ユスフ・スルティー、シャロン・ストーン、アルキ・ブソン、シャーリーズ・セロン、ツリ・マドンセラ弁護士、ズウェリンジマ・ヴァヴィ、ナイジェル・バドミントン、マウロ・ゴヴェルナト、ベン・キング、ウィットニー・バソン、ウェンディー・ルハベ、ベルナルト・クリハ、ヴィンセント・マパイ、クアス・ベッカー、フレッド・パスワナ、トン・フォスルー、クリス・リーベンバーグ、ジェフ・ハデベとブリジット夫人、ロシャン・パリス、ジョエル・ジョンソン、エイミー・ワインブルム、エスマレ・ワイダマン、デニス・パーム、アヤンダ・ドロドロ、ノシヴィウェ・ンカクラ大臣、デイヴィッド・ディンキンズ市長、フォレスト・ウィテカーとケイシャ夫人、ジョナサン・ヤンセン教授、ジンジ・マンデラ、ゾレカ・マンデラ、ズウェリヴェリレ・マンデラ首長、ンガンゴムフラバ・マタンジマ首長、バンツ・ホロミサ、パテキレ・ホロミサ、ゾラニ・ムキヴァ、フィービ・ヘルヴェル、ジェッシー・ヘルヴェル、ジヨセフ・クルーガー、ゾンドワ・マンデラ、ムブソ・マンデラ、アンディレ・マンデラ、ジンフレ・マンデラ、ルヴヨ・マンデラ、ナンディ・マンデラ。

デズモンド・ツツ大主教、アメッド・カスラーダ、クリントン大統領、ヒラリー・クリントン国務大臣、チェルシー・クリントン、ボノ、アリ、ソル・カズナーとアンドレア夫人、ナオミ・キャンベル、リチャード・ブランソン、ピーター・ガブリエル、モーガン・フリーマン、ペギー・ドゥラニー。以上各人のスタッフ。愛情と支援に感謝する。あなた方と知り合うことで私の人生はこの上なく素晴らしいものになった。


ヨハン・ルパートとゲイナー夫人。愛情と心遣いに感謝する。

フレデリック・モスタートとナターシャ夫人。信頼と鼓舞、長時間にわたる法的な相談、支援、導き、そして友情に感謝する。

ジェレミー・ガーントレット。専門的なアドバイス、支援、助言に感謝する。

バリー・チュエネ、マイケル・カッツ、ヴィム・トレンゴブ、ジョージ・ビゾスおじさんとその家族。長年の支援に感謝する。私のために時間と努力を惜しみなく費やしてくれてありがとう。

サーシャ・ヘルドとクリスタ夫人。モーリシャスの家を執筆作業に使わせてくれてありがとう。

大統領府とネルソン・マンデラ財団のすべての同僚たち。中にはつき合いがなくなってしまった人もいるが、忍耐と寛容に感謝する。中でも、緊密または長年一緒に働いた以下の人たちに感謝する。ロイ・ディッペナー、ヴァージニア・エンゲル、アラン・ピライ、ヴィムラ・ナイドゥー、エリゼ・ヴェッセルズ、モリス・チャバララ、メシャック・モシェレ、ジョエル・ネチテンゼ、トニー・トリュー、フィンク・ヘイソム、ファニー・プレトリアス、パム・バロン、ショーン・ジョンソン、ヘザー・ヘンリクス、リディア・バイリス、ジャッキー・マゴット、メメ・ハガレ、ベディー・ディマ、コリスワ・ンドイヤ、グロリア・ノカンダ、ヤセ・ゴドロ、ジョン・サミュエル、アクマット・ダンゴー、マリアンヌ・ムジワ、デニス・ピライ、シェリーン・ピーターソン、ブイ・シシュバ、トコ・マヴソ、グロリア・ジャフタ、メイリーン・エンゲルブレヒト、ルース・レンスバーグ、リー・ディヴィーズ、タニア・アリソン、エレイン・マッケイ、マリー・フォス、ドゥドゥ・ブテレジ、ジョー・ディタボ、マカノ・モロジェロ、メルリン・ファンフーラ、モトマン・ヂアホ、エテル・アレンゼ、サンディー・ピライ、エラ・ゴヴェンダー、シャーリー・ナイドゥー、そして書き忘れた人々すべて。

ネルソン・マンデラ財団会長のンジャブロ・ンデベレ教授、ネルソン・マンデラ財団CEOのセロ・ハタン。指導力と英知に感謝する。

ネルソン・マンデラ財団記憶センターのヴァーン・ハリス。この本の執筆にあたってのサポートと事実関係のチェックに感謝する。

勤勉な大統領護衛班と南ア空軍の職員全員に感謝する。

南ア国防軍のプロフェッショナルで熱意あるスタッフと、マディバとお母さんの面倒を見てくれた私立病院のスタッフに感謝する。

ファースト・フォー・ウィメン保険基金とビアルド子供基金のスタッフに感謝する。

以下の故人に感謝する。私の祖父母、アーサー・チャスカルソン最高裁判所長官、ベイヤーズ・ノディエおじさん、ショーン・チャバララ、メアリー・ムサダナ、ジョン・レインダーズ、パークス・マンカフラナ、エリック・モロビ、アグレー・クラーステ、ドゥラー・オマー、マリンジュス・ダリング、ミリアム・マケバ、スティーブ、チュウェテ、レイモンド・ムフラバおじさん、ケイダー・アズマル、アデレイド・タンボおばさん、ウォルター・シスルおじさんとアルバティーナ・シスルおばさん、マハト・マンデラ、ゼナニ・マンデラ・ジュニア。

ジェイクス・ヘルヴェル教授、ありがとう。今でもあなたを懐かしく思わない日はない。私の人生を公私両面で、言葉にできないほど豊かにしてくれた。あなたとあれほど緊密に一緒に働くことができて、私はこの上なく幸運だった。マディバ、お母さん、私の人生であなたが果たしてくれた役割に、一生心から感謝する。

私のエージェント、ジョニー・ゲラー、カーステン、フォスター、アナ・ディヴィス。カーディス・ブラウン社のチーム。ありがとう。

ヘレン・コンフォード、ペネロペ・ヴォグラー、リチャード・ダギード、レベッカ・リー、カシアナ・イオニタ、その他のペンギン社職員。スティーブン・ジョンソン、フレデリック・デヤーガー、エレン・ファンスカルクヴェイク、その他のペンギン南ア社職員たち。クラ・フェラロ、ウェンディ・ウルス、その他の米ペンギン社職員たち。熱意とサポートに感謝する。

人数が多すぎて全員の名前を書くことは不可能だけど、メディアの友人たちの忍耐と理解、そして意見の違いに感謝する。あなたたちのおかげで、私は気骨が鍛えられた。

私の電話に出る必要がなくなってからも、受話器を取ってくれた人たちすべて、ありがとう！

マディバの葬式で慰めてくれた見知らぬ黒人男性。もしこの先、会ってお礼が言えないときのために、この場を借りて感謝の意を表したい。

過去十九年間、私に微笑み、ハグしてくれ、激励の言葉をかけてくれた人たちに感謝する。

私の第二のお母さんグラサ・マシェル夫人とその子どもたち、ジョジーナ、マレンガ、サモラ。家族の一員として受け入れてくれ、家族同様に面倒を見てくれてありがとう。マディバが教えてくれたのと同じ、無条件の愛情を捧げる。あなた方の愛情、心遣い、感謝の気持ちに、私は永久に報いなければならない。マディバに約束した通り、私の命が続く限りあなた方のことを気遣うつもりだ。

最後になったが、一番大切な感謝の気持ちはあなたに対するもの。クル、ありがとう！

# 訳者あとがき

南アフリカに暮らす外国人にとって、魔訶不思議なことがある。「アパルトヘイトを支持していた」という南ア白人にまず会わないことだ。

アパルトヘイトは、一九四八年から一九九四年まで政権を担当した国民党による人種分離政策である。その間、定期的に総選挙が行われ、アパルトヘイトに反対する野党が存在したにもかかわらず、毎回国民党が圧勝した。つまり有権者（白人のみ）の大半は国民党の政策アパルトヘイトを支持していたはず。それなのに、アパルトヘイトが終わってみると、「人種差別は良くない」ことで国民の意見が一致し、かつてアパルトヘイトを支持していたという白人にお目にかからないのだ。

そんな中、自分がレイシスト（人種差別主義者）だったこと、国民党よりさらに右翼の保守党に誇りを持って投票したことを正直に認めるゼルダ・ラグレインジは新鮮である。過去を認め、過去と向き合って初めて、自分を変えることができる。現実に前向きに対処できる。人間として成長できる。

そして、ゼルダ・ラグレインジの目を開かせたのは、二十世紀が生んだ世界的偉人、南アフリカ初の黒人大統領ネルソン・マンデラだった。

ゼルダは、政治とは縁もゆかりもない、ごく普通の家庭で育った。毎週日曜日に教会に行く、信心深い家庭。周りの人々も皆そうだった。大人になったら、結婚して子どもを持つ以外、とりたてて夢はなかった。

ゼルダが育ったコミュニティを形成するのは、オランダ語から派生したアフリカーンス語を第一言語とする、「アフリカーナ」と呼ばれる白人たち。黒人が人口の大半を占める南アフリカだが、ゼルダと黒人のつき合いは住み込みのメイドのジョガベスだけ。黒人は劣った存在、怖い存在と教え込まれ、その肌に触れることは「タブー」だった。ゼルダが「ある意味で我が家の一員」と感じ、ゼルダの「母親代わり」「命綱的存在」だったジョガベスにしても、アパルトヘイトの法律により、夫や自分の子どもと一緒に住むことができない。収入を得るために他人の子どもを育てながら、自分の子どもの傍にいて、愛情を注ぎ、成長を見守ることが許されないジョガベスの境遇を、ゼルダはおかしいと感じない。

ごく「普通」と思っていたことが、現代世界の価値観からするとまったく「普通」ではないことに気がついたのは、大統領執務室で働き始めた二十代のことだ。「まるで、これまで別の惑星に暮らしていたかのように感じた」とゼルダは本書の中で告白している。自分の国の現状や歴史にあまりに無知だった。黒人に居住の自由がないことも、一九七六年のソウェト蜂起で数多くの子どもたちが殺されたことも知らず育った。ネルソン・マンデラについては、長年刑務所に入っていたテロリスト程度の知識しかなかった。

情報がなかったわけではない。一九八八年、私が初めて南アフリカを訪れて驚いたのは、出会った白人たちの政治的意識の高さだった。活動家でもなんでもない普通の家庭の奥さんたちが、集まればアパルトヘイト政権の批判をし、人種差別に怒りを隠さず、アパルトヘイトの終焉を祈願し、身の回りの黒人の生活向上に尽力していた。そこまでする必要はまったくないにもかかわらず、使用人の子どもたちの学費を出し、使用人の親類縁者まで面倒を見、仕事を持ちながらもボランティア活動に精を出す姿に脱帽した。たまたま教会の奉仕活動でソウェトにいた日、ソウェト蜂起が始まり、暴徒に車を取り囲まれ、白人というだけで殺されそうになり、命からがら逃げだした知り合いの女性は、だからといって黒人を怖がることも、黒人嫌いになることもなかった。

そんな英系リベラルと呼ばれる白人たちとつき合ってきた私にとって、「南アフリカで起こっていることや、黒人の貧困や、暴力事件などにあまり気がつかないまま生活していた」一方で、「黒人が近づいてきたら目をそらし、別の方向に歩くよう習慣として教え込まれ、それが本能的な反応となっていた」「夜黒人が襲ってくるかもしれないという恐怖から、ドアや窓に鍵をかける習慣を幼いころから身に付けた」というゼルダの言葉はある意味で衝撃的だった。ゼルダと私の知る白人たちは、同じ国で、同じ特権を持って生まれ育った。同じ時代、同じ現実の中にいながら、物の見方、捉え方があまりにも違いすぎる。ゼルダの言うように、「人間は生まれ育ったコミュニティによって生活の仕方を規定される」のだ。ゼルダとゼルダが属したコミュニティは「恐怖と現実否定という白い繭」の中に閉じこもっていた。多少の好奇心と探求心と社会的意識があれば、真実は目の前に広がっていたのに。

一九九二年に生活拠点を南アフリカに移していた私は、一九九四年の第一回民主総選挙で一票を投じたことを誇りに思う。真夜中のジョハネスバーグ市役所で、古い国旗が降ろされ、新しい国旗が掲揚されるのを目撃して、喜びと感動のあまり涙がとまらなかった。ネルソン・マンデラの大統領就任に新しい時代と明るい未来の到来を感じた。私の周りの人々は、白人も黒人も希望に満ちていた。

しかし、ゼルダにとって、全国民が初めて投票した歴史的選挙も、国民の大多数が支持した大統領の誕生も、まるで他人事のようだ。ネルソン・マンデラが大統領に就任した日、ゼルダの頭にあったのは新政権に対する不信感と、身の安全に対する恐怖心だけだった。ゼルダのそんな「歴史」を理解して初めて、本書が語るゼルダの変貌、それを可能にしたネルソン・マンデラの偉大さが輝きを放つ。

本書はゼルダ・ラグレインジという縦糸とネルソン・マンデラという横糸が織りなす物語である。五色刷りの浮世絵とも見ることができる。

出来事や逸話が黒線の輪郭とすると、最初の色版は、ゼルダのシンデレラ物語。生まれたとき「我が家はとても貧しかった」というゼルダは、中等教育を終え、役員秘書養成コースを取った後、歳出省で秘書として働き始める。結婚し子どもを持ち、ごく普通の人生を送るはずだった。ところが、無任所大臣のタイピストの職を求めて面接を受けていたとき、運命のいたずらか、タイピストを探していた大統領の個人秘書が偶然飛び込んで来る。その日から、ゼルダの人生はそれまで想像したこともない道を歩み始めることになる。

パスポートも持っていなかったのが、公式訪問団の一員として日本に行き、その後マディバと共に世界中を旅する。夕食の席上、どのナイフとフォークを使うのかも知らなかったのが、ヨルダンのヌール王妃とテーブルを共にしたのを皮切りに、英エリザベス女王を含む世界各国の王室メンバーやローマ法王に会う。イギリスのゴードン・ブラウン首相、アメリカのクリントン夫妻、リビアのカダフィ大佐など、政治家とも懇意になった。国内外の大物ビジネスマンや世界中のセレブが仲の良い友だちだ。マイケル・ジャクソン、オプラ・ウィンフリー、ボノ、モーガン・フリーマン……。ブラッド・ピットとの夕食を一顧もせずに断るまでになる。

次の色版は、ゼルダの、人間としての成長の軌跡である。アパルトヘイト下の白人という特権階級に生まれ、南ア社会の現実と不正義に目と心を閉ざし、黒人を劣った存在と見ることに疑問を挟まずに生きてきたゼルダが、マディバとの日々の触れ合いによって変貌していく。自分がレイシストであったこと、自国で起こっていることに対してあまりにも無知であったこと、自分の同胞が自国民である黒人を抑圧し、マディバを二十七年間も牢獄に送ったこと……。いくら罪悪感に苛まされても、過去を変えることはできない。ゼルダはそんな心の葛藤をどうやって乗り越えていったのか。

また、マディバに初めて会った頃、ゼルダはちょっとしたことにも動揺し、泣き出してしまう、うら若い女性だった。それがマディバの「門番」として様々な経験をし、試練を乗り越えていくうちに、確立した逞しい人間に生まれ変わる。

三番目の色版は、出獄して大統領になってから亡くなるまでのマディバの素顔である。政治一色の人生だったため、グラサ夫人に巡り会うまで、日々を彩る、人生の小さな喜びを知らなかったこと。やっと刑務所から解放されたのに、超有名人であることから自由に歩き回ることができず、別の意味での「囚人」になってしまったこと。どんな人にも敬意を失わなかったこと。子どもや美女が大好きだったこと。お茶目でユーモアに溢れていたこと。他人の健康や体重を気にしたこと。なにしろ英国の女王に、「おや、エリザベス。痩せたんじゃないか!」と言うほどなのだから。

晩年のマディバの姿は悲しい。失った時間を取り戻そうとでもするかのように、家族や友人や知り合いに哀れなほど尽くす。人恋しくて、賑やかなところに行きたくても素直に言えず、「ペンを買いに行く」「辞書が必要だ」と言い訳を作ってしまう。自分の意思を通すことができないほど心身が衰えてからは、遺産を狙い、「マンデラブランド」の恩恵に与《あずか》ろうとする、強欲な娘たちに好き勝手にされ、健康管理を担当する医療チームにまで翻弄される。助けることができないゼルダは、無力感を噛みしめる。グラサ夫人がマディバの傍にいてくれることが、唯一の救いだった。

最後の色版は、ゼルダとマディバの間に通う、細やかな愛情と信頼である。他人に奉仕することに至福を感じるゼルダと、他人に百二十パーセントの献身を求めるマディバの共依存関係。言葉に出さなくても相手の考えがわかる、長年連れ添った夫婦のような以心伝心さ。何があっても、最後までマディバに尽くすというゼルダの決意。

マディバが亡くなる前の数か月間、お見舞いを許されなかったゼルダは思う。「マディバに出会って十九年後の今、私は自分の白い手をマディバの黒い肌の上に置きたくてたまらない。私の肌より劣っていると教え込まれた肌である。しかし、私の人生に意味を与えてくれたのは、まさにこの黒い肌だった。四十三歳の私の全存在が、あの手にもう一度触れることを、指の関節の皺を感じることを切望していた」。これは単なる秘書、単なる雇用人の言葉ではない。ひとりの人間、ひとりの男性に全身全霊を捧げた女性の、切ない愛の告白である。

邦訳にあたり、本書にも何度か登場する著者の親友かつ元同僚で、現在は著者の個人秘書を務めるマレサ・スラバートが著者と訳者の中継ぎをしてくれた。マレサ、ありがとう。

また、マディバを彷彿とさせる、すべてを包み込むような笑顔が素敵な、明石書店の担当編集者、遠藤隆郎氏に心から感謝する。

なお、著者の苗字は「ラフランシ」と表記するのが原語であるアフリカーンス語に最も近いが、著者の希望により、邦訳では英語読みの「ラグレインジ」とした。「南ア国外では英語読みされているから」というのがその理由である。マンデラ大統領に初めて会ったとき、緊張のあまり泣き出してしまったゼルダは今、世界を視野に入れた活動をしているのだ。スティング夫人トゥルーディー・スタイラーのプロダクション会社が今年二月、本書の映画化の権利を獲得したと聞いた。ゼルダを演じるのは一体誰になるのだろうか。

二〇一六年八月　初春のジョハネスバーグにて

長田雅子

## 図版出典一覧

4 © *Sunday Times* South Africa
9 © The Clinton Foundation
11 © Halden Krog
13 © Alet van Huyssteen and the Nelson Mandela Foundation
14 © Alet van Huyssteen and the Nelson Mandela Foundation *Sunday Times*
※記載がないものは著者提供。

◆著者紹介
ゼルダ・ラグレインジ　Zelda la Grange
1970年生まれ。アパルトヘイト時代の南アフリカで育つ。1994年の第1回民主総選挙後、マンデラ大統領執務室のタイピストとして雇われ、1997年、大統領個人秘書に昇進。1999年、大統領を引退するマンデラのたっての願いにより、ネルソン・マンデラ財団の設立運営に貢献。2013年12月にマンデラが亡くなるまで、通算19年間仕えた。現在は主に、企業を対象とした講演活動を行っている。HP－http://zeldalagrange.com

◆訳者紹介
長田雅子　Masako Osada
南アフリカ在住。元プレトリア大学日本研究センタープログラムディレクター。現在はアーチスト、翻訳家、太極拳・琉球古武術インストラクターなどとして活動。NPO「アフリカゾウの涙」顧問。国際関係学博士、英語教授法修士。主な著作に *Sanctions and Honorary Whites* (Greenwood Press)、翻訳に『ネルソン・マンデラ　未来を変える言葉』（明石書店）など。HP－http://masakoosada.com

ネルソン・マンデラ　私の愛した大統領
――秘書が見つめた最後の19年

2016年9月25日　初版第1刷発行

著　者　　ゼルダ・ラグレインジ
訳　者　　長田　雅子
発行者　　石井　昭男
発行所　　株式会社　明石書店

〒101-0021 東京都千代田区外神田6-9-5
電話 03（5818）1171
FAX 03（5818）1174
振替　00100-7-24505
http://www.akashi.co.jp/
装幀　　明石書店デザイン室
印刷／製本　　日経印刷株式会社

（定価はカバーに表示してあります）　ISBN978-4-7503-4392-1